U0922471

电子信息产业改革开放

30年统计资料

（1978 — 2007）

工业和信息化部

電子工業出版社
Publishing House of Electronics Industry
北京 • BEIJING

图书在版编目（CIP）数据

电子信息产业改革开放30年统计资料：1978—2007 / 工业和信息化部.
北京：电子工业出版社，2008.10
ISBN 978-7-121-06529-3

Ⅰ. 电… Ⅱ. 工… Ⅲ. 电子工业—改革开放—统计资料—中国—1978—2007 Ⅳ. F426.63-66

中国版本图书馆CIP数据核字（2008）第144161号

责任编辑：周　琰　　特约编辑：高素梅　王双献
印　　刷：涿州市京南印刷厂
装　　订：涿州市桃园装订有限公司
出版发行：电子工业出版社　http://www.phei.com.cn
　　　　　北京市海淀区万寿路173信箱　邮编　100036
开　　本：787×1 092　1/16　印张：29　字数：742千字
印　　次：2008年10月第1版
定　　价：580.00元

ISBN 978-7-121-06529-3

凡所购买电子工业出版社图书有缺损问题，请向购买书店调换。若书店售缺，请与本社发行部联系，联系及邮购电话：（010）88254888。

质量投诉请发邮件至zlts@phei.com.cn，盗版侵权举报请发邮件至dbqq@phei.com.cn。
服务热线：（010）88258888。

编 辑 说 明

1.《电子信息产业改革开放30年统计资料（1978—2007）》（以下简称“本资料”），全面记载了中国电子信息产业改革开放30年经济运行的综合统计资料。通过对全国电子信息产业各行业、各地区、主要产品及进出口贸易等情况的统计，系统地反映了中国电子信息产业改革开放30年取得的成就和发展趋势。

2．本资料共分综合指标、电子信息产业制造业主要经济指标、电子信息产业主要产品生产与销售情况、软件产业主要指标、电子信息产业进出口情况五部分。

3．本资料的统计范围是：（1）综合指标部分包括全口径的电子信息产业主要经济指标、分地区主要经济指标总表、主要产品产量总表、进出口贸易总表、固定资产投资总表；（2）电子信息产业的主要经济指标；（3）主要电子信息产品的生产量和销售量；（4）自2000年我国建立软件产业统计制度以来，统计的软件产业主要经济指标；（5）电子信息产业进出口贸易情况是根据海关总署进出口数据加工整理的。

4．本资料是根据原信息产业部经济运行司及原电子工业部和国家统计局的历年统计资料，经分析、加工和整理而成的。根据国家统计局制度要求，1995年以前电子信息产业的统计口径为“乡及乡以上企业”，1995年后统计口径改为“全部国有及销售收入在500万元以上非国有的电子信息产业企业”（简称“规模以上”）。

5．根据国家统计局工业统计制度的变动，从2004年起增加全口径数据的统计。

6．本资料跨越时间长，其间国家统计局对国民经济行业分类标准进行了几次调整。同时，由于机构改革和电子信息产业新产品门类的不断增加，产品统计目录的修订，客观上要求大行业和小行业间，在尊重历史基础上进行相应调整。因此，有些统计数据经整理后与当年公布数据不尽一致是正常的。

7．本资料由原信息产业部经济体制改革与经济运行司负责编辑整理。

8．本资料不包括我国港、澳、台湾地区数据。

2008 年 5 月

目　录

一、综 合 指 标

电子信息产业主要

年　　份	工业总产值现行价	工　业增加值	主营业务收　入	利　润总　额
	（亿元）	（亿元）	（亿元）	（亿元）
1978	71.94	28.77	14.54	2.66
1979	76.43	27.94	75.10	3.25
1980	90.80	34.89	82.78	13.49
1981	101.56	36.24	89.97	12.84
1982	110.73	35.88	91.72	10.54
1983	127.99	46.90	125.08	19.61
1984	193.44	70.48	181.91	31.99
1985	324.50	97.28	259.90	37.67
1986	360.27	118.55	335.48	22.26
1987	391.21	123.59	411.06	29.27
1988	603.58	178.54	582.22	43.82
1989	651.59	194.89	579.73	41.03
1990	725.95	203.04	666.40	29.04
1991	725.80	254.90	859.43	30.86
1992	1143.04	260.39	1041.92	46.12
1993	1667.39	470.34	1667.88	72.41
1994	2487.87	617.81	2066.23	98.79
1995	3070.72	767.07	2971.07	122.83
1996	3700.85	826.95	3355.19	137.67
1997	4764.20	1025.80	4463.20	237.50
1998	5617.13	1259.90	5277.20	235.60
1999	6784.70	1519.20	6485.01	341.00
2000	8767.50	2145.90	9529.20	548.70
2001	10489.40	2372.20	11438.30	508.80
2002	13617.20	2714.85	13122.89	547.42
2003	17834.50	3543.47	17578.95	695.89
2004	24501.67	5192.98	24126.88	1004.19

注：1995年以前统计口径为乡及乡以上工业企业，1995年以后为规模以上企业。

经济指标（制造业）

税金总额	流动资金年平均余额	年末固定资产原值	从业人员人数
（亿元）	（亿元）	（亿元）	（万人）
0.20	16.05	34.95	105.29
0.27	17.89	81.54	110.70
2.65	16.99	84.99	118.78
2.76	18.67	94.11	122.99
4.26	35.54	106.08	124.44
5.01	56.75	114.11	125.23
8.23	74.62	124.43	128.22
12.10	111.26	137.10	142.55
9.65	146.24	162.21	148.17
17.24	166.65	222.44	152.85
26.98	201.38	255.84	158.00
27.51	264.40	286.47	205.18
28.50	322.53	337.54	213.14
32.59	723.16	451.56	233.73
37.14	892.52	532.28	239.30
57.58	1227.87	759.29	269.98
83.44	1602.49	1092.13	282.59
112.62	2070.31	1438.18	276.51
103.33	2363.66	1728.51	281.69
105.49	2946.53	2041.57	286.80
150.50	3669.99	2369.89	262.00
178.76	4065.30	2716.80	258.10
252.74	4753.82	3144.78	294.90
255.28	5481.62	3713.44	301.70
247.59	6710.43	4292.81	322.81
257.69	8570.60	5342.90	356.40
306.84	10825.75	6994.72	439.95

电子信息产业主要

年　　份	工业总产值（现行价）	工　业 增加值	主营业务 收 入
	（亿元）	（亿元）	（亿元）
2005年全口径	30650.32	9007.00	38417.00
1．制造业	30650.32	7504.53	34510.99
其中：规模以上	30377.20	6700.50	31009.80
2．软件业		1506.90	3906.00
2006年全口径	37748.04	11000.00	47501.00
1．制造业	37748.04	9162.00	42700.32
其中：规模以上	37748.50	8155.43	38827.32
2．软件业		1838.00	4801.00
2007年全口径	49444.47	13083.00	56001.00
1．制造业	49444.47	10948.00	50166.73
其中：规模以上	44770.70	9947.93	45424.73
2．软件业		2135.00	5834.00

经济指标（全口径）

利　润 总　额	税　金 总　额	流动资金 年平均余额	固定资产净 值平均余额	从业人员 人　数
（亿元）	（亿元）	（亿元）	（亿元）	（万人）
1408.00	556.00	13054.09	6872.88	759.00
1124.52	379.04	14527.98	6872.88	670.58
1074.13	365.76	13054.09	5053.60	550.55
284.00	177.00			88.26
1868.00	730.00	16491.38	6470.48	755.00
1446.06	492.06	16491.38	6470.48	639.00
1384.06	473.06	14995.70	5883.64	626.39
422.00	238.00			129.00
2307.00	820.00	19690.78	7546.85	828.00
1723.38	487.09	19690.78	7546.85	828.00
1663.38	477.09	17829.51	6833.48	674.82
584.00	333.00			153.00

地　　区	2007年	2006年	2005年	2004年
总　　计	99479277.0	81553742.0	67005327.0	51929847.0
北京市	4453275.00	4681681.00	3615814.00	2341552.00
天津市	3249775.00	4135536.00	3432161.00	2624645.00
河北省	538981.00	595207.00	393298.00	296508.00
山西省	97059.00	46179.00	36395.00	21125.00
内蒙古自治区	168299.00	246566.00	203271.00	149933.00
辽宁省	1562939.00	1034288.00	884294.00	840869.00
吉林省	78808.00	54763.00	61559.00	56922.00
黑龙江	47199.00	78813.00	75094.00	73537.00
上海市	11836318.00	8698991.00	7846001.00	7162212.00
江苏省	24605516.00	19459406.00	15013389.00	10637491.00
浙江省	5059695.00	4160681.00	3042772.00	2713535.00
安徽省	642186.00	458825.00	353098.00	287283.00
福建省	3554061.00	4165189.00	3905181.00	3471190.00
江西省	367612.00	299810.00	197500.00	129484.00
山东省	6274453.00	5311419.00	4484049.00	3287467.00
河南省	645450.00	577493.00	486069.00	465001.00
湖北省	800479.00	944726.00	544551.00	431465.00
湖南省	396804.00	236628.00	231591.00	198959.00
广东省	32807189.00	24155256.00	20261740.00	15144551.00
广西壮族自治区	112975.00	110772.00	95757.00	68587.00
海南省	20764.00	25676.00	15672.00	9336.00
重庆市	91710.00	104326.00	93423.00	93798.00
四川省	1367503.00	1249263.00	1028398.00	769069.00
贵州省	104905.00	138980.00	145125.00	125164.00
云南省	27005.00	25561.00	23682.00	30788.00
西藏自治区				
陕西省	482663.00	493338.00	483151.00	462450.00
甘肃省	50614.00	28819.00	25785.00	14147.00
青海省	5646.00	1737.00	89.00	61.00
宁夏回族自治区	1277.00	4790.00	3385.00	2834.00
新疆维吾尔自治区	28116.00	29024.00	23035.00	19887.00

工业增加值（一）

单位：万元

2003年	2002年	2001年	2000年	1999年	1998年
35434701.0	27148528.6	23722000.0	21460000.0	15190000.0	12600000.0
1216725.00	1394685.00	1774436.87	1605236.29	1419422.31	1205264.12
2453385.00	1960687.00	2246610.01	2032385.58	1492868.18	1365830.81
422966.00	452064.00	459295.07	415499.21	307755.91	299840.03
21787.50	22450.00	37147.61	33605.42	22550.40	29285.77
77728.00	96843.00	38174.73	34534.60	15079.33	21381.76
713802.00	695567.00	761335.01	688738.27	460527.91	409478.42
82129.00	64195.00	232018.24	209894.25	137820.72	133744.69
39856.00	48422.00	123476.64	111702.59	103389.17	95335.02
3571670.00	3193547.00	1882595.82	1703081.80	870586.09	731761.72
6535309.00	3107572.00	2275411.28	2058440.52	1389612.50	1152610.06
2490130.00	1634722.00	1575670.00	1425422.74	897301.14	774540.41
148809.00	128396.00	103395.67	93536.42	101806.84	66049.26
3867698.00	2812019.00	1660843.60	1502474.65	1287885.15	1074926.36
60892.00	78759.00	89127.62	80628.90	68347.86	75981.92
2181560.00	2130707.00	2403899.47	2174676.78	1496892.17	801404.93
306575.00	336073.00	434676.81	393228.41	289475.34	226243.97
543122.00	581899.00	588367.79	532264.26	453328.18	384126.97
213993.00	207255.00	243980.66	220716.00	136253.64	108226.42
9185816.00	6949402.00	4394083.00	3975087.31	2931730.15	2371898.44
55793.00	87147.00	78209.78	70752.13	58561.23	59949.81
4900.00	7386.00	1458.99	1319.87	1777.45	1668.08
692647.00	867339.00	62564.96	56599.11	16338.49	13649.62
114133.00	73214.00	1240408.66	1122130.08	612023.99	646712.21
37872.00	33259.00	66937.23	60554.46	39483.40	35105.52
48211.00	58392.00	53224.64	48149.43	18684.53	13644.56
300416.00	438816.00	841293.21	761072.10	537048.10	480976.74
44433.00	54028.00	36541.00	33056.65	24010.77	14985.77
2974.00	9130.00	14376.27	13005.43	3955.81	3691.68
1155.00	2952.00	1646.47	1489.48	2487.82	1684.93

地　　区	1997年	1996年	1995年	1994年
总　　计	10260000.0	8269510.0	7670730.0	6178140.0
北京市	962345.21	570442.43	430256.60	462804.14
天津市	872545.62	1368915.06	905886.51	153762.27
河北省	282756.05	250944.77	191390.40	145499.52
山西省	29933.31	21803.68	23773.80	17368.47
内蒙古自治区	18397.06	11169.48	17428.65	28786.09
辽宁省	264433.46	193832.88	209386.56	204859.45
吉林省	50460.30	42020.14	36380.35	25050.32
黑龙江	78665.43	53369.60	32199.25	37431.09
上海市	835066.05	406904.76	500651.54	441895.21
江苏省	1040189.84	902527.67	869015.57	881097.93
浙江省	638967.00	374873.39	438071.81	310876.37
安徽省	56250.94	33323.80	37412.80	70727.47
福建省	723586.84	477994.40	352967.81	611999.36
江西省	87573.04	82695.10	87948.37	100446.66
山东省	594945.54	368456.25	278596.90	365907.96
河南省	217621.74	191108.39	195554.40	160245.60
湖北省	187617.43	108227.11	113867.42	92092.11
湖南省	103763.98	82262.22	55928.61	51260.77
广东省	1787888.82	1528766.30	1511814.21	1089956.89
广西壮族自治区	39402.26	29213.79	43091.30	38886.67
海南省	4976.76	12305.20	7598.11	7484.88
重庆市	-11659.20			
四川省	877031.34	694616.19	613214.72	468239.19
贵州省	36712.73	23651.55	25211.38	30650.63
云南省	25453.53	5802.73	9498.92	12217.19
西藏自治区				
陕西省	432998.38	413034.86	660938.39	320077.24
甘肃省	10024.53	20014.76	17534.63	41527.41
青海省			423.92	756.17
宁夏回族自治区	1677.97	1233.47	3806.75	2171.68
新疆维吾尔自治区	1179.25		880.32	722.78

工业增加值（二）

单位：万元

1993年	1992年	1991年	1990年	1989年	1988年
4703440.0	2603890.0	2549040.0	2030420.0	1948930.0	1785380.0
435727.55	233906.27	223163.31	173080.29	115885.02	121273.59
158938.05	82364.94	104990.52	82746.36	76144.84	91214.32
121942.13	65351.40	55788.32	33571.56	38119.86	26457.66
25272.61	11931.84	11451.11	10970.69	11449.56	10752.32
24121.65	16371.46	12822.26	14693.58	16128.26	11568.42
192693.15	82668.14	107249.48	129245.70	125680.56	120398.45
16637.96	15047.53	17961.21	17809.14	28957.21	25519.54
23224.84	10185.35	15951.81	14645.42	14180.88	15382.58
238267.05	178461.71	234176.97	187892.93	176965.17	185075.07
712394.01	405965.10	371761.00	304719.18	293907.51	285223.20
212269.22	131951.28	123204.16	85570.29	85753.14	75594.26
47382.10	31664.58	38405.11	30718.19	43215.49	23950.32
333285.41	113071.89	128944.06	106519.08	109821.94	73584.19
86938.95	49682.38	45085.89	41144.43	36087.60	33244.94
246655.64	139673.98	114826.66	100871.20	81737.30	62059.07
129072.92	57964.83	35621.22	32233.84	31128.03	26165.08
82869.30	46806.77	48037.59	41702.26	50404.55	49721.78
53672.73	34352.22	40778.81	34046.45	40253.23	35392.78
923217.65	472208.27	378077.47	252749.88	197294.01	202509.71
24887.34	20067.49	22253.94	17401.13	17094.45	15596.44
14358.70	2605.33	6944.68	4389.08	3779.90	7832.99
300355.90	186000.57	180159.96	152984.98	170580.03	138714.79
23185.99	16090.21	25024.93	32374.30	37950.09	32326.50
14507.63	15005.00	14191.98	13608.68	7476.17	8374.87
236473.43	160362.97	161702.50	104382.73	101835.21	78340.40
23535.65	20603.93	26066.20	28521.65	32273.99	23740.39
1395.40	1072.86	1082.86	964.50	662.86	820.04
1209.24	1617.53	773.06	941.76	791.43	509.08
2186.99	819.05	2551.54	4001.14	4497.69	4035.89

地　　区	1987年	1986年	1985年	1984年	1983年
总　　计	1235870.0	1185500.0	972800.0	704800.0	469000.0
北京市	69890.32	76406.82	72771.45	64978.50	44178.10
天津市	66624.09	68544.64	52902.89	40157.61	25236.77
河北省	17907.54	15491.11	14072.80	9982.14	6284.20
山西省	7143.02	9409.76	8851.06	7487.22	5031.86
内蒙古自治区	8374.95	7390.58	4657.43	2946.83	1862.26
辽宁省	77626.35	70085.41	58416.49	41969.04	29111.28
吉林省	24403.53	19616.29	13120.97	10671.85	7046.60
黑龙江	11027.92	10972.66	10780.15	7269.35	5373.06
上海市	160482.98	186041.47	158766.81	115666.03	92771.88
江苏省	215183.58	214672.53	162099.43	107771.70	70659.71
浙江省	56375.58	57108.90	44291.61	22255.01	14925.59
安徽省	18844.99	17724.80	12488.84	7847.02	5014.36
福建省	38731.45	18724.17	26606.45	16747.28	10386.17
江西省	25631.40	24747.64	21378.65	13697.11	9730.01
山东省	44950.53	46594.22	29765.90	21546.62	13115.82
河南省	16997.10	17350.25	14609.27	11498.50	7302.82
湖北省	37186.14	36300.86	28427.77	23305.76	17916.46
湖南省	26248.72	21080.44	17989.12	13661.01	7547.78
广东省	137173.60	89081.98	69111.87	57361.80	28117.65
广西壮族自治区	14691.29	14716.47	11771.94	7273.09	5043.10
海南省					
重庆市					
四川省	72216.40	57122.52	50043.77	37316.60	26182.90
贵州省	16341.96	18376.86	14555.99	10449.00	7081.59
云南省	4046.99	5049.64	6132.41	3439.84	1946.00
西藏自治区					
陕西省	49383.85	59868.66	46177.11	36253.40	19698.73
甘肃省	14814.21	19423.90	14168.47	11698.94	6512.92
青海省	501.15	721.86	500.13	429.51	289.96
宁夏回族自治区	682.15	1951.07	1932.72	554.01	206.22
新疆维吾尔自治区	2412.53	1951.07	1811.63	560.23	441.19

工业增加值（三）

单位：万元

1982年	1981年	1980年	1979年	1978年	1977年
358800.0	362400.0	348900.0	279409.0	287703.3	277165.3
39863.57	38178.40	34869.88	27693.94	30326.18	25808.89
19179.71	16460.07	15010.39	12422.90	12890.24	12849.89
4322.19	4769.47	4253.87	4131.21	3885.61	4195.23
3113.55	2774.00	4110.82	3196.29	3214.79	2551.15
1275.86	1190.48	1133.48	989.15	1035.16	826.85
18908.31	20972.55	21151.77	16696.19	16813.35	19916.10
3908.74	4863.95	5240.66	4263.53	3617.71	2618.54
4422.38	5440.92	4949.72	4405.61	5047.22	5226.39
119843.08	76826.69	82234.67	68051.57	89990.54	69548.57
54766.75	53480.75	52780.03	41938.96	44997.41	48194.84
11802.31	15685.32	12756.77	7272.18	7625.48	6244.71
3802.21	6310.16	5021.24	4292.81	5041.86	5502.36
6464.26	5280.93	4135.07	3175.68	3171.93	2654.91
7434.47	7224.74	7186.37	5761.35	5700.89	5291.63
8697.64	12801.72	12314.29	10062.83	11173.54	11134.15
5880.87	6865.71	4270.84	3633.38	3740.94	4446.60
13303.92	12637.95	12661.00	9170.22	6778.92	6238.29
6071.10	7387.25	7554.90	5881.74	5681.61	5761.22
16039.53	18038.56	11782.10	8232.04	8868.53	7052.30
3981.03	4507.43	2748.23	2294.99	2595.41	1802.39
20690.20	20922.16	21879.14	16498.80	14726.95	11876.49
5273.37	4652.31	4963.05	6278.70	7101.47	4202.72
1179.47	1279.92	1140.75	761.38	806.91	539.11
10853.67	9771.99	10571.04	8977.16	10540.22	9741.44
4801.59	3095.24	3314.36	2794.99	3149.42	2790.76
369.06	388.01	337.01	222.34	190.74	89.85
104.00	332.58	253.37	147.50	353.63	54.55
450.23	297.30	273.97	159.43	63.22	31.02

地　　区	2007年	2006年	2005年	2004年
总　　计	454247292.0	388273206.0	310098014.0	241268786.0
北京市	29182079.00	24640426.00	18357107.00	12323957.00
天津市	19622138.00	21539248.00	17243214.00	13670025.00
河北省	1823378.00	1984023.00	1264597.00	988359.00
山西省	668887.00	239395.00	181995.00	109511.00
内蒙古自治区	903322.00	821888.00	653590.00	499776.00
辽宁省	6689118.00	5443623.00	4489467.00	4425625.00
吉林省	324285.00	182543.00	197935.00	189741.00
黑龙江	193823.00	262709.00	241453.00	245122.00
上海市	54462200.00	43625830.00	37955520.00	35918817.00
江苏省	107499999.00	84606114.00	65004546.00	43120660.00
浙江省	23193307.00	21898323.00	15447830.00	14281761.00
安徽省	2723539.00	1972591.00	1464323.00	1235094.00
福建省	16573565.00	15885541.00	14366804.00	13238710.00
江西省	1535593.00	999366.00	635035.00	431615.00
山东省	28041238.00	22649974.00	18445025.00	14019049.00
河南省	2412442.00	2092365.00	1698792.00	1684787.00
湖北省	3341150.00	3149087.00	1750929.00	1438218.00
湖南省	1502822.00	1200546.00	1133410.00	1009433.00
广东省	143870428.00	127132925.00	102866714.00	76708166.00
广西壮族自治区	479852.00	369240.00	307893.00	228623.00
海南省	92321.00	85587.00	50390.00	31119.00
重庆市	481622.00	492799.00	425681.00	443069.00
四川省	5928981.00	4488907.00	3564510.00	2763452.00
贵州省	476355.00	463267.00	466629.00	417212.00
云南省	116136.00	124932.00	111653.00	150478.00
西藏自治区				
陕西省	1784555.00	1644461.00	1553508.00	1541499.00
甘肃省	180663.00	146142.00	126125.00	71741.00
青海省	20166.00	8206.00	404.00	287.00
宁夏回族自治区	5319.00	15968.00	10882.00	9446.00
新疆维吾尔自治区	118010.00	107180.00	82053.00	73437.00

主营业务收入（一）

单位：万元

2003年	2002年	2001年	2000年	1999年	1998年
175789524.0	131228868.3	114383000.0	95292000.0	64850100.0	52772000.0
10205475.00	10159366.90	10095238.75	9762690.35	7170269.51	4990688.45
9019252.00	8980759.30	9068698.35	8978962.71	5736989.96	5011840.03
798302.00	1227650.80	1061964.63	907466.89	864166.88	890005.97
116740.00	117626.50	101751.40	129051.11	73744.54	106333.76
423776.00	360188.80	311577.01	53629.70	63178.96	63297.98
4127151.00	3676792.00	3180564.92	2722124.72	1948137.86	1681900.16
205553.00	199837.90	172867.38	630130.64	392552.66	730266.19
207891.00	275613.90	238416.51	524034.21	467949.35	455700.35
23639703.00	13868531.20	12678806.94	8930744.83	4711071.62	3926640.62
28571767.00	17803719.90	15720894.82	11878292.43	8113564.39	5490235.58
9634237.00	7346403.00	6954917.99	5211203.50	3772766.18	3289852.16
777011.00	831672.10	719428.00	550728.04	428124.20	350735.85
9961981.00	8691001.60	7518046.92	6569415.95	4776175.05	4122741.03
317308.00	249968.40	216232.17	269332.03	218601.72	283400.47
10508059.00	6105424.70	5281424.57	6731095.74	7231107.19	4327703.80
1423562.00	1252980.90	1083876.13	1151015.95	882120.00	738600.14
1899332.00	1545507.90	1336923.11	1304286.45	1035639.59	862162.66
891621.00	828919.80	717047.15	925959.81	595238.32	477047.08
57954106.00	42558721.80	33277950.98	19351475.69	11371690.16	10289638.21
191484.00	248080.40	214598.98	169858.20	186713.30	155876.73
18287.00	22054.50	19077.98	13280.97	27701.74	16439.14
2733294.00	2803440.20	2425082.39	229891.83	97606.46	121118.91
377091.00	225684.20	195225.42	3433353.13	2527041.22	2400630.24
134675.00	132767.30	114848.76	224722.19	139412.38	135968.05
269264.00	282989.50	267796.68	327420.91	212908.94	57969.69
1164064.00	1183021.00	1193358.16	2081151.82	1708270.58	1702373.51
207313.00	206275.30	178435.98	112034.52	82015.96	79428.40
381.00	1889.90	1634.84	0.00	0.00	0.00
6906.00	16707.00	17452.19	17263.78	9328.74	8033.22
3940.00	19471.60	18843.67	4079.40	5108.60	4773.22

地　区	1997年	1996年	1995年	1994年
总　计	44630000.0	33551940.0	29710690.0	20662320.0
北京市	4657090.68	2469578.46	2049866.59	1950451.32
天津市	4227389.03	4019773.99	2453381.84	818248.04
河北省	674641.30	560045.47	552728.37	398923.83
山西省	108228.96	98666.44	96004.09	46503.67
内蒙古自治区	88941.20	27576.85	105208.30	102010.92
辽宁省	1049126.91	986848.64	907325.85	618189.71
吉林省	198052.15	125899.33	135316.07	94095.98
黑龙江	402814.00	289189.17	282556.61	88572.74
上海市	3302386.50	2431292.72	2509916.01	1831244.05
江苏省	5189650.65	4199739.85	3654372.20	2944644.45
浙江省	2877396.91	2474486.07	1908679.86	1014105.80
安徽省	227730.78	181544.40	263220.71	217835.99
福建省	2246641.78	1917029.52	1609959.58	1341363.34
江西省	2953484.52	258501.31	275133.43	243151.11
山东省	2672383.92	1462707.86	1233216.87	873563.53
河南省	604956.23	539122.13	560796.76	322259.74
湖北省	471358.32	327531.73	334492.04	239587.73
湖南省	334162.49	204866.26	192898.69	163806.94
广东省	9729802.68	6792399.92	6824330.20	4558599.10
广西壮族自治区	150754.59	123014.04	138039.69	109406.45
海南省	26741.61	29445.61	25053.68	21718.52
重庆市	238571.29			
四川省	2673032.09	2255247.11	1907268.48	1310669.92
贵州省	132960.92	106213.64	134353.30	104734.79
云南省	84443.27	52764.39	69607.92	46739.21
西藏自治区				
陕西省	1878460.16	1544807.30	1660732.30	1072586.06
甘肃省	78060.22	65205.38	108652.74	111503.71
青海省	2038.69	1620.00	3189.05	2305.63
宁夏回族自治区	8356.29	6820.89	9893.10	6713.05
新疆维吾尔自治区	8224.01		6934.24	8786.16

主营业务收入（二）

单位：万元

1993年	1992年	1991年	1990年	1989年	1988年
16678810.0	10419150.0	8594320.0	6664000.0	5797340.0	5822210.0
1418582.04	804611.78	570537.67	496816.95	376756.19	398203.90
678313.67	425998.93	371962.70	321197.35	261395.49	274782.40
317505.76	203391.85	166995.82	112036.46	113924.44	109159.06
58405.96	47195.20	35329.88	28897.51	26582.09	36637.21
100149.07	63819.99	54383.02	48075.57	38799.18	36397.05
639326.49	404765.93	352301.71	336974.40	334662.68	345612.06
100645.45	72061.81	79877.35	76319.70	58018.50	80832.29
84897.05	54260.77	56676.67	41212.02	44308.59	57807.86
1356034.48	984943.75	884082.29	772856.17	727458.14	683272.26
2667490.22	1603601.75	1335157.78	1048176.80	1031149.81	986412.42
810148.30	460756.80	365943.59	260212.96	239323.67	203192.43
200633.72	151343.78	141902.09	102321.92	93346.61	92676.52
957367.78	512366.64	383216.14	320288.04	245787.45	222614.44
241467.97	152646.39	121221.28	96334.47	78965.11	88497.50
658425.08	360606.13	321063.76	248950.49	220552.08	168587.17
311591.20	197947.49	130678.98	90878.58	87827.77	80572.20
249331.68	173652.21	154819.86	131340.02	134514.04	147205.14
189435.20	121590.69	110504.92	96425.53	103573.67	105646.29
3464187.45	2104958.68	1597458.47	963553.91	699227.70	745040.00
107758.30	70522.60	58047.81	50178.43	44457.05	49341.37
48152.65	40929.48	43060.07	43465.01	20957.21	37763.86
868791.96	609727.91	507279.53	392778.52	360817.07	352391.89
106706.82	72056.43	65328.11	83065.12	73619.47	71902.08
67762.99	50999.53	48453.63	45284.87	25700.78	23807.99
859721.56	572391.71	542595.51	370030.88	262409.95	253907.25
91552.68	87107.06	75181.36	80107.08	76391.85	87860.03
2536.41	2281.25	2183.71	1967.52	1840.40	2051.88
4439.42	3282.75	2725.85	2085.64	2025.38	1828.32
17450.06	9333.38	15351.70	14365.70	12945.24	11801.07

地　　区	1987年	1986年	1985年	1984年
总　　计	4110640.0	3354800.0	2599000.0	1819100.0
北京市	217097.63	214228.54	204991.31	156106.71
天津市	222310.73	188136.59	164853.31	106282.30
河北省	74192.43	42053.34	39539.08	23981.17
山西省	29159.35	22637.69	24789.54	18686.13
内蒙古自治区	28884.47	23958.76	20307.35	9071.09
辽宁省	226479.07	173330.80	169302.49	107848.69
吉林省	61389.92	41324.66	38458.56	25725.87
黑龙江	38500.34	31502.81	34844.21	20132.90
上海市	597775.58	624032.03	444060.45	294504.59
江苏省	731085.15	570803.77	464298.13	277467.24
浙江省	165665.08	136903.85	123236.31	55184.91
安徽省	61827.82	42755.60	34330.84	20245.75
福建省	134911.22	103483.40	106161.96	73202.95
江西省	66711.31	51352.33	54826.43	32660.66
山东省	129843.29	112543.20	95598.81	56552.68
河南省	46601.41	35076.67	42406.60	31219.54
湖北省	109847.63	87706.96	86612.43	56956.69
湖南省	81916.29	58520.91	46786.11	32724.99
广东省	505653.22	321315.00	279364.82	174597.60
广西壮族自治区	36460.79	26066.92	30923.06	17563.25
海南省				
重庆市				
四川省	241598.38	187665.17	141103.95	91845.07
贵州省	47523.61	40388.78	34970.11	25285.75
云南省	18502.29	18756.50	15941.28	6944.95
西藏自治区				
陕西省	167758.18	150656.95	110767.60	78646.96
甘肃省	54441.89	37763.32	29690.98	21316.72
青海省	1606.41	1525.50	1585.33	1191.72
宁夏回族自治区	1624.26	2307.02	2087.69	1297.80
新疆维吾尔自治区	11284.15	8008.50	6650.55	1857.55

主营业务收入（三）

单位：万元

1983年	1982年	1981年	1980年	1979年	1978年
1250800.0	917200.0	899700.0	827800.0	751000.0	145400.0
112941.29	87085.24	85423.67	70318.99	67550.08	13242.16
74624.15	53320.85	52303.50	56401.64	49666.92	9615.94
14412.00	11529.72	11309.73	10405.91	8689.49	1682.36
15348.92	10255.40	10059.73	9255.80	9148.08	1771.15
5444.76	3158.19	3097.94	2850.36	2585.92	500.66
77731.10	55093.18	54042.01	41445.22	30090.09	5825.70
17550.48	10834.53	10627.81	9778.48	8871.27	1717.55
11680.05	12259.83	12025.91	11064.86	17548.30	3397.50
246103.06	220147.38	215947.01	190411.49	163235.87	31991.07
190361.58	143923.71	141177.67	138173.38	132105.21	24415.04
40184.23	31879.39	31271.14	37050.09	33612.73	6507.71
13515.61	10506.66	10306.19	9482.57	9353.81	1810.98
29531.20	14162.86	13892.63	12782.40	10845.50	2099.78
25312.78	18244.96	17896.85	16466.61	14938.91	2892.30
39609.91	28454.16	27911.26	17402.72	15825.71	3063.99
23054.92	17448.37	17115.46	15747.67	14286.66	2766.02
44469.09	30999.42	30407.96	27977.89	23631.21	4768.81
19368.02	15327.89	15035.43	13833.87	13301.42	2575.27
80945.03	35128.85	34458.59	31704.82	27261.37	5278.03
13368.09	9552.32	9370.07	8621.25	8572.41	1659.69
65869.75	46119.99	45240.03	49912.65	46023.88	8910.62
18000.92	13840.62	13576.54	12491.56	10581.65	2048.70
3804.01	3243.82	3181.93	2927.65	2656.03	514.23
52864.27	24089.25	23629.63	21731.26	21943.69	4355.26
12265.63	8175.47	8019.49	7378.61	6693.05	1396.02
1096.83	975.74	957.12	880.63	874.03	269.22
546.16	347.03	340.41	313.20	284.15	65.01
1381.74	1095.17	1074.28	988.42	822.37	259.22

地　　区	2007年	2006年	2005年	2004年
总　　计	16633769.0	13840635.0	10741319.0	10041945.0
北京市	1213411.00	709847.00	465243.00	486180.00
天津市	748075.00	1218058.00	1358282.00	1360623.00
河北省	239419.00	189353.00	106071.00	111740.00
山西省	38577.00	7337.00	121.00	-2967.00
内蒙古自治区	43390.00	50133.00	40855.00	93704.00
辽宁省	271837.00	207897.00	132695.00	165144.00
吉林省	6538.00	293.00	-21523.00	-40030.00
黑龙江	8763.00	11247.00	13407.00	19066.00
上海市	1203430.00	943469.00	756034.00	1100468.00
江苏省	4269999.00	3258468.00	2150186.00	1535054.00
浙江省	1093818.00	919217.00	503914.00	746118.00
安徽省	162386.00	119638.00	83958.00	80482.00
福建省	769943.00	638664.00	787843.00	897537.00
江西省	45255.00	55310.00	32773.00	19232.00
山东省	986781.00	833072.00	763838.00	557327.00
河南省	191517.00	108442.00	87245.00	131658.00
湖北省	130676.00	127370.00	35656.00	83043.00
湖南省	-8405.00	34118.00	48058.00	67108.00
广东省	4727584.00	4160458.00	3302863.00	2839786.00
广西壮族自治区	15039.00	15541.00	11351.00	10441.00
海南省	11392.00	12362.00	28.00	2608.00
重庆市	12114.00	26068.00	19060.00	19651.00
四川省	371483.00	92762.00	116455.00	-326763.00
贵州省	19036.00	15247.00	-32698.00	11327.00
云南省	9334.00	6245.00	2915.00	4415.00
西藏自治区				
陕西省	27083.00	60352.00	-35937.00	64505.00
甘肃省	12893.00	9122.00	4230.00	-3380.00
青海省	246.00	638.00	-31.00	0.00
宁夏回族自治区	181.00	-648.00	-751.00	-1264.00
新疆维吾尔自治区	11974.00	10555.00	9177.00	9135.00

制造业利润总额（一）

单位：万元

2003年	2002年	2001年	2000年	1999年	1998年
6958893.0	5756058.1	5088000.0	5487000.0	3413000.0	2356000.0
544724.00	528708.20	567345.41	564122.75	292397.87	306780.76
259329.00	426293.30	476816.96	540704.74	517091.82	262347.73
69931.00	101294.50	89538.08	67727.68	35643.86	-34512.00
3138.00	260.00	53.04	-1014.00	-6125.00	-3249.00
95065.00	66745.70	58999.08	5273.96	2062.25	-3106.00
143479.00	153117.50	135346.42	91844.88	55791.78	6682.16
-9052.00	-394.30	-525.32	44763.64	6839.79	42773.51
9310.00	7106.10	6281.35	15961.78	13622.74	11448.84
595745.00	460420.40	406983.21	777938.51	310963.40	150198.61
910344.00	553079.50	398888.13	333599.05	248140.15	51022.76
558717.00	502056.20	443786.69	355866.40	231750.55	143114.02
43842.00	32596.60	28813.38	7672.11	4359.81	-9079.00
647203.00	506234.30	447479.87	274064.94	192175.20	160536.84
13755.00	6877.70	6079.46	-1720.00	-5129.00	-6295.00
409234.00	233610.50	206497.26	365251.28	259705.93	132142.98
87526.00	58325.40	51556.05	132374.65	53151.83	19841.71
113221.00	98874.60	87399.04	140985.11	84787.53	86876.63
63006.00	42489.20	37557.83	64394.01	33366.14	4642.96
2208563.00	1652595.50	1457792.40	1406569.73	999272.15	767020.87
6876.00	11593.50	10247.94	4113.74	-389.00	-3483.00
-222.00	1152.00	1018.30	-1453.00	-1528.00	-1781.00
107091.00	107946.90	95418.40	-6143.00	-9097.00	-26860.00
11257.00	2247.50	1986.65	156282.70	22005.26	265787.64
4856.00	5572.30	4925.57	1322.73	-1553.00	3040.32
12739.00	10471.40	9256.07	11043.94	6621.67	1441.95
45949.00	63076.10	55755.38	137111.61	71068.28	42733.70
4354.00	4068.00	3595.86	-897.00	-5726.00	-8765.00
6.00	-588.60	-697.07			
-970.00	571.70	505.35	1820.17	-761.00	-440.00
-119.00	-443.60	-657.30	416.89	-510.00	-864.00

地　　区	1997年	1996年	1995年	1994年
总　　计	2380000.0	1376730.0	1228280.0	984670.0
北京市	265970.40	149980.90	119332.16	126761.10
天津市	391014.58	374862.84	271717.60	31294.75
河北省	22126.72	26503.40	26432.66	23428.86
山西省	-2171.00	-4230.00	-3695.00	-884.00
内蒙古自治区	-1069.00	-1662.00	-183.00	2864.69
辽宁省	-12434.00	-14934.00	-36045.00	14604.77
吉林省	4991.05	-747.00	-3934.00	-5112.00
黑龙江	8468.33	2554.45	-666.00	201.90
上海市	153196.20	56483.35	107910.92	97969.44
江苏省	29802.12	26987.91	59613.10	128068.50
浙江省	171594.92	82073.54	74618.28	49850.66
安徽省	-14350.00	-17315.00	-11606.00	121.64
福建省	148053.15	55959.52	53772.83	48214.76
江西省	-3924.00	2257.66	5374.04	8931.66
山东省	89368.76	37231.09	27648.08	39789.51
河南省	18055.53	35636.78	67152.46	36213.20
湖北省	28786.68	-675.00	3830.77	4585.81
湖南省	6567.50	-10861.00	-2282.00	-2945.00
广东省	623821.54	322570.11	280486.11	204284.70
广西壮族自治区	-5590.00	-8950.00	-1984.00	1982.61
海南省	-936.00	-4769.00	-1569.00	400.49
重庆市	-42041.00	0.00	0.00	0.00
四川省	439796.79	259372.13	159537.12	110407.90
贵州省	-1728.00	-7614.00	-8004.00	-2075.00
云南省	5613.17	-1762.00	-249.00	1536.60
西藏自治区				
陕西省	69205.55	33772.31	56957.87	64058.25
甘肃省	-8995.00	-12638.00	-13670.00	1687.20
青海省		-1242.00	-1061.00	-757.00
宁夏回族自治区	-2403.00	-2117.00	-373.00	-271.00
新疆维吾尔自治区	-792.00	0.00	-783.00	-1545.00

制造业利润总额（二）

单位：万元

1993年	1992年	1991年	1990年	1989年	1988年
721300.0	461180.0	308620.0	290380.0	430250.0	438230.0
133128.77	63531.41	40682.02	40881.46	119691.43	31498.27
19635.10	16462.20	18957.68	23706.55	111803.91	27829.35
9309.58	8103.44	5836.04	-785.00	4042.89	6736.74
-1937.00	206.76	387.19	-1118.00	-163.00	335.37
313.79	2619.70	2024.92	1900.87	2197.80	3381.20
8152.29	12220.56	8955.97	7827.51	14392.14	32681.23
-10119.00	134.70	-1751.00	-2855.00	2096.85	6493.91
-516.00	513.76	179.20	-1502.00	284.00	1465.19
50231.06	43665.56	37766.88	29930.99	26080.50	53517.28
81530.71	55834.43	39643.96	33111.63	36686.39	74975.51
33219.67	23358.78	15867.82	15837.46	12166.97	18066.03
-11877.00	4202.48	3333.05	3230.27	3915.18	6017.43
54492.06	20947.41	14812.49	16592.71	5021.38	11387.94
5893.64	6972.55	5693.96	5516.15	3195.14	7032.70
11666.11	16660.34	14031.06	14840.74	10431.35	14254.17
13598.55	2952.55	-593.00	4176.01	3926.12	4809.73
3664.49	5836.17	4455.59	2177.21	4700.89	10376.33
-5504.00	2509.27	1503.33	1816.36	3300.35	6072.41
201696.27	92182.85	48355.45	31713.81	17741.75	39621.39
742.53	1283.61	382.71	-688.00	740.10	2614.24
-1546.00	-3626.00	-2429.00	-289.00	420.83	2321.94
-360.00					
79025.06	35576.21	22777.12	29256.23	23779.32	39276.85
-4883.00	158.98	-990.00	2132.95	3322.24	5790.18
1118.45	1855.33	1959.00	1027.57	769.29	2587.67
49106.39	37671.19	24137.73	27117.92	15371.84	22525.73
2297.49	3196.11	2380.75	4264.55	3881.12	5451.15
-482.00	-24.00	-34.00	44.27	52.30	111.79
-2.00	101.03	27.52	68.42	-26.00	-39.00
-296.00	55.60	265.59	445.37	426.91	1037.27

地　区	1987年	1986年	1985年	1984年
总　计	292710.0	222564.0	376735.0	319900.0
北京市	14652.27	14873.00	29404.80	30505.79
天津市	18323.40	14120.00	22149.60	20178.72
河北省	4573.52	1317.00	4534.00	3264.12
山西省	-2548.00	-181.00	1884.00	2081.83
内蒙古自治区	1665.94	1030.00	1429.90	1124.14
辽宁省	16403.26	9808.00	19356.70	14450.83
吉林省	3572.39	972.00	4071.60	3414.61
黑龙江	431.15	726.00	2210.80	1323.66
上海市	55947.86	63598.00	81703.90	67597.96
江苏省	56319.37	44472.00	69066.30	51393.65
浙江省	14799.89	12630.00	18294.20	10400.04
安徽省	4234.27	2808.00	4252.10	2231.19
福建省	9690.62	-4266.00	5901.10	6899.91
江西省	5026.18	3917.00	7433.70	5594.49
山东省	9343.55	7681.00	9462.80	7043.57
河南省	1911.34	1839.00	4538.40	3597.03
湖北省	6363.62	5090.00	10122.10	9909.79
湖南省	4565.70	3031.00	4707.80	4376.86
广东省	26810.51	12267.00	21435.70	26852.89
广西壮族自治区	2403.10	1932.00	3688.60	2732.83
海南省				
重庆市				
四川省	14674.75	3183.00	17841.00	14645.79
贵州省	3832.45	2465.00	4520.90	3594.75
云南省	834.93	581.00	2292.00	1059.16
西藏自治区				
陕西省	15909.54	15767.00	20996.10	20534.43
甘肃省	2551.71	2832.00	4661.30	4918.41
青海省	377.38	54.00	116.90	23.94
宁夏回族自治区	-253.00	73.00	269.70	39.90
新疆维吾尔自治区	292.32	128.00	389.00	119.71

制造业利润总额（三）

单位：万元

1983年	1982年	1981年	1980年	1979年	1978年
196100.0	105400.0	128400.0	134900.0	32494.0	26625.0
21631.02	15048.32	17491.34	16356.26	3667.05	3263.76
10686.91	5464.72	6012.81	5198.35	1309.74	665.25
1290.65	-43.22	1017.68	827.02	317.44	256.92
1047.22	-345.76	-502.10	606.11	143.26	153.95
572.98	-18.52	208.12	154.64	51.33	54.29
6539.37	-588.02	3408.38	4254.03	1056.82	989.85
1413.51	-214.65	326.41	795.57	217.26	83.00
-310.00	-536.44	420.91	293.55	122.10	214.47
55770.10	42697.48	41189.44	47124.39	11418.06	8616.05
31832.21	20000.12	20147.74	21439.43	5206.62	4592.83
6983.75	4652.98	6621.95	5652.52	807.45	751.94
1114.97	-1.45	2221.78	1611.59	502.73	509.08
3739.90	2305.86	1674.21	1195.81	274.80	240.19
3471.21	1189.73	1485.79	2070.39	532.11	435.65
3751.38	-278.57	2946.83	3423.63	888.76	942.91
1537.53	-120.95	1564.49	302.91	149.51	154.94
8012.60	4543.71	3953.00	4431.72	960.39	470.01
1527.19	342.31	1627.30	2218.37	519.64	437.60
11541.22	2601.34	5559.64	3232.53	589.57	567.05
1508.82	615.49	1148.15	670.26	153.88	158.76
8804.90	4487.96	6200.95	7662.13	1749.90	1135.11
1532.93	-66.47	451.27	978.28	779.85	744.12
478.83	136.03	279.59	76.31	28.57	43.12
9143.64	2170.95	2201.51	3292.24	910.39	952.50
2701.87	1435.03	671.19	1002.39	260.11	276.62
-133.00	5.57	48.72	48.91	6.64	3.89
-125.00	-78.09	25.98	-15.80	-96.00	15.03
33.30	-5.45	-16.00	-3.50	-34.00	-34.00

地　　区	2007年	2006年	2005年	2004年
总　　计	4770927.0	4730590.0	3639611.0	3066239.0
北京市	285232.00	290755.30	416170.70	188450.58
天津市	147391.00	448566.86	354887.92	173447.47
河北省	51879.00	87220.26	87357.27	46970.52
山西省	17546.00	5731.25	4767.54	3168.94
内蒙古自治区	12883.00	19284.72	9898.61	22615.76
辽宁省	93450.00	100491.33	79955.66	36028.81
吉林省	9394.00	13283.42	11209.68	8110.39
黑龙江	5155.00	10482.60	15806.39	14152.85
上海市	185004.00	360059.61	542566.20	352660.60
江苏省	645029.00	1258342.98	1053841.42	602266.83
浙江省	437654.00	610561.90	638711.64	358953.79
安徽省	53494.00	92306.48	83781.61	47042.51
福建省	103517.00	233081.69	297208.60	159783.68
江西省	27580.00	30153.11	30996.97	11846.59
山东省	625684.00	848089.39	888797.05	429019.20
河南省	90264.00	95656.65	105787.79	66368.93
湖北省	94741.00	174571.69	87371.18	54774.32
湖南省	42298.00	40981.38	57607.80	36335.41
广东省	1609422.00	2236385.48	2106475.07	970518.90
广西壮族自治区	13465.00	14119.80	13847.72	7870.83
海南省	851.00	1590.99	2018.26	141.50
重庆市	6989.00	13453.16	15331.62	13545.87
四川省	130603.00	167720.12	197225.29	103354.76
贵州省	12132.00	16048.74	19268.82	10252.81
云南省	2159.00	3141.85	4098.10	3660.48
陕西省	47268.00	103818.36	81449.49	73346.06
甘肃省	11229.00	11218.69	10458.80	3402.29
青海省	12.00	-253.08	43.70	16.14
宁夏回族自治区		624.97	190.70	434.44
新疆维吾尔自治区	8600.00	12510.30	12864.42	7462.46

制造业税金总额（一）

单位：万元

2003年	2002年	2001年	2000年	1999年	1998年
2576929.0	2475882.0	2605964.0	1915382.0	1306317.0	1095272.0
145530.86	196885.77	111351.25	88067.48	125267.40	125103.33
108709.39	118598.41	196938.98	148534.18	160760.38	170293.05
44058.28	47500.46	30318.82	37348.12	45713.89	31018.02
2851.40	3253.10	1826.22	2127.15	2419.10	3614.65
25547.62	15441.33	1789.58	1521.83	1534.13	2418.14
41986.15	84357.11	51818.72	68982.34	48921.25	26075.97
6897.40	11037.19	13526.66	15663.02	22868.87	14804.99
7569.50	8943.33	9110.60	4287.43	4787.86	5384.95
318509.53	265211.48	82444.60	132772.79	103049.01	107031.41
381916.92	325876.18	295567.49	386305.33	246459.68	159847.06
314991.61	255491.26	105243.08	160563.28	118245.90	86347.00
21072.90	30793.93	13674.69	11680.76	14215.21	8364.99
108950.54	105444.27	48447.68	97526.72	104453.31	92744.69
10926.65	9082.16	6665.13	6947.62	8991.48	10241.06
294893.37	195237.07	201301.54	212026.49	185465.43	136001.48
54431.17	38980.02	24180.60	39649.94	42882.77	31137.01
44941.38	49555.99	55859.57	53894.52	33838.29	32408.88
28970.64	21196.05	13476.82	9074.77	17378.86	17298.49
703428.58	515620.11	255348.08	267631.57	368950.28	280592.72
8836.66	8241.95	4427.79	5419.77	6873.11	4647.22
310.37	239.32	192.00	133.51	168.25	419.11
10233.34	9981.70	8684.82	2950.31	3188.82	2088.93
100232.22	72358.21	80795.72	96290.99	109458.44	29455.29
11928.10	6999.54	4433.65	6733.80	6062.33	4251.91
7141.90	2975.65	3539.59	3468.29	3334.55	555.29
54940.27	73048.89	54806.48	59808.19	61565.24	63569.69
16570.28	15863.70	3095.49	2241.59	2372.73	1730.64
24.56	66.05				
341.63	500.39	390.60	897.44	459.71	481.25
255.67	955.62	514.45	204.78	170.90	144.11

地　　区	1997年	1996年	1995年	1994年
总　　计	**802954.0**	**661807.0**	**586421.0**	**545562.0**
北京市	78882.15	53721.77	84146.59	68841.97
天津市	64316.31	121225.27	130136.74	25998.50
河北省	31004.65	31102.98	37407.45	24297.80
山西省	2925.99	3063.30	3103.52	1660.94
内蒙古自治区	2715.14	1398.94	1868.64	4875.77
辽宁省	22649.61	22828.00	43583.77	33013.92
吉林省	7704.00	5747.20	6957.96	7050.60
黑龙江	4538.80	5587.95	5917.05	4771.77
上海市	64794.73	79269.59	85811.66	84726.46
江苏省	135768.20	145623.96	130217.41	145029.71
浙江省	78260.70	74782.36	59692.90	46974.41
安徽省	4012.29	5489.59	8634.56	9508.37
福建省	60930.40	55743.67	40065.42	24207.56
江西省	9808.79	8437.35	14067.64	12258.25
山东省	57285.55	45954.22	25198.85	37501.22
河南省	31179.74	24611.03	39349.07	29187.33
湖北省	12441.32	10509.22	14031.15	7992.72
湖南省	15512.81	8938.54	12416.02	10933.78
广东省	155914.75	169768.16	194582.88	111056.85
广西壮族自治区	4388.37	3569.17	2972.93	4805.42
海南省	545.00	499.62	1916.66	446.59
重庆市	4805.14			3910.71
四川省	69784.82	73848.70	96879.49	71437.38
贵州省	5353.84	3886.12	4142.51	4378.71
云南省	4143.00	1181.92	1004.42	2414.94
陕西省	58410.08	74516.94	78041.33	50452.30
甘肃省	1525.26	1469.20	2949.88	5548.71
青海省				156.00
宁夏回族自治区	270.03	459.03	754.76	318.12
新疆维吾尔自治区	168.93		288.07	633.18

制造业税金总额（二）

单位：万元

1993年	1992年	1991年	1990年	1989年	1988年
383435.0	274262.0	250181.0	206923.0	209643.0	227794.0
48082.23	29546.61	23890.96	18993.30	15493.32	17163.65
23352.64	18150.45	16280.67	15100.98	14160.33	13583.60
13595.34	6780.01	3953.29	4523.13	4400.42	5264.09
1680.27	1253.90	1647.43	1305.70	1277.88	1747.99
5043.82	3325.69	3106.54	2835.91	2257.94	1682.85
28429.50	17608.80	16087.09	16231.76	20414.60	18987.43
3151.83	2617.49	2693.03	3054.90	3688.01	4054.95
3907.12	2218.03	2342.74	1903.46	1994.23	2411.18
47274.38	35170.21	36018.16	32408.43	32686.98	33844.12
89859.31	54854.86	50604.00	39606.33	44388.64	47413.50
37158.21	20119.32	15181.07	15388.84	12583.32	9907.62
8275.23	7011.56	6681.88	5273.77	5387.04	4822.35
28827.42	13109.11	11513.54	9818.94	14223.31	9272.85
11009.62	7290.51	5874.63	4615.41	4353.19	4804.59
26247.69	16719.15	15312.76	13917.86	13012.34	8999.28
15931.81	8777.32	5600.72	4695.30	5038.05	4239.69
7676.10	6693.35	7134.89	6633.19	6872.22	7433.67
5683.50	4538.97	3538.47	4327.55	4345.32	5193.03
88434.31	58376.89	45237.69	30144.11	20969.57	24339.15
3740.45	3332.46	2712.79	2705.06	2907.37	2605.40
888.94	625.60	780.91	878.73	581.21	1224.54
3654.86	2793.52	3203.99	1972.33	7208.09	
36092.08	24019.14	20879.24	22331.93	14859.62	20260.52
3335.02	2381.87	1926.61	2873.10	2746.00	3044.76
2747.90	2567.39	2807.60	2213.36	1768.57	1628.37
28244.80	18036.70	20842.36	17402.49	13626.35	11237.55
2806.46	2815.19	2541.59	2851.06	2885.07	3783.75
58.56	70.41	85.60	90.90	53.79	54.48
165.17	194.99	135.64	107.43	44.61	60.40
952.00	380.50	845.44	794.72	822.62	704.64

地　　区	1987年	1986年	1985年	1984年
总　　计	140388.0	167152.8	121328.9	73621.8
北京市	7083.24	5821.65	8171.92	6057.89
天津市	10072.97	6999.32	6084.00	4136.29
河北省	2680.31	1341.68	1800.58	1276.63
山西省	1245.00	714.17	841.27	596.46
内蒙古自治区	1495.47	835.46	874.07	513.56
辽宁省	10404.47	5479.08	6979.90	6044.97
吉林省	2663.12	2962.78	1382.54	1150.85
黑龙江	1521.26	431.29	1624.11	1152.36
上海市	25268.36	10018.50	25130.30	17484.43
江苏省	32234.96	17983.34	21376.19	11826.70
浙江省	8250.89	4718.09	5688.69	3574.88
安徽省	2874.31	1330.89	1376.06	1014.62
福建省	5919.28	4547.27	3511.24	3568.70
江西省	3714.13	1677.15	2067.38	1150.85
山东省	6405.49	4512.46	4645.23	3425.87
河南省	2217.43	1420.95	1925.61	1092.56
湖北省	5021.75	3389.80	3147.63	2231.04
湖南省	2901.32	1050.21	1803.47	1509.35
广东省	16636.85	7100.23	9877.29	8955.90
广西壮族自治区	1818.39	1544.31	1570.87	754.81
海南省				
重庆市				
四川省	9913.35	4980.18	4930.07	1264.67
贵州省	1721.39	1112.27	1157.22	565.66
云南省	620.04	512.17	711.86	402.77
陕西省	7411.07	3611.42	3237.46	548.89
甘肃省	1966.95	2048.35	786.53	675.91
青海省	11.05	11.72	40.88	35.05
宁夏回族自治区	51.57	30.13	73.08	71.48
新疆维吾尔自治区	245.56	206.79	149.55	98.97

制造业税金总额（三）

单位：万元

1983年	1982年	1981年	1980年	1979年	1978年
46876.5	35932.3	28424.5	26536.4	25142.3	26361.4
4545.46	3462.76	1982.87	2166.22	223.01	192.39
3246.91	2280.62	1166.45	1278.34	139.81	94.47
693.63	561.52	345.48	438.50	52.95	42.09
397.58	295.98	164.49	192.34	20.85	12.18
327.04	193.74	70.88	91.07	11.91	8.67
3845.85	3124.03	1929.36	2063.87	217.97	145.85
689.14	576.54	367.42	433.90	52.46	31.84
434.56	476.77	378.40	386.17	49.62	40.52
10090.97	8830.58	5883.35	6496.28	661.29	478.49
8011.25	6953.42	4596.68	4732.50	471.84	342.38
2022.96	1986.86	1460.08	1176.88	90.69	59.52
470.26	481.99	365.48	332.04	37.09	28.08
1526.41	1061.92	535.11	353.51	33.32	21.92
983.26	810.47	508.51	452.48	43.12	34.15
1570.77	1592.28	1197.91	1196.36	137.31	97.33
902.04	774.74	506.96	392.16	46.90	31.72
1398.80	1227.98	820.59	1060.24	89.73	61.21
899.58	938.93	721.06	776.33	81.95	56.25
3529.49	2991.18	1931.50	1039.07	95.40	81.25
500.29	724.96	663.77	180.25	27.55	18.64
1903.15	1508.64	906.42	607.67	71.49	49.14
475.92	404.96	262.56	165.87	26.29	14.78
173.14	189.76	150.50	57.92	9.09	6.39
1092.06	842.26	489.77	297.89	2.13	23.04
273.18	195.64	103.02	55.02	7.92	2.48
19.13	45.75	48.74	29.26	2.07	0.96
20.31	23.55	19.32	17.08	1.72	1.68
56.86	42.16	23.30	30.76	1.93	0.59

地　　区	2007年	2006年	2005年	2004年
合　　计	6748183	6263994	5505477	4399452
北京市	166038	153174	129566	101887
天津市	154866	168365	142173	125945
河北省	41151	48805	44415	43282
山西省	60092	16381	14874	14586
内蒙古自治区	5881	8028	7929	5704
辽宁省	129962	127466	106130	95592
吉林省	16169	12049	13427	12157
黑龙江	7621	8452	9800	9849
上海市	429949	377267	343927	298668
江苏省	1385069	1135307	936363	701958
浙江省	505367	487899	426278	378485
安徽省	62510	47584	45518	40900
福建省	267704	270529	238932	215642
江西省	58328	46871	38753	33150
山东省	336565	317913	265454	220220
河南省	53063	48069	48995	44797
湖北省	61755	57677	43180	40788
湖南省	34853	36960	34631	35440
广东省	2687029	2642152	2360345	1724840
广西壮族自治区	21395	15402	13194	12609
海南省	1750	2099	1646	984
重庆市	17613	18679	15911	17432
四川省	138703	110436	112777	107425
贵州省	10884	13824	14197	16876
云南省	2273	2579	3134	7601
西藏自治区				
陕西省	74364	72478	74625	76231
甘肃省	14606	13809	15561	12624
青海省	204	167	56	53
宁夏回族自治区	78	1026	845	837
新疆维吾尔自治区	2341	2547	2841	2890

制造业从业人员人数（一）

单位：人

2003年	2002年	2001年	2000年	1999年	1998年
3564648	3228098	3017000	2950000	2580000	2620000
99958	98151	137347	134296	112287	123957
119742	117432	201063	196598	124908	129372
39450	53184	93532	91455	83180	83964
14026	13810	27778	27161	31689	38663
5533	6618	5093	4980	6994	11867
94852	100188	123072	120339	142973	148385
14983	20524	42689	41741	36725	39592
8945	15226	33982	33227	25746	30083
234739	216567	96178	94042	108578	117663
515749	401189	310532	303636	321783	334452
278276	244073	210621	205943	165998	157949
32932	34754	34290	33528	36998	47828
169171	149607	214829	210058	154559	146935
29931	26724	55532	54299	59386	66776
178337	141196	227631	222576	160449	139704
44488	54072	87007	85075	72416	73525
49679	58165	83270	81421	79600	79193
35410	32272	63481	62071	56492	53650
1347722	1160058	409907	400804	326677	310973
14008	16183	25389	24825	23680	26379
1177	1135	2774	2713	2407	2677
101494	114340	33244	32506	19698	29559
20715	17713	227762	222704	206852	205811
8643	7962	34948	34172	29150	31050
14725	18210	15433	15091	6629	7281
68510	68800	179584	175596	146923	143437
20235	20262	35391	34605	32451	34276
51	334				
736	1364	3691	3609	3474	3548
431	985	693	678	1297	1451

地　　区	1997年	1996年	1995年	1994年
合　　计	2870000	2816874	2765065	2825938
北京市	137506	129798	133079	137268
天津市	137644	135743	120588	123902
河北省	90108	86075	75823	80781
山西省	44722	46383	44738	42134
内蒙古自治区	16463	14404	19524	20800
辽宁省	166905	189836	190764	200448
吉林省	40543	42707	45383	48641
黑龙江	39234	37081	39906	38773
上海市	118748	158759	174325	180770
江苏省	400865	408753	413904	436639
浙江省	159925	151492	149798	153470
安徽省	62951	72024	68194	67278
福建省	128199	100038	90487	93896
江西省	78304	77676	76349	76388
山东省	142257	134077	117841	119836
河南省	78073	67006	66647	70702
湖北省	89420	95819	99448	103204
湖南省	65718	66686	68826	68457
广东省	321642	281232	272428	261253
广西壮族自治区	29470	27397	28429	29643
海南省	3777	4856	4453	2808
重庆市	37579			
四川省	219855	232562	224004	225418
贵州省	47475	49931	49047	51039
云南省	8640	8752	9920	9902
西藏自治区				
陕西省	158662	154771	136229	140251
甘肃省	36954	36347	36081	37821
青海省		2654	2571	2657
宁夏回族自治区	3861	4020	3908	3792
新疆维吾尔自治区	1784		2370	2961

制造业从业人员人数（二）

单位：人

1993年	1992年	1991年	1990年	1989年	1988年
2699847	2393020	2337260	2131350	2051840	1579975
142402	121778	130581	124593	124960	99683
109307	98009	100264	94465	92092	71827
77088	67384	66707	57754	54982	33539
40941	35904	36162	34763	34599	28598
19073	17952	15954	13705	12491	9025
191283	165970	167393	155474	150899	118962
45106	38560	38551	37266	35639	27528
36850	33231	32396	31186	30742	24610
199511	163476	180946	176890	173092	130687
403507	375938	349149	320738	313548	248288
142255	132557	119437	105469	98235	71823
63871	57303	51237	45507	43275	33299
70909	68517	61216	56363	54057	37310
71884	65387	61157	55949	55223	43946
115451	98249	94752	83923	77713	60527
66083	61208	58368	48038	43994	34394
101512	89346	83173	77764	74123	57002
67687	59112	62723	55396	54244	42659
248669	214693	212630	160096	148795	113085
29779	26298	26715	25227	24187	18213
7140	6152	6476	4783	3553	
217553	192063	182967	163068	157903	120320
49551	43357	43777	61577	37017	49024
10103	8495	8856	8339	7842	6386
128167	114748	107863	97198	89348	67108
34814	29462	29494	27934	26767	22830
2674	2323	2361	2206	2168	1709
3071	2343	2612	2499	2445	1905
3606	3205	3340	3181	2990	2372

地　　区	1987年	1986年	1985年	1984年	1983年
合　　计	1528538	1481699	1425528	1282160	1252315
北京市	97872	102761	104145	104358	105280
天津市	72636	73265	69826	65958	65224
河北省	31850	30778	28170	24821	24540
山西省	28855	27165	27627	27567	27299
内蒙古自治区	8662	7699	7429	7284	7013
辽宁省	121162	123845	115360	111118	1100619
吉林省	27258	27803	26585	25968	25975
黑龙江	24670	24935	25292	26072	27062
上海市	140316	142345	136867	117378	115527
江苏省	242879	235781	229525	186600	179941
浙江省	68087	60089	60578	38341	36822
安徽省	31318	27082	26465	23854	22138
福建省	32208	30149	28782	25374	22939
江西省	41469	40866	39480	30279	30694
山东省	60438	59914	56653	53734	51950
河南省	34210	33669	32848	31617	31771
湖北省	56221	55889	50699	49486	48359
湖南省	42052	41421	40746	38916	37189
广东省	104483	81143	70131	56143	46671
广西壮族自治区	17221	16993	16924	15160	14452
海南省					
重庆市					
四川省	115092	108815	104936	99440	97206
贵州省	31053	30645	30656	30335	29856
云南省	6854	7047	7053	6823	7240
西藏自治区					
陕西省	64885	63968	61555	60419	59877
甘肃省	20974	21789	21373	19433	16706
青海省	1720	1721	1753	1740	1761
宁夏回族自治区	1957	1945	1971	2076	2088
新疆维吾尔自治区	2137	2178	2098	1866	1829

制造业从业人员人数（三）

单位：人

1982年	1981年	1980年	1979年	1978年	1977年
1244389	1229873	1187809	1106970	1052903	974923
103936	101135	91075	89137	91213	90402.24
64321	60693	57976	55840	52440	45884.68
24858	26180	25911	26359	23465	21012.80
28152	27824	27052	26753	26365	24497.26
7140	6917	6959	7094	6830	6335.46
115138	117131	113314	97126	91535	78121.50
27649	28257	26790	25636	25458	23365.61
29623	31828	30939	29146	28784	26069.69
115023	110361	114526	102575	99655	95474.70
176670	171424	166535	158235	139184	131294.26
35778	39692	34854	30730	27776	23656.55
22904	22241	20365	18193	18321	16541.68
20569	21140	19814	18811	19264	16865.71
32096	33301	31014	29650	29660	27747.21
52382	56287	59137	52239	44149	38909.93
31212	31880	26836	24851	25350	24075.93
46816	45612	43376	40933	38802	37004.72
37719	37610	34857	31214	29817	26244.84
44296	42400	44680	41113	38661	33829.69
14555	14745	13988	12998	11927	11213.31
94489	89783	89802	85855	81618	77351.83
30373	29813	29024	28356	28501	27461.14
7256	6923	7432	6533	6135	5919.98
59751	56895	51472	48307	47905	44846.45
16200	14212	14756	14512	14671	14249.20
1748	1685	1439	1179	1143	1079.10
1771	2081	2053	1912	2516	2460.82
1963	2018	1834	1625	1658	1638.60

年 份	程控交换机	移动电话（手机）	微波通信设备	光通信设备	电话单机
	万线	万部	部	部	万部
1978	46.0				67.3
1979	43.0				41.3
1980	36.0				40.5
1981	32.0				43.5
1982	37.0				43.1
1983	53.0				72.7
1984	72.0				110.7
1985	91.0				169.9
1986	51.0				131.7
1987	69.0				275.8
1988	73.1			69	726.2
1989	104.0		90	232	880.1
1990	229.5			2100	811.1
1991	297.3		469	1646	950.7
1992	523.8		1215	1832	1982.3
1993	648.1		2837	1827	2663.6
1994	809.4		3088	5050	5722.9
1995	2614.5	149.2	1393	65094	9956.4
1996	2318.9	358.6	1287	46673	7960.8
1997	2838.7	417.6	1140	37652	8653.7
1998	4219.9	855.3	2743	22234	6520.5
1999	4726.0	2300.6	10471	308639	7139.9
2000	8574.9	3851.7	12683	36413	9597.9
2001	7223.5	8351.1	3635819	47893	10302.7
2002	5860.7	12574.0	13882	64474	11892.4
2003	7379.3	18644.0	3227035	102304	12935.9
2004	7625.2	23344.6	2914635	1219387	19515.7
2005	7720.9	30354.2	44525	10401240	18861.5
2006	7404.6	48013.8	48222	1807510	18647.8
2007	5387.0	54857.9	65899	9448537	16255.9

电子产品产量汇总表（一）

传真机	卫星电视接收设备	电视发射及差转设备	大、中、小型计算机	微型计算机	其中：笔记本电脑
部	部	部	部	部	部
		36	309		
		33	417		
		2182	293	59	
		2406	187	1401	
		3607	241	7188	
		2912	360	15935	
		3577	381	27089	
		4336	286	35715	
		4049	280	39157	
		4865	229	47505	
		7000	416	166000	
6429		5900	458	186000	
7031		7735	478	158000	
11211		10401	562	231000	
30318		16329	1367	392460	462
24244		15016	1214	639138	138
26222		69623	1405	881635	6635
1361220		11467	1436	836745	745
1378720		7231	1868	1388670	673
1625137	115603	11445	2443	2073710	7110
1286910	113787	4088	4237	2918038	38
1599901	336106	4330	8199	4055616	616
1962950	1134187	5648	8625	7196952	78952
3181943	2190952	7067	15040	9058510	565135
2972900	3825978	1022	26622	15803025	1170034
7465800	3990109	1309	50910	45041253	12874244
8511600	12244744	1071	117947	59749000	27500000
10681500	16405776	3701	123199	80837826	45649858
11886300	20737754	3750	503623	93364715	59118724
8884899	19286386	7914	958180	120733800	86714300

年　份	打印机	计算机外部设备	计算器	数码照相机	金融、商业、税务电子应用产品
	部	部	万部	部	部
1978		42585	3.0		
1979		6242	13.0		
1980		5553	66.0		
1981		3672	62.0		
1982		3550	176.0		
1983		14204	331.0		
1984		69933	766.0		
1985		67771	1067.0		
1986		85796	255.0		
1987		164741	350.0		
1988	41600	166737	567.4		
1989	48200	265439	1184.3		
1990	86258	322178	1503.1		
1991	93436	490690	1388.7		
1992	187200	445772	1740.9		76690
1993	277065	1059172	2091.1		154832
1994	222182	4136856	6327.4		142711
1995	229999	5093785	16813.5		87076
1996	415581	9882699	12219.6		90265
1997	499805	17126622	12878.7		110275
1998	527802	22259138	4390.5		76284
1999	714735	34528109	5253.6		79381
2000	1142901	69886096	6742.6		51148
2001	2043320	74009238	11046.1	144	79944
2002	24088700	142297433	13296.7	1309068	58764
2003	17168000	155157898	17554.1	2897198	69562
2004	27541200	311108500	19983.9	24906333	157309
2005	37843656	539577323	35101.2	55229737	335756
2006	46402672	568176634	22962.9	66951091	333929
2007	42347300		16296.2	74935000	416470

电子产品产量汇总表（二）

显示器	彩色电视机	黑白电视机	录像机	激光音视盘机	汽车电子音响设备
万台	万台	万台	万部	万台	台
		48.0			
	1.0	131.0			
	3.0	245.0			
	15.0	502.0			
	29.0	541.0			
	53.0	590.0			
	129.0	809.0			
	379.0	1081.0			
	401.0	970.0			
	655.0	1162.0			
3.6	999.0	1339.0	13.9		
7.4	930.0	1677.0	11.7		1834000
13.7	1033.9	1563.0	4.5		2109000
20.8	1205.1	1342.0	22.1		1948000
27.3	1333.1	1317.0	59.9	38.9	2590676
40.9	1307.0	1308.0	113.3	21.2	2608665
192.0	1637.1	1276.2	187.7	36.6	3026458
82.3	1912.0	1529.7	180.2	70.7	4793000
226.2	2537.0	797.3	273.8	266.9	3670774
569.6	2711.0	758.0	362.8	688.1	4307000
854.8	3643.0	632.9	330.6	1096.4	3544000
1530.7	4262.0	473.1	568.7	1056.4	4178000
2861.1	3936.1	378.9	790.6	1410.5	5180000
3505.0	4093.7	321.3	1134.9	1775.1	6556000
4927.6	5250.0	309.4	1562.0	4519.6	10177629
7326.0	6541.5	279.5	2029.5	7072.8	32313690
14533.6	7328.8	1284.6	2322.2	11820.2	15107993
16057.6	8283.2	841.5	1205.7	10382.1	17570672
13360.0	8375.4	671.2	1156.8	10759.5	20280746
14438.12	8478.0	221.2	198.6	10823.1	17672500

年　份	电容器	电阻器	电声器件	彩色显像管	半导体分立器件
	万只	万只	万只	万只	万只
1978	68767.0	101752.0	3129.0		41182.0
1979	87603.0	10258.0	3230.0		36929.0
1980	197213.0	195042.0	5899.0		67706.0
1981	245952.0	283563.0	7395.0		92775.0
1982	180046.0	223589.0	5251.0	14.0	63357.0
1983	198411.0	276860.0	6773.0	58.0	73421.0
1984	301995.0	422738.0	9711.0	97.0	105365.0
1985	409818.0	476158.0	11183.0	106.0	130377.0
1986	375612.0	441402.0	14318.0	112.0	98990.0
1987	524706.0	663480.0	22830.0	121.0	137918.0
1988	676977.6	841659.0	25977.0	144.8	197665.4
1989	702935.0	856357.9	26543.0	173.9	248528.9
1990	910608.0	1063031.6	35413.0	373.5	333794.5
1991	967052.0	1334934.7	52379.7	767.7	546958.9
1992	901567.0	1152717.3	58587.4	876.9	671931.9
1993	1823569.6	1923862.5	272204.8	926.7	950575.4
1994	2144740.0	2982782.1	302358.6	1439.0	1670324.2
1995	4171139.7	4427564.1	472534.6	1815.1	1238631.2
1996	3853283.1	4479029.3	518746.5	1951.0	1086581.2
1997	5306436.7	5038523.4	292453.4	2046.2	1255000.5
1998	5113261.5	3510216.0	214902.2	3032.3	2238222.0
1999	6849767.5	4801435.4	130062.4	3934.6	2787642.4
2000	9797648.1	7930180.6	61498.4	4441.2	3415681.9
2001	8815557.0	6880511.0	43199.0	4580.0	4769510.0
2002	10751764.9	10163235.8	70707.1	5058.7	4390597.7
2003	12302032.3	10991439.3	79244.9	9051.0	5506525.7
2004	28706744.0	17405833.0	94461.0	9832.4	14078920.9
2005	50289523.0	47602145.0	99057.0	8617.0	20628989.6
2006	33198855.0	52994580.0	134854.0	9173.6	22247052.0
2007	41417355.0	10265038.0	14538117.0	4839.3	25045768.6

电子产品产量汇总表（三）

半导体集成电路	电子测量仪器	医用电子仪器	半导体器件和集成电路专用设备	电子元件专用设备
万块	部	台	台	台
3041.0	245997			
2474.0	244962			
1684.0	236073			
1279.0	210196			
1352.0	170234			
2361.0	270848			
3928.0	403608			
5314.0	286434			
4572.0	335642			
7667.0	365154			
13160.1	448849			1784
13155.9	544678		2653	3242
10837.8	446150		2557	1882
17048.5	1397808	13961	2538	2794
16099.3	1727851	27442	6584	2338
20100.9	1691398	49884	4243	1587
48462.0	1756510	373216	3460	3767
51496.0	1647347	262366	1212	2336
75844.0	902296	333775	1902	2116
130712.6	1658316	5935	1500	1136
262577.0	3663727	6374	1941	2735
415000.0	2852341	96510	2686	2029
588226.6	2928844	8440	11960	11537
636288.0	2527687	9346	33607	9333
963101.7	48619960	14466	24742	2615
1483100.9	17694758	471819	122565	1405
2114586.6	7102245	4218849	2371	17707
2657824.2	73810185	7349373	32061	392998
3357499.0	228108854	12557348	1687480	16691045
4116232.0	90594126	21957887	129454478	236818721

1978—2007年电子信息产业进出口贸易情况

单位：亿美元

年　份	全国进出口贸易总额			电子信息产业进出口贸易额		
	总 计	出 口	进 口	总 计	出 口	进 口
1978	206.40	97.50	108.90			
1979	293.30	136.60	156.80			
1980	381.40	182.70	195.50			
1981	440.30	220.10	220.20	0.91		
1982	416.10	223.20	192.90	1.19		
1983	436.20	222.30	213.90	2.07		
1984	535.50	261.40	274.10	22.94	3.38	19.56
1985	696.00	273.50	422.50	36.54	0.93	35.61
1986	738.50	309.40	429.00	25.93	6.48	19.45
1987	826.50	394.40	432.20	33.93	12.11	21.82
1988	1027.90	475.20	552.80	44.29	19.15	25.14
1989	1116.80	525.40	591.40	79.29	27.57	51.72
1990	1154.40	620.90	533.50	89.33	37.87	51.46
1991	1357.00	719.10	637.90	101.49	43.27	58.22
1992	1655.30	849.40	805.90	148.57	68.72	79.85
1993	1957.00	917.40	1039.60	187:10	78.23	108.87
1994	2366.20	1210.10	1156.10	258.40	123.62	134.78
1995	2808.60	1487.80	1320.80	326.87	165.32	161.55
1996	2899.00	1510.60	1388.40	374.74	214.98	179.75
1997	3250.60	1827.00	1423.60	480.10	269.29	210.81
1998	3239.30	1837.60	1401.70	602.49	323.68	278.81
1999	3606.30	1949.30	1657.00	773.30	389.80	383.50
2000	4742.90	2492.00	2250.90	1090.90	551.60	539.30
2001	5096.50	2661.00	2435.50	1241.16	650.22	590.84
2002	6207.70	3255.70	2952.00	1771.74	920.41	851.33
2003	8512.10	4387.70	4128.40	2742.70	1420.90	1321.80
2004	11547.40	5933.60	5613.80	3884.30	2074.96	1809.29
2005	14221.20	7620.00	6601.20	4887.30	2681.70	2205.60
2006	17606.90	9690.80	7916.10	6517.10	3639.80	2877.40
2007	21738.30	12180.20	9558.20	8047.00	4595.20	3451.80

1978—2007年电子信息产业固定资产投资情况

单位：亿元

年　份	固定资产投资总额		其中：			
			基本建设投资		技术改造措施投资	
	全　国	电子信息产业	全　国	电子信息产业	全　国	电子信息产业
1978	668.72	2.44	500.99	2.44	167.73	
1979	699.36	3.05	523.48	3.05	175.88	
1980	910.90	6.90	558.89	6.41	187.01	0.49
1981	960.10	5.53	442.91	5.02	195.30	0.51
1982	1230.40	5.54	555.53	4.63	250.37	0.91
1983	1430.10	4.62	594.13	3.33	291.13	1.29
1984	1832.90	6.06	743.15	3.87	309.28	2.19
1985	2543.20	20.91	1074.37	5.13	449.14	15.78
1986	3120.60	9.72	1176.11	5.09	619.21	4.63
1987	3791.70	20.38	1343.10	5.24	758.59	15.14
1988	4753.80	20.95	1574.31	5.48	980.55	15.47
1989	4410.40	26.88	1551.74	4.64	788.78	22.24
1990	4517.00	31.24	1703.81	4.23	830.19	27.01
1991	5594.50	41.06	2115.80	14.36	1023.23	26.70
1992	8080.10	63.92	3012.65	30.95	1461.10	32.97
1993	13072.30	108.22	4615.50	48.82	2195.85	59.40
1994	17042.10	97.96	6436.74	44.55	2918.61	53.41
1995	20019.30	144.86	7403.62	84.88	3299.35	59.98
1996	22913.50	167.29	8570.79	113.10	3615.00	54.19
1997	24941.10	186.57	9917.02	105.18	3921.94	81.39
1998	28406.20	159.08	11916.42	91.87	4516.75	67.21
1999	29854.71	227.82	12455.28	135.91	4485.08	91.91
2000	32917.73	364.61	13427.27	200.19	5107.60	164.42
2001	37213.49	625.80	14820.10	250.87	5923.76	150.20
2002	43499.91	735.20	1725.13		6584.20	
2003	55566.60	899.60				
2004	70477.40	1206.60				
2005	88773.60	1468.20				
2006	93472.36	2068.00				
2007	117413.91	2646.00				

二、电子信息产业制造业

主要经济指标

企业个数（1）

单位：个

行　　业	2007年	2006年	2005年	2004年	2003年
总　　计	14298	16958	16007	12411	10596
一、通信设备行业	**1264**	**1222**	**1240**	**1006**	**940**
通信传输设备制造	260	262	256	172	174
通信交换设备制造	156	161	170	170	154
通信设备终端制造	237	234	255	200	197
移动通信及终端设备制造	265	251	253	104	58
其他通信设备制造	346	314	306	360	357
二、雷达行业	52	**54**	**49**	**49**	**52**
雷达及配套设备制造	52	54	49	49	52
三、广播电视设备行业	**370**	361	360	162	140
广播电视节目制造及发射设备制造	37	37	45	26	22
广播电视接收设备及终端设备制造	257	250	242	114	100
应用电视设备及其他广播电视制造	76	74	73	22	18
四、电子计算机行业	**1292**	**1242**	**1241**	**868**	**759**
电子计算机整机制造	172	195	232	184	189
计算机网络设备制造	140	142	169	89	69
电子计算机外部设备制造	862	795	722	529	426
电子计算器及货币专用设备制造	93	92	97	56	63
幻灯机、投影仪制造	25	18	21	10	12
五、家用视听设备行业	**930**	**910**	**899**	**664**	**628**
家用影视设备制造	403	404	379	286	288
家用音响设备制造	527	506	520	378	340
六、电子器件行业	**2119**	**1887**	**1755**	**1226**	**1046**
电子真空器件制造	150	141	135	141	112
半导体器件制造	292	266	278	224	210
集成电路制造	420	385	359	241	211
光电子器件及其他电子器件制造	684	584	493	240	154
电光源制造	573	511	490	380	359
七、电子元件行业	**5236**	**4588**	**4227**	**3159**	**2695**
电子元件制造	850	3236	2961	2369	2033

企业个数（1）

单位：个

行　　业	2007年	2006年	2005年	2004年	2003年
电力电子元器件制造	3745	765	731	539	457
印刷电路板制造	641	587	535	251	205
八、电子测量仪器行业	**560**	**531**	**482**	**345**	**340**
环境保护仪器仪表制造	67	67	55	29	32
导航、气象及海洋专用仪器制造	49	52	55	30	33
电子测量仪器制造	152	136	135	89	98
核子及核辐射测量仪器制造	14	14	10	5	5
地质勘探和地震专用仪器制造	43	38	31	27	22
农林牧渔专用仪器制造	4	5	5	4	2
汽车电子仪器制造	124	116	104	68	76
其他专用仪器制造	107	103	87	93	72
九、电子专用设备行业	**1103**	**889**	**771**	**670**	**631**
电子工业专用设备制造	423	338	303	163	124
其他电子设备制造	680	551	468	507	507
十、电子信息机电行业	**914**	**3836**	**3632**	**2805**	**2145**
微电机制造	772	1017	982	765	342
电子电线电缆制造		1808	1694	1331	1199
电池制造		895	832	613	519
光纤、光缆制造	142	116	124	96	85
十一、其他电子信息行业	**458**	**527**	**489**	**502**	**524**
电子乐器制造		35	31	30	31
信息化学品制造	256	233	221	207	162
灯用电器附件制造		259	237	265	331
家用制冷电器具制造	202				

企业个数（2）

单位：个

行　　业	2002年	2001年	2000年	1999年	1998年
总　　计	9006	7482	6853	6341	6166
一、通信设备行业	**890**	**904**	**849**	**775**	**752**
通信传输设备制造	163	155	145	147	140
通信交换设备制造	151	155	178	169	175
通信设备终端制造	217	218	159	132	125
其他通信设备制造	353	360	354	319	306
通信设备修理	6	16	13	8	6
二、雷达行业	**54**	**50**	**47**	**48**	**46**
雷达整机制造	29	26	26	28	29
雷达专用设备及部件制造	25	24	21	20	17
三、广播电视设备行业	114	104	98	105	109
广播电视设备制造	112	99	96	103	106
广播电视设备修理	2	5	2	2	3
四、电子计算机行业	**588**	**608**	**530**	**461**	**483**
电子计算机整机制造	132	168	139	139	142
电子计算机外部设备制造	377	362	322	270	290
电子计算器制造	65	69	61	46	46
幻灯机、投影仪制造	13	8	7	5	4
电子计算机修理	1	1	1	1	1
五、家用视听设备行业	**532**	**540**	**483**	**460**	**464**
电视机、录像机、摄像机制造	249	232	189	188	182
收音机、录音机制造	283	308	294	272	282
六、电子器件行业	**920**	**874**	**836**	**776**	**751**
电子真空器件制造	103	104	105	105	109
半导体器件制造	300	275	236	218	214
集成电路制造	184	155	172	144	123
电光源制造	333	340	323	309	305
七、电子元件行业	**2447**	**2274**	**2023**	**1848**	**1805**
电子元件制造	2019	1847	1648	1511	1477
电器设备元件制造	428	427	375	337	328

企业个数（2）

单位：个

行　　业	2002年	2001年	2000年	1999年	1998年
八、电子测量仪器行业	**246**	**227**	**214**	**208**	**205**
环境保护仪器仪表制造	36	30	31	29	23
导航、制导仪器仪表制造	24	25	25	25	22
气象、海洋、水文、天文测量仪器	8	8	11	10	11
电子测量仪器制造	93	89	89	87	91
核子及核辐射测量仪器制造	5	5	3	4	3
地质勘探和地震专用仪器制造	28	27	23	21	22
农林牧渔专用仪器制造	4	3	2	5	6
汽车电子仪器制造	48	40	30	27	27
九、电子专用设备行业	**595**	**592**	**557**	**547**	**468**
电子工业专用设备制造	84	84	74	79	75
其他电子设备制造	500	486	464	451	381
其他电子设备修理	11	22	19	17	12
十、电子信息机电行业	**1091**	**825**	**739**	**703**	**688**
微电机制造	302	295	263	249	245
电子电线电缆制造	610	285	256	247	239
蓄电池制造		48	44	41	41
原电池制造		197	176	166	164
电池制造	179				
十一、其他电子信息行业	**776**	**321**	**301**	**263**	**253**
电子乐器制造	25	16	10	11	11
信息化学品制造	158	160	162	142	129
灯用电器附件制造	593	145	129	110	113

企业个数（3）

单位：个

行　　业	1997年	1996年	1995年	1994年	1993年
总　　计	11970	12587	13358	11818	11095
一、通信设备行业	**1324**	**1425**	**1433**	**1131**	**959**
通信传输设备制造	227	273	271	244	197
通信交换设备制造	299	322	335	322	255
通信设备终端制造	224	214	227	126	114
其他通信设备制造	549	594	581	409	369
通信设备修理	25	22	19	30	24
二、雷达行业	**45**	**49**	**50**	**39**	**40**
雷达整机制造	28	27	27	22	25
雷达及专用配套设备及部件制造	17	22	23	17	15
三、广播电视设备行业	243	250	277	222	241
广播电视设备制造	231	232	262	200	220
广播电视设备修理	12	18	15	22	21
四、电子计算机行业	**711**	**704**	**714**	**533**	**493**
电子计算机整机制造	207	210	225	161	163
电子计算机外部设备制造	384	378	379	281	252
电子计算器制造	80	85	81	68	56
幻灯机、投影仪制造	18	15	19	10	8
电子计算机修理	22	16	10	13	14
五、家用视听设备行业	**778**	**889**	**930**	**863**	**906**
电视机、录像机、摄像机制造	257	295	302	289	282
收音机、录音机制造	521	594	628	574	624
六、电子器件行业	**1551**	**1786**	**1761**	**1498**	**1413**
电子真空器件制造	166	177	156	139	127
半导体器件制造	371	446	444	427	445
集成电路制造	190	215	224	153	126
电光源制造	824	948	937	779	715
七、电子元件行业	**3478**	**3744**	**3764**	**3294**	**3167**
电子元件制造	2584	2813	2890	2389	2208
电器设备元件制造	894	931	874	905	959

企业个数（3）

单位：个

行　　业	1997年	1996年	1995年	1994年	1993年
八、电子测量仪器行业	**529**	**601**	**587**	**528**	**493**
环境保护仪器仪表制造	82	91	72	67	51
导航、制导仪器仪表制造	37	41	32	39	35
气象、海洋、水文、天文测量仪器	28	32	28	33	24
电子测量仪器制造	233	268	265	259	259
核子及核辐射测量仪器制造	15	18	16	10	5
地质勘探和地震专用仪器制造	55	67	71	55	51
农林牧渔专用仪器制造	16	19	20	18	20
汽车电子仪器制造	63	65	83	47	48
九、电子专用设备行业	**1135**	**1199**	**1055**	**1213**	**993**
电子工业专用设备制造	184	197	157	222	217
其他电子设备制造	888	906	832	894	685
其他电子设备修理	63	96	66	97	91
十、电子信息机电行业	**1229**	**1354**	**1937**	**1758**	**1691**
微电机制造	467	479	449	438	430
电子电线电缆制造	391	218	817	725	692
蓄电池制造	121	379	372	336	334
原电池制造	250	278	300	259	235
十一、其他电子信息行业	**713**	**586**	**850**	**739**	**699**
电子乐器制造	23	23	22	21	20
信息化学品制造	264	281	300	276	263
灯用电器附件制造	426	282	528	442	416

企业个数（4）

单位：个

行　业	1992年	1991年	1990年	1989年	1988年	1987年
总　计	7822	7629	7283	7022	6703	6522
一、通信设备行业	**642**	**566**	**526**	**486**	**477**	**430**
通信传输设备制造	141	123	118	121	123	111
通信交换设备制造	165	162	153	145	146	122
通信设备终端制造	81	68	61	44	40	40
移动通信及终端设备制造						
其他通信设备制造	244	203	179	167	161	147
通信设备修理	11	10	15	9	7	10
二、雷达行业	**39**	**40**	**39**	**39**	**37**	**46**
雷达整机制造	27	27	26	26	25	26
雷达专用设备及部件制造	12	13	13	13	12	20
三、广播电视设备行业	**191**	**183**	**165**	**169**	**161**	**144**
广播电视设备制造	164	157	140	142	134	122
广播电视设备修理	27	26	25	27	27	22
四、电子计算机行业	**307**	**279**	**221**	**195**	**183**	**177**
电子计算机整机制造	108	104	86	81	79	82
计算机网络设备制造						
电子计算机外部设备制造	133	112	85	67	64	59
电子计算器制造	54	50	44	43	37	36
幻灯机、投影仪制造	6	8				
电子计算机修理	6	5	6	4	3	
五、家用视听设备行业	**891**	**969**	**950**	**873**	**830**	**865**
电视机、录像机、摄像机制造	284	306	315	325	296	288
收音机、录音机制造	607	663	635	548	534	577
六、电子器件行业	**621**	**631**	**604**	**586**	**573**	**568**
电子真空器件制造	109	105	93	89	85	85
半导体器件制造	512	526	511	497	488	483
七、电子元件行业	**2756**	**2707**	**2595**	**2530**	**2464**	**2332**
电子元件制造	1922	1850	1741	1671	1577	1522
电器设备元件制造	834	857	854	859	887	810

企业个数（4）

单位：个

行　　业	1992年	1991年	1990年	1989年	1988年	1987年
八、电子测量仪器行业	**344**	**334**	**336**	**348**	**355**	**346**
导航、制导仪器仪表制造	38	36	33	35	38	37
气象、海洋、水文、天文测量仪器	19	16	17	19	21	19
电子测量仪器制造	247	241	244	246	247	241
核子及核辐射测量仪器制造	4	4	4	6	6	5
地质勘探和地震专用仪器制造	17	16	18	21	21	21
农林牧渔专用仪器制造	19	21	20	21	22	23
九、电子专用设备行业	**567**	**512**	**491**	**482**	**374**	**382**
电子工业专用设备制造	114	103	100	94	53	91
其他电子设备制造	413	373	354	345	279	251
其他电子设备修理	40	36	37	43	42	40
十、电子信息机电行业	**1464**	**1408**	**1356**	**1314**	**1249**	**1232**
微电机制造	352	329	312	314	282	270
电子电线电缆制造	590	552	528	494	478	483
蓄电池制造	294	298	286	275	266	266
原电池制造	228	229	230	231	224	213
十一、其他电子信息行业	**0**	**0**	**0**	**0**	**0**	**0**
电子乐器制造						
信息化学品制造						
灯用电器附件制造						

现价工业总产值（1）

单位：亿元

行　业	2007年	2006年	2005年	2004年	2003年
总　计	44770.7	37748.5	30377.2	24501.7	17834.5
一、通信设备行业	**8006.41**	**7156.28**	**5668.87**	**4531.43**	**3511.43**
通信传输设备制造	328.26	273.95	238.80	207.32	182.93
通信交换设备制造	1817.17	1250.21	977.62	1001.53	854.74
通信设备终端制造	597.55	560.24	503.80	417.35	1037.24
移动通信及终端设备制造	4922.52	4808.44	3661.23	2472.37	981.53
其他通信设备制造	340.91	263.45	287.43	432.86	454.99
二、雷达行业	**136.35**	**129.98**	**103.17**	**89.59**	**76.38**
雷达及配套设备制造	136.35	129.98	103.17	89.59	76.38
三、广播电视设备行业	**285.29**	**226.74**	**212.76**	**76.87**	**57.52**
广播电视节目制造及发射设备制造	20.71	16.85	16.13	18.76	12.02
广播电视接收设备及器材设备制造	194.47	160.71	160.36	50.93	40.09
应用电视设备及其他广播电视设备制造	70.11	49.18	36.27	7.19	5.42
四、电子计算机行业	**14746.42**	**12123.32**	**10110.57**	**7955.48**	**5533.13**
电子计算机整机制造	8242.77	6501.53	5589.03	4116.91	2816.81
计算机网络设备制造	282.46	279.04	231.76	126.28	259.65
电子计算机外部设备制造	5978.45	5163.40	4127.06	3609.60	2340.34
电子计算器及货币专用设备制造	212.03	161.92	146.23	97.69	99.17
幻灯机、投影仪制造	30.71	17.43	16.48	5.00	17.16
五、家用视听设备行业	**3502.57**	**3863.66**	**3535.87**	**3370.14**	**2801.99**
家用影视设备制造	2616.53	3157.12	2834.83	2492.97	2258.88
家用音响设备制造	886.04	706.54	701.04	877.17	543.10
六、电子器件行业	**5312.50**	**4163.30**	**3293.11**	**2838.76**	**1822.81**
电子真空器件制造	519.14	568.36	613.57	846.36	654.76
半导体器件制造	452.03	355.09	275.63	219.04	178.11
集成电路制造	1942.46	1590.76	1175.71	799.74	448.12
光电子器件及其他电子器件制造	1922.48	1318.61	959.87	755.09	366.04
电光源制造	476.40	330.48	268.33	218.53	175.78
七、电子元件行业	**8232.61**	**6464.28**	**4724.00**	**3209.02**	**2361.96**
电子元件及组件制造	5438.63	4258.44	3061.08	2280.02	1735.61

现价工业总产值（1）

单位：亿元

行　　业	2007年	2006年	2005年	2004年	2003年
电力电子元器件制造	832.57	733.19	555.16	420.62	288.31
印刷电路板制造	1961.41	1472.65	1107.76	508.38	338.04
八、电子测量仪器行业	**413.51**	**299.86**	**194.56**	**153.41**	**94.05**
环境保护仪器仪表制造	41.45	26.40	17.05	13.39	10.54
导航、气象及海洋专用仪器制造	43.51	41.07	28.32	16.92	16.56
电子测量仪器制造	85.19	58.12	43.37	38.25	31.35
核子及核辐射测量仪器制造	3.40	2.79	2.72	0.82	0.90
地质勘探和地震专用仪器制造	35.77	25.49	13.48	9.70	10.00
农林牧渔专用仪器制造	9.45	7.23	1.83	4.33	2.39
汽车电子仪器制造	142.30	97.36	65.75	44.60	22.31
其他专用仪器制造	52.43	41.39	22.04	25.39	
九、电子专用设备行业	**1128.65**	**746.68**	**540.81**	**617.43**	**447.93**
电子工业专用设备制造	351.43	264.38	193.64	108.30	65.60
其他电子设备制造	777.22	482.31	347.18	509.13	382.33
十、电子信息机电行业	**1110.52**	**1996.28**	**1537.79**	**1317.45**	**839.46**
微电机制造	773.95	802.19	628.27	574.60	269.40
电子电线电缆制造		158.67	105.61	75.72	54.60
电池制造		793.92	591.95	412.21	270.68
光纤、光缆制造	336.57	241.50	211.95	254.92	244.78
十一、其他电子信息行业	**1895.93**	**578.17**	**455.74**	**342.19**	**287.83**
电子乐器制造		22.05	17.32	18.69	23.21
信息化学品制造	452.17	339.67	270.17	185.48	142.90
灯用电器附件制造		216.45	168.25	138.02	121.72
家用制冷电器具制造	1443.76				

现价工业总产值（2）

单位：亿元

行　　业	2002年	2001年	2000年	1999年	1998年
总　　计	13617.2	10489.4	8767.5	6784.7	5617.1
一、通信设备行业	**2879.50**	**2943.09**	**2178.69**	**1518.06**	**1254.08**
通信传输设备制造	302.82	329.80	251.68	197.81	202.52
通信交换设备制造	601.31	867.86	675.98	467.52	388.55
通信设备终端制造	1557.87	1332.35	284.81	248.38	144.37
其他通信设备制造	416.71	412.67	966.19	602.87	518.13
通信设备修理	0.79	0.41	0.03	1.48	0.51
二、雷达行业	**66.52**	**49.62**	**37.64**	**32.48**	**26.59**
雷达整机制造	46.41	34.87	31.11	27.18	22.71
雷达配套设备及部件制造	20.11	14.75	6.53	5.30	3.88
三、广播电视设备行业	**44.10**	**34.53**	**34.84**	**22.81**	**21.35**
广播电视设备制造	43.89	34.39	34.77	22.01	21.26
广播电视设备修理	0.21	0.14	0.07	0.80	0.09
四、电子计算机行业	**3254.68**	**2090.42**	**1567.57**	**1117.27**	**1041.74**
电子计算机整机制造	1616.19	938.19	685.29	511.20	442.06
电子计算机外部设备制造	1494.28	1048.93	807.37	547.92	536.68
电子计算器制造	138.71	100.20	73.47	57.82	60.97
幻灯机、投影仪制造	5.40	3.02	1.38	0.28	0.91
电子计算机修理	0.10	0.08	0.06	0.05	1.12
五、家用视听设备行业	**1866.99**	**1508.78**	**1458.82**	**1440.01**	**1224.65**
电视机、录像机、摄像机制造	1476.04	1122.95	992.48	1088.03	909.35
收音机、录音机制造	390.95	385.83	466.34	351.98	315.30
六、电子器件行业	**1268.40**	**1034.07**	**1075.26**	**777.81**	**602.48**
电子真空器件制造	542.10	491.27	541.62	444.41	323.98
半导体器件制造	293.14	173.54	136.42	80.71	65.91
集成电路制造	287.91	235.04	272.31	141.33	114.19
电光源制造	145.25	134.22	124.91	111.36	98.40
七、电子元件行业	**1704.52**	**1344.41**	**1181.28**	**955.20**	**762.11**
电子元件及组件制造	1532.24	1202.60	1050.52	860.89	682.09
电器设备元件制造	172.28	141.81	130.76	94.31	80.02

现价工业总产值（2）

单位：亿元

行　　业	2002年	2001年	2000年	1999年	1998年
八、电子测量仪器行业	**81.88**	**68.96**	**57.73**	**47.23**	**57.88**
环境保护仪器仪表制造	9.25	8.52	5.65	3.74	2.30
导航、制导仪器仪表制造	11.49	9.47	8.25	8.00	7.91
气象、海洋、水文、天文测量仪器	1.03	0.78	1.85	1.58	1.50
电子测量仪器制造	24.00	21.78	17.78	11.29	26.76
核子及核辐射测量仪器制造	0.45	0.40	0.51	1.23	1.12
地质勘探和地震专用仪器制造	8.15	8.10	5.61	5.80	5.03
农林牧渔专用仪器制造	1.06	0.13	0.01	0.47	0.49
汽车电子仪器制造	26.45	19.78	18.07	15.12	12.77
九、电子专用设备行业	**316.57**	**302.63**	**296.20**	**193.20**	**163.09**
电子工业专用设备制造	42.78	38.12	23.65	19.08	22.08
其他电子设备制造	271.57	262.53	270.63	170.10	134.97
其他电子设备修理	2.21	1.98	1.92	4.02	6.04
十、电子信息机电行业	**605.05**	**564.16**	**492.08**	**386.98**	**355.03**
微电机制造	175.51	155.44	143.14	106.71	96.30
电子电线电缆制造	252.57	240.06	207.56	162.71	157.98
蓄电池制造	41.98	44.84	39.13	30.19	26.48
原电池制造	134.99	123.82	102.25	87.38	74.26
十一、其他电子信息行业	**207.74**	**172.32**	**171.09**	**142.83**	**108.13**
电子乐器制造	17.35	13.98	12.75	12.25	11.26
信息化学品制造	139.46	112.27	116.84	89.01	63.81
灯用电器附件制造	50.93	46.07	41.50	41.57	33.06

现价工业总产值（3）

单位：亿元

行　　业	1997年	1996年	1995年*	1995年*	1994年	1993年
总　　计	4764.20	3700.85	3070.72	3431.62	2487.87	1667.39
一、通信设备行业	**959.03**	**750.33**	**606.18**	**673.21**	**451.60**	**279.30**
通信传输设备制造	103.73	92.86	125.59	144.43	103.82	73.34
通信交换设备制造	295.23	227.47	161.17	184.44	236.58	104.44
通信设备终端制造	133.13	104.64	116.06	125.33	51.67	57.38
其他通信设备制造	425.97	324.76	202.78	218.29	59.10	43.42
通信设备修理	0.97	0.60	0.58	0.72	0.43	0.72
二、雷达行业	**30.04**	**35.49**	**109.11**	**124.37**	**103.28**	**71.56**
雷达整机制造	27.42	24.87	103.31	117.88	99.33	67.98
雷达配套设备及部件制造	2.62	10.62	5.80	6.49	3.95	3.58
三、广播电视设备行业	**17.72**	**20.76**	**18.09**	**20.92**	**22.12**	**18.43**
广播电视设备制造	17.58	20.40	18.05	20.87	21.80	18.35
广播电视设备修理	0.14	0.36	0.04	0.05	0.32	0.08
四、电子计算机行业	**744.53**	**542.03**	**339.57**	**360.76**	**146.42**	**112.24**
电子计算机整机制造	234.68	191.95	142.19	151.14	59.26	51.33
电子计算机外部设备制造	487.62	325.77	181.15	189.73	79.35	55.46
电子计算器制造	18.72	17.80	14.56	18.07	6.96	4.85
幻灯机、投影仪制造	0.98	0.76	1.20	1.34	0.58	0.46
电子计算机修理	2.53	5.75	0.47	0.48	0.27	0.14
五、家用视听设备行业	**1074.92**	**800.24**	**616.01**	**691.42**	**580.12**	**413.17**
电视机、录像机、摄像机制造	779.23	574.22	388.94	446.01	380.40	262.84
收音机、录音机制造	295.69	226.02	227.07	245.41	199.72	150.33
六、电子器件行业	**531.25**	**480.24**	**424.81**	**486.82**	**359.56**	**236.86**
电子真空器件制造	268.23	251.42	207.81	240.74	205.96	117.05
半导体器件制造	71.03	63.02	56.89	64.42	52.86	48.98
集成电路制造	89.62	71.32	85.27	94.60	35.01	19.01
电光源制造	102.37	94.48	74.84	87.06	65.73	51.82
七、电子元件行业	**659.08**	**534.01**	**470.97**	**527.07**	**378.78**	**211.70**
电子元件及组件制造	547.75	446.66	407.61	457.24	327.54	160.10

注：1995年采用两种统计口径，3070.72亿元为规模以上电子信息产业数据，3431.62亿元为乡及乡以上电子信息产业数据，以便计算比率。

现价工业总产值（3）

单位：亿元

行　　业	1997年	1996年	1995年*	1995年*	1994年	1993年
电器设备元件制造	111.33	87.35	63.36	69.83	51.24	51.60
八、电子测量仪器行业	**53.80**	**49.60**	**42.39**	**48.37**	**36.81**	**37.29**
环境保护仪器仪表制造	2.44	2.61	1.84	2.11	2.07	2.20
导航、制导仪器仪表制造	8.88	8.55	7.58	8.36	8.12	8.41
气象、海洋、水文、天文测量仪器	0.73	0.72	0.56	0.65	1.00	0.92
电子测量仪器制造	17.49	18.66	15.94	18.39	15.14	14.45
核子及核辐射测量仪器制造	1.40	1.68	1.55	1.69	1.32	1.26
地质勘探和地震专用仪器制造	9.49	7.19	6.02	6.89	5.56	7.08
农林牧渔专用仪器制造	0.32	0.56	0.33	0.38	0.71	0.54
汽车电子仪器制造	13.05	9.63	8.57	9.90	2.89	2.43
九、电子专用设备行业	**147.30**	**94.89**	**99.98**	**106.12**	**108.89**	**42.71**
电子工业专用设备制造	28.17	24.32	14.84	16.79	33.37	14.83
其他电子设备制造	114.79	65.92	75.32	78.86	73.37	26.83
其他电子设备修理	4.34	4.65	9.82	10.47	2.15	1.05
十、电子信息机电行业	**325.03**	**304.59**	**251.67**	**291.60**	**224.53**	**176.47**
微电机制造	93.63	76.96	63.49	70.01	65.64	44.80
电子电线电缆制造	141.78	131.18	109.96	131.59	88.38	74.69
蓄电池制造	26.26	33.60	26.81	30.56	23.38	20.16
原电池制造	63.36	62.86	51.41	59.44	47.13	36.82
十一、其他电子信息行业	**106.84**	**88.67**	**91.94**	**100.96**	**75.76**	**67.66**
电子乐器制造	12.49	10.32	8.64	8.91	8.12	7.93
信息化学品制造	57.71	47.48	52.03	58.11	53.62	50.12
灯用电器附件制造	36.64	30.87	31.27	33.94	14.02	9.61

现价工业总产值（4）

单位：亿元

行　　业	1992年	1991年	1990年	1989年	1988年	1987年
总　　计	1143.04	725.80	725.95	651.59	603.58	391.21
一、通信设备行业	**156.31**	**99.45**	**76.00**	**68.71**	**55.98**	**41.27**
通信传输设备制造	57.03	35.65	29.21	33.02	30.07	23.37
通信交换设备制造	36.59	18.41	14.22	14.56	8.79	5.13
通信设备终端制造	43.46	32.01	20.34	9.38	6.15	5.11
其他通信设备制造	19.13	13.23	11.37	11.20	10.60	7.37
通信设备修理	0.10	0.15	0.86	0.55	0.37	0.29
二、雷达行业	**56.24**	**45.69**	**37.09**	**10.08**	**30.74**	**17.56**
雷达整机制造	53.47	44.02	35.82	1.48	29.49	15.56
雷达配套设备及部件制造	2.77	1.67	1.27	8.60	1.25	2.00
三、广播电视设备行业	**13.57**	**11.19**	**8.75**	**8.72**	**7.53**	**4.61**
广播电视设备制造	13.46	11.02	8.63	8.62	7.44	4.52
广播电视设备修理	0.11	0.17	0.12	0.10	0.09	0.09
四、电子计算机行业	**67.04**	**50.07**	**30.63**	**19.11**	**19.34**	**16.33**
电子计算机整机制造	34.69	34.35	24.30	16.03	13.62	12.29
电子计算机外部设备制造	27.49	12.58	5.05	1.54	4.23	3.18
电子计算器制造	4.43	2.83	1.22	1.49	1.48	0.86
幻灯机、投影仪制造	0.36	0.26				
电子计算机修理	0.07	0.05	0.06	0.05	0.01	
五、家用视听设备行业	**328.76**	**101.50**	**244.04**	**249.21**	**235.80**	**152.61**
电视机、录像机、摄像机制造	211.41	99.37	174.58	190.96	171.04	102.10
收音机、录音机制造	117.35	2.13	69.46	58.25	64.76	50.51
六、电子器件行业	**130.13**	**112.24**	**84.01**	**67.56**	**54.80**	**37.48**
电子真空器件制造	90.05	80.16	54.94	42.43	30.63	19.67
半导体器件制造	40.08	32.08	29.07	25.13	24.17	17.81
七、电子元件行业	**199.49**	**162.53**	**120.22**	**106.72**	**108.19**	**73.25**
电子元件及组件制造	157.44	133.03	96.68	92.37	88.53	63.72
电器设备元件制造	42.05	29.50	23.54	14.35	19.66	9.53
八、电子测量仪器行业	**27.55**	**21.94**	**17.49**	**17.18**	**15.42**	**12.14**
导航、制导仪器仪表制造	7.28	5.95	4.38	4.20	3.70	2.68

现价工业总产值（4）

单位：亿元

行　　业	1992年	1991年	1990年	1989年	1988年	1987年
气象、海洋、水文、天文测量仪器	0.62	0.56	0.43	0.55	0.43	0.32
电子测量仪器制造	14.64	10.90	9.07	8.90	8.13	6.43
核子及核辐射测量仪器制造	0.85	0.73	0.82	0.93	0.81	0.64
地质勘探和地震专用仪器制造	3.60	3.35	2.53	2.34	2.00	1.79
农林牧渔专用仪器制造	0.56	0.45	0.26	0.26	0.35	0.28
九、电子专用设备行业	**28.36**	**15.36**	**12.57**	**9.74**	**10.19**	**9.15**
电子工业专用设备制造	8.55	6.26	5.60	6.02	5.46	3.72
其他电子设备制造	19.55	8.91	6.79	3.58	4.62	5.34
其他电子设备修理	0.26	0.19	0.18	0.14	0.11	0.09
十、电子信息机电行业	**135.59**	**105.83**	**95.15**	**94.56**	**65.59**	**26.81**
微电机制造	35.64	26.85	21.81	20.97	16.46	12.92
电子电线电缆制造	53.20	38.34	35.04	37.00	24.24	
蓄电池制造	15.12	12.51	12.24	13.01	8.10	
原电池制造	31.63	28.13	26.06	23.58	16.79	13.89
十一、其他电子信息行业	**0**	**0**	**0**	**0**	**0**	**0**
电子乐器制造						
信息化学品制造						
灯用电器附件制造						

工业增加值（1）

单位：亿元

行　　业	2007年	2006年	2005年	2004年	2003年
总　　计	9947.93	8155.43	6700.50	5192.98	3545.47
一、通信设备行业	**1375.88**	**1714.34**	**1425.02**	**1083.65**	**823.40**
通信传输设备制造	83.46	53.81	50.67	48.84	53.05
通信交换设备制造	656.71	326.24	280.17	277.88	222.23
通信设备终端制造	102.72	99.50	93.46	73.48	217.82
移动通信及终端设备制造	421.39	1170.00	928.10	582.34	193.79
其他通信设备制造	111.60	64.80	72.62	101.11	136.50
二、雷达行业	**34.44**	**30.82**	**24.15**	**21.29**	**24.44**
雷达及配套设备制造	34.44	30.82	24.15	21.29	24.44
三、广播电视设备行业	**80.50**	**70.30**	**58.84**	**20.56**	**12.65**
广播电视节目制作及发射设备制造	6.44	4.80	4.37	5.04	2.64
广播电视接收设备及器材制造	48.26	51.18	44.00	13.35	8.82
应用电视设备及其他广播电视制造	25.80	14.32	10.47	2.18	1.19
四、电子计算机行业	**3137.77**	**2304.89**	**1970.55**	**1556.08**	**1081.80**
电子计算机整机制造	1571.93	1257.93	1091.06	856.38	507.03
计算机网络设备制造	90.06	70.15	60.07	33.44	54.53
电子计算机外部设备制造	1402.34	942.16	788.54	649.33	491.47
电子计算器及货币专用设备制造	66.90	31.13	27.67	16.15	23.80
幻灯机、投影仪制造	6.54	3.52	3.22	0.78	4.98
五、家用视听设备行业	**725.50**	**674.80**	**632.98**	**569.88**	**482.63**
家用影视设备制造	513.13	553.94	506.96	420.06	406.60
家用音响设备制造	212.37	120.86	126.02	149.82	76.03
六、电子器件行业	**1346.51**	**806.97**	**652.24**	**545.21**	**442.57**
电子真空器件制造	115.97	108.52	120.77	160.88	157.14
半导体器件制造	112.43	68.25	52.84	41.28	53.43
集成电路制造	498.93	312.71	236.41	153.56	98.59
光电子器件及其他电子器件制造	489.69	254.55	192.05	150.18	84.19
电光源制造	129.48	62.94	50.18	39.31	49.22
七、电子元件行业	**2097.68**	**1734.92**	**1290.27**	**846.46**	**581.84**
电子元件及组件制造	1416.32	1151.84	843.65	604.67	433.90

工业增加值（1）

单位：亿元

行　　业	2007年	2006年	2005年	2004年	2003年
电力电子元器件制造	248.76	194.11	152.06	114.35	63.43
印刷电路板制造	432.60	388.98	294.56	127.44	84.51
八、电子测量仪器行业	**115.03**	**67.59**	**45.26**	**34.07**	**37.23**
环境保护仪器仪表制造	14.71	4.88	3.20	2.39	3.37
导航、制导仪器仪表制造	13.08	7.80	5.57	3.01	5.30
电子测量仪器制造	28.63	11.08	8.28	6.91	10.03
核子及核辐射测量仪器制造	1.03	0.53	0.52	0.21	0.29
地质勘探和地震专用仪器制造	11.19	4.35	2.76	1.92	3.20
农林牧渔专用仪器制造	1.93	1.35	0.32	0.78	0.77
汽车电子仪器制造	26.98	26.51	18.50	11.79	7.14
其他专用仪器制造	17.47	11.09	6.11	7.06	7.14
九、电子专用设备行业	**296.40**	**185.73**	**137.46**	**160.57**	**135.58**
电子工业专用设备制造	94.28	55.41	42.64	22.17	17.06
其他电子设备制造	202.12	130.32	94.82	138.39	118.52
十、电子信息机电行业	**268.66**	**446.94**	**379.16**	**288.28**	**201.96**
微电机制造	167.77	136.77	127.20	97.32	64.66
电子电线电缆制造		42.35	37.36	30.86	12.56
电池制造		214.48	164.78	107.49	75.79
光纤、光缆制造	100.90	53.34	49.82	52.60	48.96
十一、其他电子信息行业	**469.56**	**118.13**	**84.69**	**66.94**	**65.47**
电子乐器制造		5.77	4.17	6.65	7.25
信息化学品制造	146.22	66.11	52.63	34.90	31.44
灯用电器附件制造		46.25	27.89	25.39	26.78
家用制冷电器具制造	323.33				

工业增加值（2）

单位：亿元

行　　业	2002年	2001年	2000年	1999年	1998年
总　　计	2714.85	2372.20	2145.90	1519.20	1259.90
一、通信设备行业	**669.64**	**835.53**	**668.03**	**388.39**	**320.64**
通信传输设备制造	90.84	97.78	59.12	54.76	54.52
通信交换设备制造	150.33	229.97	225.64	129.69	115.62
通信设备终端制造	311.57	260.38	170.90	60.29	28.79
其他通信设备制造	116.68	247.20	212.18	143.39	121.57
通信设备修理	0.21	0.20	0.19	0.27	0.14
二、雷达行业	**20.36**	**16.10**	**9.59**	**7.81**	**6.81**
雷达整机制造	13.92	11.35	7.21	6.02	5.53
雷达专用设备及部件制造	6.43	4.75	2.38	1.78	1.28
三、广播电视设备行业	**8.75**	**7.55**	**8.99**	**6.51**	**4.67**
广播电视设备制造	8.73	7.53	8.96	6.48	4.61
广播电视设备修理	0.02	0.02	0.03	0.03	0.06
四、电子计算机行业	**590.75**	**190.10**	**179.81**	**118.74**	**135.41**
电子计算机整机制造	274.75	167.27	159.40	107.05	122.10
电子计算机外部设备制造	283.91				
电子计算器制造	30.52	0.87	0.45	0.07	0.31
幻灯机、投影仪制造	1.57	21.96	19.96	11.63	13.00
五、家用视听设备行业	**286.99**	**251.76**	**288.11**	**262.04**	**227.04**
电视机、录像机、摄像机制造	236.17	198.83	204.64	204.12	178.72
收音机、录音机制造	50.82	52.93	83.47	57.92	48.32
六、电子器件行业	**310.77**	**259.92**	**285.04**	**211.78**	**139.10**
电子真空器件制造	124.68	117.70	148.35	123.70	64.56
半导体器件制造	82.08	52.00	33.50	22.91	16.68
集成电路制造	63.34	52.60	66.75	33.28	28.07
电光源制造	40.67	37.62	36.44	31.89	29.79
七、电子元件行业	**424.14**	**327.04**	**309.74**	**258.67**	**190.17**
电子元件及组件制造	378.51	283.25	271.70	235.93	166.56
电器设备元件制造	45.63	43.79	38.04	22.74	23.61

工业增加值（2）

单位：亿元

行　　业	2002年	2001年	2000年	1999年	1998年
八、电子测量仪器行业	**26.99**	**22.95**	**17.61**	**14.75**	**18.69**
环境保护仪器仪表制造	2.73	2.42	1.92	1.40	0.63
导航、制导仪器仪表制造	3.68	3.73	2.84	2.59	2.51
气象、海洋、水文、天文测量仪器	0.33	-0.07	0.50	0.39	0.48
电子测量仪器制造	8.40	7.64	5.77	3.60	8.90
核子及核辐射测量仪器制造	0.20	0.20	0.28	0.50	0.49
地质勘探和地震专用仪器制造	2.42	2.75	1.31	1.77	1.63
农林牧渔专用仪器制造	0.41	0.06	0.00	0.07	0.06
汽车电子仪器制造	8.82	6.22	4.99	4.43	3.99
九、电子专用设备行业	**88.31**	**91.50**	**90.43**	**48.42**	**42.50**
电子工业专用设备制造	11.12	10.00	6.47	5.58	6.38
其他电子设备制造	76.04	1.03	0.52	0.89	1.19
其他电子设备修理	1.15	80.47	83.44	41.95	34.93
十、电子信息机电行业	**115.30**	**128.77**	**121.31**	**92.83**	**80.37**
微电机制造	42.12	37.12	40.66	24.89	22.13
电子电线电缆制造	38.08	45.32	42.82	37.14	35.42
蓄电池制造		13.16	11.12	8.76	7.01
原电池制造		33.17	26.71	22.04	15.80
电池制造	35.10				
十一、其他电子信息行业	**172.60**	**57.26**	**35.53**	**38.93**	**25.75**
电子乐器制造	4.24	2.70	2.31	2.35	0.94
信息化学品制造	30.68	25.19	21.75	26.68	15.66
灯用电器附件制造	137.67	29.37	11.47	9.90	9.15

工业增加值（3）

单位：亿元

行　业	1997年	1996年	1995年	1994年	1993年
总　计	1025.8	826.95	767.07	617.81	470.34
一、通信设备行业	**210.76**	**123.44**	**195.94**	**127.74**	**79.79**
通信传输设备制造	20.29	22.41	22.01	24.60	18.00
通信交换设备制造	75.06	63.63	62.11	76.70	33.32
通信设备终端制造	27.26	21.90	31.57	11.42	12.52
其他通信设备制造	87.87	15.27	80.10	14.90	15.39
通信设备修理	0.28	0.23	0.15	0.12	0.56
二、雷达行业	**5.21**	**10.92**	**26.65**	**24.94**	**20.17**
雷达整机制造	4.76	8.25	25.59	24.07	19.15
雷达专用设备及部件制造	0.45	2.67	1.06	0.87	1.02
三、广播电视设备行业	**3.95**	**5.70**	**4.95**	**5.79**	**6.17**
广播电视设备制造	3.90	5.59	4.93	5.66	6.12
广播电视设备修理	0.05	0.11	0.02	0.13	0.05
四、电子计算机行业	**46.01**	**129.85**	**89.79**	**35.93**	**37.84**
电子计算机整机制造	40.75	46.33	44.61	19.52	15.71
电子计算机外部设备制造		77.21	42.04	14.37	20.53
电子计算器制造	4.62	3.91	2.67	1.92	1.54
幻灯机、投影仪制造	0.31	0.21	0.35	0.04	0.05
电子计算机修理	0.33	2.19	0.12	0.08	0.01
五、家用视听设备行业	**220.95**	**137.39**	**82.58**	**107.28**	**90.96**
电视机、录像机、摄像机制造	170.89	99.81	43.64	61.77	54.95
收音机、录音机制造	50.06	37.58	38.94	45.51	36.01
六、电子器件行业	**145.34**	**151.55**	**143.03**	**100.66**	**66.16**
电子真空器件制造	77.22	87.59	79.88	56.25	30.25
半导体器件制造	16.12	20.48	16.70	13.66	14.75
集成电路制造	23.07	16.70	24.94	11.64	5.16
电光源制造	28.93	26.78	21.51	19.11	16.00
七、电子元件行业	**173.49**	**135.33**	**112.37**	**96.73**	**79.87**
电子元件及组件制造	144.30	111.95	94.80	81.20	63.02
电器设备元件制造	29.19	23.38	17.57	15.53	16.85

工业增加值（3）

单位：亿元

行　　业	1997年	1996年	1995年	1994年	1993年
八、电子测量仪器行业	**14.37**	**13.34**	**13.19**	**9.82**	**12.85**
环境保护仪器仪表制造	0.56	0.53	0.64	0.67	0.74
导航、制导仪器仪表制造	2.66	2.55	2.38	2.51	3.08
气象、海洋、水文、天文测量仪器	0.28	0.31	0.21	0.35	0.39
电子测量仪器制造	4.38	4.38	4.78	4.87	5.50
核子及核辐射测量仪器制造	0.51	0.70	0.64	0.52	0.25
地质勘探和地震专用仪器制造	2.64	1.84	1.29	1.15	1.69
农林牧渔专用仪器制造	0.10	0.15	0.11	-1.58	0.22
汽车电子仪器制造	3.24	2.88	3.14	1.33	0.98
九、电子专用设备行业	**37.21**	**27.05**	**23.91**	**42.99**	**13.63**
电子工业专用设备制造	8.48	7.56	4.78	23.13	4.15
其他电子设备制造	27.43	16.93	16.97	19.22	9.07
其他电子设备修理	1.30	2.56	2.16	0.64	0.41
十、电子信息机电行业	**69.34**	**71.81**	**55.62**	**49.59**	**48.64**
微电机制造	19.17	19.77	18.44	15.03	11.52
电子电线电缆制造	30.57	28.58	20.03	19.10	19.56
蓄电池制造	6.71	9.08	6.62	5.93	7.39
原电池制造	12.89	14.39	10.54	9.53	10.17
十一、其他电子信息行业	**26.74**	**20.57**	**19.04**	**16.34**	**14.27**
电子乐器制造	2.34	1.74	0.84	0.73	0.69
信息化学品制造	16.35	13.07	12.76	11.53	10.21
灯用电器附件制造	8.05	5.76	5.44	4.08	3.37

工业增加值（4）

单位：亿元

行　业	1992年	1991年	1990年	1989年	1988年	1987年
总　计	260.39	254.90	203.04	194.89	178.54	123.58
一、通信设备行业	**36.43**	**27.66**	**19.60**	**19.69**	**20.97**	**12.82**
通信传输设备制造	11.17	9.76	8.45	8.75	8.53	7.11
通信交换设备制造	13.11	7.96	5.27	5.23	3.15	1.71
通信设备终端制造	7.67	6.17	4.38	2.33	6.41	1.67
其他通信设备制造	4.44	3.72	1.49	3.16	2.83	2.18
通信设备修理	0.04	0.05	0.01	0.22	0.05	0.15
二、雷达行业	**13.49**	**12.52**	**10.65**	**11.67**	**8.51**	**4.65**
雷达整机制造	12.78	12.07	10.19	11.16	7.75	3.92
雷达及专用配套设备及部件制造	0.71	0.45	0.46	0.51	0.76	0.73
三、广播电视设备行业	**3.11**	**3.25**	**2.46**	**2.82**	**2.42**	**1.75**
广播电视设备制造	3.07	3.21	2.43	2.79	2.38	1.72
广播电视设备修理	0.04	0.04	0.03	0.03	0.04	0.03
四、电子计算机行业	**13.82**	**13.86**	**10.82**	**7.77**	**7.04**	**5.73**
电子计算机整机制造	8.60	10.35	8.93	5.57	4.96	4.04
电子计算机外部设备制造	4.42	2.82	1.49	1.73	1.63	1.41
电子计算器制造	0.70	0.60	0.39	0.46	0.45	0.28
幻灯机、投影仪制造	0.09	0.08				
电子计算机修理	0.01	0.01	0.01	0.01	0.00	
五、家用视听设备行业	**50.21**	**61.22**	**49.30**	**51.06**	**49.79**	**32.17**
电视机、录像机、摄像机制造	30.56	38.34	32.29	38.69	34.77	19.47
收音机、录音机制造	19.65	22.88	17.01	12.37	15.02	12.7
六、电子器件行业	**40.00**	**36.61**	**29.42**	**27.02**	**22.00**	**16.1**
电子真空器件制造	25.81	23.74	18.93	16.11	11.32	8.03
半导体器件制造	14.19	12.87	10.49	10.91	10.68	8.07
七、电子元件行业	**57.88**	**56.75**	**42.71**	**38.56**	**39.70**	**28.08**
电子元件及组件制造	44.83	46.57	34.26	33.43	32.52	24.58
电器设备元件制造	13.05	10.18	8.45	5.13	7.18	3.5
八、电子测量仪器行业	**9.09**	**8.93**	**7.33**	**7.32**	**6.90**	**5.3**
导航、制导仪器仪表制造	2.66	2.75	2.06	1.82	1.67	1.12

工业增加值（4）

单位：亿元

行　　业	1992年	1991年	1990年	1989年	1988年	1987年
气象、海洋、水文、天文测量仪器	0.23	0.19	0.19	0.21	0.19	0.14
电子测量仪器制造	4.64	4.45	3.69	3.85	3.56	2.83
核子及核辐射测量仪器制造	0.42	0.37	0.38	0.38	0.43	0.33
地质勘探和地震专用仪器制造	0.95	0.99	0.89	0.94	0.89	0.75
农林牧渔专用仪器制造	0.19	0.18	0.12	0.12	0.16	0.13
九、电子专用设备行业	**6.67**	**5.73**	**5.04**	**4.57**	**4.02**	**3.34**
电子工业专用设备制造	2.84	2.64	2.39	2.52	2.26	1.69
其他电子设备制造	3.72	3.01	2.58	1.99	1.71	1.62
其他电子设备修理	0.11	0.08	0.07	0.06	0.05	0.03
十、电子信息机电行业	**29.69**	**28.37**	**25.71**	**24.41**	**17.19**	**13.647**
微电机制造	8.58	7.54	6.35	5.33	4.46	3.74
电子电线电缆制造	9.74	9.54	9.31	10.31	6.43	4.952
蓄电池制造	4.74	4.27	3.94	3.67	2.58	1.565
原电池制造	6.63	7.02	6.11	5.11	3.72	3.39
十一、其他电子信息行业	**0**	**0**	**0**	**0**	**0**	**0**
电子乐器制造						
信息化学品制造						
灯用电器附件制造						

主营业务收入（1）

单位：亿元

行　　业	2007年	2006年	2005年	2004年	2003年
总　　计	45424.73	38827.32	31009.80	24126.88	17578.95
一、通信设备行业	**7530.06**	**7388.69**	**5929.02**	**4381.62**	**3389.20**
通信传输设备制造	333.82	316.34	286.54	221.85	215.87
交换设备制造	1641.77	1214.76	1003.47	905.12	744.46
通信设备终端制造	570.69	584.95	528.58	419.80	1026.64
移动通信及终端设备制造	4682.15	4995.95	3812.14	2415.53	965.25
其他通信设备制造	301.63	276.69	298.29	419.32	436.99
二、雷达行业	**111.1**	**122.21**	**92.12**	**81.95**	**70.74**
雷达及配套设备制造	111.1	122.21	92.12	81.95	70.74
三、广播电视设备行业	**276.73**	**233.59**	**210.76**	**74.50**	**55.47**
广播电视节目制作及发射设备制造	17.39	14.55	15.65	18.26	11.12
广播电视接收设备及终端设备制造	185.62	164.81	157.61	48.33	38.74
应用电视设备及其他广播电视制造	73.72	54.22	37.50	7.91	5.60
四、电子计算机行业	**15778.82**	**12810.71**	**10452.54**	**8257.40**	**5796.50**
电子计算机整机制造	8273.32	6990.91	5832.64	4523.23	3100.35
计算机网络设备制造	272.9	290.54	239.32	134.66	262.25
电子计算机外部设备制造	7011.72	5346.45	4223.80	3512.62	2320.73
电子计算器及货币专用设备制造	191.16	164.26	140.45	82.76	96.03
幻灯机、投影仪制造	29.72	18.55	16.34	4.12	17.14
五、家用视听设备行业	**3711.97**	**3967.31**	**3579.74**	**3154.68**	**2638.79**
家用影视设备制造	2700.66	3256.74	2867.05	2299.18	2115.17
家用音响设备制造	1011.31	710.57	712.69	855.51	523.62
六、电子器件行业	**5130.42**	**4264.05**	**3343.47**	**2832.66**	**1874.17**
电子真空器件制造	504.23	572.62	612.96	784.63	631.97
半导体器件制造	432.41	360.12	268.19	211.49	167.64
集成电路制造	1847.9	1656.03	1199.93	757.21	431.07
光电子器件及其他电子器件制造	1883.44	1343.16	1007.67	877.89	480.13
电光源制造	462.45	332.12	254.72	201.44	163.36
七、电子元件行业	**8584.64**	**6527.16**	**4670.33**	**3082.95**	**2253.89**
电子元件及组件制造	5901.33	4288.86	3021.71	2187.11	1657.36

主营业务收入（1）

单位：亿元

行　业	2007年	2006年	2005年	2004年	2003年
电力电子元器件制造	802.44	722.75	544.64	413.56	277.38
印刷电路板制造	1880.86	1515.56	1103.99	482.27	319.15
八、电子测量仪器行业	**365.5**	**301.84**	**195.55**	**148.13**	**91.82**
环境保护仪器仪表制造	35.88	25.73	16.23	12.30	10.56
导航、气象及海洋专用仪器制造	39.65	41.18	28.29	15.38	15.81
电子测量仪器制造	86.77	62.05	44.60	37.49	30.52
核子及核辐射测量仪器制造	3.2	2.79	2.65	1.03	1.11
地质勘探和地震专用仪器制造	30.26	22.95	13.99	9.79	10.40
农林牧渔专用仪器制造	8.76	7.15	1.65	3.96	2.66
汽车电子仪器制造	117.31	98.72	66.25	42.67	20.76
其他专用仪器制造	43.68	41.28	21.89	25.52	0.00
九、电子专用设备行业	**1085.3**	**742.58**	**530.13**	**600.61**	**420.28**
电子工业专用设备制造	336.72	257.34	190.51	100.03	56.35
其他电子设备制造	748.58	485.24	339.62	500.59	363.93
十、电子信息机电行业	**1014.36**	**1985.42**	**1614.23**	**1231.93**	**768.37**
微电机制造	699.03	797.82	713.74	551.40	251.10
电子电线电缆制造		160.62	105.12	72.95	51.49
电池制造		798.61	590.21	388.82	254.79
光纤、光缆制造	315.3	228.36	205.16	218.77	210.99
十一、其他电子信息行业	**1835.87**	**483.52**	**391.57**	**280.43**	**219.69**
电子乐器制造		20.99	19.12	18.18	20.81
信息化学品制造	430.07	327.30	267.13	178.97	143.81
灯用电器附件制造		135.23	105.32	83.28	55.07
家用制冷电器具制造	1405.8				

主营业务收入（2）

单位：亿元

行　　业	2002年	2001年	2000年	1999年	1998年
总　　计	13122.89	11438.30	9529.20	6485.01	5277.20
一、通信设备行业	**3155.86**	**3646.80**	**2762.24**	**1505.70**	**1136.76**
通信传输设备制造	303.41	341.98	275.54	213.40	203.37
交换设备制造	582.14	847.04	637.71	447.62	350.29
通信设备终端制造	1860.69	1290.71	883.06	255.24	138.08
其他通信设备制造	408.95	1166.31	965.90	588.86	444.32
通信设备修理	0.67	0.76	0.03	0.58	0.70
二、雷达行业	**58.80**	**44.31**	**34.09**	**30.82**	**25.37**
雷达整机制造	42.00	31.07	28.12	25.58	21.68
雷达配套设备及部件制造	16.80	13.24	5.97	5.24	3.69
三、广播电视设备行业	**39.09**	**35.04**	**33.20**	**20.45**	**19.35**
广播电视设备制造	38.80	34.93	33.13	20.45	19.27
广播电视设备修理	0.29	0.11	0.07	0.00	0.08
四、电子计算机行业	**3270.13**	**2218.33**	**1686.64**	**1109.82**	**987.05**
电子计算机整机制造	1586.84	1012.21	853.31	521.91	436.65
电子计算机外部设备制造	1559.06	1108.45	763.32	530.83	491.18
电子计算器制造	119.19	2.55	1.58	0.26	0.96
幻灯机、投影仪制造	4.94	95.04	68.37	56.82	58.26
电子计算机修理	0.09	0.08	0.06	0.00	0.00
五、家用视听设备行业	**1828.09**	**1843.74**	**1582.80**	**1290.12**	**1076.27**
电视机、录像机、摄像机制造	1448.54	1289.98	1131.55	945.93	773.71
收音机、录音机制造	379.55	553.76	451.25	344.19	302.56
六、电子器件行业	**1231.75**	**980.58**	**1037.39**	**736.39**	**574.49**
电子真空器件制造	532.15	470.95	533.04	419.32	318.43
半导体器件制造	293.17	159.64	126.83	75.81	61.81
集成电路制造	268.43	223.29	260.27	138.33	105.45
电光源制造	138.00	126.70	117.25	102.93	88.80
七、电子元件行业	**1647.90**	**1374.96**	**1217.75**	**898.35**	**711.19**
电子元件及组件制造	1481.03	1241.45	1093.82	811.36	637.46
电器设备元件制造	166.87	133.51	123.93	86.99	73.73

主营业务收入（2）

单位：亿元

行　　业	2002年	2001年	2000年	1999年	1998年
八、电子测量仪器行业	**81.02**	**64.89**	**58.15**	**45.77**	**38.57**
环境保护仪器仪表制造	9.16	8.08	5.68	3.81	2.06
导航、制导仪器仪表制造	11.38	8.84	7.63	7.35	7.34
气象、海洋、水文、天文测量仪器	1.00	0.75	1.65	1.32	1.49
电子测量仪器制造	23.92	19.78	19.62	11.96	25.30
核子及核辐射测量仪器制造	0.50	0.43	0.60	1.26	0.27
地质勘探和地震专用仪器制造	8.84	6.98	5.24	5.55	1.10
农林牧渔专用仪器制造	1.06	1.18	0.01	0.11	0.07
汽车电子仪器制造	25.15	18.85	17.72	14.42	0.94
九、电子专用设备行业	**312.35**	**287.38**	**285.53**	**188.74**	**151.42**
电子工业专用设备制造	40.48	36.72	22.32	17.44	19.23
其他电子设备制造	270.21	1.39	3.26	4.30	5.71
其他电子设备修理	1.66	249.27	259.95	167.01	126.48
十、电子信息机电行业	**523.79**	**522.54**	**461.67**	**355.46**	**326.50**
微电机制造	162.75	143.70	138.78	101.03	90.73
电子电线电缆制造	233.47	222.16	193.55	146.93	138.80
蓄电池制造		40.42	36.28	26.34	22.76
原电池制造	127.57	116.26	93.06	81.15	74.21
十一、其他电子信息行业	**196.76**	**173.58**	**166.96**	**138.01**	**101.72**
电子乐器制造	16.86	15.50	14.63	14.31	12.07
信息化学品制造	130.28	112.76	112.75	83.37	57.57
灯用电器附件制造	49.62	45.32	39.58	40.33	32.08

主营业务收入（3）

单位：亿元

行　　业	1997年	1996年	1995年	1994年	1993年
总　　计	4463.20	3355.19	2971.07	2066.23	1667.88
一、通信设备行业	**880.23**	**668.04**	**560.82**	**388.08**	**276.70**
通信传输设备制造	106.03	93.35	123.10	97.53	77.16
交换设备制造	302.11	222.80	158.66	200.47	96.80
通信设备终端制造	119.78	96.17	108.70	38.81	58.76
其他通信设备制造	351.46	255.07	169.74	50.91	43.23
通信设备修理	0.85	0.65	0.62	0.36	0.75
二、雷达行业	**27.77**	**31.33**	**100.22**	**83.93**	**70.33**
雷达整机制造	25.01	21.94	95.13	80.89	66.91
雷达配套设备及部件制造	2.76	9.39	5.09	3.04	3.42
三、广播电视设备行业	**16.43**	**15.72**	**16.72**	**17.89**	**17.64**
广播电视设备制造	16.29	15.42	16.67	17.60	16.97
广播电视设备修理	0.14	0.30	0.05	0.29	0.67
四、电子计算机行业	**743.78**	**513.75**	**363.39**	**138.98**	**112.34**
电子计算机整机制造	234.98	185.72	156.91	52.54	55.09
电子计算机外部设备制造	488.37	300.94	189.65	78.71	53.20
电子计算器制造	1.07	16.72	14.94	6.89	3.51
幻灯机、投影仪制造	16.84	0.81	1.24	0.62	0.40
电子计算机修理	2.52	9.56	0.65	0.22	0.14
五、家用视听设备行业	**1002.05**	**737.22**	**592.93**	**489.61**	**438.29**
电视机、录像机、摄像机制造	708.80	522.46	373.40	310.01	290.23
收音机、录音机制造	293.25	214.76	219.53	179.60	148.06
六、电子器件行业	**487.68**	**424.13**	**442.24**	**306.45**	**249.42**
电子真空器件制造	248.77	210.30	202.65	181.20	131.57
半导体器件制造	67.50	52.97	49.84	43.86	49.34
集成电路制造	82.33	77.11	80.43	27.42	18.08
电光源制造	89.08	83.75	109.32	53.97	50.43
七、电子元件行业	**602.88**	**482.80**	**440.65**	**329.41**	**240.46**
电子元件及组件制造	497.46	406.02	379.20	286.71	192.09
电器设备元件制造	105.42	76.78	61.45	42.70	48.37

主营业务收入（3）

单位：亿元

行　　业	1997年	1996年	1995年	1994年	1993年
八、电子测量仪器行业	**58.09**	**48.70**	**41.81**	**34.00**	**36.58**
环境保护仪器仪表制造	2.07	2.25	1.40	1.10	1.51
导航、制导仪器仪表制造	7.85	7.58	7.46	6.85	7.86
气象、海洋、水文、天文测量仪器	0.74	0.71	0.53	0.78	0.77
电子测量仪器制造	27.61	21.87	17.77	17.05	15.87
核子及核辐射测量仪器制造	1.40	1.71	1.48	1.03	1.13
地质勘探和地震专用仪器制造	7.93	5.47	5.15	4.89	6.67
农林牧渔专用仪器制造	0.34	0.45	0.32	0.59	0.43
汽车电子仪器制造	10.15	8.66	7.70	1.71	2.34
九、电子专用设备行业	**140.36**	**79.10**	**91.60**	**80.24**	**48.65**
电子工业专用设备制造	24.29	19.57	11.99	10.79	14.04
其他电子设备制造	3.91	57.28	70.66	67.24	33.69
其他电子设备修理	112.16	2.25	8.95	2.21	0.92
十、电子信息机电行业	**296.87**	**273.78**	**235.55**	**187.41**	**169.13**
微电机制造	88.72	70.02	60.88	59.52	49.36
电子电线电缆制造	124.83	116.20	101.72	70.73	67.30
蓄电池制造	22.82	29.73	24.11	18.22	18.71
原电池制造	60.50	57.83	48.84	38.94	33.77
十一、其他电子信息行业	**97.80**	**80.62**	**85.14**	**10.23**	**8.34**
电子乐器制造	12.40	10.35	8.64		
信息化学品制造	50.90	40.25	47.53		
灯用电器附件制造	34.50	30.02	28.97	10.23	8.34

主营业务收入（4）

单位：亿元

行　业	1992年	1991年	1990年	1989年	1988年	1987年
总　计	1041.92	859.43	666.40	579.73	582.22	411.06
一、通信设备行业	**140.00**	**88.73**	**66.00**	**58.02**	**55.88**	**40.15**
通信传输设备制造	49.06	33.72	24.01	28.09	30.38	23.30
交换设备制造	34.17	17.52	13.33	12.51	8.29	4.72
通信设备终端制造	39.11	24.69	16.46	6.35	6.17	4.55
其他通信设备制造	17.55	12.62	11.35	10.54	10.68	7.29
通信设备修理	0.11	0.18	0.85	0.53	0.36	0.29
二、雷达行业	**50.24**	**43.54**	**34.37**	**29.37**	**29.94**	**17.30**
雷达整机制造	47.84	41.89	33.24	28.16	28.76	15.57
雷达配套设备及部件制造	2.40	1.65	1.13	1.21	1.18	1.73
三、广播电视设备行业	**13.13**	**10.41**	**6.85**	**6.33**	**6.91**	**4.31**
广播电视设备制造	12.97	10.18	6.69	6.21	6.77	4.21
广播电视设备修理	0.16	0.23	0.16	0.12	0.14	0.10
四、电子计算机行业	**65.00**	**52.99**	**34.76**	**23.46**	**22.25**	**16.44**
电子计算机整机制造	34.82	37.31	27.99	17.32	15.21	11.32
电子计算机外部设备制造	25.86	13.17	5.63	4.65	5.04	4.17
电子计算器制造	3.92	2.24	1.08	1.44	2.00	0.95
幻灯机、投影仪制造	0.33	0.22				
电子计算机修理	0.07	0.05	0.06	0.05	0.00	
五、家用视听设备行业	**305.63**	**286.45**	**219.52**	**197.00**	**230.03**	**151.84**
电视机、录像机、摄像机制造	198.51	193.26	153.44	145.93	166.17	104.31
收音机、录音机制造	107.12	93.19	66.08	51.07	63.86	47.53
六、电子器件行业	**122.71**	**104.85**	**93.42**	**60.41**	**54.26**	**37.24**
电子真空器件制造	85.58	74.84	71.02	38.11	30.71	19.96
半导体器件制造	37.13	30.01	22.40	22.30	23.55	17.28
七、电子元件行业	**175.11**	**143.22**	**103.36**	**97.65**	**101.29**	**75.29**
电子元件及组件制造	136.56	115.42	82.17	76.21	82.54	59.69
电器设备元件制造	38.55	27.80	21.19	21.44	18.75	15.60
八、电子测量仪器行业	**24.80**	**20.40**	**17.03**	**15.16**	**13.72**	**12.21**
导航、制导仪器仪表制造	6.28	5.40	4.51	3.65	3.37	2.59

主营业务收入（4）

单位：亿元

行　业	1992年	1991年	1990年	1989年	1988年	1987年
气象、海洋、水文、天文测量仪器	0.52	0.44	0.40	0.52	0.41	0.29
电子测量仪器制造	13.22	10.11	8.65	7.94	7.65	6.77
核子及核辐射测量仪器制造	0.72	0.66	0.75	0.87	0.77	0.60
地质勘探和地震专用仪器制造	3.58	3.38	2.50	1.94	1.18	1.66
农林牧渔专用仪器制造	0.48	0.41	0.22	0.24	0.34	0.30
九、电子专用设备行业	**25.16**	**13.61**	**10.95**	**10.14**	**6.04**	**8.62**
电子工业专用设备制造	8.00	6.11	4.92	5.05	1.64	3.38
其他电子设备制造	16.92	7.33	5.83	4.86	4.20	5.05
其他电子设备修理	0.24	0.17	0.20	0.23	0.20	0.19
十、电子信息机电行业	**120.14**	**95.23**	**80.14**	**82.19**	**61.90**	**47.66**
微电机制造	32.90	24.92	18.53	18.18	15.72	11.83
电子电线电缆制造	44.98	33.59	28.64	31.56	22.48	17.54
蓄电池制造	13.65	11.07	10.04	11.28	7.53	5.05
原电池制造	28.61	25.65	22.93	21.17	16.18	13.24
十一、其他电子信息行业	**0**	**0**	**0**	**0**	**0**	**0**
电子乐器制造						
信息化学品制造						
灯用电器附件制造						

主营业务成本（1）

单位：亿元

行　　业	2007年	2006年	2005年	2004年	2003年
总　　计	39025.07	33398.95	27118.30	21610.17	15336.09
一、通信设备行业	**7530.06**	**6125.39**	**5007.75**	**3729.10**	**2850.22**
通信传输设备制造	333.82	241.60	227.37	184.06	184.87
通信交换设备制造	1641.77	816.56	687.36	731.83	526.27
通信设备终端制造	570.69	491.16	448.76	362.82	950.47
移动通信及终端设备制造	4682.15	4362.36	3396.17	2091.18	832.91
其他通信设备制造	301.63	213.71	248.09	359.21	355.69
二、雷达行业	**84.45**	**90.07**	**67.86**	**60.96**	**51.93**
雷达及配套设备制造	84.45	90.07	67.86	60.96	51.93
三、广播电视设备行业	**232.75**	**190.02**	**172.74**	**62.23**	**46.16**
广播电视节目制作及发射设备制造	13.49	10.63	11.65	14.81	8.53
广播电视接收设备及终端设备制造	161.12	138.30	132.46	41.32	33.66
应用电视设备及其他广播电视制造	58.15	41.09	28.62	6.10	3.97
四、电子计算机行业	**13717.39**	**11497.48**	**9578.26**	**7780.26**	**5361.76**
电子计算机整机制造	7748.02	6411.52	5413.52	4381.43	2891.49
计算机网络设备制造	226.44	225.30	190.48	110.37	229.13
电子计算机外部设备制造	5549.99	4706.26	3845.30	3214.45	2146.88
电子计算器及货币专用设备制造	166.26	139.21	115.09	70.71	81.80
幻灯机、投影仪制造	26.68	15.19	13.87	3.29	12.46
五、家用视听设备行业	**3308.02**	**3374.28**	**3084.14**	**2924.74**	**2313.81**
家用影视设备制造	2406.62	2766.30	2451.22	2135.65	1845.23
家用音响设备制造	901.40	607.98	632.92	789.09	468.58
六、电子器件行业	**4575.12**	**3682.19**	**2897.18**	**2439.88**	**1509.98**
电子真空器件制造	458.50	483.45	523.36	707.08	525.36
半导体器件制造	376.95	305.94	238.76	179.79	139.35
集成电路制造	1666.15	1439.36	1064.98	684.72	385.80
光电子器件及其他电子器件制造	1678.81	1182.32	858.12	701.03	324.38
电光源制造	394.72	271.12	211.96	167.25	135.08
七、电子元件行业	**6995.95**	**5539.16**	**4007.73**	**2671.82**	**1949.08**
电子元件及组件制造	4618.70	3649.37	2599.41	1891.43	1436.25

主营业务成本（1）

单位：亿元

行　　业	2007年	2006年	2005年	2004年	2003年
电力电子元器件制造	680.96	584.54	443.80	346.40	226.47
印刷电路板制造	1696.29	1305.24	964.52	433.98	286.37
八、电子测量仪器行业	**277.48**	**222.27**	**142.23**	**111.08**	**67.13**
环境保护仪器仪表制造	26.71	18.54	11.60	8.86	7.51
导航、气象及海洋专用仪器制造	27.84	29.21	19.69	10.40	11.78
电子测量仪器制造	63.75	44.39	31.42	28.29	22.33
核子及核辐射测量仪器制造	2.06	1.84	1.77	0.74	0.77
地质勘探和地震专用仪器制造	23.58	17.51	10.42	7.72	7.43
农林牧渔专用仪器制造	6.99	5.54	1.37	3.76	1.51
汽车电子仪器制造	92.89	74.70	50.69	30.98	15.80
其他专用仪器制造	33.65	30.55	15.27	20.33	
九、电子专用设备行业	**894.45**	**589.90**	**441.09**	**512.51**	**343.94**
电子工业专用设备制造	276.70	202.26	157.24	82.57	46.17
其他电子设备制造	617.75	387.63	283.86	429.94	297.76
十、电子信息机电行业	**888.89**	**1670.13**	**1380.41**	**1066.50**	**631.15**
微电机制造	617.60	671.90	614.40	476.85	217.08
电子电线电缆制造		138.48	90.59	63.99	44.62
电池制造		668.88	499.50	334.22	207.96
光纤、光缆制造	271.29	190.87	175.92	191.45	161.49
十一、其他电子信息行业	1542.84	**418.06**	**338.91**	**251.09**	**210.93**
电子乐器制造		18.24	16.86	15.67	17.91
信息化学品制造	340.09	262.87	201.13	122.33	102.17
灯用电器附件制造		136.95	120.92	113.10	90.85
家用制冷电器具制造	1202.75				

主营业务成本（2）

单位：亿元

行　　业	2002年	2001年	2000年	1999年	1998年
总　　计	10023.04	8487.31	6885.99	5201.94	4229.49
一、通信设备行业	**2549.80**	**2433.38**	**1746.83**	**1226.07**	**886.46**
通信传输设备制造	251.06	276.71	223.04	176.40	163.63
通信交换设备制造	436.65	672.73	476.49	337.74	238.31
通信设备终端制造	1524.87	1115.09	241.26	224.40	118.83
其他通信设备制造	336.69	368.26	806.02	487.03	365.41
通信设备修理	0.52	0.59	0.02	0.50	0.28
二、雷达行业	**43.04**	**31.55**	**25.84**	**23.05**	**18.43**
雷达整机制造	31.42	22.19	21.55	19.07	15.70
雷达配套设备及部件制造	11.62	9.36	4.29	3.98	2.73
三、广播电视设备行业	**31.76**	**30.01**	**25.69**	**16.74**	**15.63**
广播电视设备制造	31.52	29.89	25.63	16.68	15.56
广播电视设备修理	0.24	0.12	0.06	0.06	0.07
四、电子计算机行业	**2892.63**	**1980.06**	**1301.93**	**956.90**	**864.37**
电子计算机整机制造	1447.40	879.24	566.04	429.15	365.64
电子计算机外部设备制造	1345.71	1010.60	674.10	476.70	442.60
电子计算器制造	95.48	88.20	60.77	50.83	55.27
幻灯机、投影仪制造	3.98	1.94	0.96	0.22	0.86
电子计算机修理	0.07	0.08	0.06		
五、家用视听设备行业	**1683.61**	**1289.96**	**1310.23**	**1120.46**	**933.28**
电视机、录像机、摄像机制造	1347.37	964.53	899.33	811.29	660.28
收音机、录音机制造	336.24	325.43	410.90	309.17	273.00
六、电子器件行业	**1060.64**	**853.03**	**850.34**	**609.19**	**490.86**
电子真空器件制造	448.79	402.35	422.54	336.94	272.91
半导体器件制造	257.61	137.40	107.05	64.26	53.04
集成电路制造	240.75	207.31	221.95	121.55	91.11
电光源制造	113.49	105.97	98.80	86.44	73.80
七、电子元件行业	**1420.58**	**1105.63**	**938.96**	**757.26**	**600.01**
电子元件及组件制造	1287.06	999.86	840.64	688.89	542.04
电器设备元件制造	133.52	105.77	98.32	68.37	57.97

主营业务成本（2）

单位：亿元

行　业	2002年	2001年	2000年	1999年	1998年
八、电子测量仪器行业	**56.38**	**46.24**	**41.72**	**33.02**	**41.32**
环境保护仪器仪表制造	6.50	5.85	3.80	2.52	1.34
导航、制导仪器仪表制造	7.86	6.17	5.49	5.40	5.31
气象、海洋、水文、天文测量仪器	0.70	0.49	1.34	1.04	1.22
电子测量仪器制造	15.99	14.37	14.19	8.93	20.34
核子及核辐射测量仪器制造	0.31	0.26	0.44	0.76	0.68
地质勘探和地震专用仪器制造	6.37	5.01	3.88	4.18	3.55
农林牧渔专用仪器制造	0.77	0.93	0.01	0.10	0.31
汽车电子仪器制造	17.88	13.16	12.57	10.09	8.57
九、电子专用设备行业	**234.02**	**234.34**	**225.98**	**151.38**	**121.90**
电子工业专用设备制造	33.81	30.73	17.50	13.49	14.66
其他电子设备制造	198.99	202.60	205.99	134.34	102.48
其他电子设备修理	1.23	1.01	2.49	3.55	4.76
十、电子信息机电行业	**889.23**	**440.97**	**386.21**	**297.45**	**271.37**
微电机制造	139.30	124.43	116.74	85.31	76.98
电子电线电缆制造	199.38	187.24	164.97	124.00	115.82
蓄电池制造		31.64	27.21	20.39	18.04
原电池制造	105.93	97.66	77.29	67.74	60.53
光纤、光缆制造	444.61				
十一、其他电子信息行业	**161.36**	**142.14**	**132.26**	**110.42**	**85.86**
电子乐器制造	14.52	13.15	11.99	11.96	10.21
信息化学品制造	104.46	90.24	87.16	64.17	48.15
灯用电器附件制造	42.38	38.75	33.11	34.29	27.50

主营业务成本（3）

单位：亿元

行　　业	1997年	1996年	1995年	1994年	1993年
总　　计	3545.55	2778.43	2437.62	1705.16	1385.53
一、通信设备行业	**697.26**	**522.75**	**440.65**	**296.75**	**209.83**
通信传输设备制造	83.25	74.36	98.56	80.75	63.68
通信交换设备制造	226.60	164.17	111.30	143.31	61.78
通信设备终端制造	100.96	80.95	94.20	30.21	49.35
其他通信设备制造	285.84	202.95	136.07	42.20	34.46
通信设备修理	0.61	0.32	0.52	0.28	0.56
二、雷达行业	**21.15**	**23.98**	**75.77**	**64.49**	**48.90**
雷达整机制造	19.23	16.99	71.73	62.09	46.01
雷达配套设备及部件制造	1.92	6.99	4.04	2.40	2.89
三、广播电视设备行业	**13.11**	**12.63**	**12.91**	**14.34**	**14.22**
广播电视设备制造	13.01	12.38	12.87	14.06	13.64
广播电视设备修理	0.10	0.25	0.04	0.28	0.58
四、电子计算机行业	**634.54**	**454.47**	**322.24**	**121.68**	**97.19**
电子计算机整机制造	204.35	165.72	139.53	44.52	47.09
电子计算机外部设备制造	412.60	265.27	172.17	70.19	46.47
电子计算器制造	14.53	15.10	9.00	6.18	3.21
幻灯机、投影仪制造	0.92	0.69	1.02	0.60	0.31
电子计算机修理	2.14	7.69	0.52	0.19	0.11
五、家用视听设备行业	**879.65**	**630.82**	**534.22**	**420.12**	**379.09**
电视机、录像机、摄像机制造	614.30	436.08	333.53	269.36	251.62
收音机、录音机制造	265.35	194.74	200.69	150.76	127.47
六、电子器件行业	**399.01**	**340.38**	**306.92**	**231.82**	**196.87**
电子真空器件制造	199.81	161.56	147.17	132.59	102.73
半导体器件制造	56.28	44.50	40.80	35.04	39.88
集成电路制造	69.28	66.00	62.26	21.32	14.78
电光源制造	73.64	68.32	56.69	42.87	39.48
七、电子元件行业	**501.00**	**400.07**	**363.62**	**263.75**	**192.69**
电子元件及组件制造	415.83	338.62	315.76	232.69	156.77
电器设备元件制造	85.17	61.45	47.86	31.06	35.92

主营业务成本（3）

单位：亿元

行　　业	1997年	1996年	1995年	1994年	1993年
八、电子测量仪器行业	**52.83**	**32.21**	**31.75**	**22.20**	**26.46**
环境保护仪器仪表制造	2.07	1.64	0.93	0.75	1.12
导航、制导仪器仪表制造	7.85	5.66	5.60	4.67	5.95
气象、海洋、水文、天文测量仪器	0.74	0.46	0.33	0.55	0.55
电子测量仪器制造	27.61	12.27	13.61	10.32	10.78
核子及核辐射测量仪器制造	0.84	0.99	0.83	0.63	0.74
地质勘探和地震专用仪器制造	6.11	4.37	4.65	3.70	5.32
农林牧渔专用仪器制造	0.25	0.34	0.20	0.39	0.31
汽车电子仪器制造	7.36	6.48	5.60	1.19	1.69
九、电子专用设备行业	**112.92**	**62.55**	**78.42**	**64.96**	**38.69**
电子工业专用设备制造	18.69	14.15	8.87	8.22	10.72
其他电子设备制造	90.86	46.60	61.64	54.94	27.18
其他电子设备修理	3.37	1.80	7.91	1.80	0.79
十、电子信息机电行业	**252.01**	**229.66**	**198.42**	**154.64**	**137.63**
微电机制造	76.58	58.67	51.05	49.09	40.61
电子电线电缆制造	104.79	97.71	86.31	58.56	54.28
蓄电池制造	18.40	24.16	19.01	13.79	13.58
原电池制造	52.24	49.12	42.06	33.21	29.16
十一、其他电子信息行业	**82.07**	**68.91**	**72.70**	**50.41**	**43.96**
电子乐器制造	10.29	8.93	7.48	6.83	6.11
信息化学品制造	42.39	34.11	39.95	35.67	31.23
灯用电器附件制造	29.39	25.87	25.27	7.91	6.62

主营业务成本（4）

单位：亿元

行　　业	1992年	1991年	1990年	1989年	1988年	1987年
总　　计	970.75	776.80	600.58	624.04	503.49	350.75
一、通信设备行业	**111.83**	**74.42**	**56.63**	**48.47**	**45.98**	**34.53**
通信传输设备制造	41.71	28.92	21.38	24.12	24.91	20.13
通信交换设备制造	24.23	13.40	9.97	9.26	6.48	4.14
通信设备终端制造	30.86	21.62	14.57	5.51	5.29	3.87
其他通信设备制造	14.93	10.32	10.03	9.15	9.02	6.12
通信设备修理	0.10	0.16	0.68	0.43	0.28	0.27
二、雷达行业	**42.74**	**37.87**	**29.50**	**24.09**	**24.36**	**15.10**
雷达整机制造	40.53	36.20	28.32	22.98	23.29	13.44
雷达配套设备及部件制造	2.21	1.67	1.18	1.11	1.07	1.66
三、广播电视设备行业	**11.44**	**9.18**	**6.02**	**5.22**	**5.60**	**3.38**
广播电视设备制造	11.30	8.99	5.87	5.11	5.49	3.30
广播电视设备修理	0.14	0.19	0.15	0.11	0.11	0.08
四、电子计算机行业	**56.53**	**42.56**	**31.89**	**21.19**	**32.30**	**14.73**
电子计算机整机制造	29.59	28.60	25.46	15.74	17.70	10.32
电子计算机外部设备制造	23.06	11.73	5.28	4.10	12.84	3.57
电子计算器制造	3.52	1.98	1.00	1.32	1.76	0.84
幻灯机、投影仪制造	0.30	0.21	0.11			
电子计算机修理	0.06	0.04	0.04	0.03		
五、家用视听设备行业	**274.68**	**259.56**	**204.97**	**305.67**	**200.10**	**134.99**
电视机、录像机、摄像机制造	180.13	173.73	142.61	177.36	139.97	92.66
收音机、录音机制造	94.55	85.83	62.36	128.31	60.13	42.33
六、电子器件行业	**142.25**	**87.15**	**59.58**	**47.93**	**41.98**	**29.80**
电子真空器件制造	72.56	61.21	39.49	29.02	22.91	15.43
半导体器件制造	31.83	25.94	20.09	18.91	19.07	14.37
集成电路制造	8.17				0.00	
电光源制造	29.69					
七、电子元件行业	**147.76**	**121.57**	**90.70**	**80.55**	**80.55**	**60.32**
电子元件及组件制造	116.85	98.57	72.78	63.22	65.76	47.97
电器设备元件制造	30.91	23.00	17.92	17.33	14.79	12.35

主营业务成本（4）

单位：亿元

行　业	1992年	1991年	1990年	1989年	1988年	1987年
八、电子测量仪器行业	**20.07**	**17.23**	**14.35**	**12.51**	**11.37**	**10.10**
导航、制导仪器仪表制造	4.88	4.29	3.26	2.90	2.60	2.06
气象、海洋、水文、天文测量仪器	0.44	0.36	0.34	0.44	0.33	0.25
电子测量仪器制造	10.70	8.74	7.81	6.72	6.18	5.72
核子及核辐射测量仪器制造	0.50	0.49	0.55	0.61	0.51	0.43
地质勘探和地震专用仪器制造	3.17	3.02	2.21	1.65	1.48	1.39
农林牧渔专用仪器制造	0.38	0.33	0.18	0.19	0.27	0.25
九、电子专用设备行业	**21.29**	**11.63**	**9.50**	**8.55**	**8.80**	**7.25**
电子工业专用设备制造	6.63	5.07	4.30	4.22	5.32	2.76
其他电子设备制造	14.46	6.42	5.00	4.11	3.31	4.32
其他电子设备修理	0.20	0.14	0.20	0.22	0.17	0.17
十、电子信息机电行业	**103.15**	**82.33**	**69.99**	**69.86**	**52.45**	**40.55**
微电机制造	28.58	21.89	16.81	16.36	13.55	10.21
电子电线电缆制造	38.51	28.51	23.88	25.05	18.32	14.53
蓄电池制造	10.79	8.97	8.34	9.26	6.25	4.32
原电池制造	25.28	22.97	20.96	19.19	14.34	11.50
十一、其他电子信息行业	**39.01**	**33.30**	**27.45**	**0**		
电子乐器制造	5.60	4.93	4.12			
信息化学品制造	28.11	23.35	19.21			
灯用电器附件制造	5.30	5.02	4.12			

营业费用（1）

单位：亿元

行　　业	2007年	2006年	2005年	2004年	2003年
总　　计	1160.72	1011.52	864.77	719.24	595.43
一、通信设备行业	**343.38**	**304.44**	**263.01**	**218.13**	**161.28**
通信传输设备制造	13.51	17.47	14.30	7.81	7.38
通信交换设备制造	156.17	131.88	118.28	91.78	59.05
通信设备终端制造	27.57	24.03	21.48	17.86	43.20
移动通信及终端设备制造	134.54	116.98	97.13	85.31	36.61
其他通信设备制造	11.59	11.14	9.27	12.89	13.09
二、雷达行业	**3.08**	**2.92**	**2.54**	**2.49**	**1.95**
雷达及配套设备制造	3.08	2.92	2.54	2.49	1.95
三、广播电视设备行业	**8.39**	**7.90**	**6.86**	**3.09**	**1.86**
广播电视节目制作及发射设备制造	0.68	0.58	0.74	1.23	0.55
广播电视接收设备及终端设备制造	4.48	4.57	4.25	1.50	1.06
应用电视设备及其他广播电视制造	3.22	2.75	1.87	0.36	0.25
四、电子计算机行业	**260.02**	**223.22**	**181.90**	**139.91**	**133.23**
电子计算机整机制造	159.76	134.27	103.57	77.45	79.39
计算机网络设备制造	14.01	13.92	12.32	8.06	7.51
电子计算机外部设备制造	81.36	70.01	61.32	52.57	42.89
电子计算器及货币专用设备制造	4.23	4.44	4.09	1.68	1.87
幻灯机、投影仪制造	0.65	0.58	0.61	0.15	1.56
五、家用视听设备行业	**159.20**	**195.28**	**180.21**	**158.41**	**145.39**
家用影视设备制造	138.48	176.65	159.44	138.24	130.91
家用音响设备制造	20.71	18.63	20.77	20.17	14.48
六、电子器件行业	**82.29**	**65.70**	**59.97**	**57.28**	**40.71**
电子真空器件制造	25.02	20.86	25.79	27.67	17.01
半导体器件制造	5.04	5.24	3.38	2.88	4.00
集成电路制造	17.17	13.37	9.93	9.77	7.45
光电子器件及其他电子器件制造	24.53	18.28	13.99	10.58	6.68
电光源制造	10.52	7.94	6.88	6.38	5.57
七、电子元件行业	**120.26**	**104.60**	**84.94**	**63.13**	**48.11**
电子元件及组件制造	84.75	68.88	55.87	44.16	35.05

营业费用（1）

单位：亿元

行　业	2007年	2006年	2005年	2004年	2003年
电力电子元器件制造	15.38	18.72	16.20	13.53	9.94
印刷电路板制造	20.13	16.99	12.87	5.44	3.12
八、电子测量仪器行业	**16.20**	**12.61**	**9.96**	**7.35**	**5.13**
环境保护仪器仪表制造	1.70	1.32	0.85	0.94	0.86
导航、气象及海洋专用仪器制造	1.58	1.38	1.41	0.53	0.49
电子测量仪器制造	5.28	3.58	3.16	2.74	2.07
核子及核辐射测量仪器制造	0.18	0.16	0.14	0.12	0.09
地质勘探和地震专用仪器制造	0.73	0.44	0.72	0.41	0.54
农林牧渔专用仪器制造	0.48	0.33	0.04	0.03	0.07
汽车电子仪器制造	4.49	3.65	2.50	1.46	0.99
其他专用仪器制造	1.75	1.74	1.14	1.12	0.02
九、电子专用设备行业	**24.85**	**28.84**	**14.85**	**15.84**	**14.54**
电子工业专用设备制造	8.73	16.05	5.39	3.52	1.89
其他电子设备制造	16.12	12.79	9.46	12.32	12.64
十、电子信息机电行业	**22.97**	**47.19**	**41.79**	**37.42**	**28.14**
微电机制造	14.20	17.39	16.32	15.19	6.07
电子电线电缆制造		3.40	2.98	2.62	1.93
电池制造		19.06	15.93	12.64	9.41
光纤、光缆制造	8.77	7.35	6.57	6.97	10.73
十一、其他电子信息行业	**120.09**	**18.94**	**18.76**	**16.41**	**14.89**
电子乐器制造		1.01	0.92	0.81	0.73
信息化学品制造	10.89	11.14	12.59	11.82	11.41
灯用电器附件制造		6.79	5.25	3.78	2.76
家用制冷电器具制造	**109.21**				

营业费用（2）

单位：亿元

行　　业	2002年	2001年	2000年	1999年
总　　计	514.51	384.73	315.47	260.11
一、通信设备行业	**179.32**	**127.47**	**99.98**	**78.83**
通信传输设备制造	36.67	12.04	9.55	9.63
通信交换设备制造	47.11	44.17	38.88	30.41
通信设备终端制造	69.17	41.40	7.58	7.67
其他通信设备制造	24.55	28.62	42.53	29.89
通信设备修理	0.06	0.01		0.06
二、雷达行业	**1.75**	**1.23**	**1.44**	**1.17**
雷达整机制造	1.07	0.85	1.21	1.00
雷达及配套设备制造	0.68	0.38	0.23	0.17
三、广播电视设备行业	**0.90**	**1.04**	**2.74**	**1.11**
广播电视设备制造	0.89	1.04	2.74	1.11
广播电视设备修理	0.01			
四、电子计算机行业	**100.52**	**72.70**	**49.09**	**39.62**
电子计算机整机制造	56.18	42.09	29.43	28.96
电子计算机外部设备制造	42.27	28.98	18.67	9.93
电子计算器制造	1.67	1.38	0.95	0.72
幻灯机、投影仪制造	0.40	0.25	0.04	0.01
电子计算机修理				
五、家用视听设备行业	**101.37**	**77.01**	**67.08**	**66.70**
电视机、录像机、摄像机制造	90.48	65.95	55.15	56.85
收音机、录音机制造	10.88	11.06	11.93	9.85
六、电子器件行业	**32.65**	**26.68**	**25.33**	**20.86**
电子真空器件制造	15.86	15.77	16.25	11.92
半导体器件制造	7.44	2.77	1.92	1.53
集成电路制造	4.41	3.67	3.34	3.48
光电子器件及其他电子器件制造				
电光源制造	4.94	4.47	3.82	3.93
七、电子元件行业	**35.86**	**29.60**	**25.46**	**20.31**
电子元件及组件制造	30.09	24.22	20.63	16.77

营业费用（2）

单位：亿元

行　　业	2002年	2001年	2000年	1999年
电器设备元件制造	5.77	5.38	4.83	3.54
八、电子测量仪器行业	**5.89**	**5.49**	**2.96**	**2.52**
环境保护仪器仪表制造	0.81	0.83	0.61	0.36
导航、制导仪器仪表制造	0.48	0.39	0.30	0.27
气象、海洋、水文、天文测量仪器	0.03	0.03	0.03	0.03
电子测量仪器制造	3.26	3.16	1.10	0.94
核子及核辐射测量仪器制造	0.03	0.03	0.04	0.10
地质勘探和地震专用仪器制造	0.41	0.33	0.21	0.17
农林牧渔专用仪器制造	0.03	0.02	0.00	0.00
汽车电子仪器制造	0.84	0.70	0.67	0.65
九、电子专用设备行业	**16.60**	**11.53**	**11.43**	**6.83**
电子工业专用设备制造	1.47	1.38	0.91	0.71
其他电子设备制造	15.02	10.08	10.43	6.00
其他电子设备修理	0.11	0.07	0.09	0.12
十、电子信息机电行业	**19.46**	**20.63**	**18.80**	**14.77**
微电机制造	4.44	3.73	4.01	3.28
电子电线电缆制造	9.49	9.28	8.46	6.65
蓄电池制造	0.00	2.61	2.21	1.60
原电池制造	5.52	5.01	4.13	3.24
十一、其他电子信息行业	**20.20**	**11.35**	**11.16**	**7.39**
电子乐器制造	0.71	0.62	0.82	0.70
信息化学品制造	7.73	9.56	9.00	5.18
灯用电器附件制造	11.76	1.17	1.34	1.51

营业费用（3）

单位：亿元

行　　业	1998年	1997年	1996年
总　　计	220.34	151.92	111.92
一、通信设备行业	**61.43**	**42.58**	**32.41**
通信传输设备制造	10.87	6.08	4.56
通信交换设备制造	23.97	15.38	12.30
通信设备终端制造	3.72	4.25	3.53
其他通信设备制造	21.72	15.48	10.61
通信设备修理	0.03	0.07	0.08
二、雷达行业	**1.12**	**1.32**	**1.33**
雷达整机制造	0.97	1.21	1.14
雷达及配套设备制造	0.15	0.11	0.19
三、广播电视设备行业	**1.18**	**0.90**	**0.74**
广播电视设备制造	1.17	0.89	0.72
广播电视设备修理	0.01	0.01	0.02
四、电子计算机行业	**41.06**	**16.65**	**11.21**
电子计算机整机制造	31.75	7.85	5.36
电子计算机外部设备制造	8.64	8.15	4.96
电子计算器制造	0.51	0.47	0.34
幻灯机、投影仪制造	0.05	0.06	0.07
电子计算机修理	0.11	0.12	0.48
五、家用视听设备行业	**48.16**	**33.34**	**23.41**
电视机、录像机、摄像机制造	39.24	26.46	19.18
收音机、录音机制造	8.92	6.88	4.23
六、电子器件行业	**17.98**	**15.37**	**9.85**
电子真空器件制造	9.68	6.65	4.42
半导体器件制造	1.76	3.28	1.24
集成电路制造	2.99	1.93	1.03
电光源制造	3.55	3.51	3.16
七、电子元件行业	**17.54**	**14.86**	**11.83**
电子元件及组件制造	14.75	11.23	9.53
电器设备元件制造	2.79	3.63	2.30

营业费用（3）

单位：亿元

行　　业	1998年	1997年	1996年
八、电子测量仪器行业	**8.05**	**7.45**	**5.59**
环境保护仪器仪表制造	0.21	0.12	0.13
导航、制导仪器仪表制造	0.29	0.30	0.30
气象、海洋、水文、天文测量仪器	0.03	0.02	0.03
电子测量仪器制造	6.75	6.18	4.56
核子及核辐射测量仪器制造	0.10	0.11	0.14
地质勘探和地震专用仪器制造	0.16	0.22	0.15
农林牧渔专用仪器制造	0.01	0.02	0.02
汽车电子仪器制造	0.50	0.48	0.26
九、电子专用设备行业	**5.39**	**5.97**	**4.54**
电子工业专用设备制造	1.01	1.27	1.28
其他电子设备制造	4.31	4.63	3.20
其他电子设备修理	0.07	0.07	0.06
十、电子信息机电行业	**15.31**	**10.43**	**8.65**
微电机制造	2.81	2.65	2.08
电子电线电缆制造	6.14	4.51	3.91
蓄电池制造	1.37	1.25	1.36
原电池制造	4.99	2.01	1.30
十一、其他电子信息行业	**3.12**	**3.05**	**2.36**
电子乐器制造	0.69	0.64	0.49
信息化学品制造	1.45	1.41	1.16
灯用电器附件制造	0.98	1.00	0.71

主营业务税金及附加（1）

单位：亿元

行　业	2007年	2006年	2005年	2004年	2003年
总　计	64.88	66.91	32.22	28.79	23.85
一、通信设备行业	**25.70**	**20.67**	**7.34**	**9.56**	**9.23**
通信传输设备制造	0.66	0.53	0.61	0.36	0.43
交换设备制造	16.70	11.93	3.76	6.33	6.04
通信设备终端制造	1.11	1.21	0.51	0.38	1.18
通信移动通信及终端设备制造	6.21	5.78	1.56	1.73	0.58
其他通信设备制造	1.02	1.23	0.90	0.76	1.00
二、雷达行业	**0.21**	**0.35**	**0.27**	**0.10**	**0.10**
雷达及配套设备制造	0.21	0.35	0.27	0.10	0.10
三、广播电视设备行业	**0.72**	**1.36**	**0.59**	**0.33**	**0.30**
广播电视节目制作及发射设备制造	0.10	0.06	0.08	0.05	0.08
广播电视接收设备及终端设备制造	0.35	1.07	0.38	0.18	0.14
应用电视设备及其他广播电视制造	0.27	0.23	0.14	0.10	0.08
四、电子计算机行业	**4.92**	**5.74**	**3.26**	**2.77**	**1.79**
电子计算机整机制造	2.17	2.42	1.27	0.92	0.78
计算机网络设备制造	0.52	1.10	0.43	0.66	0.34
电子计算机外部设备制造	1.70	1.97	1.35	1.04	0.56
电子计算器及专用设备制造	0.51	0.23	0.21	0.15	0.11
幻灯机、投影仪制造	0.02	0.01			
五、家用视听设备行业	**4.96**	**5.22**	**4.28**	**2.75**	**2.63**
家用影视设备制造	2.12	4.38	3.58	2.47	2.33
家用音响设备制造	2.84	0.84	0.70	0.28	0.29
六、电子器件行业	**6.80**	**5.99**	**3.09**	**3.10**	**2.23**
电子真空器件制造	0.64	1.04	0.49	0.62	0.44
半导体器件制造	0.48	0.40	0.31	0.32	0.21
集成电路制造	1.45	0.74	0.73	0.57	0.43
光电子器件及其他电子器件制造	2.93	2.74	0.75	0.55	0.32
电光源制造	1.30	1.08	0.81	1.03	0.83
七、电子元件行业	**10.45**	**17.58**	**6.57**	**4.37**	**3.57**
电子元件及组件制造	8.00	14.85	4.41	2.86	2.36

主营业务税金及附加（1）

单位：亿元

行　　业	2007年	2006年	2005年	2004年	2003年
电力电子元器件制造	1.61	2.08	1.59	1.09	1.02
印刷电路板制造	0.83	0.65	0.57	0.42	0.19
八、电子测量仪器行业	**1.92**	**1.50**	**1.22**	**0.66**	**0.48**
环境保护仪器仪表制造	0.34	0.44	0.23	0.16	0.06
导航、气象及海洋专用仪器制造	0.13	0.17	0.17	0.08	0.05
电子测量仪器制造	0.29	0.18	0.17	0.09	0.12
核子及核辐射测量仪器制造	0.02	0.01	0.01	0.02	0.08
地质勘探和地震专用仪器制造	0.36	0.11	0.14	0.06	0.06
农林牧渔专用仪器制造	0.08	0.07	0.06	0.04	0.02
汽车电子仪器制造	0.47	0.36	0.36	0.09	0.10
其他专用仪器制造	0.22	0.16	0.08	0.13	
九、电子专用设备行业	**2.52**	**1.64**	**1.24**	**1.23**	**0.90**
电子工业专用设备制造	0.93	0.54	0.45	0.18	0.17
其他电子设备制造	1.59	1.10	0.80	1.04	0.73
十、电子信息机电行业	**2.48**	**5.24**	**3.46**	**2.97**	**1.82**
微电机制造	1.39	1.88	1.68	1.48	0.59
电子电线电缆制造		0.44	0.39	0.22	0.18
电池制造		1.96	1.05	0.82	0.54
光纤、光缆制造	1.09	0.96	0.34	0.44	0.52
十一、其他电子信息行业	**4.22**	**1.10**	**0.90**	**0.97**	**0.74**
电子乐器制造	0.02	0.04	0.02	0.19	0.02
信息化学品制造	1.12	0.63	0.56	0.45	0.35
灯用电器附件制造	0.02	0.43	0.32	0.33	0.37

主营业务税金及附加（2）

单位：亿元

行　　业	2002年	2001年	2000年	1999年	1998年
总　　计	21.04	16.83	20.40	14.87	14.99
一、通信设备行业	**8.01**	**5.54**	**6.37**	**4.70**	**3.96**
通信传输设备制造	1.23	0.82	0.89	0.66	0.53
交换设备制造	4.61	2.55	2.31	1.99	1.63
通信设备终端制造	1.21	0.37	1.38	0.25	0.63
其他通信设备制造	0.96	1.79	1.76	1.79	1.15
通信设备修理		0.01	0.03	0.01	0.02
二、雷达行业	**0.08**	**0.08**	**0.08**	**0.07**	**0.03**
雷达整机制造	0.06	0.04	0.03	0.03	0.02
雷达配套设备及部件制造	0.02	0.04	0.05	0.04	0.01
三、广播电视设备行业	**0.16**	**0.13**	**0.14**	**0.11**	**0.13**
广播电视设备制造	0.14	0.13	0.14	0.11	0.12
广播电视设备修理	0.02				0.01
四、电子计算机行业	**2.00**	**1.60**	**2.02**	**1.43**	**2.18**
电子计算机整机制造	0.51	0.60	0.91	0.73	0.65
电子计算机外部设备制造	1.30	0.81	0.67	0.45	1.47
电子计算器制造	0.07	0.08	0.31	0.25	0.06
幻灯机、投影仪制造	0.12	0.11	0.13		
五、家用视听设备行业	**1.62**	**1.51**	**1.75**	**1.95**	**1.79**
电视机、录像机、摄像机制造	1.38	1.27	1.21	1.47	1.23
收音机、录音机制造	0.24	0.24	0.54	0.48	0.56
六、电子器件行业	**1.85**	**2.03**	**2.23**	**1.73**	**1.37**
电子真空器件制造	0.52	0.65	0.70	0.49	0.51
半导体器件制造	0.33	0.25	0.21	0.14	0.15
集成电路制造	0.31	0.32	0.32	0.40	0.18
电光源制造	0.69	0.81	1.00	0.70	0.53
七、电子元件行业	**2.91**	**2.83**	**2.83**	**2.12**	**2.06**
电子元件及组件制造	2.28	2.20	2.22	1.71	1.61
电器设备元件制造	0.63	0.63	0.61	0.41	0.45

主营业务税金及附加（2）

单位：亿元

行　　业	2002年	2001年	2000年	1999年	1998年
八、电子测量仪器行业	**0.62**	**0.29**	**0.89**	**0.24**	**0.79**
环境保护仪器仪表制造	0.04	0.06	0.03	0.02	0.01
导航、制导仪器仪表制造	0.04	0.04	0.04	0.03	0.03
气象、海洋、水文、天文测量仪器	0.01		0.01	0.01	
电子测量仪器制造	0.29	0.09	0.67	0.08	0.67
核子及核辐射测量仪器制造	0.00	0.00	0.01	0.01	0.01
地质勘探和地震专用仪器制造	0.07	0.05	0.04	0.03	0.03
农林牧渔专用仪器制造	0.02	0.01	0.02	0.00	0.00
汽车电子仪器制造	0.15	0.04	0.07	0.06	0.04
九、电子专用设备行业	**0.93**	**0.85**	**1.32**	**0.75**	**0.94**
电子工业专用设备制造	0.17	0.16	0.29	0.11	0.14
其他电子设备制造	0.75	0.68	1.02	0.62	0.72
其他电子设备修理	0.01	0.01	0.01	0.02	0.08
十、电子信息机电行业	**1.47**	**1.55**	**1.62**	**1.44**	**1.39**
微电机制造	0.63	0.45	0.53	0.48	0.42
电子电线电缆制造	0.65	0.63	0.69	0.63	0.65
蓄电池制造		0.12	0.13	0.10	0.10
原电池制造	0.20	0.35	0.28	0.23	0.22
十一、其他电子信息行业	**1.37**	**0.41**	**0.56**	**0.36**	**0.35**
电子乐器制造	0.01	0.01	0.02	0.01	0.01
信息化学品制造	0.30	0.29	0.26	0.25	0.25
灯用电器附件制造	1.06	0.11	0.28	0.10	0.09

主营业务税金及附加（3）

单位：亿元

行　业	1997年	1996年	1995年	1994年	1993年
总　计	12.55	15.16	9.95	11.87	57.06
一、通信设备行业	**2.49**	**3.07**	**2.05**	**1.77**	**9.93**
通信传输设备制造	0.48	0.34	0.62	0.44	2.65
交换设备制造	0.99	0.74	0.55	0.39	3.93
通信设备终端制造	0.59	0.55	0.13	0.58	1.77
其他通信设备制造	0.41	1.42	0.74	0.35	1.56
通信设备修理	0.02	0.02	0.01	0.01	0.02
二、雷达行业	**0.04**	**0.12**	**0.44**	**0.38**	**2.98**
雷达整机制造	0.03	0.05	0.39	0.36	2.92
雷达配套设备及部件制造	0.01	0.07	0.05	0.02	0.06
三、广播电视设备行业	**0.08**	**0.10**	**0.20**	**0.16**	**0.68**
广播电视设备制造	0.08	0.10	0.20	0.14	0.68
广播电视设备修理				0.02	
四、电子计算机行业	**0.91**	**0.63**	**0.71**	**0.63**	**1.97**
电子计算机整机制造	0.51	0.33	0.30	0.25	1.31
电子计算机外部设备制造	0.32	0.19	0.32	0.36	0.62
电子计算器制造	0.05	0.06	0.07	0.02	0.04
幻灯机、投影仪制造	0.02	0.01	0.01		
电子计算机修理	0.01	0.04	0.01		
五、家用视听设备行业	**1.73**	**1.13**	**1.02**	**1.92**	**12.45**
电视机、录像机、摄像机制造	0.84	0.62	0.31	0.97	8.84
收音机、录音机制造	0.89	0.51	0.71	0.95	3.61
六、电子器件行业	**1.59**	**5.48**	**1.51**	**1.81**	**9.10**
电子真空器件制造	0.63	4.59	0.82	0.71	4.23
半导体器件制造	0.33	0.13	0.17	0.25	1.55
集成电路制造	0.13	0.24	0.11	0.19	0.29
电光源制造	0.50	0.52	0.41	0.66	3.03
七、电子元件行业	**2.37**	**2.03**	**1.71**	**2.28**	**7.96**
电子元件及组件制造	1.78	1.45	1.38	1.77	5.78
电器设备元件制造	0.59	0.58	0.33	0.51	2.18

主营业务税金及附加（3）

单位：亿元

行　　业	1997年	1996年	1995年	1994年	1993年
八、电子测量仪器行业	**0.86**	**0.58**	**0.27**	**0.45**	**1.41**
环境保护仪器仪表制造	0.02	0.01	0.01	0.03	0.05
导航、制导仪器仪表制造	0.03	0.03	0.05	0.01	0.19
气象、海洋、水文、天文测量仪器	0.01	0.01		0.01	0.02
电子测量仪器制造	0.73	0.46	0.11	0.32	0.73
核子及核辐射测量仪器制造	0.01	0.01	0.01	0.01	0.06
地质勘探和地震专用仪器制造	0.04	0.01	0.04	0.04	0.23
农林牧渔专用仪器制造	0.01	0.01	0.01	0.01	0.02
汽车电子仪器制造	0.01	0.04	0.04	0.02	0.11
九、电子专用设备行业	**0.69**	**0.51**	**0.35**	**0.66**	**1.56**
电子工业专用设备制造	0.19	0.12	0.08	0.10	0.57
其他电子设备制造	0.44	0.35	0.26	0.50	0.98
其他电子设备修理	0.06	0.04	0.01	0.06	0.01
十、电子信息机电行业	**1.14**	**1.24**	**1.18**	**1.64**	**8.65**
微电机制造	0.27	0.35	0.29	0.46	1.65
电子电线电缆制造	0.60	0.66	0.53	0.75	4.46
蓄电池制造	0.12	0.20	0.09	0.24	1.22
原电池制造	0.15	0.04	0.28	0.19	1.32
十一、其他电子信息行业	**0.28**	**0.27**	**0.51**	**0.17**	**0.37**
电子乐器制造					
信息化学品制造	0.16	0.14	0.34		
灯用电器附件制造	0.12	0.13	0.17	0.17	0.37

主营业务税金及附加（4）

单位：亿元

行　业	1992年	1991年	1990年	1989年	1988年
总　计	37.05	32.96	28.50	27.51	26.98
一、通信设备行业	**5.30**	**3.65**	**2.81**	**2.65**	**2.55**
通信传输设备制造	1.77	1.35	1.06	1.38	1.53
交换设备制造	1.71	0.94	0.61	0.64	0.34
通信设备终端制造	1.26	0.92	0.70	0.22	0.25
其他通信设备制造	0.56	0.43	0.43	0.40	0.41
通信设备修理		0.01	0.01	0.01	0.02
二、雷达行业	**1.83**	**1.94**	**1.62**	**1.44**	**1.54**
雷达整机制造	1.76	1.90	**1.59**	1.38	1.49
雷达配套设备及部件制造	0.07	0.04	0.03	0.06	0.05
三、广播电视设备行业	**0.51**	**0.47**	**0.34**	**0.34**	**0.31**
广播电视设备制造	0.51	0.46	0.33	0.33	0.30
广播电视设备修理		0.01	0.01	0.01	0.01
四、电子计算机行业	**1.87**	**1.76**	**1.06**	**0.85**	**0.73**
电子计算机整机制造	1.22	1.43	0.88	0.66	0.50
电子计算机外部设备制造	0.59	0.29	0.15	0.14	0.17
电子计算器制造	0.05	0.03	0.03	0.05	0.06
幻灯机、投影仪制造	0.01	0.01			
电子计算机修理					
五、家用视听设备行业	**8.92**	**9.20**	**8.13**	**8.77**	**10.49**
电视机、录像机、摄像机制造	6.87	7.09	6.31	6.93	8.13
收音机、录音机制造	2.05	2.11	1.82	1.84	2.36
六、电子器件行业	**3.80**	**3.45**	**4.23**	**2.33**	**2.13**
电子真空器件制造	2.73	2.46	2.56	1.50	1.24
半导体器件制造	1.07	0.99	1.67	0.83	0.89
七、电子元件行业	**5.94**	**5.07**	**3.92**	**4.25**	**4.24**
电子元件及组件制造	3.97	3.58	2.77	3.11	3.19
电器设备元件制造	1.97	1.49	1.15	1.14	1.05
八、电子测量仪器行业	**1.14**	**0.96**	**0.86**	**0.78**	**0.71**
导航、制导仪器仪表制造	0.29	0.21	0.22	0.16	0.16

主营业务税金及附加（4）

单位：亿元

行　　业	1992年	1991年	1990年	1989年	1988年
气象、海洋、水文、天文测量仪器	0.02	0.03	0.02	0.03	0.02
电子测量仪器制造	0.61	0.50	0.44	0.42	0.39
核子及核辐射测量仪器制造	0.03	0.04	0.04	0.04	0.03
地质勘探和地震专用仪器制造	0.17	0.17	0.13	0.12	0.09
农林牧渔专用仪器制造	0.02	0.01	0.01	0.01	0.02
九、电子专用设备行业	**0.83**	**0.62**	**0.55**	**0.54**	**0.35**
电子工业专用设备制造	0.33	0.30	0.24	0.25	0.10
其他电子设备制造	0.49	0.31	0.30	0.28	0.24
其他电子设备修理	0.01	0.01	0.01	0.01	0.01
十、电子信息机电行业	**6.91**	**5.84**	**4.98**	**5.56**	**3.93**
微电机制造	1.28	1.02	0.66	0.69	0.65
电子电线电缆制造	3.31	2.88	2.70	3.08	2.07
蓄电池制造	0.89	0.72	0.61	0.66	0.44
原电池制造	1.43	1.22	1.01	1.13	0.77
十一、其他电子信息行业	**0**	**0**	**0**	**0**	**0**
电子乐器制造					
信息化学品制造					
灯用电器附件制造					

管理费用（1）

单位：亿元

行　　业	2007年	2006年	2005年	2004年	2003年
总　　计	1477.86	1284.54	1133.76	960.44	736.73
一、通信设备行业	**358.21**	**310.62**	**278.58**	**237.40**	**209.20**
通信传输设备制造	37.37	34.83	36.20	19.31	15.31
通信交换设备制造	197.85	158.46	135.84	108.82	92.83
通信设备终端制造	28.58	25.62	25.90	24.83	39.49
移动通信及终端设备制造	71.84	68.64	60.88	59.36	34.85
其他通信设备制造	22.57	23.08	19.76	25.08	26.72
二、雷达行业	**16.15**	**16.68**	**13.91**	**14.11**	**11.35**
雷达及配套设备制造	16.15	16.68	13.91	14.11	11.35
三、广播电视设备行业	**15.43**	**14.20**	**12.98**	**5.28**	**4.19**
广播电视节目制作及发射设备制造	2.16	1.86	2.37	2.18	1.96
广播电视接收设备及终端设备制造	8.99	8.28	7.56	2.45	1.97
应用电视设备及其他广播电视制造	4.27	4.06	3.05	0.65	0.27
四、电子计算机行业	**266.68**	**227.49**	**202.83**	**172.04**	**116.60**
电子计算机整机制造	113.31	90.06	82.69	80.98	53.03
计算机网络设备制造	20.54	20.81	17.82	11.12	10.42
电子计算机外部设备制造	124.36	108.09	95.13	75.32	48.23
电子计算器及货币专用设备制造	6.63	6.68	6.17	4.25	4.03
幻灯机、投影仪制造	1.85	1.85	1.02	0.37	0.88
五、家用视听设备行业	**110.38**	**120.09**	**111.87**	**134.75**	**89.51**
家用影视设备制造	77.96	95.84	89.28	113.73	74.19
家用音响设备制造	32.42	24.25	22.59	21.02	15.32
六、电子器件行业	**225.67**	**189.09**	**171.61**	**130.73**	**95.50**
电子真空器件制造	35.37	35.02	41.36	40.04	31.77
半导体器件制造	20.58	18.28	14.90	12.62	10.06
集成电路制造	80.32	66.03	56.13	38.93	24.51
光电子器件及其他电子器件制造	70.50	55.44	46.84	28.21	19.45
电光源制造	18.90	14.32	12.38	10.94	9.70
七、电子元件行业	**287.36**	**242.36**	**201.95**	**148.25**	**118.28**
电子元件及组件制造	199.87	162.07	134.00	108.62	86.29

管理费用（1）

单位：亿元

行　　业	2007年	2006年	2005年	2004年	2003年
电力电子元器件制造	34.60	34.63	32.75	24.18	19.54
印刷电路板制造	52.88	45.66	35.21	15.45	12.45
八、电子测量仪器行业	**32.82**	**27.63**	**23.15**	**20.60**	**12.02**
环境保护仪器仪表制造	2.38	1.83	1.87	1.60	1.06
导航、气象及海洋专用仪器制造	7.01	6.57	5.19	3.42	3.23
电子测量仪器制造	7.36	5.10	5.19	4.18	3.69
核子及核辐射测量仪器制造	0.86	0.72	0.74	0.49	0.42
地质勘探和地震专用仪器制造	2.14	1.87	1.46	3.56	1.43
农林牧渔专用仪器制造	0.42	0.42	0.11	0.10	0.20
汽车电子仪器制造	9.61	8.31	6.58	4.92	1.98
其他专用仪器制造(2004后分列)	3.03	2.82	2.03	2.32	
九、电子专用设备行业	**57.70**	**41.41**	**31.81**	**29.52**	**26.14**
电子工业专用设备制造	17.90	13.33	11.51	7.44	5.56
其他电子设备制造	39.80	28.08	20.30	22.08	20.59
十、电子信息机电行业	**39.42**	**70.70**	**66.20**	**49.36**	**36.07**
微电机制造	29.43	32.64	31.38	23.60	12.00
电子电线电缆制造		3.65	2.99	2.34	1.98
电池制造		26.66	23.97	16.61	13.40
光纤、光缆制造	10.00	7.75	7.86	6.82	8.69
十一、其他电子信息行业	**68.02**	**25.31**	**22.00**	**18.02**	**17.86**
电子乐器制造		1.12	1.06	1.12	1.07
信息化学品制造	20.64	17.32	15.32	10.18	9.83
灯用电器附件制造		6.87	5.62	6.72	6.96
家用制冷电器具制造	47.38				

管理费用（2）

单位：亿元

行　　业	2002年	2001年	2000年	1999年	1998年
总　　计	605.91	510.55	454.25	365.76	325.47
一、通信设备行业	**186.37**	**163.19**	**135.11**	**94.55**	**85.61**
通信传输设备制造	24.55	26.25	20.22	13.61	17.19
通信交换设备制造	74.57	71.77	57.48	42.62	38.64
通信设备终端制造	60.23	38.30	22.50	15.53	9.30
其他通信设备制造	26.94	26.79	34.90	22.73	20.17
通信设备修理	0.08	0.08	0.01	0.06	0.31
二、雷达行业	**10.37**	**8.33**	**6.44**	**5.57**	**5.06**
雷达整机制造	7.13	5.65	5.17	4.58	4.28
雷达配套设备及部件制造	3.23	2.68	1.27	0.99	0.78
三、广播电视设备行业	**3.37**	**3.38**	**3.49**	**2.61**	**2.61**
广播电视设备制造	3.34	3.38	3.49	2.61	2.61
广播电视设备修理	0.03				
四、电子计算机行业	**85.06**	**70.22**	**51.83**	**44.27**	**45.79**
电子计算机整机制造	31.03	30.29	24.63	26.00	30.70
电子计算机外部设备制造	50.22	36.20	24.63	15.58	14.60
电子计算器制造	3.39	3.51	2.47	2.64	0.35
幻灯机、投影仪制造	0.42	0.22	0.10	0.05	0.14
五、家用视听设备行业	**59.26**	**50.18**	**49.24**	**49.93**	**36.24**
电视机、录像机、摄像机制造	47.56	33.46	32.94	37.08	24.80
收音机、录音机制造	11.70	16.72	16.30	12.85	11.44
六、电子器件行业	**81.81**	**62.59**	**60.93**	**48.05**	**43.39**
电子真空器件制造	28.54	27.52	30.56	23.84	20.93
半导体器件制造	19.84	11.28	8.03	6.67	5.75
集成电路制造	23.84	15.47	15.05	9.54	8.41
电光源制造	9.59	8.32	7.29	8.00	8.30
七、电子元件行业	**99.43**	**80.65**	**70.28**	**61.80**	**54.35**
电子元件及组件制造	85.31	67.47	58.14	52.34	45.94
电器设备元件制造	14.12	13.18	12.14	9.46	8.41

管理费用（2）

单位：亿元

行　　业	2002年	2001年	2000年	1999年	1998年
八、电子测量仪器行业	**13.12**	**10.76**	**11.41**	**8.69**	**9.39**
环境保护仪器仪表制造	0.97	0.89	0.73	0.65	0.41
导航、制导仪器仪表制造	2.42	2.06	2.02	1.92	2.00
气象、海洋、水文、天文测量仪器	0.27	0.26	0.28	0.23	0.22
电子测量仪器制造	4.00	3.46	3.21	2.04	3.36
核子及核辐射测量仪器制造	0.38	0.33	2.54	0.44	0.47
地质勘探和地震专用仪器制造	1.71	1.04	0.09	1.03	0.81
农林牧渔专用仪器制造	0.10	0.06	0.00	0.03	0.05
汽车电子仪器制造	3.27	2.66	2.54	2.35	2.07
九、电子专用设备行业	**28.14**	**22.59**	**21.41**	**15.42**	**12.30**
电子工业专用设备制造	3.50	3.24	2.44	2.24	2.29
其他电子设备制造	24.41	19.12	18.36	12.81	9.79
其他电子设备修理	0.23	0.23	0.61	0.37	0.22
十、电子信息机电行业	**27.24**	**27.39**	**25.34**	**22.93**	**22.62**
微电机制造	9.37	8.26	8.07	6.88	6.27
电子电线电缆制造	10.03	8.44	8.38	7.77	7.53
蓄电池制造	0.00	2.77	2.82	2.29	2.06
原电池制造	7.84	7.92	6.07	5.99	6.76
十一、其他电子信息行业	**11.74**	**11.27**	**18.77**	**11.94**	**8.11**
电子乐器制造	0.65	0.61	0.62	0.59	0.50
信息化学品制造	8.63	8.34	15.75	8.99	5.79
灯用电器附件制造	2.46	2.32	2.40	2.36	1.82

管理费用（3）

单位：亿元

行　　业	1997年	1996年	1995年	1994年	1993年
总　　计	284.03	241.45	215.37	161.14	100.15
一、通信设备行业	**64.75**	**50.80**	**45.88**	**30.48**	**17.84**
通信传输设备制造	11.60	9.54	9.71	7.96	4.38
通信交换设备制造	28.01	19.89	18.38	15.15	7.67
通信设备终端制造	7.11	7.26	6.90	3.17	2.98
其他通信设备制造	17.97	14.04	10.85	4.14	2.76
通信设备修理	0.06	0.07	0.04	0.06	0.05
二、雷达行业	**5.11**	**5.28**	**6.15**	**4.99**	**4.26**
雷达整机制造	4.46	3.92	5.44	4.50	3.90
雷达配套设备及部件制造	0.65	1.36	0.71	0.49	0.36
三、广播电视设备行业	**2.55**	**2.26**	**2.12**	**1.98**	**1.85**
广播电视设备制造	2.55	2.24	2.11	1.97	1.85
广播电视设备修理		0.02	0.01	0.01	
四、电子计算机行业	**31.75**	**24.64**	**18.42**	**8.31**	**5.42**
电子计算机整机制造	13.66	10.00	8.06	3.84	2.83
电子计算机外部设备制造	16.71	13.21	8.59	4.13	2.38
电子计算器制造	1.10	0.75	1.55	0.29	0.19
幻灯机、投影仪制造	0.16	0.15	0.18	0.03	0.01
电子计算机修理	0.12	0.53	0.04	0.02	0.01
五、家用视听设备行业	**36.06**	**32.24**	**26.14**	**24.93**	**16.53**
电视机、录像机、摄像机制造	24.59	22.55	16.95	15.43	10.43
收音机、录音机制造	11.47	9.69	9.19	9.50	6.10
六、电子器件行业	**40.06**	**38.59**	**35.36**	**26.91**	**16.70**
电子真空器件制造	18.08	17.11	14.76	12.23	7.02
半导体器件制造	6.42	6.06	6.02	5.51	4.21
集成电路制造	6.42	6.78	6.65	2.81	1.74
电光源制造	9.14	8.64	7.93	6.36	3.73
七、电子元件行业	**51.70**	**43.08**	**41.35**	**27.52**	**18.66**
电子元件及组件制造	40.47	34.29	32.99	25.79	14.03
电器设备元件制造	11.23	8.79	8.36	1.73	4.63

管理费用（3）

单位：亿元

行　　业	1997年	1996年	1995年	1994年	1993年
八、电子测量仪器行业	**9.70**	**9.37**	**8.17**	**6.79**	**4.73**
环境保护仪器仪表制造	0.35	0.30	0.25	0.18	0.12
导航、制导仪器仪表制造	1.88	1.80	1.58	1.60	1.07
气象、海洋、水文、天文测量仪器	0.22	0.25	0.18	0.19	0.12
电子测量仪器制造	3.62	3.65	3.38	2.93	1.95
核子及核辐射测量仪器制造	0.47	0.59	0.47	0.42	0.19
地质勘探和地震专用仪器制造	1.13	1.18	1.25	0.99	1.01
农林牧渔专用仪器制造	0.08	0.09	0.11	0.16	0.07
汽车电子仪器制造	1.95	1.51	0.95	0.32	0.21
九、电子专用设备行业	**13.07**	**8.51**	**7.49**	**11.73**	**4.03**
电子工业专用设备制造	3.26	2.81	1.96	6.80	1.51
其他电子设备制造	9.59	5.52	5.22	4.73	2.45
其他电子设备修理	0.22	0.18	0.31	0.20	0.07
十、电子信息机电行业	**21.14**	**20.16**	**17.76**	**16.36**	**9.54**
微电机制造	6.98	5.92	5.41	5.94	2.98
电子电线电缆制造	6.81	6.41	5.86	4.79	3.03
蓄电池制造	2.12	2.85	2.53	2.28	1.58
原电池制造	5.22	4.98	3.97	3.36	1.96
十一、其他电子信息行业	**8.14**	**6.52**	**6.53**	**1.14**	**0.59**
电子乐器制造	0.53	0.42	0.33		
信息化学品制造	5.38	4.14	4.17		
灯用电器附件制造	2.23	1.96	2.03	1.14	0.59

利息支出（1）

单位：亿元

行　　业	2007年	2006年	2005年	2004年	2003年
总　　计	159.86	143.78	124.96	102.29	85.98
一、通信设备行业	**16.44**	**15.92**	**18.69**	**21.04**	**18.36**
通信传输设备制造	2.95	2.72	3.17	4.20	2.87
通信交换设备制造	10.81	13.11	14.03	10.67	9.83
通信设备终端制造	2.04	1.82	1.58	1.38	2.30
移动通信及终端设备制造	-0.85	-3.20	-1.77	3.89	1.13
其他通信设备制造	1.49	1.47	1.68	0.90	2.24
二、雷达行业	**0.91**	**0.62**	**0.69**	**0.86**	**1.27**
雷达及配套设备制造	0.91	0.62	0.69	0.86	1.27
三、广播电视设备行业	**2.19**	**1.61**	**1.22**	**1.33**	**0.69**
广播电视节目制作及发射设备制造	0.47	0.37	0.39	0.39	0.34
广播电视接收设备及终端设备制造	0.98	0.60	0.65	0.51	0.26
应用电视设备及其他广播电视制造	0.74	0.64	0.18	0.44	0.09
四、电子计算机行业	**27.37**	**19.56**	**19.37**	**12.40**	**8.06**
电子计算机整机制造	8.30	9.00	10.29	5.01	3.29
计算机网络设备制造	0.64	0.90	1.41	1.35	0.96
电子计算机外部设备制造	18.20	9.59	7.59	5.81	3.61
电子计算器及货币专用设备制造	0.22	0.07	0.08	0.22	0.21
幻灯机、投影仪制造	0.02	0.01		0.01	-0.01
五、家用视听设备行业	**9.09**	**11.48**	**11.22**	**7.56**	**7.53**
家用影视设备制造	7.81	10.03	10.15	6.54	6.88
家用音响设备制造	1.28	1.45	1.06	1.02	0.66
六、电子器件行业	**43.77**	**43.96**	**34.75**	**25.43**	**18.25**
电子真空器件制造	10.24	12.53	13.67	10.34	10.37
半导体器件制造	4.08	3.96	2.90	2.17	2.65
集成电路制造	16.51	13.69	11.40	8.60	3.03
光电子器件及其他电子器件制造	10.92	12.35	5.69	3.26	1.21
电光源制造	2.03	1.42	1.09	1.06	0.99
七、电子元件行业	**34.99**	**29.53**	**22.27**	**20.07**	**15.76**
电子元件及组件制造	20.87	17.09	12.50	12.00	10.57

利息支出（1）

单位：亿元

行　　业	2007年	2006年	2005年	2004年	2003年
电力电子元器件制造	3.89	5.09	4.88	4.81	3.19
印刷电路板制造	10.23	7.36	4.89	3.26	2.00
八、电子测量仪器行业	**1.70**	**1.55**	**1.41**	**1.65**	**1.55**
环境保护仪器仪表制造	0.11	0.04	0.23	0.10	0.11
导航、气象及海洋专用仪器制造	0.23	0.20	0.28	0.46	0.52
电子测量仪器制造	0.36	0.23	0.20	0.19	0.31
核子及核辐射测量仪器制造	0.01	0.02	0.01	0.01	0.01
地质勘探和地震专用仪器制造	0.03	0.03	0.30	0.35	0.37
农林牧渔专用仪器制造	0.03	0.09	0.01	0.01	0.04
汽车电子仪器制造	0.82	0.84	0.34	0.38	0.12
其他专用仪器制造	0.11	0.09	0.03	0.15	0.08
九、电子专用设备行业	**3.47**	**2.85**	**2.41**	**2.13**	**3.47**
电子工业专用设备制造	1.34	1.21	0.86	0.86	1.15
其他电子设备制造	2.13	1.65	1.56	1.27	2.32
十、电子信息机电行业	**5.84**	**12.26**	**9.50**	**7.29**	**6.59**
微电机制造	3.69	3.88	2.89	2.21	1.11
电子电线电缆制造		1.19	0.89	0.71	0.66
电池制造		5.31	3.68	2.65	2.23
光纤、光缆制造	2.15	1.88	2.03	1.72	2.59
十一、其他电子信息行业	**14.08**	**4.16**	**2.54**	**2.53**	**3.57**
电子乐器制造		0.04	0.03	0.02	0.04
信息化学品制造	4.19	3.55	2.09	1.86	3.14
灯用电器附件制造		0.57	0.42	0.66	0.39
家用制冷电器具制造	9.89				

利息支出（2）

单位：亿元

行　　业	2002年	2001年	2000年	1999年	1998年
总　　计	81.56	86.33	88.80	106.72	107.60
一、通信设备行业	**18.40**	**24.22**	**21.67**	**16.87**	**21.29**
通信传输设备制造	3.06	2.67	2.88	4.63	5.67
通信交换设备制造	9.50	10.60	7.09	5.86	9.96
通信设备终端制造	3.29	7.01	5.01	3.12	2.37
其他通信设备制造	2.55	3.94	6.69	3.13	3.21
通信设备修理				0.07	0.08
二、雷达行业	**1.33**	**1.22**	**1.69**	**2.04**	**2.01**
雷达整机制造	1.04	0.82	1.33	1.68	1.67
雷达配套设备及部件制造	0.29	0.40	0.36	0.36	0.34
三、广播电视设备行业	**0.57**	**0.53**	**0.78**	**1.13**	**1.11**
广播电视设备制造	0.56	0.53	0.78	1.13	1.11
广播电视设备修理	0.01				
四、电子计算机行业	**6.41**	**7.39**	**7.00**	**8.11**	**8.83**
电子计算机整机制造	2.07	3.17	3.35	5.06	4.84
电子计算机外部设备制造	3.94	3.82	3.29	2.43	3.77
电子计算器制造	0.40	0.33	0.36	0.62	0.19
幻灯机、投影仪制造		0.07			0.03
电子计算机修理					
五、家用视听设备行业	**7.13**	**4.67**	**9.28**	**16.81**	**15.25**
电视机、录像机、摄像机制造	6.22	3.43	6.76	14.73	12.69
收音机、录音机制造	0.91	1.24	2.52	2.08	2.56
六、电子器件行业	**18.58**	**19.34**	**20.62**	**24.15**	**23.90**
电子真空器件制造	11.15	11.78	14.70	17.39	16.48
半导体器件制造	3.86	3.32	2.43	1.79	2.28
集成电路制造	2.70	3.03	2.09	3.11	2.92
电光源制造	0.87	1.21	1.40	1.86	2.22
七、电子元件行业	**15.35**	**12.59**	**13.61**	**14.73**	**17.51**
电子元件及组件制造	13.95	11.20	11.92	12.65	15.23
电器设备元件制造	1.40	1.39	1.69	2.08	2.28

利息支出（2）

单位：亿元

行　　业	2002年	2001年	2000年	1999年	1998年
八、电子测量仪器行业	**1.45**	**1.52**	**1.37**	**1.60**	**2.49**
环境保护仪器仪表制造	0.07	0.06	0.04	0.07	0.14
导航、制导仪器仪表制造	0.54	0.52	0.46	0.38	0.84
气象、海洋、水文、天文测量仪器	0.01	0.01	0.01	0.04	0.04
电子测量仪器制造	0.21	0.41	0.36	0.53	0.72
核子及核辐射测量仪器制造	0.01	0.00	0.00	0.01	0.02
地质勘探和地震专用仪器制造	0.42	0.42	0.40	0.41	0.52
农林牧渔专用仪器制造	0.02	0.01	0.00	0.01	0.01
汽车电子仪器制造	0.17	0.09	0.10	0.15	0.20
九、电子专用设备行业	**2.87**	**2.85**	**2.60**	**2.27**	**2.67**
电子工业专用设备制造	0.34	0.47	0.48	0.53	0.51
其他电子设备制造	2.53	2.38	2.07	1.68	2.09
其他电子设备修理			0.05	0.06	0.07
十、电子信息机电行业	**5.88**	**7.29**	**7.68**	**9.35**	**10.37**
微电机制造	0.85	0.86	1.36	1.53	2.19
电子电线电缆制造	3.57	4.03	4.08	4.87	4.82
蓄电池制造	0.00	0.70	0.79	0.82	0.95
原电池制造	1.46	1.70	1.44	2.13	2.42
十一、其他电子信息行业	**3.60**	**4.71**	**2.50**	**3.45**	**2.17**
电子乐器制造	0.03	0.02	0.05	0.13	0.15
信息化学品制造	3.34	4.49	2.12	3.05	1.69
灯用电器附件制造	0.23	0.20	0.33	0.27	0.33

利息支出（3）

单位：亿元

行　　业	1997年	1996年	1995年	1992年	1991年
总　　计	109.02	109.74	99.95	38.19	33.67
一、通信设备行业	**20.56**	**18.84**	**15.94**	**4.01**	**2.87**
通信传输设备制造	4.26	4.28	3.96	1.82	1.28
通信交换设备制造	9.26	8.31	6.73	0.73	0.40
通信设备终端制造	2.99	2.44	2.54	0.95	0.77
其他通信设备制造	4.05	3.81	2.69	0.51	0.42
通信设备修理			0.02		0.00
二、雷达行业	**2.70**	**3.65**	**4.32**	**1.74**	**1.36**
雷达整机制造	2.46	3.03	3.88	1.65	1.27
雷达配套设备及部件制造	0.24	0.62	0.44	0.09	0.09
三、广播电视设备行业	**0.81**	**0.54**	**0.88**	**0.77**	**0.62**
广播电视设备制造	0.81	0.54	0.88	0.77	0.62
广播电视设备修理					0.00
四、电子计算机行业	**7.59**	**7.70**	**6.45**	**2.24**	**1.82**
电子计算机整机制造	5.04	3.59	3.64	1.36	1.31
电子计算机外部设备制造	2.28	3.60	2.57	0.82	0.45
电子计算器制造	0.19	0.27	0.18	0.06	0.05
幻灯机、投影仪制造	0.05	0.07	0.06		0.01
电子计算机修理	0.03	0.17			0.00
五、家用视听设备行业	**19.33**	**19.21**	**18.64**	**10.87**	**11.24**
电视机、录像机、摄像机制造	15.51	14.75	14.72	7.86	7.94
收音机、录音机制造	3.82	4.46	3.92	3.01	3.30
六、电子器件行业	**20.86**	**21.07**	**18.55**	**5.19**	**4.08**
电子真空器件制造	12.66	12.21	11.86	3.56	2.55
半导体器件制造	2.82	2.97	2.84	1.63	1.53
集成电路制造	2.65	2.64	1.09		
电光源制造	2.73	3.25	2.76		
七、电子元件行业	**18.12**	**18.71**	**15.66**	**6.72**	**6.12**
电子元件及组件制造	15.43	16.05	13.35	5.74	5.22
电器设备元件制造	2.69	2.66	2.31	0.98	0.90

利息支出（3）

单位：亿元

行　　业	1997年	1996年	1995年	1992年	1991年
八、电子测量仪器行业	**3.10**	**3.30**	**2.55**	**1.12**	**1.01**
环境保护仪器仪表制造	0.18	0.27	0.05		
导航、制导仪器仪表制造	0.90	0.91	0.45	0.21	0.21
气象、海洋、水文、天文测量仪器	0.04	0.04	0.03	0.01	0.01
电子测量仪器制造	0.87	1.08	1.10	0.70	0.61
核子及核辐射测量仪器制造	0.07	0.09	0.07	0.01	0.01
地质勘探和地震专用仪器制造	0.73	0.54	0.52	0.18	0.15
农林牧渔专用仪器制造	0.02	0.02	0.03	0.01	0.02
汽车电子仪器制造	0.29	0.35	0.30		
九、电子专用设备行业	**2.68**	**2.53**	**2.49**	**1.09**	**0.84**
电子工业专用设备制造	0.74	0.85	0.91	0.33	0.31
其他电子设备制造	1.86	1.58	1.44	0.75	0.53
其他电子设备修理	0.08	0.10	0.14	0.01	0.00
十、电子信息机电行业	**10.82**	**11.07**	**10.95**	**4.44**	**3.71**
微电机制造	2.77	2.64	2.85	1.26	1.00
电子电线电缆制造	5.05	5.20	4.93	1.87	1.52
蓄电池制造	0.99	1.24	1.16	0.43	0.39
原电池制造	2.01	1.99	2.01	0.88	0.80
十一、其他电子信息行业	**2.45**	**3.12**	**3.52**	**0**	**0**
电子乐器制造	0.15	0.15	0.14		
信息化学品制造	1.73	2.38	2.69		
灯用电器附件制造	0.57	0.59	0.69		

注：1993、94年及91年前未设此项指标统计。

利润总额（1）

单位：亿元

行　　业	2007年	2006年	2005年	2004年	2003年
总　　计	1663.38	1384.06	1074.13	1004.19	695.89
一、通信设备行业	**258.11**	**339.56**	**268.79**	**313.38**	**163.08**
通信传输设备制造	16.12	15.99	2.92	13.78	10.06
通信交换设备制造	53.84	61.94	57.82	81.66	58.23
通信设备终端制造	21.33	18.01	17.03	2.18	14.67
移动通信及终端设备制造	150.54	226.00	179.52	193.02	51.81
其他通信设备制造	16.28	17.61	11.50	22.74	28.30
二、雷达行业	**8.99**	**8.82**	**6.69**	**5.86**	**4.48**
雷达及配套设备制造	8.99	8.82	6.69	5.86	4.48
三、广播电视设备行业	**15.17**	**9.68**	**10.04**	**3.85**	**1.93**
广播电视节目制作及发射设备制造	0.44	0.59	0.22	0.57	-0.09
广播电视接收设备及终端设备制造	8.63	5.08	6.67	2.63	1.43
应用电视设备及其他广播电视制造	6.10	4.02	3.15	0.66	0.58
四、电子计算机行业	**436.51**	**275.75**	**234.42**	**182.96**	**140.54**
电子计算机整机制造	147.12	98.84	102.65	79.70	78.44
计算机网络设备制造	16.09	23.41	10.28	6.29	12.86
电子计算机外部设备制造	258.52	146.76	115.70	92.58	44.85
电子计算器制造	14.32	6.52	5.53	4.20	2.88
幻灯机、投影仪制造	0.46	0.22	0.26	0.19	1.51
五、家用视听设备行业	**89.53**	**77.27**	**79.66**	**28.39**	**80.18**
家用影视设备制造	62.33	60.72	65.04	6.66	62.99
家用音响设备制造	27.20	16.56	14.62	21.73	17.19
六、电子器件行业	**206.31**	**123.40**	**82.46**	**141.96**	**84.29**
电子真空器件制造	-16.83	-15.33	-11.72	42.44	44.21
半导体器件制造	26.84	14.67	9.93	11.79	11.45
集成电路制造	77.02	75.46	38.67	48.44	6.83
光电子器件及其他电子器件制造	88.89	29.69	32.77	24.92	11.17
电光源制造	30.39	18.90	12.81	14.36	10.62
七、电子元件行业	**401.17**	**345.24**	**246.47**	**175.30**	**120.49**
电子元件及组件制造	259.27	211.61	152.22	124.86	87.02

利润总额（1）

单位：亿元

行　　业	2007年	2006年	2005年	2004年	2003年
电力电子元器件制造	41.91	48.04	31.14	28.47	18.87
印刷电路板制造	100.00	85.59	63.10	21.97	14.61
八、电子测量仪器行业	**35.93**	**27.92**	**13.47**	**9.67**	**6.50**
环境保护仪器仪表制造	3.89	1.65	0.87	1.37	0.85
导航、气象及海洋专用仪器制造	3.16	3.09	1.48	0.70	0.63
电子测量仪器制造	10.21	7.05	4.08	2.99	2.79
核子及核辐射测量仪器制造	0.25	0.23	0.10	-0.11	-0.22
地质勘探和地震专用仪器制造	3.80	2.45	0.85	-2.09	0.72
农林牧渔专用仪器制造	0.74	0.56	0.02	0.12	0.32
汽车电子仪器制造	9.18	7.89	3.37	5.16	1.42
其他专用仪器制造	4.68	4.99	2.69	1.55	
九、电子专用设备行业	**64.21**	**45.77**	**23.94**	**40.02**	**22.63**
电子工业专用设备制造	26.12	17.22	8.51	6.70	1.60
其他电子设备制造	38.09	28.56	15.43	33.32	21.03
十、电子信息机电行业	**52.99**	**93.10**	**66.69**	**59.94**	**47.71**
微电机制造	33.01	32.46	28.42	23.27	14.62
电子电线电缆制造		6.64	4.51	3.08	2.06
电池制造		41.68	27.08	23.98	19.39
光纤、光缆制造	19.97	12.32	6.68	9.60	11.64
十一、其他电子信息行业	**94.47**	**37.80**	**41.59**	**43.35**	**24.03**
电子乐器制造		1.20	1.12	1.09	1.01
信息化学品制造	55.60	30.59	32.74	37.00	17.96
灯用电器附件制造		6.01	7.73	5.26	5.06
家用制冷电器具制造	38.87				

利润总额（2）

单位：亿元

行　　业	2002年	2001年	2000年	1999年	1998年
总　　计	547.42	508.80	548.70	341.30	235.60
一、通信设备行业	**196.85**	**260.49**	**211.19**	**129.26**	**107.82**
通信传输设备制造	17.28	29.93	25.74	17.00	10.28
通信交换设备制造	39.29	76.38	74.49	53.76	46.29
通信设备终端制造	115.52	106.72	11.73	5.39	4.82
其他通信设备制造	24.71	47.39	99.17	53.19	46.46
通信设备修理	0.05	0.07	0.06	-0.08	-0.03
二、雷达行业	**3.60**	**3.32**	**0.87**	**-0.75**	**-0.77**
雷达整机制造	2.00	1.22	-0.37	-0.79	-0.45
雷达配套设备及部件制造	1.60	2.10	1.24	0.04	-0.32
三、广播电视设备行业	**0.84**	**0.58**	**1.64**	**-0.29**	**-0.58**
广播电视设备制造	0.82	0.56	1.62	-0.30	-0.59
广播电视设备修理	0.02	0.02	0.02	0.01	0.01
四、电子计算机行业	**106.94**	**84.78**	**75.31**	**45.45**	**36.67**
电子计算机整机制造	54.44	36.96	36.30	18.36	14.84
电子计算机外部设备制造	48.12	45.78	37.62	26.74	21.06
电子计算器制造	4.13	0.20	0.23	-0.03	-0.12
幻灯机、投影仪制造	0.24	1.87	1.18	0.38	0.89
电子计算机修理	0.02	-0.03	-0.02	0.00	0.00
五、家用视听设备行业	**49.65**	**23.53**	**40.82**	**41.86**	**45.11**
电视机、录像机、摄像机制造	38.09	21.08	28.59	32.98	37.16
收音机、录音机制造	11.56	2.45	12.23	8.87	7.95
六、电子器件行业	**39.92**	**26.21**	**88.53**	**41.80**	**21.21**
电子真空器件制造	32.53	17.64	57.10	36.48	20.74
半导体器件制造	2.43	6.30	7.94	2.20	0.03
集成电路制造	-2.98	-4.02	17.69	0.54	-0.63
电光源制造	7.93	6.29	5.80	2.57	1.07
七、电子元件行业	**80.40**	**60.86**	**73.34**	**49.86**	**26.12**
电子元件及组件制造	67.72	53.18	65.48	45.60	23.82
电器设备元件制造	12.68	7.68	7.86	4.26	2.30

利润总额（2）

单位：亿元

行　　业	2002年	2001年	2000年	1999年	1998年
八、电子测量仪器行业	**6.56**	**6.55**	**4.48**	**1.97**	**0.57**
环境保护仪器仪表制造	0.77	0.71	0.65	0.37	-0.04
导航、制导仪器仪表制造	0.67	0.68	-0.27	-0.23	-0.93
气象、海洋、水文、天文测量仪器	-0.01	-0.02	0.00	-0.01	-0.01
电子测量仪器制造	1.60	2.22	1.95	0.39	0.70
核子及核辐射测量仪器制造	0.05	0.05	0.02	0.11	0.10
地质勘探和地震专用仪器制造	0.28	0.51	0.18	0.14	-0.17
农林牧渔专用仪器制造	0.26	0.22	0.00	-0.02	-0.02
汽车电子仪器制造	2.93	2.18	1.95	1.22	0.94
九、电子专用设备行业	**25.37**	**19.90**	**25.45**	**13.78**	**8.53**
电子工业专用设备制造	1.84	0.95	1.04	0.61	0.96
其他电子设备制造	23.48	0.02	0.25	0.22	0.57
其他电子设备修理	0.05	18.93	24.16	12.95	7.00
十、电子信息机电行业	**27.27**	**21.88**	**20.02**	**11.72**	**6.48**
微电机制造	8.90	8.28	7.87	4.24	2.42
电子电线电缆制造	10.61	6.51	6.03	4.20	3.91
蓄电池制造	0.00	2.31	2.24	1.17	0.32
原电池制造	7.75	4.78	3.88	2.11	-0.16
十一、其他电子信息行业	**10.03**	**0.71**	**6.71**	**6.65**	**2.16**
电子乐器制造	1.07	1.16	1.12	1.84	0.58
信息化学品制造	5.75	-3.31	2.37	2.60	-0.04
灯用电器附件制造	3.21	2.86	3.22	2.21	1.62

利润总额（3）

单位：亿元

行　　业	1997年	1996年	1995年	1994年	1993年
总　　计	237.50	137.67	122.84	98.79	72.41
一、通信设备行业	**84.30**	**59.58**	**49.17**	**35.11**	**25.19**
通信传输设备制造	6.69	4.34	7.82	5.38	2.52
通信交换设备制造	29.52	19.16	17.42	25.85	17.22
通信设备终端制造	4.48	3.03	2.45	2.08	2.47
其他通信设备制造	43.51	32.85	21.47	1.81	2.95
通信设备修理	0.10	0.20	0.01	-0.01	0.03
二、雷达行业	**-0.62**	**-3.14**	**11.87**	**9.16**	**5.86**
雷达整机制造	-0.46	-3.36	12.10	9.28	5.91
雷达配套设备及部件制造	-0.16	0.22	-0.23	-0.12	-0.05
三、广播电视设备行业	**-0.61**	**0.17**	**0.47**	**0.19**	**0.49**
广播电视设备制造	-0.62	0.15	0.47	0.19	0.48
广播电视设备修理	0.01	0.02			0.01
四、电子计算机行业	**55.87**	**21.54**	**6.62**	**2.51**	**3.81**
电子计算机整机制造	8.36	4.68	2.88	1.43	2.00
电子计算机外部设备制造	47.05	15.46	3.15	1.19	1.94
电子计算器制造	-0.01	0.27	0.60	-0.13	-0.15
幻灯机、投影仪制造	0.39	-0.15	-0.08	-0.01	0.03
电子计算机修理	0.08	1.28	0.07	0.03	-0.01
五、家用视听设备行业	**39.24**	**23.54**	**-0.38**	**9.92**	**8.35**
电视机、录像机、摄像机制造	33.10	21.79	-1.44	6.24	5.41
收音机、录音机制造	6.14	1.75	1.06	3.68	2.94
六、电子器件行业	**22.85**	**18.67**	**37.28**	**22.47**	**12.00**
电子真空器件制造	20.32	19.78	26.36	19.71	9.06
半导体器件制造	-0.76	-1.18	0.04	-0.24	0.49
集成电路制造	2.29	0.14	9.50	2.01	0.72
电光源制造	1.00	-0.07	1.38	0.99	1.73
七、电子元件行业	**21.79**	**11.76**	**14.27**	**12.26**	**8.76**
电子元件及组件制造	18.00	9.11	12.38	11.49	6.31
电器设备元件制造	3.79	2.65	1.89	0.77	2.45

利润总额（3）

单位：亿元

行　　业	1997年	1996年	1995年	1994年	1993年
八、电子测量仪器行业	**1.20**	**-0.21**	**-0.05**	**0.55**	**0.87**
环境保护仪器仪表制造	-0.64	-0.11	0.10	0.06	0.06
导航、制导仪器仪表制造	-0.62	-0.81	-0.44	-0.06	0.12
气象、海洋、水文、天文测量仪器	-0.03	-0.01	0.01	0.01	0.02
电子测量仪器制造	1.92	0.96	-0.08	0.77	0.69
核子及核辐射测量仪器制造	0.54	-0.03	0.09	0.05	0.07
地质勘探和地震专用仪器制造	-0.11	-0.24	-0.37	-0.31	-0.30
农林牧渔专用仪器制造	-0.03	-0.01	-0.03	-0.02	0.01
汽车电子仪器制造	0.17	0.04	0.67	0.05	0.20
九、电子专用设备行业	**6.36**	**2.91**	**0.63**	**2.86**	**1.49**
电子工业专用设备制造	0.75	1.27	-0.11	-0.21	-0.11
其他电子设备制造	0.14	1.55	0.34	2.83	1.55
其他电子设备修理	5.47	0.09	0.40	0.24	0.05
十、电子信息机电行业	**5.13**	**3.85**	**3.03**	**3.17**	**5.10**
微电机制造	1.84	0.47	0.28	0.82	1.88
电子电线电缆制造	3.74	3.03	1.79	1.61	2.02
蓄电池制造	0.34	0.12	0.95	0.64	1.03
原电池制造	-0.79	0.24	0.01	0.10	0.17
十一、其他电子信息行业	**1.98**	**-1.00**	**-0.07**	**0.59**	**0.49**
电子乐器制造	0.67	0.34	0.33	0.31	0.28
信息化学品制造	0.27	-1.75	-0.80		
灯用电器附件制造	1.04	0.41	0.40	0.28	0.21

利润总额（4）

单位：亿元

行　业	1992年	1991年	1990年	1989年	1988年	1987年
总　计	46.12	30.86	29.04	41.03	43.82	29.27
一、通信设备行业	**9.76**	**5.20**	**4.78**	**5.51**	**5.12**	**3.93**
通信传输设备制造	2.15	1.47	1.29	2.31	2.86	2.44
通信交换设备制造	4.98	2.00	1.79	1.85	0.87	0.26
通信设备终端制造	1.80	1.19	1.04	0.43	0.43	0.44
其他通信设备制造	0.83	0.54	0.58	0.86	0.96	0.79
通信设备修理		0.00	0.08	0.06	0.00	0.00
二、雷达行业	**3.33**	**1.94**	**2.43**	**2.80**	**2.95**	**1.20**
雷达整机制造	3.35	2.12	**2.53**	**2.76**	**2.93**	**1.23**
雷达配套设备及部件制造	-0.02	-0.18	-0.10	0.04	0.02	-0.03
三、广播电视设备行业	**0.34**	**0.22**	**0.32**	**0.56**	**0.03**	**0.64**
广播电视设备制造	0.33	0.21	0.31	0.55	0.03	0.63
广播电视设备修理	0.01	0.01	0.01	0.01	0.00	0.01
四、电子计算机行业	**2.20**	**1.59**	**1.18**	**0.71**	**1.08**	**0.82**
电子计算机整机制造	0.99	1.30	1.04	0.46	0.74	0.58
电子计算机外部设备制造	0.99	0.19	0.10	0.20	0.27	0.19
电子计算器制造	0.09	0.09	0.03	0.05	0.07	0.05
幻灯机、投影仪制造	0.13	0.01				
电子计算机修理		0.00	0.01			
五、家用视听设备行业	**5.11**	**4.56**	**3.74**	**9.02**	**16.47**	**9.48**
电视机、录像机、摄像机制造	3.42	4.26	3.64	8.50	13.94	6.85
收音机、录音机制造	1.69	0.30	0.10	0.52	2.53	2.63
六、电子器件行业	**7.57**	**5.64**	**6.67**	**8.29**	**7.86**	**5.03**
电子真空器件制造	6.27	5.00	6.24	6.44	5.20	3.33
半导体器件制造	1.30	0.64	0.43	1.85	2.66	1.70
七、电子元件行业	**10.68**	**7.59**	**4.90**	**7.81**	**4.24**	**3.26**
电子元件及组件制造	8.15	6.09	3.61	5.67	3.19	2.36
电器设备元件制造	2.53	1.50	1.29	2.14	1.05	0.90
八、电子测量仪器行业	**2.14**	**0.89**	**0.75**	**1.27**	**1.39**	**1.20**
导航、制导仪器仪表制造	0.57	0.50	0.52	0.46	0.40	0.36

利润总额（4）

单位：亿元

行　　业	1992年	1991年	1990年	1989年	1988年	1987年
气象、海洋、水文、天文测量仪器	0.02	0.01	0.02	0.03	0.04	0.02
电子测量仪器制造	1.29	0.15	-0.01	0.48	0.59	0.53
核子及核辐射测量仪器制造	0.11	0.10	0.13	0.17	0.16	0.11
地质勘探和地震专用仪器制造	0.11	0.10	0.08	0.11	0.16	0.15
农林牧渔专用仪器制造	0.04	0.03	0.01	0.02	0.04	0.03
汽车电子仪器制造						
九、电子专用设备行业	**0.98**	**0.08**	**0.36**	**0.78**	**0.92**	**0.76**
电子工业专用设备制造	0.36	0.24	**0.15**	**0.40**	**0.49**	0.32
其他电子设备制造	0.61	-0.17	0.21	0.37	0.42	0.43
其他电子设备修理	0.01	0.01	0.00	0.01	0.01	0.01
十、电子信息机电行业	**4.01**	**3.15**	**3.91**	**4.28**	**3.76**	**2.95**
微电机制造	1.16	0.86	0.88	0.93	0.99	0.89
电子电线电缆制造	1.49	1.09	1.59	1.58	1.57	1.18
蓄电池制造	0.97	0.83	0.86	1.07	0.57	0.30
原电池制造	0.39	0.37	0.58	0.70	0.64	0.59
十一、其他电子信息行业	**0**	**0**	**0**	**0**	**0**	**0**
电子乐器制造						
信息化学品制造						
灯用电器附件制造						

税金总额（1）

单位：亿元

行　　业	2007年	2006年	2005年	2004年	2003年
总　　计	477.09	473.06	365.76	306.84	257.69
一、通信设备行业	**137.45**	**128.85**	**102.46**	**71.82**	**70.68**
通信传输设备制造	4.95	5.00	4.12	3.86	3.66
通信交换设备制造	85.70	79.34	62.20	43.90	42.18
通信设备终端制造	5.44	6.60	6.15	4.28	7.68
移动通信及终端设备制造	32.77	29.17	22.61	11.34	6.05
其他通信设备制造	8.59	8.74	7.39	8.44	11.11
二、雷达行业	**1.37**	**1.48**	**1.26**	**1.05**	**0.91**
雷达专及配套设备制造	1.37	1.48	1.26	1.05	0.91
三、广播电视设备行业	**5.44**	**5.51**	**3.78**	**2.08**	**1.67**
广播电视节目制作及发射设备制造	0.60	0.51	0.60	0.49	0.53
广播电视接收设备及终端设备制造	2.90	3.35	2.03	1.22	0.90
应用电视设备及其他广播电视制造	1.95	1.66	1.15	0.37	0.24
四、电子计算机行业	**52.39**	**58.91**	**42.71**	**34.35**	**29.62**
电子计算机整机制造	18.71	23.55	16.82	15.17	13.51
计算机网络设备制造	6.85	10.10	5.46	2.96	1.80
电子计算机外部设备制造	23.52	22.40	17.55	15.23	12.67
电子计算器及货币专用设备制造	3.16	2.73	2.08	0.90	1.51
幻灯机、投影仪制造	0.15	0.13	0.80	0.09	0.13
五、家用视听设备行业	**40.50**	**59.85**	**47.88**	**38.79**	**38.46**
家用影视设备制造	29.73	52.52	42.90	34.71	35.52
家用音响设备制造	10.76	7.33	4.98	4.08	2.94
六、电子器件行业	**51.52**	**47.88**	**37.47**	**50.00**	**35.91**
电子真空器件制造	9.53	11.39	11.24	20.15	17.14
半导体器件制造	4.96	4.51	4.25	3.46	2.95
集成电路制造	12.13	10.21	6.97	13.52	7.37
光电子器件及其他电子器件制造	16.26	15.72	9.63	7.19	4.35
电光源制造	8.64	6.05	5.38	5.68	4.10
七、电子元件行业	**95.02**	**91.13**	**67.71**	**50.60**	**41.19**
电子元件及组件制造	69.00	60.45	44.04	35.30	27.75

税金总额（1）

单位：亿元

行　　业	2007年	2006年	2005年	2004年	2003年
电力电子元器件制造	13.63	18.02	13.76	10.78	9.29
印刷电路板制造	69.00	12.66	9.91	4.53	4.14
八、电子测量仪器行业	**11.42**	**11.48**	**8.25**	**5.63**	**3.72**
环境保护仪器仪表制造	1.29	1.22	0.67	0.47	0.51
导航、气象及海洋专用仪器制造	1.06	1.18	1.02	0.43	0.38
电子测量仪器制造	2.97	2.28	1.95	1.39	1.21
核子及核辐射测量仪器制造	0.19	0.19	0.13	0.07	0.13
地质勘探和地震专用仪器制造	1.09	1.08	0.94	0.50	0.66
农林牧渔专用仪器制造	0.09	0.03	0.04	0.02	0.05
汽车电子仪器制造	3.27	4.15	2.57	1.81	0.79
其他专用仪器制造	1.46	1.34	0.93	0.95	
九、电子专用设备行业	**19.95**	**14.55**	**10.19**	**10.24**	**9.17**
电子工业专用设备制造	8.54	6.23	3.87	2.53	1.90
其他电子设备制造	11.41	8.32	6.31	7.71	7.27
十、电子信息机电行业	**21.24**	**40.45**	**30.84**	**31.02**	**19.90**
微电机制造	12.77	15.68	11.93	10.97	5.02
电子电线电缆制造		3.25	2.25	1.68	1.45
电池制造		13.81	10.60	12.82	7.52
光纤、光缆制造	8.48	7.72	6.06	5.54	5.91
十一、其他电子信息行业	**40.79**	**12.93**	**13.20**	**11.25**	**8.05**
电子乐器制造		0.33	0.32	0.15	0.36
信息化学品制造	13.06	9.45	8.02	7.17	5.20
灯用电器附件制造		3.15	4.86	3.93	2.50
家用制冷电器具制造	27.74				

税金总额（2）

单位：亿元

行　　业	2002年	2001年	2000年	1999年	1998年
总　　计	247.59	255.28	252.74	178.76	150.50
一、通信设备行业	**88.63**	**102.11**	**85.23**	**53.96**	**48.67**
通信传输设备制造	8.66	10.38	9.99	5.94	5.51
通信交换设备制造	41.26	38.73	33.81	22.99	19.37
通信设备终端制造	25.59	22.49	16.03	6.44	4.34
其他通信设备制造	13.10	30.50	25.35	18.56	19.41
通信设备修理	0.03	0.01	0.05	0.03	0.04
二、雷达行业	**0.96**	**0.65**	**0.42**	**0.48**	**0.42**
雷达整机制造	0.50	0.38	0.19	0.33	0.34
雷达配套设备及部件制造	0.46	0.27	0.23	0.15	0.08
三、广播电视设备行业	**1.03**	**1.03**	**1.56**	**0.82**	**0.83**
广播电视设备制造	1.02	1.03	1.46	0.82	0.83
广播电视设备修理	0.00	0.00	0.10	0.00	0.00
四、电子计算机行业	**22.78**	**20.99**	**26.99**	**19.59**	**12.47**
电子计算机整机制造	11.65	10.14	16.12	12.68	5.83
电子计算机外部设备制造	10.32	9.85	8.83	5.82	6.36
电子计算器制造	0.65	0.86	1.83	1.09	0.26
幻灯机、投影仪制造	0.17	0.14	0.11	0.00	0.02
电子计算机修理		0.00	0.10	0.00	0.00
五、家用视听设备行业	**29.90**	**25.68**	**25.59**	**22.65**	**21.39**
电视机、录像机、摄像机制造	26.70	22.45	21.07	18.92	17.22
收音机、录音机制造	3.20	3.23	4.52	3.73	4.17
六、电子器件行业	**31.49**	**36.18**	**37.51**	**30.73**	**23.48**
电子真空器件制造	16.63	19.81	22.59	21.19	15.15
半导体器件制造	3.90	6.49	3.55	1.90	2.05
集成电路制造	5.42	4.59	5.88	2.62	1.92
电光源制造	5.54	5.29	5.49	5.02	4.36
七、电子元件行业	**36.94**	**35.86**	**38.13**	**25.29**	**20.06**
电子元件及组件制造	30.64	29.01	31.83	20.83	16.42
电器设备元件制造	6.30	6.85	6.30	4.46	3.64

税金总额（2）

单位：亿元

行　　业	2002年	2001年	2000年	1999年	1998年
八、电子测量仪器行业	**4.23**	**3.60**	**4.45**	**2.45**	**3.43**
环境保护仪器仪表制造	0.44	0.37	0.35	0.24	0.16
导航、制导仪器仪表制造	0.48	0.39	0.37	0.35	0.31
气象、海洋、水文、天文测量仪器	0.05	0.06	0.11	0.11	0.10
电子测量仪器制造	1.22	1.18	2.30	0.59	1.28
核子及核辐射测量仪器制造	0.04	0.03	0.12	0.13	0.13
地质勘探和地震专用仪器制造	0.65	0.50	0.30	0.28	1.13
农林牧渔专用仪器制造	0.04	0.03	0.00	0.01	0.07
汽车电子仪器制造	1.31	1.04	0.90	0.74	0.25
九、电子专用设备行业	**9.45**	**9.13**	**10.48**	**5.58**	**4.62**
电子工业专用设备制造	1.27	1.16	1.95	0.87	0.95
其他电子设备制造	8.09	7.91	8.38	4.59	3.52
其他电子设备修理	0.10	0.06	0.15	0.12	0.15
十、电子信息机电行业	**14.54**	**14.50**	**16.34**	**12.61**	**11.48**
微电机制造	4.82	3.95	5.10	3.14	2.55
电子电线电缆制造	6.30	5.86	6.30	5.09	5.05
蓄电池制造	0.00	1.80	1.78	1.28	1.12
原电池制造	3.42	2.89	3.15	3.10	2.76
十一、其他电子信息行业	**8.91**	**5.55**	**6.04**	**4.60**	**3.65**
电子乐器制造	0.39	0.37	0.29	0.39	0.23
信息化学品制造	5.37	3.95	4.13	3.10	2.80
灯用电器附件制造	3.15	1.23	1.62	1.11	0.62

税金总额（3）

单位：亿元

行　业	1997年	1996年	1995年	1994年	1993年
总　计	105.49	103.33	112.62	83.44	57.58
一、通信设备行业	**30.60**	**27.15**	**27.85**	**18.34**	**9.96**
通信传输设备制造	3.06	2.79	4.06	4.33	2.62
通信交换设备制造	15.67	11.10	12.26	10.07	3.92
通信设备终端制造	2.58	2.28	2.77	1.88	1.82
其他通信设备制造	9.25	10.92	8.73	2.04	1.55
通信设备修理	0.04	0.06	0.03	0.02	0.05
二、雷达行业	**0.43**	**0.69**	**5.25**	**3.53**	**3.00**
雷达整机制造	0.33	0.34	5.07	3.44	2.93
雷达配套设备及部件制造	0.10	0.35	0.18	0.09	0.07
三、广播电视设备行业	**0.55**	**0.58**	**0.94**	**0.74**	**0.69**
广播电视设备制造	0.54	0.57	0.92	0.71	0.68
广播电视设备修理	0.01	0.01	0.02	0.03	0.01
四、电子计算机行业	**8.72**	**6.00**	**5.66**	**2.48**	**2.02**
电子计算机整机制造	3.41	2.44	2.60	1.33	1.33
电子计算机外部设备制造	4.80	2.84	2.51	1.06	0.63
电子计算器制造	0.49	0.30	0.43	0.07	0.04
幻灯机、投影仪制造	0.00	0.17	0.08	0.01	0.01
电子计算机修理	0.02	0.25	0.04	0.01	0.01
五、家用视听设备行业	**3.46**	**13.37**	**11.25**	**14.06**	**12.45**
电视机、录像机、摄像机制造	1.68	10.67	7.52	9.50	8.81
收音机、录音机制造	1.78	2.70	3.73	4.56	3.64
六、电子器件行业	**22.85**	**23.28**	**27.42**	**17.55**	**9.15**
电子真空器件制造	14.08	15.56	16.86	10.65	4.26
半导体器件制造	2.05	1.61	2.13	1.96	1.53
集成电路制造	1.88	1.86	3.69	1.37	0.29
电光源制造	4.84	4.25	4.74	3.57	3.07
七、电子元件行业	**18.61**	**15.54**	**16.78**	**12.71**	**8.17**
电子元件及组件制造	14.41	11.90	13.46	9.72	5.79
电器设备元件制造	4.20	3.64	3.32	2.99	2.38

税金总额（3）

单位：亿元

行　　业	1997年	1996年	1995年	1994年	1993年
八、电子测量仪器行业	**3.17**	**2.56**	**2.94**	**2.30**	**1.42**
环境保护仪器仪表制造	0.12	0.10	0.13	0.08	0.07
导航、制导仪器仪表制造	0.33	0.39	0.43	0.34	0.20
气象、海洋、水文、天文测量仪器	0.06	0.05	0.04	0.12	0.03
电子测量仪器制造	1.43	1.15	1.12	1.13	0.71
核子及核辐射测量仪器制造	0.34	0.14	0.15	0.10	0.06
地质勘探和地震专用仪器制造	0.31	0.13	0.51	0.32	0.21
农林牧渔专用仪器制造	0.02	0.02	0.03	0.07	0.02
汽车电子仪器制造	0.56	0.58	0.53	0.14	0.12
九、电子专用设备行业	**4.79**	**2.59**	**2.38**	**2.51**	**1.66**
电子工业专用设备制造	1.19	0.84	0.81	0.52	0.60
其他电子设备制造	3.53	1.64	1.49	1.82	0.99
其他电子设备修理	0.07	0.11	0.08	0.17	0.07
十、电子信息机电行业	**9.58**	**9.59**	**9.63**	**8.68**	**8.67**
微电机制造	2.11	2.03	2.36	2.33	1.66
电子电线电缆制造	4.38	4.14	4.03	3.48	4.46
蓄电池制造	0.91	1.37	1.33	1.24	1.22
原电池制造	2.17	2.05	1.91	1.63	1.33
十一、其他电子信息行业	**2.73**	**1.98**	**2.52**	**0.54**	**0.39**
电子乐器制造	0.20	0.21	0.18		
信息化学品制造	1.74	1.17	1.50		
灯用电器附件制造	0.79	0.60	0.84	0.54	0.39

税金总额（4）

单位：亿元

行　　业	1992年	1991年	1990年	1989年	1988年	1987年
总　　计	37.14	32.95	28.50	27.51	26.98	17.24
一、通信设备行业	**5.30**	**3.64**	**2.81**	**2.65**	**2.55**	**1.78**
通信传输设备制造	1.76	1.35	1.06	1.38	1.53	1.04
通信交换设备制造	1.71	0.94	0.61	0.64	0.34	0.25
通信设备终端制造	1.26	0.91	0.70	0.22	0.25	0.20
其他通信设备制造	**0.56**	**0.43**	0.43	0.40	0.41	0.28
通信设备修理	0.01	0.01	0.01	0.01	0.02	0.01
二、雷达行业	**1.82**	**1.94**	**1.62**	**1.44**	**1.54**	**0.75**
雷达整机制造	1.76	1.90	**1.59**	1.38	1.49	**0.69**
雷达配套设备及部件制造	0.06	0.04	0.03	0.06	0.05	0.06
三、广播电视设备行业	**0.51**	**0.47**	**0.34**	**0.34**	**0.31**	**0.23**
广播电视设备制造	0.51	0.46	0.33	0.33	0.30	0.23
广播电视设备修理	0.00	0.01	0.01	0.01	0.01	0.00
四、电子计算机行业	**1.98**	**1.76**	**1.06**	**0.85**	**0.73**	**0.55**
电子计算机整机制造	1.22	1.44	0.88	0.66	0.50	0.35
电子计算机外部设备制造	0.58	0.29	0.15	0.14	0.17	0.17
电子计算器制造	0.05	0.03	0.03	0.05	0.06	0.03
幻灯机、投影仪制造	0.12	0.08				
电子计算机修理	0.01	0.01				
五、家用视听设备行业	**8.91**	**9.21**	**8.13**	**8.77**	**10.49**	**5.91**
电视机、录像机、摄像机制造	6.86	7.09	6.31	6.93	8.13	4.03
收音机、录音机制造	2.05	2.12	1.82	1.84	2.36	1.88
六、电子器件行业	**3.80**	**3.46**	**4.23**	**2.33**	**2.13**	**1.62**
电子真空器件制造	2.73	2.47	2.56	1.50	1.24	0.82
半导体器件制造	1.07	0.99	1.67	0.83	0.89	0.80
七、电子元件行业	**5.95**	**5.06**	**3.92**	**4.25**	**4.24**	**3.77**
电子元件及组件制造	3.97	3.58	2.77	3.11	3.19	2.76
电器设备元件制造	1.98	1.48	1.15	1.14	1.05	1.01
八、电子测量仪器行业	**1.13**	**0.96**	**0.86**	**0.78**	**0.71**	**0.58**
导航、制导仪器仪表制造	0.29	0.22	0.22	0.16	0.16	0.11

税金总额（4）

单位：亿元

行　　业	1992年	1991年	1990年	1989年	1988年	1987年
气象、海洋、水文、天文测量仪器	0.01	0.03	0.02	0.03	0.02	0.02
电子测量仪器制造	0.61	0.50	0.44	0.42	0.39	0.32
核子及核辐射测量仪器制造	0.03	0.03	0.04	0.04	0.03	0.03
地质勘探和地震专用仪器制造	0.17	0.17	0.13	0.12	0.09	0.08
农林牧渔专用仪器制造	0.02	0.01	0.01	0.01	0.02	0.02
九、电子专用设备行业	**0.83**	**0.62**	**0.55**	**0.54**	**0.35**	**0.37**
电子工业专用设备制造	0.33	0.30	0.24	0.25	0.10	0.17
其他电子设备制造	0.49	0.31	0.30	0.28	0.24	0.19
其他电子设备修理	0.01	0.01	0.01	0.01	0.01	0.01
十、电子信息机电行业	**6.91**	**5.83**	**4.98**	**5.56**	**3.93**	**5.45**
微电机制造	1.28	1.03	0.66	0.69	0.65	0.52
电子电线电缆制造	3.31	2.86	2.70	3.08	2.07	3.59
蓄电池制造	0.89	0.72	0.61	0.66	0.44	0.34
原电池制造	1.43	1.22	1.01	1.13	0.77	1.00
十一、其他电子信息行业	**0**	**0**	**0**	**0**	**0**	**0**
电子乐器制造						
信息化学品制造						
灯用电器附件制造						

应交增值税（1）

单位：亿元

行　业	2007年	2006年	2005年	2004年	2003年
总　计	412.22	406.15	331.75	277.88	233.83
一、通信设备行业	**111.75**	**108.17**	**95.12**	**63.57**	**61.45**
通信传输设备制造	4.29	4.47	3.51	3.50	3.23
通信交换设备制造	69.01	67.41	58.43	38.87	36.14
通信设备终端制造	4.32	5.39	5.64	3.90	6.50
移动通信及终端设备制造	26.56	23.39	21.05	9.61	5.47
其他通信设备制造	7.57	7.51	6.49	7.69	10.11
二、雷达行业	**1.16**	**1.13**	**0.99**	**0.95**	**0.81**
雷达及配套设备制造	1.16	1.13	0.99	0.95	0.81
三、广播电视设备行业	**4.73**	**4.15**	**3.18**	**1.82**	**1.43**
广播电视节目制作及发射设备制造	0.50	0.45	0.53	0.45	0.46
广播电视接收设备及终端设备制造	2.54	2.28	1.65	1.04	0.76
应用电视设备及其他广播电视制造	1.68	1.42	1.01	0.34	0.21
四、电子计算机行业	**47.47**	**53.24**	**39.41**	**30.71**	**24.40**
电子计算机整机制造	16.54	21.13	15.55	14.25	12.74
计算机网络设备制造	6.33	9.00	5.02	1.30	1.46
电子计算机外部设备制造	21.81	20.42	16.20	14.19	8.11
电子计算器及货币专用设备制造	2.65	2.50	1.87	0.89	1.40
幻灯机、投影仪制造	0.13	0.19	0.76	0.08	0.69
五、家用视听设备行业	**35.54**	**54.64**	**43.60**	**36.04**	**35.83**
家用影视设备制造	27.62	48.14	39.32	32.24	33.19
家用音响设备制造	7.92	6.49	4.28	3.80	2.65
六、电子器件行业	**44.72**	**43.49**	**34.38**	**46.90**	**34.78**
电子真空器件制造	8.89	10.36	10.74	19.52	16.69
半导体器件制造	4.48	4.12	3.94	3.14	2.74
集成电路制造	10.68	9.47	6.24	12.95	6.94
光电子器件及其他电子器件制造	13.33	12.98	8.88	6.64	5.13
电光源制造	7.34	6.57	4.57	4.65	3.27
七、电子元件行业	**84.58**	**71.55**	**61.15**	**46.24**	**37.62**
电子元件及组件制造	60.99	45.60	39.63	32.44	25.39

应交增值税（1）

单位：亿元

行　　业	2007年	2006年	2005年	2004年	2003年
电力电子元器件制造	12.02	15.94	12.18	9.69	8.28
印刷电路板制造	11.57	10.01	9.34	4.11	3.95
八、电子测量仪器行业	**9.50**	**10.02**	**7.09**	**5.07**	**3.24**
环境保护仪器仪表制造	0.95	0.78	0.44	0.31	0.45
导航、气象及海洋专用仪器制造	0.93	1.01	0.85	0.39	0.34
电子测量仪器制造	2.67	2.10	1.78	1.30	1.09
核子及核辐射测量仪器制造	0.17	0.17	0.11	0.06	0.05
地质勘探和地震专用仪器制造	0.72	0.98	0.80	0.44	0.60
农林牧渔专用仪器制造	0.01	0.01	0.04	0.02	0.02
汽车电子仪器制造	2.79	3.78	2.21	1.72	0.69
其他专用仪器制造	1.24	1.19	0.85	0.81	0.00
九、电子专用设备行业	**17.43**	**12.91**	**8.94**	**9.02**	**8.28**
电子工业专用设备制造	7.61	5.69	3.43	2.35	1.73
其他电子设备制造	9.82	7.22	5.52	6.67	6.55
十、电子信息机电行业	**18.77**	**35.21**	**27.48**	**28.05**	**18.08**
微电机制造	11.38	13.80	10.25	9.49	4.43
电子电线电缆制造		2.81	1.96	1.46	1.28
电池制造		11.84	9.55	12.00	6.98
光纤、光缆制造	7.39	6.76	5.72	5.10	5.39
十一、其他电子信息行业	**36.58**	**11.53**	**9.90**	**9.44**	**7.45**
电子乐器制造		0.29	0.33	0.35	0.34
信息化学品制造	11.93	8.54	7.36	6.37	4.89
灯用电器附件制造		2.70	2.21	2.72	2.22
家用制冷电器具制造	24.65				

应交增值税（2）

单位：亿元

行　　业	2002年	2001年	2000年	1999年	1998年
总　　计	226.71	247.60	241.51	171.73	142.58
一、通信设备行业	**67.85**	**97.49**	**79.36**	**50.26**	**45.71**
通信传输设备制造	7.43	9.56	9.10	5.28	4.98
通信交换设备制造	24.80	37.08	31.78	22.00	18.74
通信设备终端制造	23.48	22.12	14.65	6.19	3.71
其他通信设备制造	12.13	28.71	23.81	16.77	18.26
通信设备修理	0.01	0.02	0.02	0.02	0.02
二、雷达行业	**0.85**	**0.57**	**0.34**	**0.41**	**0.39**
雷达整机制造	0.44	0.34	0.16	0.30	0.32
雷达配套设备及部件制造	0.41	0.23	0.18	0.11	0.07
三、广播电视设备行业	**0.89**	**0.90**	**1.32**	**0.71**	**0.71**
广播电视设备制造	0.88	0.90	1.32	0.71	0.71
广播电视设备修理	0.01				
四、电子计算机行业	**20.87**	**22.52**	**25.09**	**18.16**	**10.29**
电子计算机整机制造	11.12	12.57	15.21	11.95	5.18
电子计算机外部设备制造	9.02	9.04	8.26	5.37	4.89
电子计算器制造	0.58	0.78	1.52	0.84	0.20
幻灯机、投影仪制造	0.15	0.13			0.02
电子计算机修理	0.01		0.10		
五、家用视听设备行业	**24.18**	**24.17**	**23.84**	**20.70**	**19.60**
电视机、录像机、摄像机制造	22.22	21.18	19.86	17.45	15.99
收音机、录音机制造	1.96	2.99	3.98	3.25	3.61
六、电子器件行业	**29.44**	**35.15**	**35.28**	**29.00**	**22.11**
电子真空器件制造	17.91	19.16	21.89	20.70	14.64
半导体器件制造	3.56	6.24	3.34	1.76	1.90
集成电路制造	5.12	5.27	5.56	2.22	1.74
电光源制造	2.85	4.48	4.49	4.32	3.83
七、电子元件行业	**37.02**	**35.03**	**35.50**	**23.17**	**18.00**
电子元件及组件制造	29.84	28.81	29.81	19.12	14.81
电器设备元件制造	7.18	6.22	5.69	4.05	3.19

应交增值税（2）

单位：亿元

行　　业	2002年	2001年	2000年	1999年	1998年
八、电子测量仪器行业	**3.56**	**3.31**	**3.61**	**2.21**	**2.18**
环境保护仪器仪表制造	0.35	0.31	0.32	0.22	0.15
导航、制导仪器仪表制造	0.45	0.35	0.33	0.32	0.28
气象、海洋、水文、天文测量仪器	0.04	0.06	0.10	0.10	0.10
电子测量仪器制造	0.92	1.09	1.63	0.51	0.61
核子及核辐射测量仪器制造	0.04	0.03	0.11	0.12	0.12
地质勘探和地震专用仪器制造	0.58	0.45	0.28	0.25	0.29
农林牧渔专用仪器制造	0.02	0.02	0.00	0.01	0.01
汽车电子仪器制造	1.16	1.00	0.84	0.68	0.62
九、电子专用设备行业	**8.53**	**8.38**	**9.08**	**4.83**	**3.68**
电子工业专用设备制造	1.09	1.00	1.58	0.76	0.81
其他电子设备制造	7.34	7.23	7.36	3.97	2.80
其他电子设备修理	0.09	0.15	0.14	0.10	0.07
十、电子信息机电行业	**26.62**	**13.95**	**14.70**	**11.18**	**10.09**
微电机制造	3.49	3.50	4.57	2.66	2.13
电子电线电缆制造	6.60	6.23	5.62	4.46	4.40
蓄电池制造	0.00	1.68	1.62	1.18	1.02
原电池制造	3.22	2.54	2.89	2.87	2.54
光纤、光缆制造	13.31				
十一、其他电子信息行业	**6.79**	**6.24**	**5.38**	**4.24**	**3.31**
电子乐器制造	0.31	0.36	0.27	0.38	0.23
信息化学品制造	5.33	4.76	3.77	2.85	2.55
灯用电器附件制造	1.15	1.12	1.34	1.01	0.53

应交增值税（3）

单位：亿元

行　　业	1997年	1996年	1995年	1994年
总　　计	99.17	68.47	78.04	72.27
一、通信设备行业	**28.43**	**24.07**	**19.80**	**16.57**
通信传输设备制造	2.88	2.45	2.02	3.89
通信交换设备制造	14.68	10.36	9.24	9.68
通信设备终端制造	1.99	1.73	2.12	1.30
其他通信设备制造	8.84	9.49	6.40	1.69
通信设备修理	0.04	0.04	0.02	0.01
二、雷达行业	**0.39**	**0.58**	**2.62**	**3.16**
雷达整机制造	0.30	0.30	2.50	3.09
雷达配套设备及部件制造	0.09	0.28	0.12	0.07
三、广播电视设备行业	**0.47**	**0.48**	**0.59**	**0.57**
广播电视设备制造	0.46	0.47	0.59	0.56
广播电视设备修理	0.01	0.01		0.01
四、电子计算机行业	**7.95**	**5.22**	**3.64**	**1.82**
电子计算机整机制造	3.00	2.11	1.64	1.07
电子计算机外部设备制造	4.48	2.64	1.69	0.70
电子计算器制造	0.44	0.24	0.25	0.05
幻灯机、投影仪制造	0.02	0.03	0.06	
电子计算机修理	0.01	0.20		
五、家用视听设备行业	**1.73**	**3.24**	**8.03**	**12.13**
电视机、录像机、摄像机制造	0.84	1.05	5.69	8.53
收音机、录音机制造	0.89	2.19	2.34	3.60
六、电子器件行业	**21.26**	**17.80**	**19.60**	**15.75**
电子真空器件制造	13.45	10.97	11.78	9.94
半导体器件制造	1.72	1.48	1.70	1.71
集成电路制造	1.75	1.62	2.62	1.18
电光源制造	4.34	3.73	3.50	2.92
七、电子元件行业	**16.24**	**3.06**	**11.68**	**10.43**
电子元件及组件制造	12.63		9.12	7.95
电器设备元件制造	3.61	3.06	2.56	2.48

应交增值税（3）

单位：亿元

行　　业	1997年	1996年	1995年	1994年
八、电子测量仪器行业	**2.36**	**1.96**	**2.16**	**1.85**
环境保护仪器仪表制造	0.10	0.09	0.08	0.06
导航、制导仪器仪表制造	0.30	0.35	0.33	0.33
气象、海洋、水文、天文测量仪器	0.05	0.04	0.03	0.11
电子测量仪器制造	0.70	0.69	0.76	0.81
核子及核辐射测量仪器制造	0.11	0.12	0.12	0.10
地质勘探和地震专用仪器制造	0.25	0.11	0.42	0.28
农林牧渔专用仪器制造	0.30	0.02	0.02	0.05
汽车电子仪器制造	0.55	0.54	0.40	0.11
九、电子专用设备行业	**4.15**	**2.01**	**1.55**	**1.86**
电子工业专用设备制造	1.00	0.72	0.52	0.43
其他电子设备制造	3.09	1.29	0.98	1.33
其他电子设备修理	0.06	0.00	0.05	0.10
十、电子信息机电行业	**8.44**	**8.33**	**6.76**	**7.03**
微电机制造	1.84	1.67	1.63	1.86
电子电线电缆制造	3.78	3.49	2.66	2.74
蓄电池制造	0.79	1.17	0.98	0.99
原电池制造	2.02	2.00	1.49	1.44
十一、其他电子信息行业	**2.44**	**1.72**	**1.61**	**1.10**
电子乐器制造	0.19	0.20	0.14	0.11
信息化学品制造	1.58	1.04	0.95	0.63
灯用电器附件制造	0.67	0.48	0.52	0.36

应收账款净额（1）

单位：亿元

行　　业	2007年	2006年	2005年	2004年	2003年
总　　计	8383.28	6644.73	5757.33	4418.80	3501.77
一、通信设备行业	**1659.22**	**1439.16**	**1304.87**	**891.17**	**755.59**
通信传输设备制造	96.64	91.73	80.55	57.92	58.08
通信交换设备制造	702.35	504.98	407.55	347.21	246.70
通信设备终端制造	83.11	106.08	106.68	94.97	197.11
移动通信及终端设备制造	683.57	656.02	638.77	298.18	135.95
其他通信设备制造	93.55	80.34	71.32	92.90	117.75
二、雷达行业	**37.02**	**27.94**	**21.74**	**18.63**	**15.59**
雷达及配套设备制造	37.02	27.94	21.74	18.63	15.59
三、广播电视设备行业	**62.93**	**46.04**	**41.75**	**19.64**	**11.20**
广播电视节目制造及发射设备制造	6.17	4.13	4.54	5.63	3.89
广播电视接收设备及器材制造	41.35	27.83	28.79	11.56	6.56
应用电视设备及其他广播电视制造	15.41	14.08	8.42	2.45	0.74
四、电子计算机行业	**2602.59**	**1940.48**	**1682.69**	**1391.63**	**1090.09**
电子计算机整机制造	1280.59	761.17	781.95	667.67	578.56
计算机网络设备制造	51.35	73.75	83.19	67.03	52.51
电子计算机外部设备制造	1225.93	1063.96	785.22	636.51	442.85
电子计算器及货币专用设备制造	39.60	39.14	30.25	19.87	15.36
幻灯机、投影仪制造	5.13	2.45	2.09	0.55	0.81
五、家用视听设备行业	**629.00**	**552.02**	**497.03**	**448.11**	**379.20**
家用影视设备制造	474.05	442.73	378.31	289.15	285.51
家用音响设备制造	154.96	109.28	118.72	158.96	93.69
六、电子器件行业	**1045.41**	**755.23**	**618.96**	**477.53**	**330.27**
电子真空器件制造	102.26	106.93	122.49	151.04	106.33
半导体器件制造	95.27	70.96	63.79	46.63	39.51
集成电路制造	369.16	284.21	208.94	145.66	95.01
光电子器件及其他电子器件制造	403.16	241.81	186.23	106.42	64.70
电光源制造	75.56	51.31	37.52	27.77	24.72
七、电子元件行业	**1667.00**	**1283.15**	**1050.93**	**691.27**	**544.36**
电子元件及组件制造	1031.33	771.01	635.47	470.08	369.39

应收账款净额（1）

单位：亿元

行　　业	2007年	2006年	2005年	2004年	2003年
电力电子元器件制造	155.11	160.24	137.70	105.55	89.78
印刷电路板制造	480.55	351.90	277.76	115.64	85.19
八、电子测量仪器行业	**87.56**	**59.62**	**45.39**	**40.85**	**33.74**
环境保护仪器仪表制造	6.57	4.77	4.42	3.33	2.73
导航、气象及海洋专用仪器制造	12.27	8.06	7.15	5.51	6.89
电子测量仪器制造	21.84	12.35	10.41	13.45	10.97
核子及核辐射测量仪器制造	0.78	0.67	0.75	0.58	0.59
地质勘探和地震专用仪器制造	10.83	5.43	4.19	3.97	6.00
农林牧渔专用仪器制造	1.00	0.94	0.12	0.40	0.76
汽车电子仪器制造	25.27	19.38	13.34	8.78	5.81
其他专用仪器制造	9.00	8.03	5.00	4.82	
九、电子专用设备行业	**225.93**	**134.69**	**116.43**	**145.41**	**105.13**
电子工业专用设备制造	81.53	47.90	47.36	24.88	14.49
其他电子设备制造	144.40	86.79	69.07	120.53	90.64
十、电子信息机电行业	**174.70**	**313.81**	**310.86**	**241.16**	**186.31**
微电机制造	118.12	120.22	117.01	92.13	44.38
电子电线电缆制造		33.6	30.0	22.0	17.6
电池制造		119.43	116.30	73.86	55.12
光纤、光缆制造	56.59	40.56	47.57	53.13	69.19
十一、其他电子信息行业	**191.91**	**92.42**	**66.91**	**53.01**	**50.25**
电子乐器制造		1.32	0.88	1.29	1.53
信息化学品制造	71.76	52.51	49.68	32.13	25.95
灯用电器附件制造		38.59	16.35	19.59	22.76
家用制冷电器具制造	120.14				

应收账款净额（2）

单位：亿元

行　　业	2002年	2001年	2000年	1999年	1998年
总　　计	2422.16	2100.53	1879.46	1491.17	1210.89
一、通信设备行业	**678.83**	**780.09**	**702.68**	**525.09**	**422.93**
通信传输设备制造	81.42	109.34	103.06	88.27	84.47
通信交换设备制造	227.28	269.04	277.27	226.27	198.42
通信设备终端制造	247.27	272.68	58.18	53.51	32.99
其他通信设备制造	122.70	128.93	264.02	156.84	106.83
通信设备修理	0.16	0.10	0.15	0.20	0.22
二、雷达行业	**17.04**	**14.28**	**13.46**	**10.96**	**7.74**
雷达整机制造	13.07	12.03	11.67	9.90	6.71
雷达配套设备及部件制造	3.98	2.25	1.79	1.06	1.03
三、广播电视设备行业	**8.71**	**7.24**	**7.13**	**5.68**	**5.78**
广播电视设备制造	8.71	7.24	7.13	5.68	5.78
广播电视设备修理					
四、电子计算机行业	**548.87**	**342.95**	**233.00**	**185.92**	**169.66**
电子计算机整机制造	254.18	116.79	82.88	70.88	74.17
电子计算机外部设备制造	277.43	213.78	141.44	109.29	90.72
电子计算器制造	16.21	11.77	8.42	5.32	4.64
幻灯机、投影仪制造	1.06	0.61	0.26	0.43	0.13
五、家用视听设备行业	**275.28**	**232.29**	**243.84**	**214.37**	**166.11**
电视机、录像机、摄像机制造	221.16	174.91	173.98	167.18	126.71
收音机、录音机制造	54.11	57.38	69.86	47.19	39.40
六、电子器件行业	**237.89**	**204.55**	**201.26**	**131.30**	**104.59**
电子真空器件制造	96.14	100.81	108.18	67.44	51.86
半导体器件制造	60.27	39.48	29.16	21.37	17.97
集成电路制造	60.82	46.45	43.93	22.80	17.50
电光源制造	20.65	17.81	19.99	19.69	17.26
七、电子元件行业	**381.77**	**278.99**	**248.67**	**223.45**	**172.17**
电子元件及组件制造	337.25	241.46	212.71	196.56	147.70
电器设备元件制造	44.52	37.53	35.96	26.89	24.47

应收账款净额（2）

单位：亿元

行　　业	2002年	2001年	2000年	1999年	1998年
八、电子测量仪器行业	**25.64**	**21.27**	**17.96**	**15.01**	**17.42**
环境保护仪器仪表制造	2.10	1.66	1.53	1.69	0.90
导航、制导仪器仪表制造	3.77	3.43	2.01	1.99	2.49
气象、海洋、水文、天文测量仪器	0.11	0.12	0.12	0.12	0.14
电子测量仪器制造	6.15	5.86	4.85	3.94	7.64
核子及核辐射测量仪器制造	0.33	0.41	0.40	0.70	0.56
地质勘探和地震专用仪器制造	5.54	4.25	4.62	2.83	2.99
农林牧渔专用仪器制造	0.33	0.31	0.01	0.06	0.06
汽车电子仪器制造	7.31	5.23	4.42	3.68	2.64
九、电子专用设备行业	**80.52**	**62.95**	**63.45**	**46.99**	**38.20**
电子工业专用设备制造	8.98	7.67	6.02	4.73	5.68
其他电子设备制造	71.17	54.91	56.55	41.49	30.96
其他电子设备修理	0.37	0.37	0.88	0.77	1.56
十、电子信息机电行业	**135.56**	**126.46**	**119.88**	**102.09**	**89.17**
微电机制造	28.77	25.20	24.22	19.38	18.64
电子电线电缆制造	81.4	71.6	69.2	61.6	52.4
蓄电池制造		9.68	10.19	6.59	5.24
原电池制造	25.35	19.96	16.27	14.54	12.89
十一、其他电子信息行业	**32.05**	**29.46**	**28.13**	**30.31**	**17.12**
电子乐器制造	0.97	1.01	1.03	0.95	1.19
信息化学品制造	24.52	20.82	19.97	22.73	11.37
灯用电器附件制造	6.56	7.63	7.13	6.63	4.56

折　　旧（1）

单位：亿元

行　　业	2007年	2006年	2005年	2004年	2003年
总　　计	1147.78	896.35	755.73	565.29	426.14
一、通信设备行业	**115.10**	**104.58**	**82.55**	**55.69**	**60.35**
通信传输设备制造	8.12	6.99	6.09	6.78	3.38
交换设备制造	24.98	32.60	30.00	13.52	14.98
通信设备终端制造	12.75	17.07	11.96	5.95	6.82
移动通信及终端设备制造	62.19	41.75	29.23	25.32	30.62
其他通信设备制造	7.06	6.17	4.46	4.12	4.54
二、雷达行业	**3.90**	**3.72**	**2.88**	**2.33**	**1.48**
雷达及配套设备制造	3.90	3.72	2.88	2.33	1.48
三、广播电视设备行业	**5.51**	**4.86**	**3.68**	**3.55**	**1.23**
广播电视接节目制作及发射设备制造	0.38	0.36	0.29	0.34	0.25
广播电视接收设备及器材制造	3.31	3.73	2.61	2.42	0.86
应用电视设备及其他广播电视制造	1.82	0.77	0.77	0.79	0.12
四、电子计算机行业	**173.50**	**147.99**	**110.03**	**70.39**	**51.50**
电子计算机整机制造	53.82	34.44	30.22	22.08	12.97
计算机网络设备制造	7.03	4.70	3.91	2.67	2.30
电子计算机外部设备制造	109.59	106.27	73.55	43.63	33.38
电子计算器及货币专用设备制造	2.54	1.88	2.04	1.76	2.24
幻灯机、投影仪制造	0.52	0.70	0.31	0.25	0.61
五、家用视听设备行业	**54.64**	**40.19**	**46.82**	**43.93**	**34.77**
家用影视设备制造	38.45	28.00	35.3	36.19	28.12
家用音响设备制造	16.20	12.19	11.55	7.74	6.65
六、电子器件行业	332.02	**277.60**	**254.32**	**200.96**	**134.18**
电子真空器件制造	40.25	33.49	43.80	49.22	44.93
半导体器件制造	24.78	26.74	23.87	16.32	9.31
集成电路制造	172.99	160.39	140.42	104.11	64.37
光电子器件及其他电子器件制造	84.25	48.65	38.18	25.26	10.18
电光源制造	9.74	8.33	8.05	6.05	5.39
七、电子元件行业	**299.44**	**205.29**	**158.08**	**119.76**	**89.58**
电子元件及组件制造	193.85	128.62	101.89	75.48	62.93

折　　旧（1）

单位：亿元

行　　业	2007年	2006年	2005年	2004年	2003年
电力电子元器件制造	32.76	17.12	12.35	8.88	6.82
印刷电路板制造	72.83	59.55	43.84	35.40	19.83
八、电子测量仪器行业	**9.05**	**7.99**	**5.81**	**5.06**	**3.59**
环境保护仪器仪表制造	0.48	0.32	0.28	0.22	0.38
导航、气象及海洋专用仪器制造	1.42	1.45	1.49	1.10	0.84
电子测量仪器制造	1.88	1.76	1.41	0.87	0.45
核子及核辐射测量仪器制造	0.21	0.09	0.10	0.10	0.13
地质勘探和地震专用仪器制造	0.50	1.24	0.39	0.59	0.13
农林牧渔专用仪器制造	0.18	0.12	0.09	0.01	0.01
汽车电子仪器制造	3.51	2.31	1.53	1.78	1.08
其他专用仪器制造	0.87	0.70	0.52	0.39	0.57
九、电子专用设备行业	**25.90**	**19.42**	**15.47**	**8.63**	**7.89**
电子工业专用设备制造	8.62	8.20	8.24	4.93	2.45
其他电子设备制造	17.28	11.22	7.23	3.70	5.44
十、电子信息机电行业	**85.36**	**59.60**	**54.09**	**38.66**	**30.26**
微电机制造	15.04	11.45	13.13	7.75	7.72
电子电线电缆制造	24.50	10.93	10.80	6.63	5.63
电池制造	37.45	27.99	21.44	18.22	13.56
光纤、光缆制造	8.37	9.23	8.72	6.06	3.75
十一、其他电子信息行业	**43.36**	**25.10**	**22.00**	**16.33**	**11.31**
电子乐器制造	0.78	0.66	0.47	0.39	0.45
信息化学品制造	19.70	19.49	17.76	13.10	8.97
灯用电器附件制造		4.95	3.77	2.84	1.89
家用制冷电器具制造	22.88				

折　　旧（2）

单位：亿元

行　　业	2002年	2001年	2000年	1999年	1998年
总　　计	327.31	256.63	203.04	172.43	160.47
一、通信设备行业	**64.67**	**43.73**	**31.24**	**25.69**	**27.68**
通信传输设备制造	5.98	4.73	4.74	5.51	4.67
交换设备制造	17.49	10.34	7.15	7.09	7.72
通信设备终端制造	32.55	21.88	4.95	3.80	3.78
其他通信设备制造	8.54	6.77	14.40	9.27	11.44
通信设备修理	0.11	0.01		0.02	0.07
二、雷达行业	**1.50**	**2.99**	**2.46**	**1.48**	**1.21**
雷达整机制造	1.06	2.49	2.08	1.14	1.02
雷达配套设备及部件制造	0.44	0.50	0.38	0.34	0.19
三、广播电视设备行业	**1.14**	**1.11**	**0.81**	**0.59**	**0.78**
广播电视设备制造	1.13	1.11	0.81	0.59	0.78
广播电视设备修理	0.01				
四、电子计算机行业	**32.33**	**22.70**	**16.58**	**14.78**	**13.97**
电子计算机整机制造	8.63	5.76	4.30	4.53	5.69
电子计算机外部设备制造	20.93	14.87	10.63	9.02	7.31
电子计算器制造	2.76	2.05	1.64	1.22	0.95
幻灯机、投影仪制造		0.02	0.01	0.01	0.02
电子计算机修理	0.01				
五、家用视听设备行业	**21.39**	**19.88**	**23.33**	**19.90**	**19.89**
电视机、录像机、摄像机制造	16.76	14.45	16.70	14.23	13.79
收音机、录音机制造	4.63	5.43	6.63	5.67	6.10
六、电子器件行业	**96.85**	**75.02**	**63.42**	**49.44**	**40.44**
电子真空器件制造	36.55	32.28	28.74	25.92	22.56
半导体器件制造	15.40	9.94	9.28	4.80	4.41
集成电路制造	40.73	29.07	21.58	15.07	9.44
电光源制造	4.17	3.73	3.82	3.65	4.03
七、电子元件行业	**66.56**	**54.17**	**38.39**	**36.17**	**33.99**
电子元件及组件制造	62.15	50.73	34.57	33.08	31.23
电器设备元件制造	4.41	3.44	3.82	3.09	2.76

折　　旧（2）

单位：亿元

行　　业	2002年	2001年	2000年	1999年	1998年
八、电子测量仪器行业	**4.50**	**2.63**	**2.04**	**1.84**	**2.90**
环境保护仪器仪表制造	0.17	0.16	0.10	0.11	0.06
导航、制导仪器仪表制造	0.58	0.41	0.36	0.37	0.38
气象海洋、水文、天文测量仪器	0.02	0.02	0.03	0.03	0.04
电子测量仪器制造	0.76	0.60	0.46	0.37	1.45
核子及核辐射测量仪器制造	0.03	0.04	0.05	0.06	0.07
地质勘探和地震专用仪器制造	0.56	0.50	0.46	0.45	0.49
农林牧渔专用仪器制造	0.02	0.01	0.01	0.02	0.02
汽车电子仪器制造	1.86	0.89	0.57	0.43	0.39
其他专用仪器制造	0.50				
九、电子专用设备行业	**7.72**	**8.23**	**6.14**	**5.26**	**4.22**
电子工业专用设备制造	1.73	1.72	0.69	0.64	0.59
其他电子设备制造	5.93	6.45	5.19	4.54	3.58
其他电子设备修理	0.06	0.06	0.26	0.08	0.05
十、电子信息机电行业	**20.23**	**15.58**	**12.56**	**11.91**	**11.17**
微电机制造	6.42	4.97	3.86	3.49	3.37
电子电线电缆制造	7.06	4.80	4.40	4.16	3.96
蓄电池制造	2.28	1.50	1.30	1.05	1.05
原电池制造	4.47	4.31	3.00	3.21	2.79
十一、其他电子信息行业	**10.42**	**10.59**	**6.07**	**5.37**	**4.22**
电子乐器制造	0.31	0.28	0.20	0.17	0.10
信息化学品制造	9.28	9.73	5.21	4.46	3.55
灯用电器附件制造	0.83	0.58	0.66	0.74	0.57

折　　旧（3）

单位：亿元

行　　业	1997年	1996年	1995年	1994年	1993年
总　　计	132.22	111.63	71.91	66.54	44.44
一、通信设备行业	**22.40**	**19.46**	**9.08**	**8.34**	**4.83**
通信传输设备制造	2.72	2.58	1.84	2.10	1.38
交换设备制造	7.68	6.26	2.32	4.14	1.79
通信设备终端制造	3.07	2.77	1.81	0.93	0.71
其他通信设备制造	8.92	7.84	3.11	1.15	0.93
通信设备修理	0.01	0.01	0.00	0.02	0.02
二、雷达行业	**2.04**	**1.08**	**2.03**	**1.76**	**1.39**
雷达整机制造	1.94	0.89	1.78	1.57	1.28
雷达配套设备及部件制造	0.10	0.19	0.25	0.19	0.11
三、广播电视设备行业	**0.77**	**0.85**	**0.66**	**0.71**	**0.46**
广播电视设备制造	0.76	0.84	0.65	0.71	0.46
广播电视设备修理	0.01	0.01	0.00		
四、电子计算机行业	**10.76**	**8.03**	**4.92**	**2.57**	**1.93**
电子计算机整机制造	4.05	3.67	2.55	1.06	0.87
电子计算机外部设备制造	5.79	3.70	1.98	1.32	0.99
电子计算器制造	0.86	0.52	0.32	0.18	0.06
幻灯机、投影仪制造	0.03	0.02	0.06	0.01	0.01
电子计算机修理	0.03	0.12	0.01		
五、家用视听设备行业	**17.07**	**16.99**	**8.84**	**9.25**	**6.22**
电视机、录像机、摄像机制造	11.53	10.00	5.87	6.09	3.99
收音机、录音机制造	5.54	6.99	2.96	3.16	2.23
六、电子器件行业	**31.62**	**27.80**	**16.84**	**16.29**	**11.92**
电子真空器件制造	17.85	14.60	7.77	9.32	6.59
半导体器件制造	3.87	2.89	3.23	2.50	1.97
集成电路制造	6.47	6.82	3.25	2.21	1.91
电光源制造	3.43	3.49	2.59	2.26	1.45
七、电子元件行业	**28.23**	**20.31**	**14.14**	**12.60**	**8.10**
电子元件及组件制造	24.95	18.24	12.49	11.22	7.21
电器设备元件制造	3.28	2.07	1.66	1.38	0.89

折　　旧（3）

单位：亿元

行　　业	1997年	1996年	1995年	1994年	1993年
八、电子测量仪器行业	**2.04**	**1.96**	**2.23**	**1.69**	**1.41**
环境保护仪器仪表制造	0.06	0.05	0.04	0.03	0.01
导航、制导仪器仪表制造	0.44	0.45	0.58	0.39	0.27
气象海洋、水文、天文测量仪器	0.02	0.02	0.05	0.03	0.01
电子测量仪器制造	0.57	0.53	0.72	0.71	0.52
核子及核辐射测量仪器制造	0.08	0.08	0.08	0.06	0.08
地质勘探和地震专用仪器制造	0.48	0.46	0.54	0.35	0.45
农林牧渔专用仪器制造	0.02	0.02	0.02	0.05	0.03
汽车电子仪器制造	0.37	0.35	0.20	0.07	0.04
九、电子专用设备行业	**3.98**	**2.71**	**2.47**	**4.39**	**2.11**
电子工业专用设备制造	0.85	0.66	0.65	0.59	0.36
其他电子设备制造	3.06	1.94	1.71	3.71	1.74
其他电子设备修理	0.07	0.11	0.11	0.09	0.01
十、电子信息机电行业	**9.31**	**8.83**	**6.79**	**6.32**	**4.17**
微电机制造	2.94	2.75	2.14	2.44	1.56
电子电线电缆制造	3.40	2.96	2.42	2.11	1.39
蓄电池制造	0.85	1.19	0.90	0.79	0.59
原电池制造	2.12	1.94	1.32	0.99	0.63
十一、其他电子信息行业	**4.00**	**3.61**	**3.93**	**2.62**	**1.90**
电子乐器制造	0.31	0.27	0.11	0.10	0.09
信息化学品制造	2.97	2.79	3.34	2.21	1.67
灯用电器附件制造	0.72	0.55	0.48	0.31	0.14

折　　旧（4）

单位：亿元

行　　业	1992年	1991年	1990年	1989年	1988年
总　　计	26.61	24.74	18.32	25.53	23.57
一、通信设备行业	**2.56**	**2.20**	**1.75**	**1.53**	**1.45**
通信传输设备制造	1.06	0.97	0.82	0.76	0.74
交换设备制造	0.54	0.50	0.35	0.27	0.25
通信设备终端制造	0.60	0.42	0.34	0.24	0.22
其他通信设备制造	0.36	0.30	0.22	0.24	0.21
通信设备修理	0.00	0.00	0.02	0.02	0.02
二、雷达行业	**1.02**	**0.93**	**0.75**	**10.42**	**10.27**
雷达整机制造	0.91	0.86	0.69	9.61	9.50
雷达配套设备及部件制造	0.11	0.07	0.06	0.81	0.77
三、广播电视设备行业	**0.42**	**0.28**	**0.21**	**0.18**	**0.16**
广播电视设备制造	0.42	0.28	0.21	0.17	0.16
广播电视设备修理	0.00	0.00	0.00	0.01	0.00
四、电子计算机行业	**1.34**	**1.18**	**0.84**	**0.66**	**0.59**
电子计算机整机制造	0.72	0.76	0.60	0.42	0.39
电子计算机外部设备制造	0.55	0.35	0.19	0.18	0.16
电子计算器制造	0.06	0.06	0.04	0.05	0.04
幻灯机、投影仪制造	0.01	0.01	0.01	0.01	
五、家用视听设备行业	**4.01**	**4.51**	**3.04**	**2.53**	**2.17**
电视机、录像机、摄像机制造	**2.35**	2.64	1.78	1.72	1.40
收音机、录音机制造	**1.65**	1.87	1.26	0.81	0.77
六、电子器件行业	**6.76**	**5.67**	**3.96**	**3.43**	**3.09**
电子真空器件制造	4.64	3.52	2.24	1.68	1.56
半导体器件制造	2.12	2.15	1.72	1.75	1.53
七、电子元件行业	**5.84**	**6.14**	**4.60**	**4.07**	**3.54**
电子元件及组件制造	5.10	5.48	3.99	3.56	3.07
电器设备元件制造	0.74	0.66	0.61	0.51	0.47
八、电子测量仪器行业	**1.15**	**0.92**	**0.73**	**0.73**	**0.65**
导航、制导仪器仪表制造	0.29	0.24	0.18	0.18	0.15
气象海洋、水文、天文测量仪器	0.02	0.02	0.02	0.03	0.02

折　　旧（4）

单位：亿元

行　　业	1992年	1991年	1990年	1989年	1988年
电子测量仪器制造	0.51	0.44	0.37	0.36	0.34
核子及核辐射测量仪器制造	0.04	0.04	0.03	0.03	0.03
地质勘探和地震专用仪器制造	0.27	0.17	0.12	0.11	0.10
农林牧渔专用仪器制造	0.01	0.01	0.01	0.02	0.01
九、电子专用设备行业	**0.80**	**0.59**	**0.47**	**0.43**	**0.37**
电子工业专用设备制造	0.38	0.31	0.27	0.31	0.26
其他电子设备制造	0.42	0.27	0.19	0.12	0.11
其他电子设备修理	0.01	0.01	0.01	0.00	0.00
十、电子信息机电行业	**2.71**	**2.32**	**1.98**	**1.55**	**1.28**
微电机制造	0.96	0.72	0.67	0.41	0.37
电子电线电缆制造	0.88	0.80	0.63	0.58	0.45
蓄电池制造	0.37	0.39	0.33	0.28	0.22
原电池制造	0.50	0.41	0.35	0.28	0.25
十一、其他电子信息行业					
电子乐器制造					
信息化学品制造					
灯用电器附件制造					

负　债（1）

单位：亿元

行　业	2007年	2006年	2005年	2004年	2003年
总　计	18007.57	14759.60	13192.51	10840.10	8679.73
一、通信设备行业	**3236.29**	**2769.82**	**2528.42**	**2048.99**	**1771.49**
通信传输设备制造	326.05	291.30	283.53	203.01	205.54
通信交换设备制造	1209.20	907.19	721.50	732.79	563.31
通信设备终端制造	267.47	290.08	248.47	249.78	406.26
移动通信及终端设备制造	1254.96	1131.12	1129.08	669.47	387.57
其他通信设备制造	178.61	150.14	145.85	193.94	208.81
二、雷达行业	**165.86**	**143.71**	**117.66**	**98.65**	**107.27**
雷达及配套设备制造	165.86	143.71	117.66	98.65	107.27
三、广播电视设备行业	**157.45**	**132.32**	**124.08**	**52.15**	**40.51**
广播电视接节目制作及发射设备制造	35.74	30.10	35.12	26.97	21.89
广播电视接收设备及终端设备制造	82.28	70.39	66.97	21.15	16.81
应用电视设备及其他广播电视制造	39.43	31.83	21.99	4.04	1.81
四、电子计算机行业	**4750.77**	**3725.77**	**3339.29**	**2724.52**	**2121.22**
电子计算机整机制造	2394.08	1790.04	1613.27	1324.08	1046.78
计算机网络设备制造	114.93	134.00	164.75	132.11	142.69
电子计算机外部设备制造	2153.75	1723.85	1498.80	1227.02	896.76
电子计算器及货币专用设备制造	76.32	71.45	56.11	40.15	34.99
幻灯机、投影仪制造	11.69	6.44	6.35	1.16	0.00
五、家用视听设备行业	**1371.78**	**1304.88**	**1250.61**	**1232.06**	**1076.92**
家用影视设备制造	1042.67	1060.70	1010.77	944.01	905.89
家用音响设备制造	329.10	244.19	239.83	288.04	171.03
六、电子器件行业	**2961.97**	**2381.77**	**2181.69**	**1789.55**	**1231.54**
电子真空器件制造	390.95	446.35	525.34	619.57	493.49
半导体器件制造	246.39	206.94	199.61	172.33	141.07
集成电路制造	1143.15	890.82	839.57	588.25	331.28
光电子器件及其他电子器件制造	999.49	705.85	513.43	309.93	179.93
电光源制造	181.99	131.81	103.74	99.46	85.77
七、电子元件行业	**3499.18**	**2696.37**	**2278.17**	**1670.14**	**1312.12**
电子元件及组件制造	2225.74	1638.86	1396.17	1164.29	931.11

负　　债（1）

单位：亿元

行　　业	2007年	2006年	2005年	2004年	2003年
电力电子元器件制造	303.09	311.19	284.90	241.89	181.88
印刷电路板制造	970.35	746.33	597.11	263.96	199.13
八、电子测量仪器行业	**208.61**	**171.60**	**129.62**	**116.05**	**96.44**
环境保护仪器仪表制造	13.04	11.11	12.26	7.60	7.93
导航、气象及海洋专用仪器制造	36.64	34.22	31.02	23.59	26.52
电子测量仪器制造	56.09	36.53	24.75	29.18	28.67
核子及核辐射测量仪器制造	6.76	6.03	6.29	3.07	2.68
地质勘探和地震专用仪器制造	17.18	14.88	15.15	16.59	15.83
农林牧渔专用仪器制造	1.78	2.42	0.54	1.52	1.65
汽车电子仪器制造	56.60	47.84	30.52	22.88	13.17
其他专用仪器制造	20.52	18.58	9.09	11.62	
九、电子专用设备行业	**442.01**	**285.96**	**258.13**	**308.05**	**300.17**
电子工业专用设备制造	136.96	95.86	103.92	66.73	70.48
其他电子设备制造	305.05	190.10	154.21	241.32	229.69
十、电子信息机电行业	**403.66**	**848.03**	**722.92**	**618.17**	**428.50**
微电机制造	269.38	301.21	263.64	227.45	104.26
电子电线电缆制造		46.52	44.55	34.35	29.03
电池制造		391.80	297.74	215.71	156.26
光纤、光缆制造	134.28	108.50	117.00	140.66	138.94
十一、其他电子信息行业	**810.00**	**301.88**	**262.13**	**182.16**	**193.31**
电子乐器制造		8.42	3.93	5.87	4.55
信息化学品制造	238.58	179.81	170.95	126.85	143.29
灯用电器附件制造		113.65	87.25	49.44	45.47
家用制冷电器具制造	571.4				

负　　债（2）

单位：亿元

行　　业	2002年	2001年	2000年	1999年
总　　计	6516.39	5619.35	5225.77	4459.33
一、通信设备行业	**1507.15**	**1471.71**	**1285.69**	**1016.38**
通信传输设备制造	249.57	275.51	232.84	199.19
通信交换设备制造	497.70	524.36	452.84	374.17
通信设备终端制造	534.68	446.08	184.36	161.58
其他通信设备制造	224.92	225.43	415.49	280.15
通信设备修理	0.28	0.33	0.16	1.29
二、雷达行业	**101.19**	**84.39**	**92.53**	**79.53**
雷达整机制造	78.36	64.05	73.55	65.36
雷达配套设备及部件制造	22.83	20.34	18.98	14.17
三、广播电视设备行业	**34.20**	**35.12**	**40.09**	**35.04**
广播电视设备制造	34.04	35.05	40.06	35.02
广播电视设备修理	0.16	0.07	0.03	0.02
四、电子计算机行业	**1221.33**	**817.74**	**658.73**	**551.11**
电子计算机整机制造	546.71	332.06	281.83	282.61
电子计算机外部设备制造	626.09	450.67	351.50	247.55
电子计算器制造	45.81	33.04	24.38	20.40
幻灯机、投影仪制造	2.69	1.93	0.98	0.55
电子计算机修理	0.02	0.04	0.04	
五、家用视听设备行业	**842.61**	**699.76**	**776.11**	**779.74**
电视机、录像机、摄像机制造	709.93	559.91	590.13	642.65
收音机、录音机制造	132.68	139.85	185.98	137.09
六、电子器件行业	**1017.48**	**926.76**	**855.94**	**683.70**
电子真空器件制造	470.41	472.22	464.17	383.88
半导体器件制造	207.96	157.11	117.05	99.23
集成电路制造	257.83	222.53	192.30	110.67
电光源制造	81.28	74.90	82.42	89.92
七、电子元件行业	**1019.17**	**832.49**	**785.67**	**675.41**
电子元件及组件制造	928.15	744.35	694.93	600.63
电器设备元件制造	91.02	88.14	90.74	74.78

负　　债（2）

单位：亿元

行　　业	2002年	2001年	2000年	1999年
八、电子测量仪器行业	**85.84**	**78.41**	**69.06**	**59.54**
环境保护仪器仪表制造	8.10	5.41	5.85	3.33
导航、制导仪器仪表制造	19.62	18.34	15.81	13.34
气象、海洋、水文、天文测量仪器	1.04	0.96	0.97	1.14
电子测量仪器制造	24.08	24.68	22.99	19.58
核子及核辐射测量仪器制造	1.81	1.41	1.11	1.69
地质勘探和地震专用仪器制造	16.71	15.64	13.08	11.71
农林牧渔专用仪器制造	0.78	0.33	0.04	0.32
汽车电子仪器制造	13.69	11.64	9.21	8.43
九、电子专用设备行业	**225.63**	**201.04**	**196.22**	**142.26**
电子工业专用设备制造	31.16	31.37	24.73	21.10
其他电子设备制造	191.69	167.13	166.48	117.51
其他电子设备修理	2.78	2.54	5.01	3.65
十、电子信息机电行业	**301.03**	**316.84**	**309.20**	**286.66**
微电机制造	77.80	68.73	77.80	64.79
电子电线电缆制造	140.31	135.79	128.45	124.23
蓄电池制造	0.00	33.86	34.76	26.74
原电池制造	82.92	78.46	68.20	70.91
十一、其他电子信息行业	**160.77**	**155.09**	**156.53**	**149.96**
电子乐器制造	2.91	2.29	2.73	3.04
信息化学品制造	141.46	136.79	136.33	130.85
灯用电器附件制造	16.40	16.01	17.47	16.07

负　　债（3）

单位：亿元

行　　业	1998年	1997年	1996年	1995年
总　　计	3964.45	3665.68	3084.63	2665.66
一、通信设备行业	**840.76**	**707.90**	**516.61**	**467.23**
通信传输设备制造	187.69	128.85	102.90	114.20
通信交换设备制造	339.81	306.36	213.67	181.54
通信设备终端制造	114.77	95.99	72.12	73.98
其他通信设备制造	196.34	176.48	127.66	97.22
通信设备修理	2.15	0.22	0.26	0.28
二、雷达行业	**61.42**	**70.31**	**72.39**	**89.66**
雷达整机制造	53.39	63.74	58.55	81.66
雷达配套设备及部件制造	8.03	6.57	13.84	8.00
三、广播电视设备行业	**33.82**	**31.78**	**26.87**	**26.37**
广播电视设备制造	33.76	31.68	26.70	26.30
广播电视设备修理	0.06	0.10	0.17	0.07
四、电子计算机行业	**483.60**	**409.84**	**307.35**	**227.55**
电子计算机整机制造	247.13	214.92	139.78	121.56
电子计算机外部设备制造	222.85	182.60	151.36	96.97
电子计算器制造	12.08	9.02	9.08	6.90
幻灯机、投影仪制造	1.54	1.45	1.11	1.68
电子计算机修理		1.85	6.02	0.44
五、家用视听设备行业	**701.70**	**696.05**	**614.42**	**507.76**
电视机、录像机、摄像机制造	572.92	554.10	463.83	372.92
收音机、录音机制造	128.78	141.95	150.59	134.84
六、电子器件行业	**651.60**	**598.71**	**537.75**	**425.99**
电子真空器件制造	385.18	331.94	287.07	203.06
半导体器件制造	89.35	98.80	84.05	92.37
集成电路制造	87.77	77.09	77.70	64.84
电光源制造	89.30	90.88	88.93	65.72
七、电子元件行业	**605.85**	**573.98**	**493.12**	**445.63**
电子元件及组件制造	539.18	492.62	428.03	391.36
电器设备元件制造	66.67	81.36	65.09	54.27

负　　债（3）

单位：亿元

行　　业	1998年	1997年	1996年	1995年
八、电子测量仪器行业	**82.40**	**68.66**	**81.38**	**71.38**
环境保护仪器仪表制造	5.74	6.99	5.21	2.17
导航、制导仪器仪表制造	17.53	17.92	17.12	15.01
气象、海洋、水文、天文测量仪器	1.12	1.09	1.01	0.84
电子测量仪器制造	33.25	14.35	27.67	26.62
核子及核辐射测量仪器制造	1.78	2.30	2.63	2.47
地质勘探和地震专用仪器制造	14.83	17.62	17.22	16.47
农林牧渔专用仪器制造	0.40	0.59	0.77	0.82
汽车电子仪器制造	7.75	7.80	9.75	6.98
九、电子专用设备行业	**123.33**	**117.09**	**75.62**	**68.86**
电子工业专用设备制造	22.22	28.05	23.09	18.97
其他电子设备制造	97.63	87.19	49.80	47.22
其他电子设备修理	3.48	1.85	2.73	2.67
十、电子信息机电行业	**277.17**	**253.53**	**230.78**	**213.78**
微电机制造	69.70	74.13	63.12	62.24
电子电线电缆制造	115.72	101.06	90.00	82.20
蓄电池制造	24.29	22.84	29.89	26.14
原电池制造	67.46	55.50	47.78	43.21
十一、其他电子信息行业	**102.80**	**137.83**	**128.34**	**121.45**
电子乐器制造	2.33	3.31	3.01	2.86
信息化学品制造	88.69	117.60	108.82	102.37
灯用电器附件制造	11.78	16.92	16.51	16.22

资　产（1）

单位：亿元

行　业	2007年	2006年	2005年	2004年	2003年
总　计	28923.27	24334.22	21304.72	17843.76	14341.84
一、通信设备行业	**5013.90**	**4446.31**	**4010.59**	**3489.79**	**3102.14**
通信传输设备制造	513.47	448.92	421.87	362.65	349.03
通信交换设备制造	1743.12	1416.29	1169.90	1203.45	1009.71
通信设备终端制造	465.76	448.11	438.44	410.65	777.42
移动通信及终端设备制造	1948.83	1812.31	1695.05	1160.02	566.52
其他通信设备制造	342.70	320.68	285.33	353.02	399.46
二、雷达行业	**249.76**	**214.96**	**171.33**	**154.68**	**148.91**
雷达及配套设备制造	249.76	214.96	171.33	154.68	148.91
三、广播电视设备行业	**254.92**	**213.66**	**196.09**	**81.12**	**62.43**
广播电视节目制造及发射设备制造	41.20	34.96	44.43	33.93	27.27
广播电视接收设备及器材制造	139.31	120.55	111.06	38.77	31.48
应用电视设备及其他广播电视制造	74.40	58.15	40.60	8.43	3.68
四、电子计算机行业	**6445.42**	**5206.85**	**4569.19**	**3703.56**	**2859.53**
电子计算机整机制造	2871.46	2251.52	1976.77	1612.10	1290.07
计算机网络设备制造	186.64	223.27	250.19	211.83	221.71
电子计算机外部设备制造	3234.16	2597.05	2228.92	1801.56	1270.05
电子计算器及货币专用设备制造	137.31	122.93	101.59	74.73	73.57
幻灯机、投影仪制造	15.85	12.08	11.73	3.34	4.14
五、家用视听设备行业	**2118.58**	**2125.82**	**1992.60**	**1889.43**	**1747.37**
家用影视设备制造	1623.06	1722.41	1633.82	1468.14	1467.71
家用音响设备制造	495.51	403.42	358.78	421.29	279.66
六、电子器件行业	**5429.75**	**4365.89**	**3948.38**	**3313.63**	**2224.67**
电子真空器件制造	738.95	811.01	982.35	1125.67	893.47
半导体器件制造	488.15	405.11	369.74	294.26	238.69
集成电路制造	2234.04	1706.88	1510.81	1132.38	639.75
光电子器件及其他电子器件制造	1639.49	1201.83	884.35	561.58	280.33
电光源制造	329.12	241.06	201.13	199.74	172.44
七、电子元件行业	**6043.65**	**4835.48**	**3999.84**	**3008.56**	**2353.46**
电子元件及件制造	3841.81	2942.71	2477.25	2128.81	1703.44

资　　产（1）

单位：亿元

行　　业	2007年	2006年	2005年	2004年	2003年
电力电子元器件制造	548.07	577.62	507.92	414.08	314.61
印刷电路板制造	1653.78	1315.16	1014.67	465.67	335.42
八、电子测量仪器行业	**399.06**	**316.08**	**227.63**	**199.29**	**165.79**
环境保护仪器仪表制造	28.42	20.85	25.03	17.05	14.79
导航、气象及海洋专用仪器制造	65.63	58.96	46.05	34.46	48.71
电子测量仪器制造	96.13	64.99	50.50	53.25	45.79
核子及核辐射测量仪器制造	10.42	8.59	7.49	4.13	4.71
地质勘探和地震专用仪器制造	44.45	32.56	19.12	18.90	20.74
农林牧渔专用仪器制造	6.29	3.83	1.00	1.14	5.22
汽车电子仪器制造	106.46	90.11	58.80	46.87	25.83
其他专用仪器制造	41.25	36.18	19.65	23.48	
九、电子专用设备行业	**858.42**	**580.87**	**461.79**	**541.88**	**507.80**
电子工业专用设备制造	300.80	199.30	181.09	109.24	108.18
其他电子设备制造	557.62	381.58	280.71	432.64	399.62
十、电子信息机电行业	**710.45**	**1504.87**	**1280.91**	**1090.06**	**820.90**
微电机制造	447.88	512.79	455.30	395.02	197.69
电子电线电缆制造		132.54	103.82	78.94	67.16
电池制造		659.13	500.17	374.21	282.51
光纤、光缆制造	262.57	200.41	221.61	241.89	273.55
十一、其他电子信息行业	**1399.36**	**523.62**	**446.95**	**370.68**	**340.23**
电子乐器制造		15.26	10.05	9.94	10.73
信息化学品制造	526.27	422.86	346.80	274.66	243.33
灯用电器附件制造		85.50	90.10	86.09	86.17
家用制冷电器具制造	873.09				

资　　产（2）

单位：亿元

行　　业	2002年	2001年	2000年	1999年	1998年
总　　计	11326.75	9844.68	8792.89	7350.85	6358.85
一、通信设备行业	**2707.58**	**2604.58**	**2174.71**	**1686.45**	**1397.11**
通信传输设备制造	438.10	483.99	397.87	329.29	309.46
通信交换设备制造	839.74	882.46	727.33	608.92	532.64
通信设备终端制造	1009.49	817.30	256.89	228.40	163.52
其他通信设备制造	419.53	419.92	792.44	518.18	388.76
通信设备修理	0.73	0.91	0.18	1.66	2.73
二、雷达行业	**137.62**	**116.87**	**111.71**	**97.31**	**70.51**
雷达整机制造	104.78	87.66	89.57	78.77	60.71
雷达配套设备及部件制造	32.84	29.21	22.14	18.54	9.80
三、广播电视设备行业	**52.65**	**52.53**	**53.01**	**43.28**	**44.14**
广播电视设备制造	52.33	52.33	52.93	43.20	44.07
广播电视设备修理	0.32	0.20	0.08	0.08	0.07
四、电子计算机行业	**1801.06**	**1304.88**	**1036.31**	**886.53**	**793.43**
电子计算机整机制造	704.23	486.59	430.83	410.53	375.39
电子计算机外部设备制造	1014.24	750.85	555.12	441.38	388.77
电子计算器制造	77.61	64.06	48.85	33.59	26.90
幻灯机、投影仪制造	4.93	3.33	1.51	1.03	2.37
电子计算机修理	0.06	0.05			
五、家用视听设备行业	**1407.55**	**1183.16**	**1260.64**	**1194.54**	**1049.62**
电视机、录像机、摄像机制造	1184.88	967.55	980.58	971.43	839.91
收音机、录音机制造	222.67	215.61	280.06	223.11	209.71
六、电子器件行业	**1841.89**	**1676.52**	**1550.70**	**1222.62**	**1031.33**
电子真空器件制造	847.36	858.17	842.95	679.98	604.73
半导体器件制造	341.58	276.41	181.70	146.45	130.06
集成电路制造	488.69	390.52	371.99	247.35	156.52
电光源制造	164.25	151.42	154.06	148.84	140.02
七、电子元件行业	**1886.23**	**1523.81**	**1302.58**	**1112.66**	**982.89**
电子元件及件制造	1712.03	1364.85	1144.21	981.31	863.86
电器设备元件制造	174.20	158.96	158.37	131.35	119.03

资　　产（2）

单位：亿元

行　　业	2002年	2001年	2000年	1999年	1998年
八、电子测量仪器行业	**143.95**	**131.33**	**96.11**	**100.77**	**120.03**
环境保护仪器仪表制造	15.51	11.44	9.85	6.45	5.31
导航、制导仪器仪表制造	27.68	25.62	21.28	20.51	23.09
气象、海洋、水文、天文测量仪器	1.72	1.63	1.80	1.95	1.90
电子测量仪器制造	37.21	36.07	35.13	29.09	46.58
核子及核辐射测量仪器制造	4.08	3.64	3.34	3.71	3.63
地质勘探和地震专用仪器制造	23.92	23.30	1.31	18.86	20.99
农林牧渔专用仪器制造	1.73	1.09	0.07	0.57	0.63
汽车电子仪器制造	32.10	28.54	23.33	19.63	17.90
九、电子专用设备行业	**431.08**	**368.58**	**377.99**	**245.65**	**210.55**
电子工业专用设备制造	51.27	47.35	34.93	32.22	34.58
其他电子设备制造	376.26	317.49	335.03	208.10	170.38
其他电子设备修理	3.56	3.74	8.03	5.33	5.59
十、电子信息机电行业	**642.16**	**628.47**	**571.95**	**514.40**	**482.84**
微电机制造	139.18	134.29	130.99	103.07	101.96
电子电线电缆制造	301.48	309.99	278.22	263.44	244.74
蓄电池制造	62.83	57.40	54.24	42.77	38.48
原电池制造	138.67	126.79	108.50	105.12	97.66
十一、其他电子信息行业	**274.98**	**253.95**	**257.18**	**246.64**	**176.40**
电子乐器制造	7.96	6.64	6.89	6.66	6.05
信息化学品制造	234.03	218.51	220.68	211.02	148.42
灯用电器附件制造	32.99	28.80	29.61	28.96	21.93

资 产（3）

单位：亿元

行 业	1997年	1996年	1995年	1994年	1993年
总 计	5680.53	4602.93	3896.76	2576.86	1967.39
一、通信设备行业	**1165.34**	**845.77**	**711.64**	**421.88**	**287.91**
通信传输设备制造	194.06	160.90	163.77	114.66	84.46
通信交换设备制造	476.64	342.24	270.49	212.79	111.52
通信设备终端制造	137.25	105.30	109.00	44.51	51.95
其他通信设备制造	356.87	236.69	167.95	48.96	39.33
通信设备修理	0.52	0.64	0.43	0.96	0.65
二、雷达行业	**81.96**	**89.56**	**144.29**	**97.32**	**80.30**
雷达整机制造	73.87	72.31	134.42	90.26	74.47
雷达配套设备及部件制造	8.09	17.25	9.87	7.06	5.83
三、广播电视设备行业	**40.36**	**35.25**	**35.77**	**27.94**	**26.86**
广播电视设备制造	40.16	34.98	35.66	27.74	26.11
广播电视设备修理	0.20	0.27	0.11	0.20	0.75
四、电子计算机行业	**625.96**	**427.29**	**321.38**	**140.34**	**117.96**
电子计算机整机制造	285.79	187.28	163.95	67.91	65.23
电子计算机外部设备制造	317.76	218.33	140.41	65.84	48.29
电子计算器制造	17.17	18.34	13.86	6.03	3.99
幻灯机、投影仪制造	2.65	1.78	2.25	0.29	0.37
电子计算机修理	2.59	1.56	0.91	0.27	0.08
五、家用视听设备行业	**995.65**	**837.10**	**647.37**	**530.21**	**401.99**
电视机、录像机、摄像机制造	783.25	628.07	459.22	372.78	265.49
收音机、录音机制造	212.40	209.03	188.15	157.43	136.50
六、电子器件行业	**943.51**	**810.22**	**647.34**	**461.96**	**367.35**
电子真空器件制造	534.00	427.28	300.79	235.40	192.61
半导体器件制造	147.45	117.94	123.84	96.66	83.87
集成电路制造	116.77	128.89	113.95	51.07	29.11
电光源制造	145.29	136.11	108.76	78.83	61.76
七、电子元件行业	**893.20**	**744.73**	**662.82**	**442.89**	**333.37**
电子元件及件制造	744.21	634.32	575.91	384.52	283.99
电器设备元件制造	148.99	110.41	86.91	58.37	49.38

资　　产（3）

单位：亿元

行　　业	1997年	1996年	1995年	1994年	1993年
八、电子测量仪器行业	**128.10**	**117.58**	**97.98**	**71.21**	**64.42**
环境保护仪器仪表制造	6.63	5.71	3.08	2.77	2.43
导航、制导仪器仪表制造	22.92	23.24	21.29	15.06	13.73
气象、海洋、水文、天文测量仪器	1.80	1.68	1.38	1.58	1.27
电子测量仪器制造	43.88	39.66	35.61	28.52	25.64
核子及核辐射测量仪器制造	4.15	4.60	3.99	2.52	2.00
地质勘探和地震专用仪器制造	24.90	22.11	20.65	16.15	15.45
农林牧渔专用仪器制造	0.90	1.12	1.17	1.38	1.02
汽车电子仪器制造	22.92	19.46	10.81	3.23	2.88
九、电子专用设备行业	**187.21**	**133.89**	**111.11**	**107.72**	**67.65**
电子工业专用设备制造	40.41	37.52	26.69	21.45	21.36
其他电子设备制造	143.54	91.56	79.16	83.13	45.06
其他电子设备修理	3.26	4.81	5.26	3.14	1.23
十、电子信息机电行业	**429.25**	**390.01**	**353.70**	**261.72**	**210.25**
微电机制造	103.81	92.43	87.86	78.98	58.35
电子电线电缆制造	210.53	183.74	164.83	116.88	97.27
蓄电池制造	34.52	47.11	42.24	28.08	23.32
原电池制造	80.39	66.73	58.77	37.78	31.31
十一、其他电子信息行业	**189.99**	**171.53**	**163.36**	**13.67**	**9.33**
电子乐器制造	6.12	5.90	4.91		
信息化学品制造	157.20	142.10	131.59		
灯用电器附件制造	26.67	23.53	26.86	13.67	9.33

资　　产（4）

单位：亿元

行　　业	1992年	1991年	1990年	1989年	1988年
总　　计	1235.68	718.46	564.10	472.83	378.11
一、通信设备行业	**141.06**	**69.65**	**56.73**	**63.47**	**42.40**
通信传输设备制造	54.72	29.69	25.74	23.39	23.24
通信交换设备制造	38.66	13.19	8.97	9.95	6.34
通信设备终端制造	31.19	17.28	13.66	5.86	6.12
其他通信设备制造	16.37	9.35	7.84	23.79	6.29
通信设备修理	0.12	0.14	0.52	0.48	0.41
二、雷达行业	**53.75**	**32.33**	**26.48**	**20.59**	**16.83**
雷达整机制造	49.92	29.54	23.96	12.27	16.06
雷达配套设备及部件制造	3.83	2.79	2.52	8.32	0.77
三、广播电视设备行业	**23.74**	**12.83**	**9.16**	**8.37**	**6.79**
广播电视设备制造	23.62	12.74	9.08	8.32	6.38
广播电视设备修理	0.12	0.09	0.08	0.05	0.41
四、电子计算机行业	**65.81**	**39.68**	**28.81**	**25.58**	**20.84**
电子计算机整机制造	37.38	27.45	20.80	17.67	13.64
电子计算机外部设备制造	24.80	10.50	6.69	6.50	6.02
电子计算器制造	3.13	1.42	1.25	1.39	1.18
幻灯机、投影仪制造	0.43	0.26			
电子计算机修理	0.07	0.05	0.07	0.02	
五、家用视听设备行业	**317.68**	**173.85**	**141.16**	**113.06**	**80.32**
电视机、录像机、摄像机制造	215.85	116.42	97.86	76.75	48.56
收音机、录音机制造	101.83	57.43	43.30	36.31	31.76
六、电子器件行业	**196.45**	**131.07**	**84.00**	**67.39**	**57.81**
电子真空器件制造	128.32	86.37	43.11	33.31	25.15
半导体器件制造	68.13	44.70	40.89	34.08	32.66
七、电子元件行业	**228.31**	**134.19**	**109.46**	**85.34**	**79.59**
电子元件及件制造	193.45	113.40	89.98	75.53	65.31
电器设备元件制造	34.86	20.79	19.48	9.81	14.28
八、电子测量仪器行业	**45.01**	**31.54**	**27.14**	**24.94**	**21.87**
导航、制导仪器仪表制造	10.40	7.98	6.68	6.32	5.79

资　　产（4）

单位：亿元

行　　业	1992年	1991年	1990年	1989年	1988年
气象、海洋、水文、天文测量仪器	0.72	0.65	0.64	0.62	0.50
电子测量仪器制造	21.86	14.41	13.20	12.07	10.37
核子及核辐射测量仪器制造	1.27	1.10	0.97	1.25	1.13
地质勘探和地震专用仪器制造	10.08	7.07	5.41	4.45	3.74
农林牧渔专用仪器制造	0.68	0.33	0.24	0.23	0.34
九、电子专用设备行业	**33.00**	**19.01**	**15.84**	**13.32**	**11.16**
电子工业专用设备制造	12.62	9.60	9.33	8.40	7.31
其他电子设备制造	20.07	9.26	6.35	4.77	3.85
其他电子设备修理	0.31	0.15	0.16	0.15	0.00
十、电子信息机电行业	**130.87**	**74.31**	**65.32**	**50.77**	**40.50**
微电机制造	36.72	19.57	17.09	14.14	10.30
电子电线电缆制造	58.11	32.82	28.69	21.31	17.75
蓄电池制造	13.54	8.72	7.55	6.34	4.97
原电池制造	22.50	13.21	11.99	8.98	7.48
十一、其他电子信息行业	**0**	**0**	**0**	**0**	**0**
电子乐器制造					
信息化学品制造					
灯用电器附件制造					

流动资产年平均余额（1）

单位：亿元

行　业	2007年	2006年	2005年	2004年	2003年
总　计	17829.51	14995.7	13054.09	10825.75	8570.6
一、通信设备行业	**3729.26**	**3359.16**	**3006.57**	**2546.95**	**2181.09**
通信传输设备制造	353.90	334.13	314.14	225.42	215.07
通信交换设备制造	1341.34	1055.68	873.43	848.82	705.78
通信设备终端制造	304.95	290.25	283.68	275.26	539.89
移动通信及终端设备制造	1513.28	1487.52	1365.16	959.61	451.60
其他通信设备制造	215.79	191.59	170.17	237.84	268.75
二、雷达行业	**162.37**	**145.50**	**97.98**	**93.29**	**86.15**
雷达及配套设备制造	162.37	145.50	97.98	93.29	86.15
三、广播电视设备行业	**157.48**	**132.51**	**122.85**	**54.88**	**40.94**
广播电视节目制作及发射设备制造	21.35	18.96	27.45	25.16	20.55
广播电视接收设备及器材制造	88.06	74.76	69.33	24.68	18.49
应用电视设备及其他广播电视制造	48.06	38.79	26.06	5.04	1.90
四、电子计算机行业	**4500.07**	**3597.23**	**3156.00**	**2553.90**	**1939.58**
电子计算机整机制造	2053.95	1634.11	1456.77	1160.87	914.23
计算机网络设备制造	141.02	168.72	180.52	134.15	157.56
电子计算机外部设备制造	2194.26	1693.76	1434.89	1204.76	823.17
电子计算器及货币专用设备制造	99.17	92.87	75.93	51.88	41.80
幻灯机、投影仪制造	11.67	7.77	7.89	2.23	2.81
五、家用视听设备行业	**1496.21**	**1456.70**	**1387.24**	**1290.95**	**1165.51**
家用影视设备制造	1174.42	1189.20	1143.42	1004.67	979.69
家用音响设备制造	321.79	267.50	243.82	286.28	185.81
六、电子器件行业	**2460.26**	**1939.68**	**1692.40**	**1405.20**	**917.50**
电子真空器件制造	334.15	366.38	437.46	500.41	368.24
半导体器件制造	236.13	175.97	162.42	120.58	98.87
集成电路制造	836.53	696.42	559.21	364.26	216.26
光电子器件及其他电子器件制造	858.00	563.16	424.82	312.42	145.03
电光源制造	195.45	137.75	108.50	107.53	89.11
七、电子元件行业	**3375.91**	**2705.81**	**2210.99**	**1585.72**	**1224.32**
电子元件及组件制造	2174.58	1673.57	1395.88	1106.80	874.82

流动资产年平均余额（1）

单位：亿元

行　　业	2007年	2006年	2005年	2004年	2003年
电力电子元器件制造	330.93	347.65	308.67	257.36	190.71
印刷电路板制造	870.41	684.59	506.44	221.56	158.79
八、电子测量仪器行业	**247.45**	**189.49**	**144.25**	**129.73**	**100.33**
环境保护仪器仪表制造	19.35	13.91	16.69	10.86	9.28
导航、气象及海洋专用仪器制造	37.59	33.92	25.37	18.68	27.92
电子测量仪器制造	59.95	39.10	34.18	36.69	28.52
核子及核辐射测量仪器制造	4.43	4.20	3.66	2.69	2.44
地质勘探和地震专用仪器制造	26.12	18.67	12.48	13.66	15.24
农林牧渔专用仪器制造	4.36	2.52	0.68	0.74	2.64
汽车电子仪器制造	69.98	54.48	38.01	30.51	14.28
其他专用仪器制造	4.36	22.70	13.17	15.92	
九、电子专用设备行业	**499.12**	**335.25**	**266.34**	**336.69**	**304.52**
电子工业专用设备制造	178.56	116.30	103.69	62.72	55.71
其他电子设备制造	320.56	218.95	162.66	273.97	248.81
十、电子信息机电行业	**443.06**	**892.73**	**772.32**	**638.94**	**453.26**
微电机制造	280.50	316.11	272.42	237.14	101.96
电子电线电缆制造		82.00	67.89	51.30	41.73
电池制造		378.02	289.35	208.63	149.72
光纤电缆制造	162.56	116.60	142.65	141.86	159.84
十一、其他电子信息行业	**758.32**	**241.26**	**197.29**	**162.75**	**149.07**
电子乐器制造		6.82	5.54	6.20	6.99
信息化学品制造	252.56	172.92	133.88	104.20	91.83
灯用电器附件制造		61.52	57.87	52.35	50.25
家用制冷电器具制造	505.75				

流动资产年平均余额（2）

单位：亿元

行　　业	2002年	2001年	2000年	1999年	1998年
总　　计	6710.43	5481.62	4753.82	4065.30	3669.99
一、通信设备行业	**1885.00**	**1821.57**	**1332.43**	**1122.82**	**887.25**
通信传输设备制造	284.49	324.86	256.84	222.63	196.19
通信交换设备制造	619.19	645.14	508.55	431.14	363.71
通信设备终端制造	699.49	552.44	169.39	148.01	96.26
其他通信设备制造	281.26	298.47	397.49	320.26	229.61
通信设备修理	0.59	0.66	0.16	0.78	1.48
二、雷达行业	**79.21**	**65.39**	**61.05**	**53.38**	**35.80**
雷达整机制造	63.62	52.98	50.03	43.23	31.45
雷达配套设备及部件制造	15.59	12.41	11.02	10.15	4.35
三、广播电视设备行业	**35.11**	**36.77**	**28.90**	**23.94**	**237.70**
广播电视设备制造	34.85	36.74	28.87	23.87	237.65
广播电视设备修理	0.26	0.03	0.03	0.07	0.05
四、电子计算机行业	**1152.02**	**874.62**	**641.18**	**557.68**	**520.35**
电子计算机整机制造	444.92	325.12	276.70	250.20	237.65
电子计算机外部设备制造	656.71	512.95	339.10	287.27	259.47
电子计算器制造	47.00	34.33	24.63	19.78	23.10
幻灯机、投影仪制造	3.39	2.22	0.75	0.43	0.13
五、家用视听设备行业	**910.89**	**727.04**	**829.62**	**801.03**	**677.04**
电视机、录像机、摄像机制造	766.03	583.00	662.69	673.15	552.29
收音机、录音机制造	144.86	144.04	166.93	127.88	124.75
六、电子器件行业	**734.75**	**743.26**	**618.60**	**481.05**	**417.86**
电子真空器件制造	360.14	385.44	342.27	262.29	241.79
半导体器件制造	152.37	114.34	81.42	58.48	53.55
集成电路制造	141.33	166.63	122.39	88.37	56.14
电光源制造	80.92	76.85	72.52	71.91	66.38
七、电子元件行业	**878.11**	**789.97**	**679.49**	**573.80**	**479.96**
电子元件及组件制造	787.90	699.99	588.54	501.78	415.43
电器设备元件制造	90.21	89.98	90.95	72.02	64.53

流动资产年平均余额（2）

单位：亿元

行　　业	2002年	2001年	2000年	1999年	1998年
八、电子测量仪器行业	**83.77**	**72.21**	**60.95**	**54.11**	**62.90**
环境保护仪器仪表制造	9.78	6.82	6.38	4.16	3.58
导航、制导仪器仪表制造	14.56	13.26	9.34	10.24	11.02
气象、海洋、水文、天文测量仪器	0.72	0.72	0.82	0.78	0.74
电子测量仪器制造	22.26	18.41	19.09	15.70	24.80
核子及核辐射测量仪器制造	1.70	1.41	1.50	2.03	1.70
地质勘探和地震专用仪器制造	15.81	14.23	11.50	10.40	11.08
农林牧渔专用仪器制造	0.86	0.55	0.06	0.22	0.27
汽车电子仪器制造	18.07	16.81	12.26	10.58	9.71
九、电子专用设备行业	**245.05**	**79.86**	**199.81**	**136.08**	**118.72**
电子工业专用设备制造	23.11	24.58	18.85	16.65	18.54
其他电子设备制造	220.79	54.91	177.16	115.95	96.39
其他电子设备修理	1.16	0.37	3.80	3.48	3.79
十、电子信息机电行业	**700.33**	**241.47**	**305.00**	**269.99**	**252.80**
微电机制造	76.14	25.20	70.63	54.93	53.13
电子电线电缆制造	206.03	186.63	164.19	153.111	143.24
蓄电池制造		9.68	24.88	18.78	17.16
原电池制造	68.00	19.96	45.30	43.17	39.27
光纤电缆制造	350.17				
十一、其他电子信息行业	**106.19**	**29.46**	**96.79**	**91.42**	**79.61**
电子乐器制造	5.59	1.01	5.06	4.69	4.91
信息化学品制造	79.93	20.82	73.43	68.81	60.40
灯用电器附件制造	20.67	7.63	18.30	17.92	14.30

流动资产年平均余额（3）

单位：亿元

行　　业	1997年	1996年	1995年	1994年	1993年
总　　计	2946.53	2363.66	2070.31	1602.49	1227.87
一、通信设备行业	**668.38**	**496.14**	**440.78**	**293.34**	**180.79**
通信传输设备制造	119.48	91.07	107.96	80.88	54.76
通信交换设备制造	307.82	226.48	187.83	147.35	70.83
通信设备终端制造	81.41	63.78	64.13	33.52	33.95
其他通信设备制造	159.24	114.47	80.58	31.06	21.16
通信设备修理	0.43	0.34	0.28	0.53	0.09
二、雷达行业	**41.75**	**27.64**	**85.26**	**67.57**	**53.37**
雷达整机制造	38.19	22.31	80.06	63.54	49.83
雷达配套设备及部件制造	3.56	5.33	5.20	4.03	3.54
三、广播电视设备行业	**23.63**	**10.99**	**19.72**	**17.53**	**15.93**
广播电视设备制造	23.53	10.80	19.63	17.37	15.42
广播电视设备修理	0.10	0.19	0.09	0.16	0.51
四、电子计算机行业	**406.47**	**233.46**	**184.06**	**92.31**	**73.35**
电子计算机整机制造	186.75	90.67	92.42	45.66	40.30
电子计算机外部设备制造	210.59	128.06	83.93	43.19	30.09
电子计算器制造	8.06	6.05	6.11	3.02	2.66
幻灯机、投影仪制造	1.07	0.78	1.22	0.22	0.26
电子计算机修理		7.90	0.38	0.22	0.04
五、家用视听设备行业	**632.77**	**517.04**	**395.67**	**357.48**	**294.28**
电视机、录像机、摄像机制造	511.53	402.16	288.07	257.50	201.41
收音机、录音机制造	121.24	114.88	107.60	99.98	92.87
六、电子器件行业	**380.56**	**322.72**	**259.81**	**208.56**	**163.61**
电子真空器件制造	207.19	165.25	115.99	101.45	77.04
半导体器件制造	55.10	50.74	51.40	45.35	41.27
集成电路制造	46.58	44.78	43.70	20.12	12.73
电光源制造	71.69	61.95	48.72	41.64	32.57
七、电子元件行业	**421.00**	**362.26**	**320.79**	**249.27**	**189.15**
电子元件及组件制造	346.21	304.09	269.56	211.70	157.90
电器设备元件制造	74.79	58.17	51.23	37.57	31.25

流动资产年平均余额（3）

单位：亿元

行　　业	1997年	1996年	1995年	1994年	1993年
八、电子测量仪器行业	**62.48**	**60.02**	**51.07**	**44.57**	**38.88**
环境保护仪器仪表制造	3.46	2.37	2.00	2.02	1.03
导航、制导仪器仪表制造	10.97	10.95	10.50	9.68	8.50
气象、海洋、水文、天文测量仪器	0.78	0.73	0.68	0.91	0.80
电子测量仪器制造	22.41	21.36	19.47	18.57	15.76
核子及核辐射测量仪器制造	1.85	2.15	1.87	1.44	1.01
地质勘探和地震专用仪器制造	12.95	10.98	10.29	9.02	9.39
农林牧渔专用仪器制造	0.50	0.65	0.73	1.02	0.71
汽车电子仪器制造	9.56	10.83	5.53	1.91	1.68
九、电子专用设备行业	**104.85**	**66.22**	**49.36**	**56.55**	**36.46**
电子工业专用设备制造	21.17	20.33	12.84	12.44	11.99
其他电子设备制造	81.56	43.87	34.60	42.60	23.74
其他电子设备修理	2.12	2.02	1.92	1.51	0.73
十、电子信息机电行业	**223.45**	**194.25**	**187.13**	**151.12**	**123.33**
微电机制造	53.63	44.07	50.93	40.81	31.15
电子电线电缆制造	119.592	100.8	91.8	73.7	61.31
蓄电池制造	15.29	20.02	18.80	15.02	13.14
原电池制造	34.94	29.33	25.58	21.64	17.73
十一、其他电子信息行业	**81.19**	**72.92**	**76.66**	**64.19**	**58.72**
电子乐器制造	4.69	3.30	3.58	3.20	3.11
信息化学品制造	59.44	53.88	57.48	52.33	50.21
灯用电器附件制造	17.06	15.74	15.60	8.66	5.40

流动资产年平均余额（4）

单位：亿元

行　　业	1992年	1991年	1990年	1989年	1988年	1987年
总　　计	892.52	723.16	322.53	264.40	201.38	166.65
一、通信设备行业	**109.98**	**72.52**	**34.41**	**28.59**	**23.97**	**20.00**
通信传输设备制造	41.20	29.32	15.51	14.51	13.41	11.19
通信交换设备制造	32.72	17.51	5.83	5.99	3.22	2.63
通信设备终端制造	24.21	16.50	8.25	3.64	3.52	2.77
其他通信设备制造	11.78	9.07	4.57	4.19	3.62	3.16
通信设备修理	0.07	0.12	0.25	0.26	0.20	0.25
二、雷达行业	**43.16**	**35.25**	**17.56**	**15.02**	**10.27**	**8.40**
雷达整机制造	40.64	33.12	16.29	13.94	9.50	6.99
雷达配套设备及部件制造	2.52	2.13	1.27	1.08	0.77	1.41
三、广播电视设备行业	**18.11**	**13.31**	**7.10**	**6.01**	**4.30**	**3.57**
广播电视设备制造	18.01	13.19	7.05	5.75	4.10	3.55
广播电视设备修理	0.10	0.12	0.05	0.26	0.20	0.02
四、电子计算机行业	**48.63**	**37.87**	**16.64**	**15.88**	**12.77**	**12.18**
电子计算机整机制造	28.51	26.76	12.31	11.54	8.76	8.67
电子计算机外部设备制造	17.70	9.77	3.68	3.65	3.33	2.72
电子计算器制造	2.12	1.08	0.62	0.67	0.68	0.79
幻灯机、投影仪制造	0.26	0.22				
电子计算机修理	0.04	0.04	0.03	0.02	0.00	
五、家用视听设备行业	**266.39**	**236.43**	**102.92**	**82.59**	**54.04**	**43.96**
电视机、录像机、摄像机制造	186.38	168.29	76.52	57.95	32.63	24.08
收音机、录音机制造	80.01	68.14	26.39	24.64	21.41	19.88
六、电子器件行业	**105.00**	**83.90**	**32.17**	**26.42**	**20.58**	**17.78**
电子真空器件制造	63.38	50.48	15.26	11.91	7.97	6.57
半导体器件制造	41.62	33.42	16.91	14.51	12.61	11.21
七、电子元件行业	**153.31**	**124.80**	**52.14**	**40.49**	**36.92**	**26.93**
电子元件及组件制造	127.08	102.09	40.58	34.93	28.44	23.03
电器设备元件制造	26.23	22.71	11.56	5.56	8.48	3.90
八、电子测量仪器行业	**30.93**	**24.72**	**15.17**	**13.57**	**11.47**	**10.33**
导航、制导仪器仪表制造	6.89	5.56	3.27	2.95	2.45	1.98

流动资产年平均余额（4）

单位：亿元

行　　业	1992年	1991年	1990年	1989年	1988年	1987年
气象、海洋、水文、天文测量仪器	0.46	0.41	0.32	0.31	0.27	0.21
电子测量仪器制造	15.99	13.09	8.43	7.49	6.20	5.79
核子及核辐射测量仪器制造	0.68	0.65	0.52	0.64	0.56	0.50
地质勘探和地震专用仪器制造	6.37	4.62	2.51	2.05	1.81	1.66
农林牧渔专用仪器制造	0.54	0.39	0.12	0.13	0.18	0.19
九、电子专用设备行业	**22.33**	**16.51**	**9.22**	**7.44**	**5.80**	**5.07**
电子工业专用设备制造	8.47	7.58	5.16	4.39	3.35	2.81
其他电子设备制造	13.65	8.86	3.97	2.97	2.37	2.20
其他电子设备修理	0.21	0.07	0.09	0.08	0.08	0.06
十、电子信息机电行业	**94.68**	**77.85**	**35.20**	**28.39**	**21.26**	**18.43**
微电机制造	24.73	20.31	8.16	6.97	5.17	4.58
电子电线电缆制造	44.9	36.1	17.4	13.8	10.3	9.1
蓄电池制造	9.05	7.68	3.75	3.09	2.11	1.87
原电池制造	16.01	13.80	5.91	4.57	3.72	2.91
十一、其他电子信息行业	**0**	**0**	**0**	**0**	**0**	**0**
电子乐器制造						
信息化学品制造						
灯用电器附件制造						

固定资产原值（1）

单位：亿元

行　业	2007年	2006年	2005年	2004年	2003年
总　计	12308.79	6745.71	5919.81	6994.72	5342.90
一、通信设备行业	**1112.53**	**627.82**	**557.11**	**739.83**	**670.71**
通信传输设备制造	107.91	72.02	74.80	95.32	60.28
通信交换设备制造	291.56	178.60	174.25	222.19	197.41
通信设备终端制造	117.67	75.58	73.60	83.56	96.86
移动通信及终端设备制造	516.65	255.41	187.98	276.06	253.95
其他通信设备制造	78.74	46.21	46.48	62.70	62.21
二、雷达行业	**71.76**	**54.92**	**39.45**	**48.29**	**46.27**
雷达及配套设备制造	71.76	54.92	39.45	48.29	46.27
三、广播电视设备行业	**69.11**	**48.14**	**43.10**	**45.14**	**23.48**
广播电视节目制作及发射设备制造	5.27	7.27	8.65	7.51	5.51
广播电视接收设备及器材制造	41.32	30.75	24.97	28.78	11.67
应用电视设备及其他广播电视制造	22.52	10.12	9.48	8.85	6.30
四、电子计算机行业	**1582.32**	**1056.56**	**876.50**	**892.56**	**669.02**
电子计算机整机制造	477.69	306.21	261.68	276.17	170.86
计算机网络设备制造	40.34	26.14	28.82	33.67	35.37
电子计算机外部设备制造	1029.32	701.52	567.27	554.92	420.61
电子计算器及货币专用设备制造	29.48	19.46	15.77	25.19	32.99
幻灯机、投影仪制造	5.49	3.23	2.96	2.61	9.19
五、家用视听设备行业	**583.99**	**334.68**	**325.54**	**502.37**	**377.49**
家用影视设备制造	414.22	242.82	238.51	390.39	278.37
家用音响设备制造	169.76	91.86	87.03	111.98	99.12
六、电子器件行业	**3832.94**	**1905.87**	**1767.66**	**2146.13**	**1542.59**
电子真空器件制造	536.72	287.95	345.26	555.94	653.12
半导体器件制造	260.72	189.61	172.12	211.89	136.41
集成电路制造	2022.36	913.33	824.10	961.06	542.77
光电子器件及其他电子器件制造	887.91	441.43	359.67	325.73	128.85
电光源制造	125.23	73.55	66.51	91.51	81.44
七、电子元件行业	**2963.54**	**1679.00**	**1406.52**	**1604.77**	**1153.76**
电子元件及组件制造	1849.28	1001.71	852.50	1033.31	826.27

固定资产原值（1）

单位：亿元

行　业	2007年	2006年	2005年	2004年	2003年
电力电子元器件制造	218.80	140.54	117.68	117.71	97.77
印刷电路板制造	895.46	536.75	436.34	453.75	229.72
八、电子测量仪器行业	**142.11**	**86.74**	**66.56**	**75.82**	**70.95**
环境保护仪器仪表制造	5.54	3.23	3.22	2.85	4.16
导航、气象及海洋专用仪器制造	30.33	20.04	20.46	21.78	23.85
电子测量仪器制造	24.40	16.14	11.78	10.43	9.20
核子及核辐射测量仪器制造	3.60	3.36	2.24	2.74	2.01
地质勘探和地震专用仪器制造	19.35	13.28	4.38	9.49	4.66
农林牧渔专用仪器制造	2.37	1.18	0.99	0.35	2.01
汽车电子仪器制造	44.68	21.97	18.56	21.59	16.63
其他专用仪器制造	11.84	7.54	4.93	6.59	8.43
九、电子专用设备行业	**331.95**	**183.77**	**145.57**	**136.11**	**119.23**
电子工业专用设备制造	121.16	69.40	55.72	73.95	29.33
其他电子设备制造	210.79	114.37	89.85	62.16	89.90
十、电子信息机电行业	**1049.11**	**573.50**	**489.39**	**578.87**	**474.53**
微电机制造	194.36	100.12	94.12	118.24	131.16
电子电线电缆制造	273.17	113.15	94.18	110.04	97.18
电池制造	469.05	298.50	241.66	261.58	195.50
光纤电缆制造	112.53	61.73	59.43	89.01	50.69
十一、其他电子信息行业	**569.43**	**194.71**	**202.41**	**224.83**	**194.87**
电子乐器制造	8.01	4.11	3.75	4.99	5.76
信息化学品制造	249.63	169.42	181.09	204.09	175.19
灯用电器附件制造		21.18	17.57	15.75	13.92
家用制冷电器具制造	311.79				

固定资产原值（2）

单位：亿元

行　　业	2002年	2001年	2000年	1999年	1998年
总　　计	4292.81	3713.44	3144.78	2716.80	2369.89
一、通信设备行业	**607.81**	**572.30**	**451.33**	**380.16**	**346.52**
通信传输设备制造	72.36	80.35	83.22	72.28	73.06
通信交换设备制造	169.10	137.78	126.45	107.32	97.37
通信设备终端制造	262.64	268.31	67.66	62.97	52.69
其他通信设备制造	103.33	85.76	173.99	137.48	122.97
通信设备修理	0.38	0.10	0.01	0.11	0.43
二、雷达行业	**48.21**	**46.90**	**48.25**	**43.20**	**35.68**
雷达整机制造	33.67	31.62	39.65	36.52	29.59
雷达配套设备及部件制造	14.54	15.28	8.60	6.68	6.09
三、广播电视设备行业	**16.44**	**16.16**	**15.22**	**15.95**	**16.24**
广播电视设备制造	16.35	16.08	15.16	15.89	16.19
广播电视设备修理	0.09	0.08	0.06	0.06	0.05
四、电子计算机行业	**438.04**	**344.05**	**257.31**	**229.16**	**196.73**
电子计算机整机制造	117.09	91.96	69.79	79.92	88.43
电子计算机外部设备制造	282.46	220.36	160.25	132.11	95.81
电子计算器制造	37.47	31.12	26.71	16.73	11.07
幻灯机、投影仪制造	1.01	0.59	0.54	0.40	1.42
电子计算机修理	0.01	0.02	0.02		
五、家用视听设备行业	**377.25**	**347.04**	**348.06**	**304.59**	**269.27**
电视机、录像机、摄像机制造	294.29	257.00	246.30	218.85	187.85
收音机、录音机制造	82.96	90.04	101.76	85.74	81.42
六、电子器件行业	**1195.56**	**1029.92**	**891.32**	**719.47**	**605.36**
电子真空器件制造	556.35	507.63	447.09	383.04	349.50
半导体器件制造	203.88	157.78	96.77	77.82	68.21
集成电路制造	358.78	290.19	273.28	185.93	117.48
电光源制造	76.55	74.32	74.18	72.68	70.17
七、电子元件行业	**967.20**	**753.95**	**594.14**	**538.72**	**482.85**
电子元件及组件制造	903.94	694.75	534.59	485.88	435.74
电器设备元件制造	63.26	59.20	59.55	52.84	47.11

固定资产原值（2）

单位：亿元

行　　业	2002年	2001年	2000年	1999年	1998年
八、电子测量仪器行业	**56.55**	**51.38**	**48.45**	**50.54**	**52.14**
环境保护仪器仪表制造	3.24	2.70	1.75	1.46	1.22
导航、制导仪器仪表制造	15.57	13.97	13.72	13.02	14.03
气象、海洋、水文、天文测量仪器	1.15	1.21	1.30	1.34	1.34
电子测量仪器制造	11.74	11.90	12.54	11.14	21.00
核子及核辐射测量仪器制造	1.46	1.48	1.53	2.07	1.34
地质勘探和地震专用仪器制造	8.88	8.10	8.16	8.18	7.24
农林牧渔专用仪器制造	0.42	0.35	0.31	0.31	0.32
汽车电子仪器制造	14.09	11.67	9.14	13.02	5.65
九、电子专用设备行业	**127.52**	**134.72**	**107.65**	**85.40**	**76.02**
电子工业专用设备制造	25.69	26.59	17.23	16.39	16.63
其他电子设备制造	100.80	106.91	86.66	67.44	58.24
其他电子设备修理	1.03	1.22	3.76	1.57	1.15
十、电子信息机电行业	**287.47**	**262.35**	**238.81**	**215.52**	**196.58**
微电机制造	79.41	73.37	68.78	56.85	52.48
电子电线电缆制造	100.92	93.56	85.67	81.88	75.11
蓄电池制造	41.75	26.31	25.29	20.45	18.78
原电池制造	65.39	69.11	59.07	56.34	50.20
十一、其他电子信息行业	**170.76**	**154.68**	**144.24**	**134.09**	**92.50**
电子乐器制造	3.88	3.25	2.87	2.71	2.77
信息化学品制造	154.65	141.34	130.62	119.45	81.01
灯用电器附件制造	12.23	10.09	10.75	11.93	8.72

固定资产原值（3）

单位：亿元

行　业	1997年	1996年	1995年	1994年	1993年
总　计	2041.57	1728.51	1438.18	1092.13	759.29
一、通信设备行业	**295.31**	**235.87**	**181.58**	**113.70**	**73.51**
通信传输设备制造	46.04	41.70	36.76	30.83	23.40
通信交换设备制造	93.50	68.96	46.38	48.36	22.71
通信设备终端制造	45.43	40.02	36.25	15.39	13.64
移动通信及终端设备制造					
其他通信设备制造	110.21	85.09	62.10	18.65	13.63
通信设备修理	0.13	0.10	0.09	0.47	0.13
二、雷达行业	**37.17**	**36.45**	**40.57**	**30.95**	**24.94**
雷达整机制造	33.04	30.27	35.64	27.43	22.25
雷达配套设备及部件制造	4.13	6.18	4.93	3.52	2.69
三、广播电视设备行业	**14.31**	**13.96**	**13.10**	**10.25**	**10.08**
广播电视设备制造	14.24	13.86	13.07	10.21	9.88
广播电视设备修理	0.07	0.10	0.03	0.04	0.20
四、电子计算机行业	**154.51**	**123.02**	**98.33**	**46.09**	**34.98**
电子计算机整机制造	70.58	58.32	50.96	20.42	17.90
电子计算机外部设备制造	71.47	53.18	39.67	22.58	15.16
电子计算器制造	9.98	9.06	6.30	2.99	1.76
幻灯机、投影仪制造	1.69	1.21	1.26	0.06	0.11
电子计算机修理	0.79	1.25	0.14	0.04	0.05
五、家用视听设备行业	**244.10**	**215.66**	**176.72**	**155.72**	**98.71**
电视机、录像机、摄像机制造	165.25	146.64	117.48	101.94	57.24
收音机、录音机制造	78.85	69.02	59.24	53.78	41.47
六、电子器件行业	**485.48**	**434.77**	**336.87**	**265.45**	**191.58**
电子真空器件制造	260.98	232.90	155.40	150.72	109.78
半导体器件制造	73.16	57.03	64.61	51.38	38.07
集成电路制造	83.33	82.55	65.08	24.31	16.95
电光源制造	68.01	62.29	51.78	39.04	26.78
七、电子元件行业	**421.01**	**325.06**	**282.85**	**223.37**	**143.02**
电子元件及组件制造	362.50	284.55	249.72	201.14	125.77

固定资产原值（3）

单位：亿元

行　　业	1997年	1996年	1995年	1994年	1993年
电器设备元件制造	58.51	40.51	33.13	22.23	17.25
八、电子测量仪器行业	**50.01**	**51.81**	**44.50**	**33.09**	**29.50**
环境保护仪器仪表制造	1.24	1.54	0.74	0.82	0.59
导航、制导仪器仪表制造	13.67	13.93	11.60	7.32	7.91
气象、海洋、水文、天文测量仪器	1.19	1.15	0.91	0.90	0.61
电子测量仪器制造	14.72	14.85	14.37	11.87	10.18
核子及核辐射测量仪器制造	2.00	2.17	1.65	1.49	1.12
地质勘探和地震专用仪器制造	10.89	11.09	10.70	9.11	7.79
农林牧渔专用仪器制造	0.42	0.53	0.45	0.47	0.25
汽车电子仪器制造	5.88	6.55	4.08	1.11	1.05
九、电子专用设备行业	**66.97**	**52.62**	**49.37**	**53.26**	**30.73**
电子工业专用设备制造	18.95	16.05	13.00	10.06	9.61
其他电子设备制造	46.44	34.66	34.13	41.73	20.54
其他电子设备修理	1.58	1.91	2.24	1.47	0.58
十、电子信息机电行业	**174.88**	**155.10**	**135.75**	**103.15**	**70.44**
微电机制造	52.07	44.99	42.89	39.21	22.99
电子电线电缆制造	65.42	57.36	48.40	34.35	26.22
蓄电池制造	16.74	22.80	18.02	13.40	9.60
原电池制造	40.65	29.95	26.44	16.19	11.63
十一、其他电子信息行业	**97.82**	**84.19**	**78.54**	**57.10**	**51.80**
电子乐器制造	2.61	2.29	2.13	2.01	1.82
信息化学品制造	84.70	72.43	66.83	51.21	47.12
灯用电器附件制造	10.51	9.47	9.58	3.88	2.86

固定资产原值（4）

单位：亿元

行　　业	1992年	1991年	1990年	1989年	1988年	1987年
总　　计	532.28	451.56	337.54	286.47	255.84	222.44
一、通信设备行业	**51.23**	**38.50**	**31.95**	**28.24**	**27.69**	**24.24**
通信传输设备制造	21.20	16.73	13.93	13.84	14.79	12.89
通信交换设备制造	10.75	7.40	6.28	5.71	4.40	3.72
通信设备终端制造	12.03	8.62	6.57	3.64	4.05	3.42
其他通信设备制造	7.18	5.66	4.64	4.59	4.02	3.69
通信设备修理	0.07	0.09	0.53	0.46	0.43	0.52
二、雷达行业	**20.39**	**18.08**	**15.56**	**14.75**	**12.84**	**12.01**
雷达整机制造	18.29	16.08	13.76	12.98	11.42	9.19
雷达配套设备及部件制造	2.10	2.00	1.80	1.77	1.42	2.82
三、广播电视设备行业	**8.46**	**6.58**	**4.13**	**3.81**	**3.33**	**2.88**
广播电视设备制造	8.43	6.55	4.10	3.79	3.31	2.86
广播电视设备修理	0.03	0.03	0.03	0.02	0.02	0.02
四、电子计算机行业	**26.80**	**22.99**	**16.77**	**14.13**	**15.09**	**10.73**
电子计算机整机制造	14.43	15.28	11.95	9.27	10.79	7.11
电子计算机外部设备制造	10.95	6.56	3.99	3.92	3.61	3.09
电子计算器制造	1.13	0.90	0.80	0.94	0.69	0.53
幻灯机、投影仪制造	0.25	0.22				
电子计算机修理	0.04	0.03	0.03	0.00	0.00	
五、家用视听设备行业	**80.17**	**70.40**	**51.28**	**41.27**	**34.52**	**30.24**
电视机、录像机、摄像机制造	47.08	40.27	30.12	25.26	20.72	17.08
收音机、录音机制造	33.09	30.13	21.16	16.01	13.80	13.16
六、电子器件行业	**135.14**	**114.07**	**73.18**	**59.98**	**53.19**	**48.87**
电子真空器件制造	92.82	75.93	39.10	31.19	25.39	23.93
半导体器件制造	42.32	38.14	34.08	28.79	27.80	24.94
七、电子元件行业	**116.83**	**103.96**	**80.13**	**68.01**	**60.14**	**51.19**
电子元件及组件制造	101.95	91.11	68.68	57.57	51.11	43.04
电器设备元件制造	14.88	12.85	11.45	10.44	9.03	8.15
八、电子测量仪器行业	**23.05**	**20.77**	**18.40**	**17.56**	**16.04**	**14.41**
导航、制导仪器仪表制造	5.79	5.58	5.30	5.10	4.95	3.87

固定资产原值（4）

单位：亿元

行　　业	1992年	1991年	1990年	1989年	1988年	1987年
气象、海洋、水文、天文测量仪器	0.49	0.53	0.51	0.53	0.52	0.38
电子测量仪器制造	10.28	8.97	8.10	7.71	6.88	6.72
核子及核辐射测量仪器制造	0.88	0.88	0.78	0.88	0.83	0.72
地质勘探和地震专用仪器制造	5.34	4.62	3.54	3.17	2.60	2.48
农林牧渔专用仪器制造	0.27	0.19	0.17	0.17	0.26	0.24
九、电子专用设备行业	**16.08**	**12.37**	**9.97**	**8.85**	**8.10**	**7.00**
电子工业专用设备制造	7.50	6.72	6.43	6.20	5.94	4.95
其他电子设备制造	8.43	5.52	3.44	2.56	2.09	2.00
其他电子设备修理	0.15	0.13	0.10	0.09	0.07	0.05
十、电子信息机电行业	**54.13**	**43.84**	**36.17**	**29.87**	**24.90**	**20.87**
微电机制造	19.26	13.92	11.79	10.20	7.34	6.51
电子电线电缆制造	17.69	14.74	11.53	8.82	8.29	6.80
蓄电池制造	7.28	6.53	5.45	4.72	4.02	3.02
原电池制造	9.90	8.65	7.40	6.13	5.25	4.55
十一、其他电子信息行业	**0**	**0**	**0**	**0**	**0**	**0**
电子乐器制造						
信息化学品制造						
灯用电器附件制造						

固定资产净值年平均余额（1）

单位：亿元

行　　业	2007年	2006年	2005年	2004年	2003年
总　　计	6833.48	5883.6	5036.6	4203.83	3277.7
一、通信设备行业	**578.56**	**531.19**	**487.61**	**402.32**	**399.82**
通信传输设备制造	61.30	59.93	57.19	38.38	38.05
通信交换设备制造	155.37	163.31	152.63	136.11	113.38
通信设备终端制造	63.93	59.36	62.03	60.57	133.76
移动通信及终端设备制造	251.15	207.89	170.39	119.66	55.97
其他通信设备制造	46.81	40.71	45.37	47.61	58.66
二、雷达行业	**46.95**	**38.05**	**30.86**	**33.06**	**28.34**
雷达及配套设备制造	46.95	38.05	30.86	33.06	28.34
三、广播电视设备行业	**41.62**	**40.39**	**32.12**	**12.71**	**10.30**
广播电视接节目制作及发射设备制造	5.35	4.08	5.28	3.94	2.73
广播电视接收设备及终端设备制造	26.11	28.84	21.53	7.94	6.96
应用电视设备及其他广播电视制造	10.17	7.48	5.31	0.83	0.60
四、电子计算机行业	**1085.14**	**865.66**	**707.34**	**593.26**	**428.86**
电子计算机整机制造	304.93	296.02	225.82	160.20	126.67
计算机网络设备制造	24.65	27.64	45.21	57.73	39.90
电子计算机外部设备制造	734.45	523.15	419.47	357.10	238.30
电子计算器及货币专用设备制造	19.00	15.98	14.58	17.60	23.99
幻灯机、投影仪制造	2.11	2.87	2.26	0.63	0.00
五、家用视听设备行业	**342.32**	**361.01**	**341.60**	**302.69**	**281.07**
家用影视设备制造	235.25	268.35	264.54	236.57	228.96
家用音响设备制造	107.07	92.66	77.06	66.13	52.10
六、电子器件行业	**2106.85**	**1772.19**	**1546.73**	**1331.12**	**891.25**
电子真空器件制造	274.09	299.18	343.72	391.39	369.41
半导体器件制造	185.79	170.71	153.20	149.40	99.17
集成电路制造	1095.52	791.53	719.69	590.90	287.22
光电子器件及其他电子器件制造	467.61	448.83	269.09	141.27	82.55
电光源制造	83.84	61.95	61.04	58.17	52.90
七、电子元件行业	**1830.60**	**1470.43**	**1202.45**	**937.48**	**732.24**
电子元件及组件制造	1133.17	879.76	739.32	663.16	536.04

固定资产净值年平均余额（1）

单位：亿元

行　　业	2007年	2006年	2005年	2004年	2003年
电力电子元器件制造	129.10	122.55	108.55	76.87	59.28
印刷电路板制造	568.33	468.11	354.58	197.45	136.92
八、电子测量仪器行业	**80.44**	**72.46**	**50.46**	**45.23**	**37.72**
环境保护仪器仪表制造	4.23	3.28	3.73	2.77	2.82
导航、气象及海洋专用仪器制造	16.68	16.34	12.90	10.90	15.31
电子测量仪器制造	13.50	9.78	9.29	9.42	8.50
核子及核辐射测量仪器制造	2.36	1.83	1.68	1.00	0.92
地质勘探和地震专用仪器制造	10.96	11.28	4.66	4.89	4.13
农林牧渔专用仪器制造	1.38	1.16	0.28	0.26	0.25
汽车电子仪器制造	24.13	22.38	13.84	10.65	5.79
其他专用仪器制造	7.20	6.42	4.09	5.35	0.00
九、电子专用设备行业	**200.63**	**154.28**	**119.69**	**112.06**	**105.68**
电子工专用设备制造	78.83	58.67	48.11	29.40	21.41
其他电子设备制造	121.80	95.61	71.58	82.66	84.26
其他电子设备修理		0.00	0.00	0.00	0.00
十、电子信息机电行业	**170.55**	**371.75**	**318.17**	**282.21**	**223.92**
微电机制造	106.94	131.59	112.40	101.91	69.18
电子电线电缆制造		19.10	15.78	13.06	12.55
电池制造		168.90	129.60	112.02	84.38
光纤、光缆制造	63.61	52.16	60.40	55.21	57.81
十一、其他电子信息行业	**349.83**	**205.77**	**199.71**	**151.69**	**138.05**
电子乐器制造		4.05	3.47	2.95	2.65
信息化学品制造	162.14	163.84	165.72	127.68	117.64
灯用电器附件制造		37.88	30.52	21.06	17.76
家用制冷电器具制造	187.69				

固定资产净值年平均余额（2）

单位：亿元

行　　业	2002年	2001年	2000年	1999年	1998年
总　　计	2699.51	2381.98	1970.91	1792.10	1615.54
一、通信设备行业	**374.54**	**344.87**	**227.74**	**243.89**	**238.98**
通信传输设备制造	63.32	56.57	52.11	46.97	48.76
通信交换设备制造	94.69	82.90	73.95	65.64	74.39
通信设备终端制造	154.39	151.09	42.50	38.48	34.12
其他通信设备制造	62.04	54.23	59.17	92.73	81.47
通信设备修理	0.10	0.08	0.01	0.07	0.24
二、雷达行业	**30.96**	**28.15**	**29.49**	**25.25**	**20.84**
雷达整机制造	20.04	18.16	24.39	20.94	17.18
雷达配套设备及部件制造	10.93	9.99	5.10	4.31	3.66
三、广播电视设备行业	**11.30**	**10.46**	**9.83**	**10.39**	**10.59**
广播电视设备制造	11.24	10.42	9.80	10.39	10.56
广播电视设备修理	0.06	0.04	0.03		0.03
四、电子计算机行业	**269.98**	**233.00**	**176.92**	**156.80**	**134.72**
电子计算机整机制造	72.03	68.21	54.00	57.51	56.68
电子计算机外部设备制造	171.84	143.28	103.95	87.07	70.02
电子计算器制造	25.52	21.12	18.57	11.71	6.75
幻灯机、投影仪制造	0.58	0.38	0.38	0.31	0.97
电子计算机修理	0.02	0.01	0.02	0.20	0.30
五、家用视听设备行业	**215.11**	**197.47**	**209.04**	**189.91**	**181.28**
电视机、录像机、摄像机制造	163.68	141.80	148.91	137.30	119.35
收音机、录音机制造	51.44	55.67	60.13	52.61	61.93
六、电子器件行业	**777.56**	**652.84**	**560.38**	**463.56**	**404.89**
电子真空器件制造	347.70	321.71	282.83	253.49	234.00
半导体器件制造	134.33	105.37	60.25	50.74	47.14
集成电路制造	244.38	179.15	167.09	110.42	73.35
电光源制造	51.15	46.61	50.21	48.91	50.40
七、电子元件行业	**608.09**	**505.81**	**381.11**	**356.64**	**327.47**
电子元件及组件制造	566.91	467.32	341.12	320.74	295.29
电器设备元件制造	41.18	38.49	39.99	35.90	32.18

固定资产净值年平均余额（2）

单位：亿元

行　　业	2002年	2001年	2000年	1999年	1998年
八、电子测量仪器行业	**36.52**	**33.52**	**32.29**	**29.96**	**35.51**
环境保护仪器仪表制造	2.54	1.71	1.25	1.12	0.77
导航、制导仪器仪表制造	9.45	9.37	8.71	8.75	9.14
气象、海洋、水文、天文测量仪器	0.82	0.86	0.96	0.99	1.03
电子测量仪器制造	7.89	7.92	8.37	6.82	11.70
核子及核辐射测量仪器制造	0.93	0.95	1.17	1.24	1.11
地质勘探和地震专用仪器制造	5.11	5.03	4.98	5.06	6.35
农林牧渔专用仪器制造	0.34	0.23	0.20	0.21	0.22
汽车电子仪器制造	9.44	7.45	6.65	5.77	5.19
九、电子专用设备行业	**102.33**	**93.75**	**72.62**	**61.23**	**52.31**
电子工业专用设备制造	16.08	16.73	12.05	10.61	11.15
其他电子设备制造	85.26	76.05	57.61	49.45	40.34
其他电子设备修理	0.99	0.97	2.96	1.17	0.82
十、电子信息机电行业	**158.21**	**172.07**	**159.25**	**151.20**	**138.25**
微电机制造	46.33	45.33	42.67	35.51	32.52
电子电线电缆制造	64.72	61.93	59.81	60.44	57.14
蓄电池制造	0.00	17.36	17.24	14.46	12.51
原电池制造	47.16	47.44	39.53	40.79	36.08
十一、其他电子信息行业	**114.91**	**110.04**	**112.24**	**103.27**	**70.70**
电子乐器制造	1.62	1.32	1.28	1.29	1.23
信息化学品制造	105.20	102.37	103.76	94.76	63.84
灯用电器附件制造	8.09	6.35	7.20	7.22	5.63

固定资产净值年平均余额（3）

单位：亿元

行　　业	1997年	1996年	1995年	1994年	1993年
总　　计	1386.08	1152.22	954.40	686.94	500.25
一、通信设备行业	**190.99**	**151.72**	**111.02**	**72.19**	**44.70**
通信传输设备制造	27.62	25.40	20.04	18.34	13.12
通信交换设备制造	60.14	43.25	28.68	32.15	14.76
通信设备终端制造	30.11	26.75	23.51	9.50	8.20
其他通信设备制造	73.03	56.24	38.72	11.87	8.59
通信设备修理	0.09	0.08	0.07	0.33	0.03
二、雷达行业	**22.88**	**21.10**	**20.65**	**16.21**	**14.11**
雷达整机制造	20.17	16.52	18.28	14.07	12.49
雷达配套设备及部件制造	2.71	4.58	2.37	2.14	1.62
三、广播电视设备行业	**9.65**	**9.63**	**6.50**	**5.92**	**5.70**
广播电视设备制造	9.60	9.54	6.48	5.89	5.54
广播电视设备修理	0.05	0.09	0.02	0.03	0.16
四、电子计算机行业	**110.03**	**84.02**	**67.58**	**29.12**	**22.58**
电子计算机整机制造	50.55	39.09	36.40	12.95	10.52
电子计算机外部设备制造	50.56	36.71	26.29	14.04	10.62
电子计算器制造	7.27	6.86	4.73	2.06	1.31
幻灯机、投影仪制造	1.14	0.62	0.06	0.04	0.09
电子计算机修理	0.51	0.74	0.10	0.03	0.04
五、家用视听设备行业	**161.50**	**145.09**	**118.30**	**101.80**	**61.44**
电视机、录像机、摄像机制造	109.92	97.93	81.19	66.88	33.67
收音机、录音机制造	51.58	47.16	37.11	34.92	27.77
六、电子器件行业	**339.55**	**276.05**	**216.78**	**160.99**	**126.92**
电子真空器件制造	185.51	138.50	105.75	97.32	75.76
半导体器件制造	49.54	38.61	37.65	25.01	22.01
集成电路制造	55.32	55.33	40.49	13.93	11.22
电光源制造	49.18	43.61	32.89	24.73	17.93
七、电子元件行业	**281.93**	**219.72**	**207.03**	**125.53**	**92.51**
电子元件及组件制造	241.39	191.70	155.14	111.23	81.82
电器设备元件制造	40.54	28.02	51.89	14.30	10.69

固定资产净值年平均余额（3）

单位：亿元

行　　业	1997年	1996年	1995年	1994年	1993年
八、电子测量仪器行业	**33.10**	**35.04**	**24.82**	**18.95**	**16.15**
环境保护仪器仪表制造	1.16	1.15	0.38	0.45	0.34
导航、制导仪器仪表制造	9.05	8.80	5.42	3.81	3.20
气象、海洋、水文、天文测量仪器	0.84	0.70	0.49	0.47	0.28
电子测量仪器制造	8.91	10.53	7.93	6.24	5.71
核子及核辐射测量仪器制造	1.33	1.17	0.90	0.92	0.72
地质勘探和地震专用仪器制造	7.50	7.51	7.12	5.98	4.98
农林牧渔专用仪器制造	0.28	0.36	0.19	0.29	0.12
汽车电子仪器制造	4.03	4.82	2.39	0.79	0.80
九、电子专用设备行业	**46.16**	**37.65**	**31.90**	**37.86**	**21.11**
电子工业专用设备制造	12.10	10.11	6.64	6.00	5.99
其他电子设备制造	32.93	26.40	23.59	30.62	14.68
其他电子设备修理	1.13	1.14	1.67	1.24	0.44
十、电子信息机电行业	**123.07**	**113.44**	**90.54**	**65.61**	**44.99**
微电机制造	35.72	31.61	31.39	24.22	14.99
电子电线电缆制造	45.98	40.20	32.05	23.14	16.38
蓄电池制造	11.56	18.86	11.43	7.92	6.26
原电池制造	29.82	22.78	15.68	10.33	7.36
十一、其他电子信息行业	**67.22**	**58.76**	**59.28**	**52.76**	**50.04**
电子乐器制造	1.49	1.20	1.50	1.11	1.06
信息化学品制造	58.39	51.30	51.02	49.08	47.02
灯用电器附件制造	7.34	6.26	6.76	2.57	1.96

固定资产净值年平均余额（4）

单位：亿元

行　　业	1992年	1991年	1990年	1989年
总　　计	341.52	319.37	222.03	197.88
一、通信设备行业	**31.08**	**25.10**	**20.27**	**18.38**
通信传输设备制造	13.53	10.62	8.67	8.88
通信交换设备制造	5.93	4.93	4.25	3.96
通信设备终端制造	6.97	5.62	4.08	2.22
其他通信设备制造	4.59	3.86	3.10	3.10
通信设备修理	0.06	0.07	0.17	0.22
二、雷达行业	**10.59**	**10.62**	**8.93**	**8.77**
雷达整机制造	9.28	9.30	7.75	7.58
雷达配套设备及部件制造	1.31	1.32	1.18	1.19
三、广播电视设备行业	**5.63**	**4.63**	**2.70**	**2.58**
广播电视设备制造	5.61	4.61	2.69	2.57
广播电视设备修理	0.02	0.02	0.01	0.01
四、电子计算机行业	**17.18**	**16.30**	**11.20**	**9.70**
电子计算机整机制造	8.87	10.55	7.76	6.13
电子计算机外部设备制造	7.10	4.86	2.83	2.85
电子计算器制造	1.01	0.71	0.58	0.72
幻灯机、投影仪制造	0.17	0.16		
电子计算机修理	0.03	0.02	0.03	0.00
五、家用视听设备行业	**51.29**	**50.15**	**37.30**	**30.47**
电视机、录像机、摄像机制造	29.47	28.88	21.71	18.80
收音机、录音机制造	21.82	21.27	15.59	11.67
六、电子器件行业	**91.44**	**86.93**	**50.04**	**41.70**
电子真空器件制造	64.94	61.04	26.35	21.40
半导体器件制造	26.50	25.89	23.69	20.30
七、电子元件行业	**75.00**	**72.38**	**55.03**	**47.20**
电子元件及组件制造	66.37	64.31	47.86	40.60
电器设备元件制造	8.63	8.07	7.17	6.60
八、电子测量仪器行业	**14.08**	**13.74**	**11.71**	**11.38**
导航、制导仪器仪表制造	3.51	3.81	3.41	3.38

固定资产净值年平均余额（4）

单位：亿元

行　　业	1992年	1991年	1990年	1989年
气象、海洋、水文、天文测量仪器	0.26	0.29	0.28	0.31
电子测量仪器制造	5.87	5.32	4.76	4.58
核子及核辐射测量仪器制造	0.59	0.61	0.52	0.61
地质勘探和地震专用仪器制造	3.71	3.60	2.65	2.40
农林牧渔专用仪器制造	0.14	0.11	0.09	0.10
九、电子专用设备行业	**10.68**	**8.53**	**6.65**	**5.87**
电子工业专用设备制造	4.16	4.21	4.16	4.00
其他电子设备制造	6.42	4.22	2.42	1.80
其他电子设备修理	0.10	0.10	0.07	0.07
十、电子信息机电行业	**34.55**	**30.99**	**18.20**	**21.83**
微电机制造	11.99	9.90	8.46	7.31
电子电线电缆制造	11.58	10.44	0.78	6.85
蓄电池制造	4.49	4.39	3.61	3.25
原电池制造	6.49	6.26	5.35	4.42
十一、其他电子信息行业	**0**	**0**	**0**	**0**
电子乐器制造				
信息化学品制造				
灯用电器附件制造				

从业人员平均人数（1）

单位：万人

行　业	2007年	2006年	2005年	2004年	2003年
总　计	674.82	626.39	550.55	439.95	356.46
一、通信设备行业	**73.97**	**62.03**	**54.59**	**43.15**	**37.77**
通信传输设备制造	6.58	6.26	6.06	5.29	5.11
通信交换设备制造	12.90	10.67	9.48	9.15	6.73
通信设备终端制造	11.11	11.39	10.70	9.81	12.45
移动通信及终端设备制造	35.42	26.09	20.95	11.00	4.50
其他通信设备制造	7.97	7.63	7.41	7.90	8.97
二、雷达行业	**4.22**	**3.93**	**3.90**	**4.03**	**4.31**
雷达及配套设备制造	4.22	3.93	3.90	4.03	4.31
三、广播电视设备行业	**8.92**	**7.89**	**7.96**	**4.44**	**3.52**
广播电视节目制作及发射设备制造	0.78	0.69	0.73	1.50	1.09
广播电视接收设备及终端设备制造	6.98	6.15	6.45	2.72	2.26
应用电视设备及其他广播电视制造	1.16	1.05	0.79	0.22	0.17
四、电子计算机行业	**135.18**	**118.71**	**97.26**	**75.92**	**54.91**
电子计算机整机制造	46.95	41.08	34.99	21.11	13.67
计算机网络设备制造	3.70	3.61	4.43	4.97	3.15
电子计算机外部设备制造	80.68	70.34	54.39	43.55	31.41
电子计算器及专用制造	3.49	3.39	3.17	6.15	6.37
幻灯机、投影仪制造	0.37	0.29	0.27	0.15	0.31
五、家用视听设备行业	58.03	**58.60**	**55.76**	**46.53**	**41.87**
家用影视设备制造	30.23	32.65	28.82	25.48	25.78
家用音响设备制造	27.79	25.94	26.93	21.05	16.09
六、电子器件行业	**99.83**	**86.44**	**75.71**	**60.58**	**47.50**
电子真空器件制造	9.17	10.10	11.29	12.83	10.60
半导体器件制造	9.28	8.75	7.96	8.24	7.50
集成电路制造	26.11	22.29	19.78	12.96	9.72
光电子器件及其他电子器件制造	36.38	29.58	22.49	13.02	7.69
电光源制造	18.89	15.72	14.19	13.53	11.99
七、电子元件行业	**212.77**	**190.00**	**167.65**	**122.56**	**99.70**
电子元件及组件制造	149.47	134.35	119.64	95.35	80.01

从业人员平均人数（1）

单位：万人

行　　业	2007年	2006年	2005年	2004年	2003年
电力电子元器件制造	22.41	20.94	18.93	14.48	10.58
印刷电路板制造	40.89	34.72	29.08	12.73	9.11
八、电子测量仪器行业	**10.36**	**9.79**	**8.18**	**7.97**	**7.28**
环境保护仪器仪表制造	0.62	0.58	0.62	0.51	0.53
导航、气象及海洋专用仪器制造	1.77	1.94	1.64	1.46	2.03
电子测量仪器制造	2.42	1.98	1.85	2.01	2.12
核子及核辐射测量仪器制造	0.24	0.24	0.26	0.16	0.15
地质勘探和地震专用仪器制造	1.01	0.90	0.63	0.61	0.58
农林牧渔专用仪器制造	0.29	0.29	0.09	0.09	0.06
汽车电子仪器制造	2.76	2.50	2.05	1.50	1.81
其他专用仪器制造	1.25	1.37	1.02	1.63	0.00
九、电子专用设备行业	**27.65**	**22.97**	**20.03**	**16.56**	**16.78**
电子工业专用设备制造	9.34	7.44	7.45	3.91	3.71
其他电子设备制造	18.31	15.53	12.57	12.65	13.08
其他电子设备修理					
十、电子信息机电行业	**24.66**	**57.82**	**51.89**	**44.78**	**29.74**
微电机制造	21.50	29.11	27.44	24.56	13.02
电子电线电缆制造		1.93	1.79	1.46	1.41
电池制造		24.39	19.96	16.15	12.63
光纤、光缆制造	3.16	2.39	2.71	2.61	2.68
十一、其他电子信息行业	**19.25**	**13.92**	**13.54**	**12.20**	**14.12**
电子乐器制造		0.86	0.91	0.96	0.82
信息化学品制造	6.39	5.31	4.94	4.17	6.32
灯用电器附件制造		7.75	7.69	7.07	6.98
家用制冷电器具制造	12.86				

从业人员平均人数（2）

单位：万人

行　业	2002年	2001年	2000年	1999年	1998年
总　计	322.81	301.70	294.90	258.10	262.00
一、通信设备行业	**38.22**	**41.20**	**40.43**	**31.67**	**31.88**
通信传输设备制造	6.50	7.77	7.71	7.24	7.58
通信交换设备制造	8.45	9.91	9.46	8.19	8.10
通信设备终端制造	13.77	12.89	11.69	7.04	7.09
其他通信设备制造	9.42	10.60	11.54	9.17	9.09
通信设备修理	0.09	0.03	0.03	0.03	0.02
二、雷达行业	**4.96**	**5.43**	**5.62**	**5.62**	**6.74**
雷达整机制造	3.35	3.68	3.89	4.40	5.40
雷达配套设备及部件制造	1.62	1.75	1.73	1.22	1.34
三、广播电视设备行业	**2.39**	**2.34**	**2.16**	**2.50**	**3.07**
广播电视设备制造	2.37	2.32	2.14	2.50	3.05
广播电视设备修理	0.02	0.02	0.02	0.00	0.02
四、电子计算机行业	**33.35**	**31.24**	**28.59**	**19.70**	**20.11**
电子计算机整机制造	9.52	10.31	9.23	6.67	7.44
电子计算机外部设备制造	20.12	16.70	15.56	10.45	10.26
电子计算器制造	3.55	0.09	0.10	0.05	0.27
幻灯机、投影仪制造	0.15	4.02	3.58	2.53	2.14
电子计算机修理	0.02	0.12	0.12	0.00	0.00
五、家用视听设备行业	**33.05**	**35.41**	**37.72**	**32.20**	**34.26**
电视机、录像机、摄像机制造	19.25	19.50	20.81	18.40	18.21
收音机、录音机制造	13.80	15.91	16.91	13.81	16.05
六、电子器件行业	**39.97**	**41.70**	**41.73**	**38.91**	**39.63**
电子真空器件制造	10.50	12.82	12.26	11.58	11.79
半导体器件制造	9.85	9.14	9.20	8.20	8.37
集成电路制造	7.81	8.38	7.40	6.32	5.73
电光源制造	11.81	11.36	12.87	12.80	13.74
七、电子元件行业	**86.13**	**76.64**	**73.39**	**66.16**	**64.22**
电子元件及组件制造	76.53	67.72	64.51	58.19	55.64
电器设备元件制造	9.60	8.92	8.88	7.97	8.58

从业人员平均人数（2）

单位：万人

行　　业	2002年	2001年	2000年	1999年	1998年
八、电子测量仪器行业	**6.74**	**6.29**	**6.32**	**6.95**	**8.20**
环境保护仪器仪表制造	0.50	0.44	0.43	0.35	0.35
导航、制导仪器仪表制造	1.61	1.83	1.75	2.07	2.40
气象、海洋、水文、天文测量仪器	0.18	0.20	0.22	0.26	0.26
电子测量仪器制造	1.71	1.84	1.98	2.13	2.81
核子及核辐射测量仪器制造	0.12	0.15	0.18	0.25	0.27
地质勘探和地震专用仪器制造	0.69	0.72	0.81	0.91	1.10
农林牧渔专用仪器制造	0.60	0.02	0.01	0.07	0.07
汽车电子仪器制造	1.32	1.09	0.94	0.91	0.94
九、电子专用设备行业	**14.51**	**14.26**	**14.03**	**12.65**	**10.96**
电子工业专用设备制造	2.35	2.52	2.48	2.37	2.82
其他电子设备制造	12.06	10.97	10.70	10.08	7.84
其他电子设备修理	0.10	0.77	0.85	0.20	0.30
十、电子信息机电行业	**24.63**	**27.39**	**27.06**	**24.81**	**25.63**
微电机制造	10.30	9.88	10.06	8.59	8.60
电子电线电缆制造	7.55	6.91	6.81	6.92	7.16
蓄电池制造		2.74	2.68	2.21	2.48
原电池制造	6.78	7.86	7.52	7.10	7.39
十一、其他电子信息行业	**7.20**	**8.68**	**6.85**	**6.54**	**6.46**
电子乐器制造	0.31	0.48	0.28	0.31	0.29
信息化学品制造	4.24	4.83	4.04	3.79	3.94
灯用电器附件制造	2.65	3.37	2.53	2.44	2.23

从业人员平均人数（3）

单位：万人

行　业	1997年	1996年	1995年	1994年	1993年
总　计	286.80	281.69	276.51	282.59	269.98
一、通信设备行业	**32.84**	**31.05**	**28.08**	**27.68**	**28.12**
通信传输设备制造	7.40	7.56	7.81	8.17	7.95
通信交换设备制造	7.91	7.60	7.51	8.13	6.75
通信设备终端制造	7.87	6.73	6.09	5.09	6.58
其他通信设备制造	9.59	9.09	6.62	6.09	6.69
通信设备修理	0.07	0.08	0.05	0.20	0.15
二、雷达行业	**7.17**	**8.41**	**8.21**	**8.28**	**7.57**
雷达整机制造	5.97	6.02	6.23	6.89	6.29
雷达配套设备及部件制造	1.20	2.39	1.98	1.39	1.28
三、广播电视设备行业	**3.41**	**3.54**	**4.03**	**4.21**	**4.15**
广播电视设备制造	3.37	3.50	3.97	4.11	4.07
广播电视设备修理	0.04	0.05	0.06	0.10	0.08
四、电子计算机行业	**16.66**	**13.91**	**11.28**	**9.77**	**11.83**
电子计算机整机制造	6.56	5.59	5.21	5.14	6.21
电子计算机外部设备制造	8.18	6.46	4.79	3.50	3.82
电子计算器制造	0.36	1.48	1.16	1.00	1.68
幻灯机、投影仪制造	1.41	0.25	0.03	0.05	0.10
电子计算机修理	0.15	0.13	0.09	0.07	0.02
五、家用视听设备行业	**34.83**	**35.58**	**35.48**	**36.81**	**37.21**
电视机、录像机、摄像机制造	19.03	19.62	17.52	16.84	16.20
收音机、录音机制造	15.80	15.95	17.96	19.97	21.01
六、电子器件行业	**47.70**	**50.54**	**52.83**	**55.52**	**48.91**
电子真空器件制造	13.33	13.49	12.87	12.34	13.60
半导体器件制造	10.27	10.99	15.89	20.81	13.89
集成电路制造	5.19	5.50	4.18	3.17	2.88
电光源制造	18.91	20.56	19.89	19.21	18.54
七、电子元件行业	**71.51**	**73.99**	**73.38**	**72.77**	**67.37**
电子元件及组件制造	56.90	60.96	60.08	59.20	53.39
电器设备元件制造	14.61	13.02	13.30	13.57	13.98

从业人员平均人数（3）

单位：万人

行　　业	1997年	1996年	1995年	1994年	1993年
八、电子测量仪器行业	**11.01**	**12.26**	**12.67**	**13.09**	**16.00**
环境保护仪器仪表制造	0.50	0.54	0.48	0.42	0.42
导航、制导仪器仪表制造	2.72	2.95	2.87	2.80	2.58
气象、海洋、水文、天文测量仪器	0.30	0.36	0.41	0.47	0.46
电子测量仪器制造	4.15	4.58	5.35	6.12	9.35
核子及核辐射测量仪器制造	0.36	0.41	0.41	0.40	0.32
地质勘探和地震专用仪器制造	1.62	1.75	1.84	1.93	1.88
农林牧渔专用仪器制造	0.16	0.20	0.25	0.30	0.26
汽车电子仪器制造	1.20	1.47	1.06	0.66	0.73
九、电子专用设备行业	**11.10**	**12.33**	**12.76**	**13.20**	**13.78**
电子工业专用设备制造	2.73	3.90	4.16	4.42	5.39
其他电子设备制造	7.76	7.98	8.19	8.40	7.91
其他电子设备修理	0.61	0.45	0.41	0.37	0.49
十、电子信息机电行业	**29.66**	**31.38**	**34.90**	**38.43**	**32.26**
微电机制造	10.57	10.05	13.44	16.82	12.17
电子电线电缆制造	8.25	8.31	8.26	8.21	8.07
蓄电池制造	3.32	5.01	4.70	4.40	4.55
原电池制造	7.52	8.01	8.50	8.99	7.47
十一、其他电子信息行业	**8.58**	**8.71**	**2.88**	**2.86**	**2.78**
电子乐器制造	0.34	0.30			
信息化学品制造	5.12	5.51			
灯用电器附件制造	3.12	2.90	2.88	2.86	2.78

从业人员平均人数（4）

单位：万人

行　　业	1992年	1991年	1990年	1989年
总　　计	239.30	233.73	213.14	205.18
一、通信设备行业	**25.64**	**22.53**	**17.33**	**20.14**
通信传输设备制造	8.57	8.11	4.33	8.39
通信交换设备制造	4.86	4.30	4.64	4.36
通信设备终端制造	7.34	5.74	3.81	3.05
移动通信及终端设备制造				
其他通信设备制造	4.80	4.28	3.81	3.98
通信设备修理	0.07	0.10	0.74	0.36
二、雷达行业	**8.69**	**8.57**	**8.22**	**8.11**
雷达整机制造	7.50	7.39	7.06	6.95
雷达配套设备及部件制造	1.19	1.18	1.16	1.16
三、广播电视设备行业	**4.69**	**4.47**	**3.36**	**3.37**
广播电视设备制造	4.61	4.38	3.27	3.29
广播电视设备修理	0.08	0.09	0.09	0.08
四、电子计算机行业	**10.55**	**9.53**	**8.30**	**8.33**
电子计算机整机制造	5.05	5.79	5.36	5.13
电子计算机外部设备制造	3.96	2.45	2.18	2.23
电子计算器制造	1.36	1.13	0.73	0.96
幻灯机、投影仪制造	0.15	0.14		
电子计算机修理	0.03	0.02	0.03	0.01
五、家用视听设备行业	**37.08**	**40.02**	**34.63**	**31.97**
电视机、录像机、摄像机制造	16.67	16.27	14.79	14.45
收音机、录音机制造	20.41	23.75	19.84	17.52
六、电子器件行业	**30.32**	**30.21**	**28.94**	**28.10**
电子真空器件制造	13.15	12.94	11.56	10.65
半导体器件制造	17.17	17.27	17.38	17.45
七、电子元件行业	**69.47**	**67.18**	**63.51**	**57.36**
电子元件及组件制造	54.62	52.71	49.39	48.65
电器设备元件制造	14.85	14.47	14.12	8.71

从业人员平均人数（4）

单位：万人

行　　业	1992年	1991年	1990年	1989年
八、电子测量仪器行业	**12.11**	**12.55**	**12.04**	**12.31**
导航、制导仪器仪表制造	3.00	2.98	2.75	2.71
气象、海洋、水文、天文测量仪器	0.41	0.40	0.42	0.46
电子测量仪器制造	6.83	7.30	7.07	7.15
核子及核辐射测量仪器制造	0.37	0.37	0.37	0.53
地质勘探和地震专用仪器制造	1.25	1.23	1.21	1.24
农林牧渔专用仪器制造	0.25	0.27	0.22	0.22
九、电子专用设备行业	**9.63**	**9.00**	**8.98**	**8.58**
电子工业专用设备制造	4.45	4.33	4.43	4.50
其他电子设备制造	4.97	4.51	4.36	3.89
其他电子设备修理	0.21	0.16	0.19	0.19
十、电子信息机电行业	**31.12**	**29.67**	**27.83**	**26.91**
微电机制造	10.75	9.55	9.03	8.80
电子电线电缆制造	7.35	7.04	6.48	6.18
蓄电池制造	4.15	4.18	3.76	3.68
原电池制造	8.87	8.90	8.56	8.25
十一、其他电子信息行业	**0**	**0**	**0**	**0**
电子乐器制造				
信息化学品制造				
灯用电器附件制造				

亏损企业亏损总额（1）

单位：亿元

行　业	2007年	2006年	2005年	2004年	2003年
总　计	207.59	218.93	253.37	172.81	112.03
一、通信设备行业	**40.34**	**24.99**	**68.29**	**23.85**	**30.32**
通信传输设备制造业	4.92	3.61	10.43	1.51	1.96
通信交换设备制造业	9.14	7.82	12.14	3.43	6.74
通信设备终端制造业	2.33	3.18	6.43	14.14	16.00
移动通信及终端设备制造	20.75	7.34	36.50	1.66	2.96
其他通信设备制造业	3.21	3.05	2.79	3.11	2.66
二、雷达行业	**1.23**	**0.90**	**0.47**	**0.79**	**0.69**
雷达整机制造业					
雷达及配套设备制造业	1.23	0.90	0.47	0.79	0.69
三、广播电视设备行业	**1.50**	**2.02**	**2.19**	**1.22**	**0.90**
广播电视节目制作及发射设备制造业	0.43	0.46	0.80	0.57	0.67
广播电视接收设备及器材制造业	0.95	1.25	1.18	0.61	0.22
应用电视设备及其他广播电视制造	0.12	0.32	0.21	0.04	0.00
四、电子计算机行业	**18.03**	**28.15**	**34.22**	**21.45**	**11.48**
电子计算机整机制造业	3.36	7.97	6.70	7.49	3.70
计算机网络设备制造	1.37	0.96	3.65	2.73	0.98
电子计算机外部设备制造业	12.67	18.34	22.46	10.92	6.51
电子计算器及货币专用设备制造业	0.36	0.64	1.25	0.31	0.30
幻灯机、投影仪制造业	0.26	0.23	0.16	0.00	0.00
五、家用视听设备行业	**18.48**	**21.35**	**13.35**	**49.29**	**4.70**
家用影视设备制造业	12.25	16.50	9.71	47.08	3.30
家用音响设备制造业	6.23	4.85	3.64	2.21	1.40
六、电子器件行业	**72.52**	**95.62**	**85.44**	**36.44**	**26.06**
电子真空器件制造业	27.74	33.35	34.67	8.68	3.64
半导体器件制造业	3.42	8.60	9.54	2.44	1.18
集成电路制造业	22.75	13.96	26.98	17.65	13.66
光电子器件及其他电子器件制造业	17.27	38.75	13.08	6.98	6.94
电光源制造业	1.34	0.95	1.16	0.70	0.63

亏损企业亏损总额（1）

单位：亿元

行　　业	2007年	2006年	2005年	2004年	2003年
七、电子元件行业	**38.63**	**24.77**	**28.36**	**16.57**	**18.40**
电子元件及组件制造业	22.36	16.03	16.29	11.19	13.50
电力电子元器件制造	2.38	1.49	3.82	1.31	2.04
印刷电路板制造	13.90	7.26	8.25	4.07	2.85
八、电子测量仪器行业	**1.95**	**1.28**	**1.83**	**4.03**	**1.60**
环境保护仪器仪表制造业	0.08	0.07	0.13	0.06	0.01
导航、气象及海洋专用仪器制造业	0.14	0.10	0.43	0.15	0.33
电子测量仪器制造业	0.47	0.46	0.49	0.19	0.21
核子及核辐射测量仪器制造	0.11	0.01	0.05	0.14	0.24
地质勘探和地震专用仪器制造	0.06	0.15	0.34	3.16	0.70
农林牧渔专用仪器制造		0.00	0.00	0.00	0.00
汽车电子仪器制造	0.82	0.49	0.39	0.32	0.11
九、电子专用设备行业	**4.93**	**3.16**	**4.64**	**4.08**	**6.24**
电子工业专用设备制造业	1.40	0.95	2.19	0.99	2.01
其他电子设备制造业	3.53	2.21	2.45	3.09	4.24
十、电子信息机电行业	**3.38**	**10.88**	**11.78**	**12.67**	**10.29**
微电机制造业	2.41	4.96	4.17	2.23	1.22
电子电线电缆制造业		0.34	0.32	3.49	3.70
电池制造业		3.71	4.11	3.69	3.32
光纤、光缆制造	0.97	1.87	3.18	3.25	2.04
十一、其他电子信息行业	**6.59**	**5.79**	**2.95**	**2.43**	**1.34**
电子乐器制造业		0.09	0.08	0.10	0.11
信息化学品制造业	1.18	5.13	2.24	1.54	0.79
灯用电器附件制造		0.57	0.63	0.79	0.44
家用制冷电器具制造	5.42				

亏损企业亏损总额（2）

单位：亿元

行　业	2002年	2001年	2000年	1999年	1998年
总　计	116.17	103.80	55.00	84.30	98.39
一、通信设备行业	**16.87**	**12.90**	**9.89**	**12.95**	**17.37**
通信传输设备制造业	3.52	2.79	1.25	1.06	6.63
通信交换设备制造业	3.88	2.22	2.33	2.29	5.84
通信设备终端制造业	3.33	5.09	3.89	4.50	2.97
其他通信设备制造业	6.06	2.74	2.34	5.00	1.85
通信设备修理业	0.07	0.06	0.08	0.10	0.08
二、雷达行业	**0.58**	**0.69**	**1.59**	**1.66**	**1.38**
雷达整机制造业	0.39	0.47	1.20	1.35	1.04
雷达配套设备及部件制造业	0.18	0.22	0.39	0.31	0.34
三、广播电视设备行业	**0.64**	**0.67**	**0.71**	**0.90**	**1.24**
广播电视设备制造业	0.63	0.67	0.71	0.90	1.24
广播电视设备修理业	0.01				
四、电子计算机行业	**9.01**	**7.02**	**5.02**	**9.39**	**5.21**
电子计算机整机制造业	3.69	2.52	1.28	4.92	2.20
电子计算机外部设备制造业	4.80	3.68	3.36	3.72	2.54
电子计算器制造业	0.46	0.80	0.34	0.72	0.35
幻灯机、投影仪制造业	0.06	0.01	0.02	0.03	0.12
电子计算机修理业		0.01	0.02		
五、家用视听设备行业	**6.37**	**14.78**	**14.14**	**13.50**	**14.83**
电视机、录像机、摄像机制造业	4.52	8.51	10.22	11.93	13.02
收音机、录音机制造业	1.85	6.27	3.92	1.57	1.81
六、电子器件行业	**39.37**	**31.15**	**8.17**	**16.15**	**23.99**
电子真空器件制造业	3.39	6.91	2.34	3.94	13.12
半导体器件制造业	12.54	3.22	1.12	1.57	2.17
集成电路制造业	21.93	19.58	2.74	7.04	5.27
电光源制造业	1.51	1.44	1.97	3.60	3.43
七、电子元件行业	**21.08**	**14.96**	**8.77**	**12.78**	**17.30**
电子元件及组件制造业	19.83	14.12	7.76	11.70	15.32
电器设备元件制造业	1.25	0.84	1.01	1.08	1.98

亏损企业亏损总额（2）

单位：亿元

行　业	2002年	2001年	2000年	1999年	1998年
八、电子测量仪器行业	**1.44**	**1.25**	**2.36**	**6.32**	**2.26**
环境保护仪器仪表制造业	0.24	0.21	0.04	0.02	0.19
导航、制导仪器仪表制造业	0.05	0.16	0.38	0.37	0.99
气象、海洋、水文、天文测量仪器业	0.04	0.03	0.02	0.02	0.03
电子测量仪器制造业	0.37	0.53	0.41	0.61	0.61
核子及核辐射测量仪器制造	0.00	0.00	0.02	0.25	0.00
地质勘探和地震专用仪器制造	0.47	0.01	0.06	0.91	0.20
农林牧渔专用仪器制造	0.01	0.00	0.00	0.07	0.03
汽车电子仪器制造	0.25	0.31	0.25	0.91	0.21
其他专用仪器制造			1.18	3.16	
九、电子专用设备行业	**5.88**	**3.46**	**3.93**	**2.55**	**3.20**
电子工业专用设备制造业	0.34	0.87	0.26	0.47	0.33
其他电子设备制造业	5.48	2.49	3.45	2.08	2.85
其他电子设备修理业	0.05	0.10	0.22		0.02
十、电子信息机电行业	**5.91**	**4.62**	**4.01**	**6.14**	**7.99**
微电机制造业	2.50	0.94	0.68	0.80	1.94
电子电线电缆制造业	2.50	1.61	1.82	2.83	2.72
蓄电池制造业	0.00	0.66	0.36	0.54	0.84
原电池制造业	0.91	1.41	1.14	1.96	2.49
十一、其他电子信息行业	**3.72**	**9.62**	**9.10**	**2.63**	**3.61**
电子乐器制造业	0.04	0.01	0.02	0.20	0.03
信息化学品制造业	1.53	9.55	8.95	2.33	3.34
灯用电器附件制造	2.15	0.06	0.13	0.10	0.24

亏损企业亏损总额（3）

单位：亿元

行　　业	1997年	1996年	1995年	1994年
总　　计	88.24	74.62	61.25	38.61
一、通信设备行业	**12.29**	**8.90**	**7.72**	**3.48**
通信传输设备制造业	4.46	1.37	1.17	1.16
通信交换设备制造业	2.45	3.55	2.68	1.00
通信设备终端制造业	2.30	1.53	1.92	0.37
其他通信设备制造业	3.08	2.45	1.94	0.93
通信设备修理业			0.01	0.02
二、雷达行业	**1.31**	**3.91**	**1.86**	**0.82**
雷达整机制造业	1.11	3.65	1.60	0.66
雷达配套设备及部件制造业	0.20	0.26	0.26	0.16
三、广播电视设备行业	**1.14**	**0.61**	**0.53**	**0.49**
广播电视设备制造业	1.14	0.61	0.53	0.48
广播电视设备修理业				0.01
四、电子计算机行业	**3.63**	**3.29**	**4.41**	**2.16**
电子计算机整机制造业	1.28	1.14	1.53	0.75
电子计算机外部设备制造业	1.97	1.79	2.59	1.15
电子计算器制造业	0.35	0.32	0.26	0.25
幻灯机、投影仪制造业	0.02	0.02	0.03	0.01
电子计算机修理业	0.01	0.02		
五、家用视听设备行业	**20.16**	**14.43**	**15.91**	**8.40**
电视机、录像机、摄像机制造业	16.38	10.87	12.07	5.25
收音机、录音机制造业	3.78	3.56	3.84	3.15
六、电子器件行业	**15.82**	**14.80**	**6.93**	**6.13**
电子真空器件制造业	3.72	3.34	1.02	0.94
半导体器件制造业	3.49	3.26	2.05	2.27
集成电路制造业	4.71	3.55	1.23	0.89
电光源制造业	3.90	4.65	2.63	2.03
七、电子元件行业	**16.05**	**13.61**	**10.26**	**8.38**
电子元件及组件制造业	13.85	12.28	9.30	7.36
电器设备元件制造业	2.20	1.33	0.96	1.02

亏损企业亏损总额（3）

单位：亿元

行　　业	1997年	1996年	1995年	1994年
八、电子测量仪器行业	**3.90**	**3.02**	**2.13**	**1.59**
环境保护仪器仪表制造业	0.74	0.24	0.03	0.05
导航、制导仪器仪表制造业	0.74	0.91	0.56	0.26
气象、海洋、水文、天文测量仪器业	0.05	0.04	0.01	0.02
电子测量仪器制造业	1.09	1.01	0.95	0.75
核子及核辐射测量仪器制造	0.04	0.04	0.02	0.04
地质勘探和地震专用仪器制造	0.37	0.37	0.46	0.35
农林牧渔专用仪器制造	0.37	0.02	0.03	0.03
汽车电子仪器制造	0.50	0.39	0.07	0.09
九、电子专用设备行业	**3.15**	**2.49**	**2.58**	**1.80**
电子工业专用设备制造业	0.53	0.59	0.57	0.56
其他电子设备制造业	2.61	1.86	1.93	1.12
其他电子设备修理业	0.01	0.04	0.08	0.12
十、电子信息机电行业	**8.24**	**6.29**	**5.76**	**3.98**
微电机制造业	2.95	1.40	1.91	1.60
电子电线电缆制造业	1.77	1.83	1.78	1.11
蓄电池制造业	0.86	1.43	0.77	0.50
原电池制造业	2.66	1.64	1.31	0.77
十一、其他电子信息行业	**2.55**	**3.27**	**3.16**	**1.38**
电子乐器制造业	0.05	0.08	0.06	0.04
信息化学品制造业	2.06	2.78	2.47	1.10
灯用电器附件制造	0.44	0.41	0.63	0.24

亏损企业亏损总额（4）

单位：亿元

行　　业	1993年	1992年	1991年	1990年
总　　计	26.68	11.93	14.12	666.40
一、通信设备行业	**1.61**	**0.80**	**1.05**	**66.00**
通信传输设备制造业	0.69	0.22	0.37	24.01
通信交换设备制造业	0.27	0.32	0.38	13.33
通信设备终端制造业	0.24	0.12	0.14	16.46
其他通信设备制造业	0.41	0.14	0.15	11.35
通信设备修理业			0.01	0.85
二、雷达行业	**0.93**	**0.34**	**0.63**	**34.37**
雷达整机制造业	0.85	0.30	0.44	33.24
雷达配套设备及部件制造业	0.08	0.04	0.19	1.13
三、广播电视设备行业	**0.23**	**0.07**	**0.16**	**6.85**
广播电视设备制造业	0.23	0.07	0.16	6.69
广播电视设备修理业			0.00	0.16
四、电子计算机行业	**1.38**	**0.89**	**0.86**	**34.76**
电子计算机整机制造业	0.68	0.48	0.41	27.99
电子计算机外部设备制造业	0.47	0.33	0.42	5.63
电子计算器制造业	0.21	0.06	0.03	1.08
幻灯机、投影仪制造业	0.01	0.01	0.00	
电子计算机修理业	0.01	0.01	0.00	0.06
五、家用视听设备行业	**7.27**	**3.83**	**4.21**	**219.52**
电视机、录像机、摄像机制造业	4.84	2.02	1.74	153.44
收音机、录音机制造业	2.43	1.81	2.47	66.08
六、电子器件行业	**5.06**	**2.77**	**3.12**	**93.42**
电子真空器件制造业	0.93	2.03	2.12	71.02
半导体器件制造业	1.73	0.74	1.00	22.40
集成电路制造业	1.22			
电光源制造业	1.18			
七、电子元件行业	**5.59**	**1.63**	**2.01**	**103.36**
电子元件及组件制造业	5.20	1.50	1.77	82.17
电器设备元件制造业	0.39	0.13	0.24	21.19

亏损企业亏损总额（4）

单位：亿元

行　　业	1993年	1992年	1991年	1990年
八、电子测量仪器行业	**1.17**	**0.28**	**0.46**	**17.03**
环境保护仪器仪表制造业	0.02	0.01		
导航、制导仪器仪表制造业	0.21	0.01	0.09	4.51
气象、海洋、水文、天文测量仪器业	0.01	0.01	0.00	0.40
电子测量仪器制造业	0.42	0.22	0.35	8.65
核子及核辐射测量仪器制造	0.06	0.01	0.01	0.75
地质勘探和地震专用仪器制造	0.42	0.01	0.01	2.50
农林牧渔专用仪器制造	0.00	0.00	0.00	0.22
汽车电子仪器制造	0.03	0.01	0.00	0.00
九、电子专用设备行业	**1.32**	**0.53**	**0.71**	**10.95**
电子工业专用设备制造业	0.76	0.14	0.15	4.92
其他电子设备制造业	0.54	0.38	0.56	5.83
其他电子设备修理业	0.02	0.01	0.00	0.20
十、电子信息机电行业	**1.82**	**0.80**	**0.91**	**80.14**
微电机制造业	0.42	0.24	0.22	18.53
电子电线电缆制造业	0.58	0.24	0.30	28.64
蓄电池制造业	0.24	0.07	0.07	10.04
原电池制造业	0.58	0.25	0.32	22.93
十一、其他电子信息行业	**0.30**	**0**	**0**	**0**
电子乐器制造业	0.03			
信息化学品制造业	0.09			
灯用电器附件制造	0.18			

三、电子信息产业主要产品生产与销售情况

主要产品	计算单位	2007年	
		生产量	销售量
通信设备			
通信发射机	部		
通信接收机	部		
微波通信设备	部	65899	57745
卫星应用产品	部	7998335	7927596
光通信设备	部	9448537	9361018
其中：光缆终端机	部	4721	5489
程控交换机	万线	5387.00	5372.80
其中：数字程控交换机	万线	2864.25	3011.73
数字移动通信基站设备	信道	16046000	16091000
电话单机	万部	16255.91	16361.24
其中：普通电话机	万部	15231.99	15336.02
无绳电话机	部		
GSM手机	万部	48253.13	47737.3
CDMA手机	万部	6487.54	6490.47
3G手机	万部	117.19	115.89
广播电视设备			
音频节目制作和播控设备	部	16003	15973
视听节目制作及播控设备	部	21146	20880
广播发射设备	部	3666	3389
电视发射、差转设备	部	7194	6844
专业录音、录像及重放设备	部	31670	31575
应用电视设备	部	67878	67770
电子计算机			
大中小计算机及工作站	部	958180	1000131
台式微机	万部	3401.95	3385.77
笔记本电脑	万部	8671.43	8601.73
计算机网络及网络设备	部	27801026	26906893
其中：路由器	部	27087604	26196804

产品生产量、销售量（一）

2006年		2005年		2004年	
生产量	销售量	生产量	销售量	生产量	销售量
824	638	4479	4515	129157	128952
4215	3997	79305	75582	131118	131146
48222	45835	44525	40255	2914635	2910421
185884	169298	333042	333940	110238	109282
1807510	1715431	10401240	10096108	1219387	1035167
35914	33197	79130	86485	41938	41787
7404.63	7256.51	7720.90	7763.50	7625.22	7618.70
7160.93	7089.32	6780.78	6733.31	7563.62	7503.11
11449000	13963671	29357176	28310940	31688413	31520822
18647.83	18525.3	18861.52	18295.67	19515.71	18930.23
8514.7	8568.5	8005.7	7980.8	7833.6	7799.2
7689.7	7734.6	84121325	84193019	54633036	54257775
41916.2	41544.7	27204.7	27286.1	21286.7	20862.6
6097.8	6085.9	3149.5	3148.9	2057.9	2016.8
12229	12263	30	28	1272	1132
2896	2908	13603	12971	10621	10331
1937	1944	64722	79565	783	776
3750	3770	3701	3737	1071	1018
33684	34243	8442895	7378364	14076	15364
46727	46456	39342	45644	57423	59091
503623	502837	123199	126818	117950	118780
3424.6	3422.7	3518.8	3514.7	2736.52	2681.78
5911.87	5897.12	4564.98	4229.83	3238.38	3173.61
9922005	9925513	9667554	9576259	19137611	19060193
1470627	1523995	2673744	2569855	2290251	2214427

主要产品	计算单位	2007年	
		生产量	销售量
显示器	万部	14438.12	14289.11
其中：单色显示器	部	20670	19620
彩色显示器	部	9574480	9708473
平板显示器	部	134785029	133163030
扫描仪	部	3858656	3845056
传真机	万部	888.49	887.94
数码相机	部	74935200	66951300
打印设备	部	42347300	46403200
其中：激光打印机	部	1276170	1295410
喷墨打印机	部	32838660	31980460
软盘驱动器	部	50276243	50270120
硬盘驱动器	部	22467619	22577801
光盘驱动器	部	125542205	124423246
UPS电源	部	1980311	1949727
IC卡	万片	16084.3	15980.3
计算器	万部	16296.2	19478.9
家用视听产品			
彩色电视机合计	万台	8478.0	8502.5
（一）CRT彩电	万台	6604.03	6688.51
其中：37cm彩电及以上	万台	1492.86	1477.13
54cm彩电 及以上	万台	4818.88	4936.79
74cm彩电以上	万台	292.9	274.59
（二）背投彩电	台	14468	17127
（三）液晶（LCD）彩电	万台	1866.9	1806.6
（四）等离子（PDP）彩电	万台	108.9	101.9
黑白电视机	万台	221.16	197.83
录像机	万台	198.63	200.65
其中：家用摄录一体机	万台	108.5	107.57
数字激光音、视盘机	万台	10823.07	10800.00

产品生产量、销售量（一）

2006年		2005年		2004年	
生产量	销售量	生产量	销售量	生产量	销售量
13359.98	13092.78	16057.6	15938.4	14533.58	14242.1
				600	600
26567699	26721079	29811439	29836748	24223585	24292917
66846600	66308610	130764438	129547377	77264815	75727683
3644945	3651271	4254940	4249083	3762956	3759945
1182.86	1195.90	1068.15	1025.42	851.16	825.63
66951100	66497900	55229737	54583884	42075900	40813620
46402672	45712953	37843656	36626296	27541205	27204300
27446424	26757506	11020334	11030603	10359277	10257031
17046187	17046558	14995017	14995485	10872131	10582303
790000	790000	17526414	17826511	25816562	25581947
140068243	140068394	103198968	103113889	2380387	2115940
107278573	106735683	102748760	102852218	71053434	71186498
3406667	3407666	1285880	1259104	881958	872611
49286	48819	14365	14149	24885	24176
22962.9	23121.3	35101.2	33963.7	19983.9	19494.8
8375.4	7956.6	8283.2	8186.6	7328.8	7255.5
7233.0	6914.4	7668	7597.8	7216.1	7142.3
642.7	597.3	1318.8	1302.9	967.9	972.2
3437.7	3284	3587.1	3516.5	3078.5	3043.2
2144.7	2043.2	311.7	320.1	490.2	478.9
799053	781815	855380	979714	1126903	1131668
994.9	897.7	452.2	420.9		
67.6	66.3	77.4	69.98		
671.2	671.2	841.5	883	1284.6	1271.8
1156.8	1167.7	1205.7	1224.2	2322.2	2295.8
954.7	957.4	708.2	721.8	263.0	254.9
10759.50	10735.00	10382.10	10432.40	11820.23	11583.82

主要产品	计算单位	2007年	
		生产量	销售量
其中：VCD机	万台		
DVD机	万台	10210.69	10210.00
收音机	万台	6091.41	5857.65
收录放机	万台	2078.88	2078.84
组合音响	万台	1058.44	1063.94
MP3、MP4播放器	万个	1295.3	1260.6
汽车电子音响设备	万台	1767.25	1762.42
电子测量仪器			
频率测量仪器	万台	496.7	511.6
电压测量仪器	万台	5574.6	5573.1
示波器	万台	0.78	1.03
器件参数测量仪器	台	1733290	1705772
扫频、频谱波形分析仪器	台	164941	155622
微波测量仪器	台	67298	66055
通信测量仪器	台		
广播电视测量仪器	台		
声学测量仪器	台	5098	5056
干扰场强测量仪	台	31713	31726
稳压电源	万台	254229	258312
记录显示仪	台	1600704	1591803
信号源	万台	141.24	140.64
医用电子仪器设备	台	21957887	21863048
医用超声仪器	台	1109	1127
医用激光仪器及设备	台	326	318
医用生化分析仪器	台	10189	9243
医用高频微波射线核素仪器	台	6047	5394
中医用仪器	万台	44176	42535
电子专用设备			
半导体器件和集成电路专用设备	台	129454478	127422224

产品生产量、销售量（一）

2006年		2005年		2004年	
生产量	销售量	生产量	销售量	生产量	销售量
28.0	27.0	27.2	32.2	1322.3	1318.6
10196.93	10178.27	10062.7	10113.8	7081.2	7081.5
6103.48	5981.41	5191.54	5087.71	8040.08	7718.47
7582.87	7355.38	8369.01	8117.92	6670.37	6470.25
5537.84	5316.33	7092.82	6809.1	5466.2	5247.55
3013.4	3008.4	1554.5	1533.1	938.5	933.4
2028.0	2009.0	1757.1	1756.5	1510.8	1497.5
2.7	2.8	557.2	545.1	170.2	170.1
263.8	262.4	48.6	60.7	233.8	240.5
1.6	1.7	92.3	89.3	2.5	2.4
		29604	30060	1467	1471
835	795	415	449	727	703
36213	37952	28743	28730	28457	28276
1368	1400	2252	2245	10093	9792
20059	19057	14701	14665	11742	11706
6800	6064	7086	6835	10431	10665
33428	33369	2990	3091	4	2
3105891	3051334	1983285	1976632	1721015	1676569
23463	44001	18339	20118	659	678
151.5	151.4	125.8	124.5	119.1	122.6
12557348	12592601	7349373	7317341	4218849	4208252
3442	3406	2175	2110	1740	1719
351	350	740	696	107	86
10305	9406	4610	4634	230	228
1314	1315	67905	93966	87	80
4.1	4	2.3	2.4	43	42.9
1687480	1761584	32061	30899	2371	2363

主要产品	计算单位	2007年	
		生产量	销售量
电真空器件专用设备	台	59301930	57360225
电子元件专用设备	台	236818721	239032367
例行试验可靠性试验设备	台	862	854
水、气净化设备	万台	134.2	133.99
电子整机装联设备	万台	5.5	5.4
其中：自动插件机	台		
装配生产线	台	127	129
电子通用设备	万台	3760.7	3651.9
电子元件			
电容器	万只	41417355	40438761
电阻、电位器	万只	10265038	10180493
电连接元件	万只	121504420	131446316
控制元件	万只	1169819	1163255
其中：传感器	万只		
磁性材料电感变压器	万只	5464850	5539937
电声器件	万只	14538117	14527913
频率控制和选择用元件	万只	46111325	46095712
电子印制电路板	万平米	12167.8	11459.1
敏感元器件	万只	2471080	2447310
电子器件			
电子管	万只	2455.3	2455.3
电子束管	万只	10248.1	10055.1
其中：彩色显像管	万只	4839.3	4869.7
其中：37cm及以上	万只	395.0	400.0
54cm及以上	万只	2463.9	2450.5
74cm及以上	万只	854.3	870.7
黑白显像管	万只		
彩色显像管玻壳	万只	5137.7	5349.4
电光源	万只	9150201.1	8897540.4

产品生产量、销售量（一）

2006年		2005年		2004年	
生产量	销售量	生产量	销售量	生产量	销售量
829	870	11446	14137	30483	30854
16691045	16636198	392998	399765	17707	16441
1017	1000	871	817	432	364
311.9	336.2	0.1	0.1	37.1	36
262	263	1144	1144	339	380
		10	10	3	2
193	207	303	317	336	378
1657.4	1659.5	26.7	26.1	5.1	4.9
33198855	32614657	50289523	46142766	28706744	27857009
52994580	52704050	47602145	45671457	17405833	16980804
5196955	4894813	4334362	4201847	1088506	1055639
1099678	1062623	811537	822263	158081	152662
742217	730601	625489	636582	2113	1997
11555906	11321520	13528090	12916777	2582559	2514965
134854	137484	99057	96838	94461	91796
926822	899614	743898	703080	374544	348926
3788.3	3772.2	6940.3	6619.3	5581	5577.6
934101	929005	78951	77918	74678	70706
1164.3	1174.0	1437.0	1450.0	3657.0	1970.0
69229.0	60463.0	77093.0	77092.0	95969.0	92576.0
9173.0	9175.0	8617.0	8625.0	9832.0	9587.0
		1963.0	1967.0	632.0	584.0
3865.0	3713.0	4408.0	4441.0	4974.0	4901.0
1630.0	1624.0	1011.0	977.0	3284.0	3204.0
18.0	18.0	739.0	763.0	329.0	325.0
4514.0	4540.0	8468.0	8082.0	9408.0	9220.0
244900.0	233747.0	83455.0	83761.0	42212.0	40867.0

主要产品	计算单位	2007年	
		生产量	销售量
电子束光电器件	万只	32993.7	33036.9
电真空光电子器件	万只	24591297.0	24587312.0
半导体光电器件	万只	5687397.4	5257935.4
半导体分立器件	亿只	2779.30	2778.36
半导体二极管	万只	2213418.7	2203622.2
半导体三极管	万只		
特种器件及传感器	万只	2471083.6	2447307.0
电力半导体器件	万只		
集成电路	万块	4116232.0	4033600.0
其中：大规模集成电路	万块		
电子信息机电产品			
微特电机	万只	671083.8	563194.3
驱动微电机	万只	20812.2	20635.4
控制微电机	万只	39509.9	38699.9
专用微特电机	万只	40849.6	40299.6
其他电机	万只	569912.1	463559.4
光纤	公里	13536210	12979723
光缆	芯公里	25784862	25736516
电池	万只	1117805.8	1114160.6
锂电池	万只	142099.2	134318.2
原电池	万只	975706.6	979842.4

产品生产量、销售量（一）

2006年		2005年		2004年	
生产量	销售量	生产量	销售量	生产量	销售量
19743.0	19130.0	7541.0	7555.0	6736.0	6756.0
132265.0	130683.0	100386.0	99624.0	28461.0	28534.0
2212171.0	2202258.0	1162215.0	1105924.0	547242.0	512899.0
2224.69	2180.20	2206.04	2183.22	1407.89	1379.73
3699363.0	3525866.0	16222866.0	16018022.0	3876486.0	3806668.0
3091712.0	3099454.0	2960074.0	2940273.0	3161820.0	3090761.0
934101.0	929005.0	80182.0	80020.0	3247.0	3128.0
935547.0	953402.0	139466.0	138032.0	259345.0	264421.0
3357499.0	3299330.0	2657824.0	2655841.0	2114686.0	2072771.0
		981846.0	803538.0	320612.0	324110.0
168577.0	170696.0	3559949.0	3285383.0	118629.0	116168.0
37589.0	38421.0	80074.0	80025.0	59129.0	59151.0
38039.0	38180.0	8811.0	8844.0	1363.0	1418.0
63085.0	62391.0	101359.0	101665.0	55060.0	53970.0
29850.0	31690.0	3340702.0	3066380.0	3073.0	1626.0
3560938	3403768	4334024	4355787	5208702	5050000
4798952	4590896	5362239	5330027	3861672	3855503
98082566	89398846	92154171	82024684	3529587	3259000
97722700	89041500	91922881	81799141	3171580	2942446
359868	357302	231290	225543	358007	352554

主要产品	计算单位	2003年	
		生产量	销售量
通信设备			
通信发射机	部	441	441
通信接收机	部	2326	2384
微波通信设备	部	3227035	3192025
卫星应用产品	部	287497	281318
载波通信设备	部	4764	4668
光通信设备	部	102304	101258
其中：光缆终端机	部	39246	37738
程控交换机	万线	7379.3	7306.1
其中：数字程控交换机	万线	6549.0	6483.5
数字移动通信基站设备	部	3048617	3090856
电话单机	万部	12935.9	13065.3
其中：普通电话机	万部	8683.6	8689.7
无绳电话机	部	28576227	28519605
GSM手机	万部	16333.4	16056
CDMA手机	万部	2310.7	2265.7
广播电视设备			
音频节目制作和播控设备	部	77	77
视听节目制作及播控设备	部	24954	24953
广播发射设备	部	1337	1210
电视发射、差转设备	部	1309	1238
专业录音、录像及重放设备	部	104	104
应用电视设备	部	333464	338608
电子计算机			
大中小计算机及工作站	部	120693	119723
台式微机	万部	3216.7	3152.3
笔记本电脑	部	12874244	12528911
计算机网络及网络设备	部	350045	357680
其中：路由器	部		
显示器	万部	7326.00	7373.0

产品生产量、销售量（二）

2002年		2001年		2000年	
生产量	销售量	生产量	销售量	生产量	销售量
1468	1361	309	281	754	697
2901	2557	2477	2491	2020	2050
13882	13703	3635819	2123137	12683	12083
18510	16513	2202938	2122468	4604110	4423344
4176	4376	5019	5031	11313	10757
64474	59738	47893	47527	36413	35472
36750	33068	18139	17511	29349	28400
5860.65	5801.9	7223.47	7313.7	8574.9	8645.9
5766.23	5708.69	6967.65	6897.9		
6241491	6132846	2421397	2424114	978486	972722
11892.4	11893.4	10302.7	10199.6	9597.9	9213.9
8406.7	8441.6	2405.6	2405.7	2453.1	2312.9
20829271	20625062	11070944	10950887	14616712	14529114
11160.0	11156.3	7954.3	7676.4	3851.7	3664.1
696.7	694.3				
3616	4297	13721	14393	57777	52754
1416	1502	38208	30527	3464	3274
3129	3206	1116	1046	1819	2746
1022	1200	7067	6471	5648	5854
3903	2477	8593	8512	6294	6103
60801	65208	428660	422083	1997042	2131833
671051	671103	302004	296681	8625	8539
1463.3	1446.96	877.6	876.5	711.8	708.8
1170034	1147925	282514	283640	78952	78153
11806324	11690158	1191848	1250269	962562	844963
487	301	201409	197654	934	670
4927.6	4813.62	3505	3507.4	2861.1	2805.2

主要产品	计算单位	2003年	
		生产量	销售量
其中：单色显示器	部	2992	2992
彩色显示器	部	51525961	51292782
平板显示器	部	21730749	21630218
扫描仪	部	258826	265425
传真机	万部	746.58	731.6
数码相机	部	2897198	2872676
打印设备	部	17168000	17135000
其中：激光打印机	部	1974672	1996647
喷墨打印机	部	1586048	1584615
软盘驱动器	部	7081325	7107204
硬盘驱动器	部	255319	236698
光盘驱动器	部	45984700	46191195
UPS电源	部	448780	458287
IC卡	万片	1704.59	1716.04
计算器	万部	17554.1	17202.9
家用视听产品			
彩色电视机	万台	6541.5	6500.1
其中：37cm彩电	万台	571.1	601.9
44cm彩电	万台	16	16.2
47cm彩电	万台		
49cm彩电	万台		
51cm彩电	万台	186.6	167.3
54cm彩电	万台	2295.7	2295.7
56cm彩电	万台	651.2	636.7
64cm彩电	万台	1124.4	1137.8
74cm彩电	万台	1232	1229.3
74cm彩电以上	万台	283	290.6
背投彩电	台	803389	746542
PDP彩电	台	111851	95238
黑白电视机	万台	279.5	284.2

产品生产量、销售量（二）

2002年		2001年		2000年	
生产量	销售量	生产量	销售量	生产量	销售量
61889	59397	145455	140904	118390	119681
44068448	43029734	33269135	33299631	27000283	26441672
5145659	5047055	1635508	1633044	1492228	1490798
5210566	4363329	295855	280281	74408	69592
297.29	294.9	318.19			
1309068	958374	144	649		
24088700	24114313	2043320		1142900	
11211832	11188663	493661	493342	103354	106788
12308059	12316854	333985	336732	248761	248813
4020010	4020010	445	445	4050903	4114972
3922223	3953422	10520771	10495255	8301876	8295756
36581957	36404065	18947785	18753061	11266288	11276663
11732	11099	70435	70171	122658	118985
4778.7	4767.8	1915	1886	4989	4988
13296.7	13030.1	11046.1	10825.1	6746.2	6678.7
5155.2	5259.9	4093.7	4062.8	3936.1	3953.2
413.5	448.7	738.6	771.3	301.8	303.2
		0.12	1223		0.03
77.8	77.7	14.7	14.9	72.9	70.2
		0.07	0.6	4.5	6.5
167.9	161.8	142.9	148.4	55.9	51.6
1974.7	2085.6	1343.1	1401.8	1330	1547.5
		100.3	101.1	94.7	93.9
1088.98	1157.1	951.2	945.3	899.1	909.8
1197.4	1048.1	960.8	990.5	973.8	964.2
279.9	280.9	148.4	144.3	110.8	108.9
479010	372627	235752	211918	144803	133590
18484	15830				
309.4	313.1	321.3	324.4	378.9	390.8

主要产品	计算单位	2003年	
		生产量	销售量
录像机	万台	2029.47	2011.05
其中：家用摄录一体机	万台	125.9	124.7
数字激光音、视盘机	万台	7072.8	6881.3
其中：VCD机	万台	3162.7	3137.4
DVD机	万台	3921.3	3754
收音机	万台	4809.5	4665.7
收录放机	万台	6112.7	6017.6
组合音响	万台	5541.82	5320.15
MP3、MP4播放器	万个	37.8	34.7
汽车电子音响设备	万台	3231.4	3270
电子测量仪器			
频率测量仪器	万台	491	581
电压测量仪器	万台	182.9	183.1
示波器	万台	1.8	1.7
器件参数测量仪器	台		
元件参数测量仪器合	台	1164	1115
扫频、频谱波形分析仪器	台	1436	1418
微波测量仪器	台	14186300	14181472
通信测量仪器	台	10521	8468
广播电视测量仪器	台	10085	10379
声学测量仪器	台	10474	10082
干扰场强测量仪	台	22557	22607
稳压电源	万台	1450842.0	1457884.0
记录显示仪	台	5620	5329
信号源	万台	26391.0	26915.0
医用电子仪器设备	台	471819	492466
医用超声仪器	台	25443	26074
医用激光仪器及设备	台		
医用生化分析仪器	台	3706	3709
医用高频微波射线核素仪器	台	120	120

产品生产量、销售量（二）

2002年		2001年		2000年	
生产量	销售量	生产量	销售量	生产量	销售量
1562.0	1562.2	1134.85	1097.53	790.59	776.07
21.1	21.2	64.1	66.6	107.3	104
4519.6	4528.9	1775.1	1792.7	1410.5	1374.9
935.1	952.9	763.4	792.8	780.7	953
3584.4	3576.1	1011.8	999.9	379.8	358.7
3371.7	3269.8	3113.32	3038.6	2953.7	2925.2
5914.8	5928.9	4655.46	4562.4	5638.4	5582.1
4863.2	4888.9	4655.46	4516.73	2917.3	2858.9
42.4	42.1				
1017.8	1015.5	655.6	654.9	518	517.1
643.0	591	1.9	1.3	1.4	1.5
39.8	40.2	79.4	78.3	102.8	104.8
2.5	2.5	6.3	6.2	6.3	6.1
210	147	764	764	518	627
1236	1266	1346	1155	2495	2203
4283	3837	2163	2548	2375	2240
64963	64162	2089	2058	2150	1349
325	322	1621	1328	309	406
6000	6534	5731	6886	6162	4764
12089	11133	19344	18469	2	1
164384	162293	20	51	1	24
1283623.0	1284252.0	157.5	160.6	175.5	173.1
1	1	32196	32037		12
3883.3	3829.5	1.0	1.0	5.0	4.8
14466	14824	9346	8236	8440	8354
6286	7920	400977	389853	7383	6812
17	17	76	76	114	114
4128	3959	7059	6369	1958	1811
26	26	458	281	46	46

主要产品	计算单位	2003年	
		生产量	销售量
中医用仪器	万台	4.4	4.6
电子专用设备			
半导体器件和集成电路专用设备	台	122565	121819
电真空器件专用设备	台	11583111	11583005
电子元件专用设备	台	1405	1247
例行试验可靠性试验设备	台	12310	11999
水、气净化设备	万台	1655	1136
电子整机装联设备	台	936	911
自动贴片机	台		
装配生产线	台	399	379
电子通用设备	万台	8.4	8
电子元件			
电子元件合计	亿只	5281.55	5175.9
电容器	万只	12302032.26	12039511.35
电阻、电位器	万只	10991439.3	10854787.97
电连接元件	万只	920533.07	884699.23
控制元件	万只	118905.24	118398.38
其中：传感器	万只	2576.66	2672.86
磁性材料电感变压器	万只	5133413.55	5056723.28
电声器件	万只	79244.87	78227.85
频率控制和选择用元件	万只	398089.14	368482.28
电子印制电路板	万平米	4025.1	3728.2
敏感元器件	万只	77541.3	73249
电子器件			
电子管	万只	849.02	903.88
电子束管	万只	220940.76	213728.63
其中：彩色显像管	万只	9051.03	8906.58
其中：37cm	万只	915	923
51cm	万只	366	364
54cm	万只	1520.94	1518.94

产品生产量、销售量（二）

2002年		2001年		2000年	
生产量	销售量	生产量	销售量	生产量	销售量
25	23.9	19.5	18.6	10.2	5.3
24742	19201	33607	30308	11960	11565
1107	889	63920	63186	1575	1537
2615	2387	9333	9038	11537	11210
270	305	292	221	429	317
2710	2222	3.6	3.4	4.8	4.7
2189	2150	450	431	497	497
		59	40		
351	348	9576	9575	15066	15017
13.5	14.2	13.8	14.1	21.5	20.8
4055.22	3974.1	3280.33	3261.21	2697.69	2670.72
10751764.9	10219410.2	8815557	8437039	9797648.1	9655835.9
10163235.8	9806122.2	6880511	6819356	7930180.6	7629511.4
629032.2	608566.5	432855	431673	487321.1	483301.5
78856.1	77882.3	94134	91099	393717.3	402018.7
7823.1	7580.5	12994	10945	12022.2	10148.4
1855087.6	1835058.9	1339820	1376169	1788164.3	1722864
70707.1	70448.5	43199	43278	61498.4	60617.4
425975.8	343394.5	383123	327763	355468.9	366669.5
709.9	698.9	755.7	753.8	822.3	813.6
35140.3	33018.2	97.6	70.5	18.4	15.3
2615.9	2634.3	555	469	424.6	406.6
63423.0	61242.2	70718	84638	12198.3	11769
5058.7	5059.1	4580.7	4489.2	4441.2	4310.2
513.8	516.9	525	489	552.7	531
478.8	477.4	411	280		
2152.2	2155.7	1841	1857	1305.9	1292.6

主要产品	计算单位	2003年	
		生产量	销售量
64cm	万只	651.84	661.85
74cm	万只	891.09	871.49
黑白显像管	万只	427.47	287.06
彩色显像管玻壳	万只	8363.1	8352
电光源	万只	189745.02	191162.15
电子束光电器件	万只	2616.47	2636.46
电真空光电子器件	万只	546308.38	496326.18
半导体光电器件	万只	182032.57	179550.25
半导体分立器件	亿只	875.45	857.92
半导体二极管	万只	2184492.4	2159319.77
半导体三极管	万只	2201980.81	2211649.15
特种器件及传感器	万只	1119371.34	1110641.47
电力半导体器件	万只	681.17	673.48
集成电路	万块	1483100.9	1483007.1
其中：大规模集成电路	万块	686285.1	679422.1
电子信息机电产品			
微特电机	万只	62336.89	61918.73
驱动微电机	万只	29540.28	29494.01
控制微电机	万只	7745.72	7481.31
专用微特电机	万只	23064.71	22935.21
电源电机	万只	1.18	1.2
其他电机	万只	1985	2007
光纤	公里	12439148.22	5678526.95
光缆	芯公里	5356231.06	3162630.24
电池	万只		
锂电池	万只	204531	170296
原电池	万只	307669.65	298828.46

产品生产量、销售量（二）

2002年		2001年		2000年	
生产量	销售量	生产量	销售量	生产量	销售量
721.3	710.3	588	642	840	812.7
977.1	988.8	583	590	846.8	751.5
426.9	428.2	604.9	748.5	584.3	549.5
7373.1	7349.8	5637	5259	5676.2	5431
70026.1	75761.0	33326	32747	31347.8	30725.7
		3	2	2.3	2.4
58402.3	34681.8	77145	77528	91483	90967.4
1009489.0	981706.3	16546	16219	27101.4	27098.2
593.39	581.51	476.91	472.10	511.98	439.03
2097329.9	2079287.9	2539479	2532064	2436116.6	2334954
1904965.6	1844201.1	958792	904265	950783.9	922997.9
164984.2	164414.5	128865	128530	27126.5	27120.2
223318.0	215453.0	1374	1307	1654.8	1724.4
963101.7	888038.0	636288	629925.1	588226.6	582343.7
413240.4	409107.9	222597	220371.2	239052.8	236671.5
50615.9	51558.5	22103	22310	64231	61968.8
29309.9	30618.3	1774	1851	29171.1	26676.9
6904.6	6591.3	9355	9211	24415.3	24758.9
13748.9	13718.6	8652	8627	8996.2	8873.9
46.5	47.3	1678	1986	1149	1120.7
606.0	583	645	635	499.4	538.4
3218084.7	2808393.4	7596255	7562300	4813099.9	4625370
1118241.4	1153270.3	2995309	2943514	986199.5	1002358.9
7221988.3	6909834.5	11583	8870	11362	1125.1
315805.5	306153.5	96668	94265	126792.5	121105.6

电子信息产业主要

主要产品	计算单位	1999年		1998年	
		生产量	销售量	生产量	销售量
通信设备					
通信发射机	部	608	434	582	570
通信接收机	部	3499	2802	2121	2978
微波通信设备	部	10471	9559	2743	2450
卫星应用产品	部	836078	847055	196669	177055
载波通信设备	部	8824	8813	8200	8117
光通信设备	部	308639	309666	22234	22013
其中：光缆终端机	部	308452	309527	13004	11543
程控交换机	万线	4726.0	4678.7	4219.9	4177.8
其中：数字程控交换机	万线	4699.8	4652.7	4093.7	4052.7
模拟移动通信基站设备	部	3246	3195	12394	10811
数字移动通信基站设备	部	934503	931571	158193	160426
电话单机	万部	7139.9	6997.1	6520.5	6391.1
其中：普通电话机	万部	2065.1	2063.9	1724.4	1660.7
无绳电话机	部	12449906	12502687	2037218	2004141.8
GSM手机	万部	2300.6	2310	830.3	799.5
CDMA手机	万部				
广播电视设备					
音频节目制作和播控设备	部	75230	74043	89689	82637
视听节目制作及播控设备	部	2218	2380	1722	1595
广播发射设备	部	3323	1951	1409	1450
电视发射、差转设备	部	4330	4612	4088	3912
广播电视微波设备	部	282116	287913	390	409
专业录音、录像及重放设备	部				
应用电视设备	部	221850	224196	1421069	1378895
电子计算机					
大中小计算机及工作站	部	1270	1270	2921	2975
其中：超小型机	部	973	972	381	379
台式微机	万部	405.5	393.3	291.8	289.2

产品生产量、销售量（三）

1997年		1996年		1995年	
生产量	销售量	生产量	销售量	生产量	销售量
4922	4873	2313	2289	2016	1995
636421	631265	260031	255831	343331	339897
1140	1065	16936	16258	44575	42972
354035	362572	406040	344651	263472	245246
9489	9396	16936	16863	44575	44129
37652	35941	46673	46206	65094	64525
7210	5921	6104	6129	4320	3903
2838.7	2659.3	2318.9	2276.8	2614.5	2567.5
2787.3	2731.6	2274.8	2235.8	2091.6	2059.7
33172	33215				
85401	82271	39683信道	38638信道	11343信道	12150信道
8653.7	8581.6	7960.8	7913.1	9956.4	9826.5
1635.1	1618.6	875.1	867.7	839.6	604.0
862512	823230	69.8	66.8	80.3	71.5
417.6	405.2	358.6	358.7	149.2	148.7
124261	118205	126002	127261	142915	138745
380	398	1184	1003	19040	17519
3327	3976	1315	1441	1370	1243
11445	11463	7231	7322	11467	11537
19790	16865	284	327	25	22
		180	259	2640	2379
255449	235809				
2443	2309	1868	1878	1436	1488
2443	2341	1331	1235		
206.6	195.8	138.8	136.5	83.6	82.3

主要产品	计算单位	1999年		1998年	
		生产量	销售量	生产量	销售量
笔记本电脑	部	616	616	19	19
计算机网络及网络设备	部	383647	381074	573518	569961
其中：路由器	部	960	987	86	86
显示器	万部	1530.7	1514.1	854.8	848.6
其中：单色显示器	部	260875	257909	99444	110238
彩色显示器	部	15045998	14883392	7857706	7784062
平板显示器	部				
扫描仪	部	121425	96533		
传真机	万部	159.99	155.19	128.69	126.12
数码相机	部				
打印设备	部	714735	705725	527802	520613
其中：激光打印机	部	172164	171014	141044	138771
喷墨打印机	部	36882	38708	20720	10752
软盘驱动器	部	432	432	4074640	4064599
硬盘驱动器	部	10782016	10889008	3034156	2969049
光盘驱动器	部	2817586	2798352	1242530	1226399
UPS电源	部	77730	80009	50913	50868
IC卡	万片	3927.5	3933.6	2239	2270
计算器	万部	5253.6	5201.1	4390.5	4302.7
家用视听产品					
彩色电视机	万台	4262.0	4176.8	3643.0	3606.5
其中：37cm彩电	万台	200.1	195.1	244.3	240.9
44cm彩电	万台	0.8	0.8	3.1	5.2
47cm彩电	万台	5.8	5.1	9	20.6
49cm彩电	万台	9.3	9.1	9.1	17.8
51cm彩电	万台	74.8	77.5	44.8	44.7
54cm彩电	万台	1515.8	1525.2	1515	1428.9
56cm彩电	万台	50.5	49.5	19.1	17.1
64cm彩电	万台	992.5	994.6	785.2	742.8

产品生产量、销售量（三）

1997年		1996年		1995年	
生产量	销售量	生产量	销售量	生产量	销售量
7712	7635	673	673	745	788
46355	42833	219	219	288	288
743	743	218	218	288	288
569.6	556.5	226.1	224.4	82.4	81.4
167127	168649	266921	265058	258305	270761
5484538	5353103	1994662	1979506	565571	542807
162.51	159.26	137.87	133.74	136.12	132.04
499805	492810	415580	409760	229990	224940
88416	86739	31568	31583		
11389	11204	1782	1371		
696987	705561	2976968	2971742	3553953	3554129
5180584	5205394	3489552	3471379	233139	234814
658034	658023	3489150	3470977		
505509	507486	299984	293968		
1414.3	1347.3				
12878.7	128425.5	12219.6	12097.5	16813.5	16763.1
2711.3	2680.6	2537.6	2581.7	1912.1	1876.4
186.8	188.8	222.3		264.8	
2.1	5.2	9.6		32.2	
49.5	48.7	85.1		167.9	
65.8	63.9	44.9		75.2	
52.7	62.4	182.4		169.9	
981	1033.3	117.1		93.3	
10.4	12.1	11.8		32.4	
551.8	529.1	287.6		133.3	

主要产品	计算单位	1999年		1998年	
		生产量	销售量	生产量	销售量
74cm彩电	万台				
74cm彩电以上	万台				
背投彩电	台				
PDP彩电	台				
黑白电视机	万台	473.1	514.3	632.9	625.2
录像机	万台	568.7	551.6	330.6	329.8
其中：家用摄录一体机	万台	50.9	50.7	36.4	36.3
数字激光音、视盘机	万台	1056.4	1086.8	1096.4	1037
其中：VCD机	万台	962.5	994.1	1081.2	1034.8
DVD机	万台	90.4	89.2	13	7.5
收音机	万台	2755.2	2603.2	2842.7	2758.6
收录放机	万台	3962.1	3922.5	4751.1	4657.3
组合音响	万台	2194.5	2084.8	1708.3	1622.9
汽车电子音响设备	万台	417.8	410	354.4	357.6
电子测量仪器					
频率测量仪器	万台	0.4	0.4	50.6	52
电压测量仪器	万台	229.4	225.1	237.8	240.7
示波器	万台	5	4.4	5	4
器件参数测量仪器	台	363	634	4217	4465
元件参数测量仪器合	台	2463	2260	3742	3798
脉冲测量仪器	台	271	302	149	123
扫频、频谱波形分析仪器	台	734	930	1445	1623
微波测量仪器	台	802	767	2030	2162
通信测量仪器	台	940	1172	1952	1087
广播电视测量仪器	台	380	375	332	420
声学测量仪器	台	6523	6356	1750	2467
干扰场强测量仪	台	49	31	28	71
稳压电源	万台	45.4	42.1	45.9	47.1
记录显示仪	台	508	498	2318	2295

产品生产量、销售量（三）

1997年		1996年		1995年	
生产量	销售量	生产量	销售量	生产量	销售量
				17.3	
758.9	751.4	797.3	799.4	1529.7	1474.2
362.8	371.5	273.8	263.6	180.2	163.3
24.2	25.3	13.8	12.7	4.6	4.1
688.1	651.4	266.9	267.1	70.7	71.2
657	620.9	224.0	269.0	22.0	65.0
4624.2	4585.5	5650.7	5597.3	8204.6	8122.5
1333.0	1275.3	1592.5	1584.5	1876.6	1667.2
2073.6	2012.7	2042.2	2051.3	2465.7	2452.2
430.7	426.7	367.1	363.9	479.3	479.6
48.7	46.2	2.2	1.6	0.9	0.9
5.3	5.2	15.1	13	92.6	92
3.1	2.9	3.2	3.2	2.7	2.8
4207	4279	3758.0	4018	4215.0	4253
3514	3487	3372.0	3077	2912.0	2913
94	153	565.0	363	220.0	357
1414	1767	1914.0	1744	2185.0	3561
7288	7185	3058.0	3628	2588.0	2117
2319	2010	3134.0	2826	2668.0	2432
367	437	1052.0	1158	2015.0	2128
3043	3248	5265.0	3909	3636.0	4122
679	704	107.0	202	405.0	478
54.7	52.8	50.5	50.4	63.8	65.1
294	288	160.0	159	728.0	629

主要产品	计算单位	1999年		1998年	
		生产量	销售量	生产量	销售量
信号源	万台	3.5	2.5	46	47
功率计	台	308	484	718	467
医用电子仪器设备	台	96510	95256	4674	5869
医用超声仪器	台	7864	7352	4895	4883
医用激光仪器及设备	台	152	152	193	319
医用生化分析仪器	台	2165	2332	3113	2665
医用高频微波射线核素仪器	台	110	109	57	56
中医用仪器	万台	7.5	74.4	2.4	2.4
电子专用设备					
半导体器件和集成电路专用设备	台	2686	2720	1941	2355
电真空器件专用设备	台	346	368	427	861
电子元件专用设备	台	2029	1744	2735	2690
例行试验可靠性试验设备	台	189	172	337	362
水、气净化设备	万台	4.5	4.2	3.7	3.7
电子整机装联设备	台	516	627	220	251
其中：自动插件机	台			6	6
装配生产线	台/米	32287	34243	18795	18829
电子通用设备	万台	22.5	24.9	52.1	48.5
电子元件					
电子元件合计	亿只	1705.16		1405.6	
电容器	万只	6849767.5	6979517.8	5113261.5	4903799.3
电阻、电位器	万只	4801435.4	4821775.7	3510216	3596320
电连接元件	万只	456261.7	456585.6	289213	286839
控制元件	万只	359086.2	362928.3	49103.3	49208.8
其中：传感器	万只	4376.8	3899.3	2262.4	2276.5
磁性材料电感变压器	万只	8994378.3	7500069	726176.1	683116.4
电声器件	万只	130062.4	136185.7	214902.2	210775.3
频率控制和选择用元件	万只	148854	145499	111592.5	106638
电子印制电路板	万平米	619.3	613.6	682.9	682.9

产品生产量、销售量（三）

1997年		1996年		1995年	
生产量	销售量	生产量	销售量	生产量	销售量
28.5	27.4	1.5	1.5	1.6	1.6
97	169	2896.0	3359	613.0	691
5935	5069				
6728	7563				
186	143				
3615	3970				
45	46				
2.2	1.3				
1500	1408	1902	1164	1212	1188
1532	1151	887	861	900	882
1136	1144	2116	2094	2336	2289
411	436	430	425	323	314
11.3	10.8	2	1.9	2.7	2.6
131000	132000	759	750	432	428
2	4				
1500	1490				
54.3	53.3	2.1	2.1	7.2	7
1081.3	1053.9	899.7	891.7	951.9	942.5
5306436.7	5206125.8	3853283.1	324083.1	4171139.7	4087068.3
5038523.4	5021741.1	4479029.3	4387236.2	4427564.1	4339012.7
287781.1	274812	313905.8	318259.3	344360.4	318661.7
53272.7	52484.5	39477.1	39357.8	24502.7	22884.4
1217.9	1362.9	2129	2429.6	2036.5	1254.6
610058.8	600280.2	508091.8	488133.1	574084.9	524182.2
292453.4	284813.3	518746.5	518371.6	472534.6	463050.2
112817	106383.6	89888.5	81223.2	78943.1	75479.3
557.8	545.1	705.1	682	406.3	402.8

主要产品	计算单位	1999年		1998年	
		生产量	销售量	生产量	销售量
敏感元器件	万只	14.1	12.3	10.7	805
电子器件					
电子管	万只	193.5	197	295.4	321.1
电子束管	万只	68774.4	74653.5	55345.1	35098.2
其中：彩色显像管	万只	3934.6	3721.6	3032.3	2922.3
其中：37cm	万只	364.1	376.3	242.1	295.9
47cm	万只	19.4	15.2	4.6	6
49cm	万只			1.7	8.9
51cm	万只			2	6
54cm	万只	1423.6	1403.1	1529	1567.7
56cm	万只			4	4
64cm	万只	813.3	801.4	665.2	678.5
74cm	万只				
黑白显像管	万只	602.6	746.5	488.4	287
彩色显像管玻壳	万只	4084.1	4108.6	3088	2986.1
电光源	万只	21309.8	21113.6	40054	21861
电子束光电器件	万只	1.4	1.4	2.5	2.5
半导体光电器件	万只	73965.1	74434.6	103561.5	101023.5
半导体分立器件	万只	2787642.4	2759724.7	2238222	2215601.4
半导体二极管	万只	1281204.4	1268320.4	1565573.6	1487768.4
半导体三极管	万只	612521.1	603404.7	367302.5	360570.1
特种器件及传感器	万只	23911.4	23900.5	2978.5	3010.9
电力半导体器件	万只	11325.5	11319.1	5967.4	5852
集成电路	万块	245904.3	247187.2	163477	174649
其中：大规模集成电路	万块	113251.6	112552.4	64119.3	63047.9
集成电路		415000		262577	
其中：大规模集成电路		139961		55600	
电子信息机电产品					
微特电机	万只	367025.2	234776.5	1694716	1672585

产品生产量、销售量（三）

1997年		1996年		1995年	
生产量	销售量	生产量	销售量	生产量	销售量
11.9	5.7				
331.3	343.3	261.5	257.9	209.4	154.7
9757.2	9366.9	6335.8	6082.4	8084.9	8014.1
2046.2	1983.6	1951	1909	1815.1	1737.6
270.6	237				
	28.7				
39	35.1				
	0.5				
1093.1	1044.9				
	5				
583.8	572.3				
571.1	520	760	600.9	1244	1427
2796.2	2540.5	1860	1501	1733.5	1687.5
101026.2	73794.1	46377	40562.5	36224	35185.8
2.5	2.4				
54192.7	49789.9				
1255000.5	1238855.8	1086581.2	1055876.3	1238631.2	1120815
1005640.2	990577.5	849498.8	834098.8	975583.4	908652.8
245254.1	244832.5	234816.5	219098.8	238545	179551.7
2553.5	2504.8	1649.4	1674	2098.1	2103.8
1552.7	1390.5	1116.5	1004.7	23013.7	30506.7
130712.6	126421.7	75843.9	74322.1	51496.9	50381.7
63181.9	62920.9				
13951.7	13911.4	7107.7	6706.1	5126.1	4815.5

主要产品	计算单位	1999年		1998年	
		生产量	销售量	生产量	销售量
驱动微电机	万只	346881.5	227053.4	1682365.6	1672585
控制微电机	万只	17591.4	5165.5	11833.5	11836.7
专用微特电机	万只	2105.6	2105.9	14.9	14.6
电源电机	万只	11	10.9	5.7	6.1
其他电机	万只	435.7	440.8	496.3	485.8
光纤	公里	2123939.2	2036876.9	901327	901821.6
光缆	芯公里	122044.8	120662.2	81300	80951.1
电池	万只	589361.9	519930.2	280991.4	276400.7
锂电池	万只	50914.9	19814.6	13	46
原电池	万只	97776.8	98384.1	201373.9	203523.5

产品生产量、销售量（三）

1997年		1996年		1995年	
生产量	销售量	生产量	销售量	生产量	销售量
5093.5	5006.2	3533	3246.5	2296.6	2039.6
6817.8	6880.8	1067.9	1054.1	702.4	674.1
1462.9	1470.8	1436.1	1428.7	493	474.6
0.5	0.4	15.4	14	0.5	0.7
577	553.2	1055.3	962.8	1633.6	1626.5
5018737	5014395	26997	27196.7	12219.6	11370
73650.5	70049.3				
223072.3	216923.4	15985.5	15708	14897.7	14540.7
55.1	100.2				
172098.8	167106.9	11640.4	11601.5	12966.1	12700

电子信息产业主要

主 要 产 品	计算单位	1994年		1993年	
		生产量	销售量	生产量	销售量
通信设备					
通信发射机	部	922	805	4490	3955
通信接收机	部	1974	1947	2799	2485
微波通信设备	部	3088	2913	2837	2766
卫星应用产品	部	132521	132277	100957	84036
载波通信设备	部	69492	6900	76219	68597.1
光通信设备	部	5050	5231	1827	1788
其中：光缆终端机	部	35445	3489	1575	1536
程控交换机	万线	809.4	797.8	648.0	606.9
电话单机	万部	5722.9	5551.2	2663.6	2610.3
其中：普通电话机	万部	655.0	604.0	360.1	348.9
无绳电话机	部	62.1	62.0	116130	106970
GSM手机	万部				
CDMA手机	万部				
广播电视设备					
音频节目制作和播控设备	部	91287	90885	103370	119208
视听节目制作及播控设备	部	19898	17882	34084	31798
广播发射设备	部	909	1733	1307	1166
电视发射、差转设备	部	69623	69511	15016	13293
广播电视微波设备	部	1782	1882	6056	4366
专业录音、录像及重放设备	部	2705	3587	1096	1030
电子计算机					
大中小计算机及工作站	部	1405	1376	2528	2503
台式微机	万部	87.5	84.9	63.9	61.1
笔记本电脑	部	6635	6729	138	138
计算机网络及网络设备	部	4	4	20512	19651
其中：路由器	部				
显示器	万部	192.0	191.4	40.9	39.0
其中：单色显示器	部	604395	616599	283273	272371

产品生产量、销售量（四）

1992年		1991年	1990年	1989年	1988年
生产量	销售量	生产量	生产量	生产量	生产量
1541	1115				
5330	3566				
1215	1092	469	238	90	
15921	15283	11049	3885	1380	
55906	54787	39926	36773	45163	17595
1832	1775	1646	2100	232	69
565	545			225	
523.8	508.9	297.3	229.5	35.1万门	9.5
1982.3	1862.7	950.7	881.1	880.1	721.6
378.0	343.1	119.2	25.7	18.5	10.1
69914	67109				
187833	148978	78276	35302	15436	23208
40928	30476	2706	1857	2153	2450
7655	8432	613	2400	1600	11000
16329	15839	10401	7735	5900	7000
230	370	139	165	122	162
1140	1204	5983	52035		
1445	1439	562	478	458	416
39.2	38.5	23.1	15.8	18.6	16.6
462	402				
31	23		436	1060	26
27.3	28.2	20.8	13.7	7.4	3.6
204441	212900	180135	78370		

主 要 产 品	计算单位	1994年		1993年	
		生产量	销售量	生产量	销售量
彩色显示器	部	1315697	1296952	125873	117654
平板显示器	部				
扫描仪	部				
传真机	部	26222.0	18641	24244	18489
数码相机	部				
打印设备	部	222182	220008	277065	278358
其中：激光打印机	部				
喷墨打印机	部				
软盘驱动器	部	2729171	2512139	515971	485628
硬盘驱动器	部	833634	814669	12429	15265
UPS电源	部			66059	64722
计算器	万部	6327.4	6202.6	2091.1	2017.3
家用视听产品					
彩色电视机	万台	1637.1	1588.9	1307.3	1422.9
其中：37cm彩电	万台	201.3		209.9	217.2
44cm彩电	万台	29.9		30.5	37.6
47cm彩电	万台	139.2		123.1	147.9
49cm彩电	万台	64.5		46.4	50.9
51cm彩电	万台	147.8		130.4	154.9
54cm彩电	万台	767.4		567.5	618.8
56cm彩电	万台	9.6		567.5	618.8
64cm彩电	万台	53.4			
74cm彩电	万台				
74cm彩电以上	万台				
背投彩电	台				
PDP彩电	台				
黑白电视机	万台	1276.2	1295.2	1308.4	1402.8
录像机	万台	187.7	179.1	113.3	121.9
其中：家用摄录一体机	万台	1.0	1.0	2076台	2216台

产品生产量、销售量（四）

1992年		1991年	1990年	1989年	1988年
生产量	销售量	生产量	生产量	生产量	生产量
68219	69187	27864	58276	431	9704
30318	29676	11211	7031	6429	
187200	174875	93436	86258	48200	41600
			166	129	11
100243	98055	125327	62766	94604	47022
17663	19437	22868	25654	25079	23794
112968	111192	5415	9430		
1740.9	1723.5	1388.7	1503.1	1184.3	567.4
1333.1	1329.8	1205.1	1033.9	929.5	999.1
219.3	206.0	271.1	283.4	199.9	158.0
47.9	40.5	230.4	0.6	13.3	4.3
181.1	175.8		230.9	357.7	543.3
42.4	37.8		10.3	6.9	1.8
221.5	241.8	349.2	363.8	286.6	239.5
411.9	365.2	281.8	110.9	25.0	5.4
9.0	11.8	41.4	19.6	24.2	21.7
4.7	4.5	0.9	0.4	0.7	0.3
1316.8	1350.9	1342.1	1563.2	1677.4	1339.2
59.9	54.7	22.1	4.5	11.7	13.98
150台	220台				

主要产品	计算单位	1994年		1993年	
		生产量	销售量	生产量	销售量
数字激光音、视盘机	万台	36.6	33.9	21.2	19.9
其中：VCD机	万台				
DVD机	万台				
收音机	万台	4132.0	4012.3	1202.9	1167.1
收录放机	万台	8395.6	8337.5	3647.9	3649.3
组合音响	万台	473.4	461.4	413.2	418.3
汽车电子音响设备	万台	302.6	300.5	260.9	257.4
电子测量仪器				1.0	
频率测量仪器	万台	2.7	2.3	2.7	2.6
电压测量仪器	万台	91.9	90.9	102.6	100.7
示波器	万台	2.6	2.7	3.4	3.2
器件参数测量仪器	台	2827	2955	5846	4958
元件参数测量仪器合	台	3362	3633	5343	5018
脉冲测量仪器	台	609	510	658	499
扫频、频谱波形分析仪器	台	3191	3517	6437	5561
微波测量仪器	台	3024	2099	1981	1985
通信测量仪器	台	3707	3625	6044	4551
广播电视测量仪器	台	1148	801	1014	1585
声学测量仪器	台	3356	3932	8945	7423
干扰场强测量仪	台	331	393	550	872
稳压电源	万台	68.8	63.2	53.6	53.8
记录显示仪	台	1704	1568	6868	6906
信号源	万台	6.6	6.6	1.4	1.3
功率计	台	860	797	1995	1213
医用电子仪器设备	台			49884	24861
医用超声仪器	台			15243	13026
医用激光仪器及设备	台			849	868
医用生化分析仪器	台			4470	4460
医用高频微波射线核素仪器	台			304	348

产品生产量、销售量（四）

1992年		1991年	1990年	1989年	1988年
生产量	销售量	生产量	生产量	生产量	生产量
38.9	34.6				
1648.9	1632.5	1969.1	2102.9	1834.7	1548.9
3231.8	3135.1	2873.7	3023.5	2349.0	2540.4
340.9	328.9	289.7	160.7	102.8	148.4
259.1	252.3	194.8	210.9	183.4	
2.2	2.0	0.8	0.8	0.78	1.4
86.5	86.7	127.7	13.0	7.99	14.4
3.9	3.7	3.3	3.1	4.4	4.5
4694	4556	3625	3761	6236	5734
14077	10859	6318	7722	8441	11383
655	567	985	807	2429	790
6432	5400	5505	5474	5762	6056
17004	14073	13714	4584	6252	4672
8059	7685	9518	6898	7604	4454
2553	2431	3272	3542	4232	4131
7455	6724	6223	5429	7891	8901
2569	2627	1759	1116	2001	3138
70.7	68.3	46.7	19.3	32.0	15.6
4280	4403	269	519	1052	894
1.8	1.6	1.9	2.6	2.2	2.0
1863	1629	2621	2559	2638	1251
27442	20447	13961	14497	18549	9163
333698	256237				
949	985				
4086	4141		3425	3772	739
1757	970				

主要产品	计算单位	1994年		1993年	
		生产量	销售量	生产量	销售量
中医用仪器	万台			71.0	76.6
电子专用设备					
半导体器件和集成电路专用设备	台	3460	3202	4243	4174
电真空器件专用设备	台	846	903	3130	2975
电子元件专用设备	台	3767	4378	1587	1472
例行试验可靠性试验设备	台	950	878	963	883
水、气净化设备	万台	2.6	2.8	3.7	3.1
电子整机装联设备	台	462	643	1000	1000
其中：装配生产线	台/米	4000	4000	20964	19030
电子通用设备	万台	24.1	25.6	16.5	16.8
电子元件					
电子元件合计	亿只	848.62	839.13	638.68	632.29
电容器	万只	2144740.0	2123292.6	1823569.6	1805335.9
电阻、电位器	万只	2982782.1	2952955.2	1923862.5	1905623.8
电连接元件	万只	158092.7	154080.5	236119.2	238190.2
控制元件	万只	227695.9	225318.8	20839.9	20631.5
其中：传感器	万只	248.8	277.6	573.6	580.1
磁性材料电感变压器	万只	464362.1	441202.7	329719.2	320188.6
电声器件	万只	302358.6	299335.1	272204.8	266760.7
频率控制和选择用元件	万只	59594.1	58786.3	37779.3	38103.3
电子印制电路板	万平米	372.4	371.4	336.7	334.6
敏感元器件	万只			1.5	1.3
电子器件					
电子管	万只	5203.5	5217.6	4404.6	4272.5
电子束管	万只	7976.9	7161.7	6422.2	6667.3
其中：彩色显像管	万只	1439.0	1414.6	926.7	1020.1
其中：37cm	万只			169.5	184.5
47cm	万只			81	106
49cm	万只			51.1	54.7

产品生产量、销售量（四）

1992年		1991年	1990年	1989年	1988年
生产量	销售量	生产量	生产量	生产量	生产量
19.3	19.7				
6584	10071	2538	2557	2657	2653
14298	15832	4657	1386	1814	2516
2338	2248	2794	1882	3242	1784
427	457		708	381	332
3.2	2.6		0.7	1.3	1.2
2000	2000		0.1		
7668	7695		899台	1477	3233
12.1	14.4	5.1	1.8		
407.44	399.3	381.72	383.82	294.09	214.81
901567.2	886720.9	967051.5	910608.0	702935.4	676977.6
1152717.3	1127772.2	1334934.7	1063031.6	856357.9	841658.6
146071.2	139140.0	121944.8	91842.2	87457.1	73861.1
5522.2	5589.8	4391.0	15766.9	3942.4	3752.7
79.2	66.3	48.8	42.6	51.6	93.3
419552.2	382477.7	323506.4	242556.9	234078.9	213367.4
58587.4	54982.7	52379.7	35413.0	26548.3	4.08
28656.1	25961.6				
295.0	293.9	276.2	199.3	178.4	258.6
0.6	0.6				
3606.9	3282.3	3676.8	4247.1	3612.8	2703.0
3663.5	3650.0	2050.1	1962.5	1748.4	1395.6
876.9	805.2	767.7	373.5	173.9	144.8
138.1	132.8	136.9	109.6	106.4	21.3
162.1	147.3	216.2	66.6	5.5	
57.3	53.9	113.5	13.1		

主要产品	计算单位	1994年		1993年	
		生产量	销售量	生产量	销售量
51cm	万只			129.6	140.5
54cm	万只			415.3	444.9
56cm	万只			42	35
64cm	万只			21.6	19.3
74cm	万只				
黑白显像管	万只	1439.0	1342.6	1272.8	1358.8
彩色显像管玻壳	万只	1174.0	964.2	505.2	437.6
电光源	万只	52263.8	53047.1	66670.7	62346.8
电真空光电子器件	万只			1116.7	1170.7
半导体光电器件	万只			1559.6	1696.6
半导体分立器件	万只	1670324.2	1621206.6	950575.4	973152.1
半导体二极管	万只	846790.1	818721.6	570035.9	587356.9
半导体三极管	万只	193204.6	182798.5	110046.6	113933.3
特种器件及传感器	万只	2456.1	2539.9	9589.9	7978.8
电力半导体器件	万只	3373.4	3246.6	903.0	883.1
集成电路	万块	48462.0	47977.5	20100.9	20156.3
其中：大规模集成电路	万块			2603.6	2381.8
电子信息机电产品					
微特电机	万只	2983.0	2848.4	2316.1	2302.2
驱动微电机	万只	1881.3	1848.4	610.8	613.7
控制微电机	万只	419.2	401.1	1077.0	1054.8
专用微特电机	万只	2.0	1.8	2.1	1.7
电源电机	万只	12.3	10.4	0.2	0.2
其他电机	万只	668.2	630.4	626.0	631.8
光纤	公里	14709	13370	12214.8	13074.5
光缆	芯公里			5237.6	5451.0
电池	万只	16288.1	16496.9	26346.9	24077.4
锂电池	万只			173.0	192.0
原电池	万只	12408.1	12788.4	14417.0	15078.2

产品生产量、销售量（四）

1992年		1991年	1990年	1989年	1988年
生产量	销售量	生产量	生产量	生产量	生产量
58.8	50.3		3	1.3	
371.9	337.7	110.2	94.6	0.2	
19.0	22.0	75.0	10.9	45.99	30.4
1231.1	1276.2	1280.5	841.5	1569.8	1242.8
343.6	321.4		61.0		
350437.1	487496.3	358575.6	32125.0	40887.8	10711.3
5.7	5.4				
130.6	132.7	181.9	3.3	5.2	
671931.9	658563.2	546958.9	333794.5	248528.9	197665.4
486459.4	477597.0	443143.4	256755.8	182345.0	126328.3
74636.0	76241.1	60637.2	52341.7	55718.3	58415.4
2162.1	1503.7	178.3	1096.9	1465.5	2821.7
1488.2	1400.0				
16099.3	16251.4	17048.5	10837.8	13155.9	13160.1
1496.0	1504.0				
2743.0	2706.3	1368.4	147.9	139.3	177.9
501.3	436.2				
2681.5	2735.6				
1.1	1.1	0.8			
36.6	35.3				
526.2	500.7	604.4			
8948.0	8251.0	979.5	3319.9	2333.7	405.3
1719.1	1734.5				
27501	24095.5	36584.5	15190.2	13097.1	12234.7
105.0	90.0	102.4	109.8	107.6	104.9
16616.8	15862.2	14650.8	14080.3	12989.5	11328.3

四、软件产业主要指标

软件产业主要

指　　标	单位	2007年	2006年
企业个数	个	14373	12400
软件业务收入合计：	万元	58343499	44708544
在合计中：软件产品收入	万元	17828195	12318953
系统集成收入	万元	10677505	12745465
软件技术服务收入	万元	13738581	8288766
嵌入式系统软件收入	万元	1406186	10282586
IC设计收入	万元	14162151	1072774
软件外包服务收入	万元	1937067	1042347
增加值	万元	21349958	17414338
劳动者报酬	万元	7385458	7077878
主营业务税金及附加	万元	1165463	694139
利润总额	万元	5840446	4222623
资产合计	万元	97282596	75060487
负债合计	万元	49248342	39101036
流动资金平均余额	万元	42256353	45188722
应交增值税	万元	2163713	1683660
应交所得税	万元	934359	778914
出口已退税	万元	551695	333994
年末所有者权益	万元	48034254	36066119
年初所有者权益	万元	33061591	28582053
生产税净额	万元	3887833	2736648
营业结余	万元	7209177	4540413
固定资产折旧	万元	2867490	3059399
从业人员年末人数	人	1528977	1289530
其中：软件研发人员	人	573747	456214
管理人员	人	170030	182342
其中：硕士以上人员	人	154058	115175
大学本科人员	人	812762	538758
大专以下人员	人	562157	404545

指标汇总表

2005年	2004年	2003年	2002年	2001年
11448	7435	5624	4700	2767
39063773	24048943	16331289	11000575	7505809
19315013	15279543	8366735	6605356	5107012
10593391	5736953	5315485	2338871	1841509
9155369	3032447	2649069	2056348	504288
15069792	4574416	12324338	11610475	2910785
3666945	2204168	2233125		1168555
422910	134003		324174	
2837383	1162217	594539		1430036
			34973947	27470534
			17978398	11141736
1350564	601308		1124662	745641
458071	273257	325277	282648	185201
946306	174820			231880
				11991823
882610	734498	614588	592370	289076
402815	193912	118816	156605	103670
113047	64466	70107		
87147	54584		43208	
550723	428095		196151	90732
			99431	

	2007年	2006年	2005年
软件企业总计	14373	12400	11448
在总计中：			
内资企业	12338	10613	10156
国有企业	256	236	182
集体企业	47	56	42
股份合作企业	104	131	116
联营企业	50	35	25
国有联营企业	13	13	6
集体联营企业	4		4
国有与集体联营企业	6	10	4
其他联营企业	27	12	11
有限责任公司	6903	6233	6794
国有独资公司	43	40	36
其他有限责任公司	6860	6193	6758
股份有限公司	706	537	567
私营企业	4221	3347	2404
其他内资企业	51	38	26
港、澳、台商投资企业	420	386	308
合资经营企业（港、澳、台资）	150	129	109
合作经营企业（港、澳、台资）	10	15	10
港、澳、台商独资经营企业	250	231	186
港、澳、台商投资股份有限公司	10	11	3
外商投资企业	1615	1401	984
中外合资经营企业	394	378	289
中外合作经营企业	32	32	30
外资企业	1164	975	651
外商投资股份有限公司	25	16	14

企业个数

单位：个

2004年	2003年	2002年	2001年
7435	5624	4700	2767
6454	4898	4056	2343
177	128	124	101
45	47	52	26
104	91	92	21
40	28	28	18
21	10	9	9
6	3	2	1
3	3	5	3
10	12	12	5
3664	2752	2525	1357
34	31	20	28
3630	2721	2505	1329
497	405	353	193
1899	1428	870	613
28	19	12	14
242	196	189	175
78	84	92	81
11	7	10	29
149	98	80	59
4	7	7	6
739	530	455	296
239	138	140	147
24	29	20	12
460	351	285	126
16	12	10	11

	2007年	2006年	2005年
总　计	21349958	17414338	15069792
北京市	3555633	2723598	2954881
天津市	125074	122898	721706
河北省	134051	83679	188764
山西省	17984	14243	10029
内蒙古自治区	57046	27204	29034
辽宁省	624941	588711	660572
吉林省	265022	186004	107090
黑龙江省	203501	167318	103743
上海市	2358657	2152288	1565634
江苏省	4276401	3340334	1522877
浙江省	856702	692270	725584
安徽省	123975	101823	62966
福建省	596759	192012	454045
江西省	64154	55802	45507
山东省	869809	1484131	967304
河南省	200346	102478	72235
湖北省	368442	215697	166395
湖南省	304120	207573	250984
广东省	4841664	3733573	3385753
广西壮族自治区	65771	39886	31094
海南省	6504	4590	3133
重庆市	211604	204693	120960
四川省	628742	415080	291630
贵州省	20846	11131	37594
云南省	39863	102480	60284
西藏自治区			

增加值

单位：万元

2004年	2003年	2002年	2001年
4574416	12324338	11610475	2910785
942494		1923861	985642
148229	1024716	50251	
30864	74170	121224	13423
3265	7607	5941	
38663	15095	11020	
178801	662415	200966	77667
48275	145890	59018	34269
52082	55587	61147	13599
398872	1180676	807147	10446
265655		2259422	155893
438833	438477	882582	232306
30397	34783	23876	13199
96160	678240	70550	17951
20225	60629	52004	4411
355210	1611137	1269459	161883
14912	75686	23712	10302
92319	94775	14502	2372
65375	187270	127408	43611
1110416	3335222	2865799	635073
9209	18577	16907	8157
1713	9239	18328	2212
38494	49260	30638	7420
98659	372765	245201	218899
5689	26779	50636	521
36403	39201	40107	34383

	2007年	2006年	2005年
陕西省	458715	397667	494016
甘肃省	28289	27416	17904
青海省			
宁夏回族自治区	2694	2213	1648
新疆维吾尔自治区	42649	17546	16426
在总计中：			
大连市	250795	268298	217986
宁波市	92200	57642	28373
厦门市	229191	48094	96963
青岛市	184103	628585	513556
深圳市	3641621	3014394	2725389

增加值

单位：万元

2004年	2003年	2002年	2001年
38557	146151	323255	245139
3217	22491	38913	13784
1368	10362	1957	
10059	12219	14644	12053
69931	379001		
25347	22444		
35159	487945		
204172	1115465		
816358	2777113		

	2007年	2006年	2005年
总　　计	58343499	44708544	39063773
北京市	12586668	9879408	9139504
天津市	1196965	1095864	1084863
河北省	263741	161844	176214
山西省	47336	35874	23729
内蒙古自治区	157505	82434	95369
辽宁省	2588311	1821549	2140020
吉林省	929799	731647	595556
黑龙江省	517214	464744	445432
上海市	5274626	3987716	3897592
江苏省	8335581	6110997	4159265
浙江省	3336804	3059437	2731869
安徽省	322157	249315	160083
福建省	2056631	1467520	1355323
江西省	317162	247346	228050
山东省	3049002	2238261	2518095
河南省	573583	323967	171691
湖北省	672148	500131	488925
湖南省	648559	595794	570954
广东省	10661085	8279313	5685119
广西壮族自治区	206998	129489	97176
海南省	18142	9763	13328
重庆市	672608	582365	540903
四川省	2375848	1029846	626898
贵州省	113030	61065	111955
云南省	198077	202955	262786
西藏自治区			

务收入

单位：万元

2004年	2003年	2002年	2001年
24048943	16331289	11000575	7505809
5578005		2221016	1952190
951831	264323	80717	188964
100686	60538	34230	26750
14298	13760	6495	
263344	33631	34289	11057
1150837	729679	361585	221704
394611	295356	221312	80333
311488	250235	159144	64931
1762268	1271495	1114432	528083
1433174		1287971	273659
2561444	1373634	954437	725091
113154	82589	36766	32215
549188	435573	69450	87850
139938	77793	65230	24603
2369102	1238274	692138	401269
51058	54551	31065	17907
486268	137572	1496	27359
262717	377549	299063	266377
4293160	3461185	1887828	1719896
48772	33713	14082	18132
11624	18666	12671	17455
309850	217517	157652	41585
357036	801423	435954	361939
30313	7504	82677	14989
177149	89357	99267	66789

	2007年	2006年	2005年
陕西省	1022874	1212563	1581034
甘肃省	113319	78685	65569
青海省			
宁夏回族自治区	12926	10055	15313
新疆维吾尔自治区	74800	58597	81158
在总计中：			
大连市	1173459	681364	397948
宁波市	362941	170970	59580
厦门市	753719	678540	90512
青岛市	1034070	838024	1082784
深圳市	8134548	6337202	3994304

务收入

单位：万元

2004年	2003年	2002年	2001年
215601	240015	556813	428092
22409	51576	70066	43702
13835	12226	10666	2292
75781	35462	2065	7468
408114	357363		
144082	35416		
232075	102399		
1402414	994472		
2479526	2441523		

	2007年	2006年	2005年
总　　计	17828195	12318953	19315013
北京市	3378262	1392492	1582091
天津市	94057	94881	705158
河北省	124734	98908	138566
山西省	33264	22791	14482
内蒙古自治区	57855	32661	33395
辽宁省	952176	784026	785122
吉林省	290189	281084	193532
黑龙江省	174452	137802	186973
上海市	2143346	1702253	2009246
江苏省	1898594	1571965	2981206
浙江省	1234921	953623	1676932
安徽省	144733	115962	88451
福建省	768504	403864	451566
江西省	88751	62711	84931
山东省	1159323	592275	1515889
河南省	229345	110243	129845
湖北省	417307	185970	275061
湖南省	330907	283904	433505
广东省	2424049	2766608	4535296
广西壮族自治区	101870	85922	53251
海南省	3786	1397	4649
重庆市	172541	141469	215704
四川省	1255767	266056	364254
贵州省	48392	16566	49140
云南省	37010	30638	31183
西藏自治区			

品收入

单位：万元

2004年	2003年	2002年	2001年
15279543	8366735	6605356	5107012
2338053		773982	1226171
831716	179272	43240	83515
85540	46165	24096	20834
9009	5396	3176	
220366	3377	12107	2874
488421	297974	160863	126757
92381	69036	69819	60327
153511	79328	84856	48448
1028192	703590	594129	258620
1068981		1287291	206815
2073136	717844	767454	555242
66096	49633	18119	20351
305496	210220	39340	48878
73586	35498	22263	12630
1779082	841936	315567	182552
36602	12340	19747	14241
383571	49247	1238	18182
198478	253644	173622	233066
3533949	2537517	1534574	1483324
33004	23671	10222	11140
3749	16330	6574	10344
86229	41431	43509	20906
197334	131241	169569	323055
21665	4080	46675	6478
24585	12271	36173	47266

	2007年	2006年	2005年
陕西省	217461	138712	729481
甘肃省	32677	28476	25664
青海省			
宁夏回族自治区	3358	2325	5108
新疆维吾尔自治区	10564	13369	15332
在总计中：			
大连市	250088	191311	181140
宁波市	65491	49753	29550
厦门市	194582	140012	54144
青岛市	67199	65166	1052656
深圳市	1445898	1784156	3571175

品收入

单位：万元

2004年	2003年	2002年	2001年
114442	104028	304821	172744
11689	21621	38390	26827
5426	1391	3873	1395
15254	8413	66	2484
216976	192975		
124329	20842		
189937	88911		
1377766	791603		
2042060	1900534		

嵌入式软件收入

单位：万元

	2007年	2006年
总　　计	1406186	10282586
北京市	26080	28
天津市	16511	901824
河北省	2106	4051
山西省	358	165
内蒙古自治区	432	
辽宁省	237690	201190
吉林省	5426	1751
黑龙江省	73104	41008
上海市	334595	398676
江苏省	127913	3257755
浙江省	76609	893234
安徽省	3707	
福建省	4244	329442
江西省	926	6295
山东省	124047	804131
河南省	568	4309
湖北省	17992	139781
湖南省	1882	109722
广东省	297175	2686711
广西壮族自治区	480	276
海南省		
重庆市	7896	139405
四川省	45842	15689
贵州省		
云南省	127	1216
西藏自治区		

嵌入式软件收入

单位：万元

	2007年	2006年
陕西省		345156
甘肃省	124	
青海省		
宁夏回族自治区		
新疆维吾尔自治区	352	771
在总计中：		
大连市	85350	11353
宁波市	434	773
厦门市	1975	0
青岛市	4079	155
深圳市	145465	15426

	2007年	2006年	2005年
总　　计	1024422	606435	359426
北京市	8081	11956	10452
天津市	81997	24107	12787
河北省	784	1435	499
山西省			
内蒙古自治区	12	21	9
辽宁省	69768	41850	15937
吉林省	738	691	142
黑龙江省	2445	883	253
上海市	55545	65367	22404
江苏省	174133	75346	71947
浙江省	65714	17901	11501
安徽省	702	881	717
福建省	3634	1412	1824
江西省	1241	359	1211
山东省	37101	21248	16814
河南省	26	20	208
湖北省	5589	6475	1184
湖南省	264	35	33
广东省	483850	320303	188747
广西壮族自治区	97	87	35
海南省			
重庆市	525	217	200
四川省	19363	10721	2010
贵州省			
云南省			45
西藏自治区			

出口收入

单位：万美元

2004年	2003年	2002年	2001年
280000	200000		75241
2255			6847
62021	977		3657
126			116
20115	9392		3123
502	179		72
16	140		67
25107	7812		25590
8710			1499
13677	3621		287
482	289		72
1132	279		257
133	168		64
23822	435		28
781			126
452	54		185
90814	32670		31130
26	24		7
	30		2
40	1		28
1839	250		860
1387			40
79	16		720

	2007年	2006年	2005年
陕西省	12797	5120	467
甘肃省	16		
青海省			
宁夏回族自治区			
新疆维吾尔自治区			
在总计中：			
大连市	50368	25221	13066
宁波市	9689	1285	1123
厦门市	780	594	605
青岛市	24176	17566	15702
深圳市	452163	291386	168828

出口收入

单位：万美元

2004年	2003年	2002年	2001年
579	383		1168
			17
15837	6043		
2823	56		
521			
22764	432		
60916	26394		

	2007年	2006年	2005年
总　　计	**5840446**	**4222623**	**2837383**
北京市	1059438	944622	894589
天津市	36995	37030	25332
河北省	55236	38870	15727
山西省	10570	7464	5476
内蒙古自治区	12375	9239	8476
辽宁省	207434	256875	88729
吉林省	31634	60745	57585
黑龙江省	65506	110854	51719
上海市	857729	538157	212284
江苏省	607805	437654	306760
浙江省	369563	289181	137976
安徽省	67035	52554	23557
福建省	120942	64111	41032
江西省	23144	19324	10209
山东省	244418	130726	63436
河南省	101875	84569	22495
湖北省	72486	51047	14079
湖南省	108857	96793	37234
广东省	1332323	750648	708494
广西壮族自治区	21398	15126	4908
海南省	2579	361	1386
重庆市	86136	57337	29954
四川省	240326	92256	27346
贵州省	7357	4163	2566
云南省	23181	15228	9319
西藏自治区			

润总额

单位：万元

2004年	2003年	2002年	2001年
1162217	594539	2473985	1430036
8847		335029	440250
29193	-4609	8486	
6856	3237	19143	7481
3298	1352	1393	
2974	101	3755	126832
65730	63240	60035	16675
40695	18430	22155	15212
40685	17311	27323	25861
135630	47478	192777	40155
130731		624914	64756
91803	58127	260825	52030
30186	11865	3606	5859
29926	12322	15793	17519
14517	2990	15725	4951
42328	13924	301027	41820
6078	2849	6256	2604
24414	2328	5289	42169
36340	15693	36214	35202
327476	206383	310837	461909
3745	316	2896	4615
862	493	791	2577
13539	7832	10418	2337
40511	7004	79312	97586
1097	674	11430	931
6432	4476	8034	8501

	2007年	2006年	2005年
陕西省	44709	45150	28629
甘肃省	10488	8870	5180
青海省			
宁夏回族自治区	391	345	264
新疆维吾尔自治区	18516	3324	2642
在总计中：			
大连市	47467	42463	24871
宁波市	27068	13795	8622
厦门市	33284	11422	7753
青岛市	99138	19040	10327
深圳市	964898	447751	478073

润总额

单位：万元

2004年	2003年	2002年	2001年
22027	14377	100630	97524
3491	3844	7447	5463
285	315	846	-16
2521	4435	1602	2905
13842	7216		
5847	2860		
8366	1362		
17865	4052		
234546	169334		

软件税

	2007年	2006年	2005年
总　　计	3329176	2377799	1773474
北京市	668519	481588	386055
天津市	25105	13998	9002
河北省	19364	13263	13281
山西省	4438	2647	2527
内蒙古自治区	11272	6608	4135
辽宁省	123785	61008	45693
吉林省	62606	34673	17143
黑龙江省	34447	21374	20572
上海市	346948	258242	117976
江苏省	395490	296812	180479
浙江省	152106	105280	76441
安徽省	19958	13388	10116
福建省	60011	31302	30161
江西省	7517	6302	6218
山东省	169159	108284	73473
河南省	53079	25639	7478
湖北省	74769	22270	18704
湖南省	46101	27715	26861
广东省	811785	704838	637961
广西壮族自治区	5862	4855	6328
海南省	989	411	641
重庆市	55340	17925	15911
四川省	67594	41510	29179
贵州省	2960	1969	3007
云南省	6255	16729	7754
西藏自治区			

金总额

单位：万元

2004年	2003年	2002年	2001年
735311	1479232	1448836	870828
175678		194499	588218
5069	14833	2878	
7563	5586	17823	1605
1139	606	415	
1520	960	1985	56098
30978	109714	16730	2484
10991	8703	5674	4011
12477	17785	13800	4742
65434	169430	78706	31173
66168		424092	12292
32623	81049	91908	13862
6431	5033	3665	1110
16232	45158	7625	2278
3379	5375	4649	507
45522	204032	223634	24126
3871	9802	4182	1406
13653	13666	1542	7821
15143	33476	25764	4328
170959	17197	251454	52935
3228	3113	2007	8228
474	544	900	417
7339	8078	4772	683
19610	18751	23439	8419
883	3176	7976	1151
5506	6336	4022	2312

	2007年	2006年	2005年
陕西省	92215	52073	14336
甘肃省	5922	4221	3179
青海省			
宁夏回族自治区	698	432	304
新疆维吾尔自治区	4882	2443	8559
在总计中：			
大连市	51212	12684	13559
宁波市	18295	7279	4886
厦门市	15201	3699	7527
青岛市	28074	9462	5399
深圳市	621987	604185	537565

金总额

单位：万元

2004年	2003年	2002年	2001年
11008	17197	31488	3750
375	3113	2657	2055
319	544	281	41148
1740	1597	270	1425
9902	15307		
2744	4160		
3570	28108		
3712	180099		
122412	299734		

软件劳动报酬

单位：万元

	2007年	2006年
总　　计	7385458	7077878
北京市	1555120	1513877
天津市	57403	57595
河北省	40835	23790
山西省	6946	4798
内蒙古自治区	9679	5306
辽宁省	277739	261489
吉林省	81924	41418
黑龙江省	48122	60101
上海市	1052167	966654
江苏省	797959	1227910
浙江省	330529	270306
安徽省	39140	36158
福建省	248839	79095
江西省	20420	16470
山东省	297156	540653
河南省	47536	34678
湖北省	105896	93104
湖南省	79670	72655
广东省	1684317	1295710
广西壮族自治区	39651	17224
海南省	3996	2862
重庆市	107207	114430
四川省	240000	141263
贵州省	6908	4367
云南省	17369	60668
西藏自治区		

软件劳动报酬

单位：万元

	2007年	2006年
陕西省	164091	114619
甘肃省	9405	8959
青海省		
宁夏回族自治区	1413	1158
新疆维吾尔自治区	14021	10561
在总计中：		
大连市	148913	137464
宁波市	37138	24387
厦门市	155916	27758
青岛市	44579	229453
深圳市	1124496	997085

	2007年	2006年	2005年
总　　计	1528977	1289530	882610
北京市	256075	192000	164362
天津市	16849	13455	11586
河北省	13252	9758	10916
山西省	3213	2466	1841
内蒙古自治区	2889	2341	3738
辽宁省	68637	69586	47768
吉林省	20456	17043	10883
黑龙江省	28532	22710	16243
上海市	120145	116230	58827
江苏省	255866	225984	143313
浙江省	65853	56935	40331
安徽省	12186	10750	8323
福建省	27450	21174	19955
江西省	6242	5370	4971
山东省	66872	118479	53275
河南省	15479	13180	5170
湖北省	34810	22219	18002
湖南省	33235	28737	22807
广东省	334837	200265	169335
广西壮族自治区	3161	5541	4147
海南省	1407	958	909
重庆市	20501	33839	13995
四川省	48303	34648	25631
贵州省	3603	2881	1241
云南省	6192	10661	4992
西藏自治区			

从业人员数

单位：人

2004年	2003年	2002年	2001年
734498	614588	592370	289076
153908	*	91882	84813
13164	19228	6438	8201
8746	3310	9406	2522
977	824	713	
2375	1467	2388	1133
49102	53193	27241	11199
9458	6969	11864	4186
9658	7504	5680	2920
49157	48211	32591	3288
45694	*	110558	11506
44336	29116	41603	24800
6349	6373	3612	2719
25366	32448	4484	4734
3180	8253	7731	1230
60371	51848	46659	13828
5069	5684	4993	1701
25918	16991	719	2338
14775	19102	13461	11488
131698	95234	90125	66600
2648	2283	2606	1848
881	1314	974	1023
12760	8472	7684	2215
32671	20535	14518	12634
4076	5884	6715	1941
6420	4021	3980	3139

	2007年	2006年	2005年
陕西省	52943	43980	12393
甘肃省	3474	3458	2838
青海省			
宁夏回族自治区	650	509	739
新疆维吾尔自治区	5865	4373	4079
在总计中：			
大连市	33590	42406	24876
宁波市	13271	7541	5502
厦门市	9167	6820	8876
青岛市	11808	81982	25572
深圳市	188021	131288	117075

从业人员数

单位：人

2004年	2003年	2002年	2001年
10432	13602	36661	10884
557	3291	5698	2218
817	781	851	323
3935	1537	535	1252
29731	32877		
5325	3348		
14332	13479		
38432	42890		
85322	64194		

	2007年	2006年	2005年
总　　计	573747	456214	402815
北京市	124865	69470	146328
天津市	10577	5361	4272
河北省	5006	3436	3287
山西省	1801	1527	882
内蒙古自治区	1328	1093	1555
辽宁省	38028	33423	24394
吉林省	7887	5308	7498
黑龙江省	12278	13047	8043
上海市	58545	53998	28195
江苏省	61243	37948	24685
浙江省	28634	22727	14675
安徽省	5428	5102	3936
福建省	13877	8256	7831
江西省	2263	2055	1852
山东省	19793	29204	15362
河南省	8983	6750	2127
湖北省	15538	8233	6002
湖南省	13159	10703	10704
广东省	77865	87317	68215
广西壮族自治区	1198	1595	1806
海南省	550	464	400
重庆市	6591	5907	3888
四川省	20796	13419	6318
贵州省	824	670	425
云南省	1936	1890	2070
西藏自治区			

发人员

单位：人

2004年	2003年	2002年	2001年
193912	118816	156605	103670
2690		43667	20604
4026	2936	2146	3642
2341	1003	1190	884
473	275	256	
872	424	387	419
21023	10140	11242	6311
5854	2396	3521	2341
4442	3245	2496	1615
21788	14070	10730	557
17937		7335	5551
11460	6827	5706	6007
2944	2069	1552	1377
6050	2840	2031	2377
1068	909	798	558
11109	4780	6161	4981
2249	1306	891	856
6903	1744	130	1212
6905	8385	4748	5899
46327	33150	26237	26818
890	761	640	786
353	284	341	389
3117	1728	1355	920
5426	3853	4316	4866
361	54	560	535
1477	1233	1031	1200

	2007年	2006年	2005年
陕西省	32183	24790	5640
甘肃省	1438	1513	1513
青海省			
宁夏回族自治区	287	212	230
新疆维吾尔自治区	846	796	682
在总计中：			
大连市	18175	17707	10771
宁波市	2831	2633	1329
厦门市	4946	2659	2868
青岛市	5048	13263	2592
深圳市	40554	57111	46411

发人员

单位：人

2004年	2003年	2002年	2001年
4670	3901	15036	5127
342	1356	1651	1230
279	221	318	134
536	390	133	200
9927	3281		
1027	681		
2347	515		
1996	2669		
29208	20960		

五、电子信息产业进出口情况

1995—2007年电子信息

	2007年	
	出口额	增长%
总　　计:	4595.16	26.25
一、按行业大类分列		
通信设备	767.69	22.77
广播电视设备	83.16	-24.37
计算机	1941.76	29.09
家用电子电器	721.99	23.87
电子元件	465.73	37.09
电子器件	393.83	23.25
电子仪器、设备	195.62	36.63
电子材料	25.38	68.41
二、按经济类型分列		
外商独资企业	3093.13	27.29
中外合资企业	747.21	18.12
国有企业	348.43	28.08
私人企业	241.48	46.78
集体企业	97.50	35.21
中外合作企业	65.83	-1.41
个体工商户	1.54	-8.33
其他企业	0.05	25.00
三、按贸易方式分列		
进料加工贸易	3198.63	22.65
来料加工装配贸易	691.91	31.36
一般贸易	529.94	37.05
保税区仓储转口货物	122.15	37.28
保税仓库进出境货物	40.49	85.99
边境小额贸易	4.91	-2.39
对外承包工程出口货物	3.36	119.61
国家间、国际组织无偿援助和赠送的物资	0.19	-17.39
出料加工贸易	0.04	300.00
华侨、港澳台同胞、外籍华人捐赠物资	0.00	--
易货贸易	0.00	--
其他	3.55	273.68

产业出口情况（一）

单位：亿美元

2006年		2005年		2004年	
出口额	增长%	出口额	增长%	出口额	增长%
3639.79	**35.73**	**2681.68**	**29.24**	**2074.97**	**46.03**
625.30	43.69	435.18	45.98	298.10	71.60
109.95	-24.68	145.97	62.19	90.00	348.88
1504.17	25.69	1196.74	28.16	933.75	40.76
582.85	39.47	417.89	25.32	333.46	23.44
339.73	71.15	198.50	2.75	193.19	59.11
319.53	50.83	211.85	26.65	167.27	52.48
143.17	109.71	68.27	26.66	53.90	-8.36
15.07	107.01	7.28	37.36	5.30	44.41
2430.05	36.66	1778.13	35.75	1309.83	55.10
632.56	22.66	515.69	20.10	429.40	38.53
272.05	36.36	199.51	2.59	194.47	17.98
164.52	78.61	92.11	42.89	64.46	68.39
72.11	47.37	48.93	36.33	35.89	27.31
66.77	41.76	47.10	15.19	40.89	16.50
1.68	1100.00	0.14	--	0.00	
0.04	-20.00	0.05	150.00	0.02	-50.00
2607.89	32.26	1971.81	28.07	1539.62	45.08
526.71	25.02	421.31	37.39	306.65	43.52
386.68	84.20	209.92	30.94	160.32	49.82
88.98	32.53	67.14	10.83	60.58	87.44
21.77	169.76	8.07	45.14	5.56	10.10
5.03	119.65	2.29	67.15	1.37	31.73
1.53	247.73	0.44	18.92	0.37	
0.23	64.29	0.14	-46.15	0.26	-3.70
0.01	0.00	0.01	0.00	0.01	0.00
	--		--		
0.00	--	0.00	--	0.00	
0.95	75.93	0.54	134.78	0.23	--

	2003年	
	出口额	增长%
总　　计:	1420.90	54.38
一、按行业大类分列		
通信设备	173.72	50.16
广播电视设备	20.05	52.59
计算机	663.37	85.51
家用电子电器	270.15	22.12
电子元件	121.42	30.40
电子器件	109.70	40.80
电子仪器、设备	58.82	49.29
电子材料	3.67	55.51
二、按经济类型分列		
外商独资企业	844.48	73.77
中外合资企业	309.98	41.41
国有企业	164.83	6.63
私人企业	38.28	245.49
集体企业	28.19	43.31
中外合作企业	35.10	17.55
个体工商户	0.00	
其他企业	0.04	0.00
三、按贸易方式分列		
进料加工贸易	1061.21	58.84
来料加工装配贸易	213.67	35.16
一般贸易	107.01	50.61
保税区仓储转口货物	32.32	75.94
保税仓库进出境货物	5.05	37.98
边境小额贸易	1.04	67.74
对外承包工程出口货物	0.01	-95.00
国家间、国际组织无偿援助和赠送的物资	0.27	92.86
出料加工贸易	0.01	-50.00
华侨、港澳台同胞、外籍华人捐赠物资	0.13	
易货贸易	0.02	-85.71
其他	0.00	-100.00

产业出口情况（二）

单位：亿美元

2002年		2001年		2000年	
出口额	增长%	出口额	增长%	出口额	增长%
920.41	41.40	650.92	18.01	551.61	41.52
115.69	25.37	92.28	34.72	68.50	72.72
13.14	25.02	10.51	-36.42	16.53	137.84
357.59	60.45	222.87	27.14	175.30	42.60
221.21	42.44	155.30	28.50	120.86	37.61
93.11	11.15	83.77	-2.75	86.14	11.73
77.91	57.08	49.60	-3.09	51.18	22.29
39.40	33.65	29.48	10.79	26.61	153.43
2.36	-63.24	6.42	-0.93	6.48	118.92
485.98	59.88	303.96	25.46	242.27	48.01
219.21	19.62	183.25	15.71	158.37	45.57
154.58	26.70	122.00	4.77	116.45	19.99
11.08	215.67	3.51	135.57	1.49	302.70
19.67	36.12	14.45	50.05	9.63	68.95
29.86	25.94	23.71	1.72	23.31	65.08
0.00		0.00		0.00	
0.04	0.00	0.04	-50.00	0.08	60.00
668.09	41.67	471.57	21.94	386.72	50.13
158.09	38.97	113.76	4.50	108.86	20.13
71.05	35.70	52.36	12.82	46.41	30.51
18.37	103.88	9.01	56.42	5.76	59.56
3.66	6.40	3.44	13.16	3.04	100.00
0.62	37.78	0.45	-8.16	0.49	48.48
0.20	53.85	0.13	-31.58	0.19	-51.28
0.14	16.67	0.12	9.09	0.11	83.33
0.02	0.00	0.02	-33.33	0.03	50.00
0.00	--	0.00	--	0.00	--
0.14	133.33	0.06	500.00	0.01	-80.00
0.02	100.00	0.01	0.00	0.01	-66.67

	1999年		1998年	
	出口额	增长%	出口额	增长%
总　　计:	389.78	20.42	323.68	20.20
一、按行业大类分列				
通信设备	39.66	30.68	30.35	17.59
广播电视设备	6.95	5.62	6.58	3.62
计算机	122.93	7.57	114.28	41.23
家用电子电器	87.83	11.08	79.07	9.79
电子元件	77.10	39.52	55.26	3.21
电子器件	41.85	51.03	27.71	23.65
电子仪器、设备	10.50	17.45	8.94	26.99
电子材料	2.96	98.66	1.49	24.17
二、按经济类型分列				
外商独资企业	163.69	29.00	126.89	33.25
中外合资企业	108.79	4.63	103.98	17.48
国有企业	97.05	29.75	74.80	10.57
私人企业	0.37	428.57	0.07	250.00
集体企业	5.70	41.44	4.03	8.92
中外合作企业	14.12	1.66	13.89	-1.77
个体工商户	0.00		0.00	
其他企业	0.05	150.00	0.02	-50.00
三、按贸易方式分列				
进料加工贸易	257.59	12.67	228.63	21.51
来料加工装配贸易	90.62	38.10	65.62	22.27
一般贸易	35.56	66.56	21.35	-0.88
保税区仓储转口货物	3.61	-34.00	5.47	44.71
保税仓库进出境货物	1.52	-32.74	2.26	29.89
边境小额贸易	0.33	266.67	0.09	0.00
对外承包工程出口货物	0.39	457.14	0.07	-22.22
国家间、国际组织无偿援助和赠送的物资	0.06	-14.29	0.07	-12.50
出料加工贸易	0.02	-75.00	0.08	166.67
华侨、港澳台同胞、外籍华人捐赠物资	0.00	--	0.00	--
易货贸易	0.05	150.00	0.02	-77.78
其他	0.03	200.00	0.01	0.00

产业出口情况（三）

单位：亿美元

1997年		1996年		1995年	
出口额	增长%	出口额	增长%	出口额	增长%
269.29	**25.26**	**214.98**	**23.81**	**173.64**	
25.81	12.56	22.93	5.62	21.71	
6.35	10.24	5.76	29.15	4.46	
80.92	38.80	58.30	39.47	41.80	
72.02	13.69	63.35	3.73	61.07	
53.54	29.73	41.27	50.95	27.34	
22.41	26.61	17.70	13.68	15.57	
7.04	46.36	4.81	358.10	1.05	
1.20	37.93	0.87	93.33	0.45	
95.23	38.03	68.99	50.93	45.71	
88.51	24.87	70.88	39.23	50.91	
67.65	16.36	58.14	-6.53	62.20	
0.02	--	0.00		0.00	
3.70	28.03	2.89	59.67	1.81	
14.14	0.71	14.04	8.17	12.98	
0.00		0.00		0.00	
0.04	0.00	0.04	33.33	0.03	
188.15	26.24	149.04	35.74	109.80	
53.67	15.79	46.35	15.27	40.21	
21.54	39.60	15.43	-24.18	20.35	
3.78	--	0.00		0.00	
1.74	-54.33	3.81	34.15	2.84	
0.09	80.00	0.05	400.00	0.01	
0.09	200.00	0.03	0.00	0.03	
0.08	300.00	0.02	100.00	0.01	
0.03	-40.00	0.05	25.00	0.04	
0.00	--	0.00		0.00	
0.09	-43.75	0.16	-46.67	0.30	
0.01	0.00	0.01	0.00	0.01	

1995—2007年电子信息

	2007年	
	进口额	增长%
总　　计:	3451.84	19.97
一、按行业大类分类		
通信设备	190.64	-4.88
广播电视设备	60.24	13.38
计算机	878.35	19.72
家用电子电器	123.71	17.43
电子元件	451.16	31.63
电子器件	1451.44	19.25
电子仪器、设备	241.15	29.15
电子材料	55.13	44.47
二、按经济类型分列		
外商独资企业	2321.33	20.92
中外合资企业	515.84	11.20
国有企业	348.27	21.04
私人企业	202.60	44.59
集体企业	36.03	18.09
中外合作企业	26.47	-21.94
个体工商户	0.08	-46.67
其他企业	1.23	-5.38
三、按贸易方式分列		
进料加工贸易	1702.89	14.29
一般贸易	545.36	25.70
来料加工装配贸易	500.25	28.58
保税区仓储转口货物	412.81	18.05
保税仓库进出境货物	193.46	44.81
外商投资企业投资进口的设备、物品	61.51	8.60
出口加工区进口设备	23.09	74.40
加工贸易进口设备	10.50	10.88
对外承包工程出口货物	3.36	119.61
边境小额贸易	0.04	-20.00
其他	1.66	26.72

产业进口情况（一）

单位：亿美元

2006年		2005年		2004年	
进口额	增长%	进口额	增长%	进口额	增长%
2877.36	**30.45**	**2205.64**	**21.85**	**1810.17**	**36.95**
200.42	23.78	161.91	15.63	140.02	19.64
53.13	27.59	41.64	22.04	34.12	295.82
733.67	17.52	624.30	24.13	502.96	45.96
105.35	19.15	88.42	5.29	83.98	18.40
342.75	62.85	210.47	11.73	188.38	34.77
1217.16	27.91	951.54	28.58	740.06	40.41
186.72	72.74	108.09	5.18	102.77	13.05
38.16	97.93	19.28	7.89	17.87	-21.83
1919.75	31.24	1462.75	30.42	1121.57	47.92
463.90	25.70	369.04	10.68	333.43	39.66
287.72	24.86	230.44	-2.36	236.02	2.56
140.12	59.50	87.85	27.34	68.99	41.26
30.51	7.17	28.47	41.92	20.06	8.43
33.91	30.47	25.99	-10.69	29.10	8.66
0.15	--	0.00	--	0.00	
1.30	17.12	1.11	9.90	1.01	77.19
1489.94	26.79	1175.11	23.50	951.49	37.74
433.87	31.39	330.22	-2.75	339.55	9.71
389.05	13.94	341.45	43.59	237.79	65.87
349.69	41.33	247.43	21.52	203.62	61.67
133.60	122.96	59.92	162.81	22.80	64.86
56.64	49.76	37.82	-13.63	43.79	46.11
13.24	139.86	5.52	67.27	3.30	23.60
9.47	39.47	6.79	8.99	6.23	41.91
1.53	247.73	0.44	18.92	0.37	--
0.05	0.00	0.05	25.00	0.04	33.33
1.31	13.91	1.15	-7.26	1.24	31.91

	2003年	
	进口额	增长%
总　　计:	1321.77	55.26
一、按行业大类分类		
通信设备	117.03	38.81
广播电视设备	8.62	124.48
计算机	344.58	101.99
家用电子电器	70.93	21.08
电子元件	139.78	31.40
电子器件	527.06	48.41
电子仪器、设备	90.91	62.25
电子材料	22.86	38.71
二、按经济类型分列		
外商独资企业	758.21	86.09
中外合资企业	238.75	32.06
国有企业	230.12	8.98
私人企业	48.84	193.51
集体企业	18.50	34.64
中外合作企业	26.78	26.56
个体工商户	0.00	
其他企业	0.57	50.00
三、按贸易方式分列		
进料加工贸易	690.77	63.02
一般贸易	309.51	33.78
来料加工装配贸易	143.36	36.69
保税区仓储转口货物	125.95	130.38
保税仓库进出境货物	13.83	44.06
外商投资企业投资进口的设备、物品	29.97	35.73
出口加工区进口设备	2.67	142.73
加工贸易进口设备	4.39	50.34
对外承包工程出口货物		--
边境小额贸易	0.03	0.00
其他	0.94	46.88

产业进口情况（二）

单位：亿美元

2002年		2001年		2000年	
进口额	增长%	进口额	增长%	进口额	增长%
851.33	44.07	590.91	9.56	539.33	40.62
84.31	5.32	80.05	13.50	70.53	29.58
3.84	-3.03	3.96	-77.16	17.34	19.01
170.59	33.84	127.46	20.80	105.51	46.08
58.58	19.62	48.97	38.06	35.47	37.64
106.38	12.05	94.94	7.91	87.98	43.73
355.13	93.56	183.47	2.16	179.59	29.83
56.03	50.30	37.28	30.94	28.47	154.65
16.48	12.03	14.71	1.87	14.44	148.97
407.45	85.80	219.29	10.22	198.96	56.28
180.79	8.90	166.01	3.49	160.41	32.55
211.16	22.00	173.08	13.53	152.45	28.86
16.64	215.75	5.27	204.62	1.73	110.98
13.74	36.04	10.10	56.59	6.45	9.88
21.16	32.50	15.97	-11.43	18.03	96.19
0.00		0.00		0.00	
0.38	-68.07	1.19	-7.75	1.29	30.30
423.73	65.04	256.75	3.79	247.37	18499.25
231.35	13.60	203.65	20.20	169.42	36.71
104.88	54.49	67.89	1.62	66.81	15084.09
54.67	68.94	32.36	11.78	28.95	129.76
9.60	-31.28	13.97	13.76	12.28	20.39
22.08	73.18	12.75	6.61	11.96	56.96
1.10	161.90	0.42	--	0.00	--
2.92	60.44	1.82	36.84	1.33	-97.48
	--		--		--
0.03	50.00	0.02	--	0.00	-100.00
0.64	-16.88	0.77	92.50	0.40	-99.68

	1999年		1998年	
	进口额	增长%	进口额	增长%
总　　计:	383.52	37.56	278.81	32.25
一、按行业大类分类				
通信设备	54.43	16.03	46.91	82.10
广播电视设备	14.57	23.27	11.82	3.23
计算机	72.23	43.54	50.32	26.40
家用电子电器	25.77	25.10	20.60	8.19
电子元件	61.21	28.08	47.79	17.07
电子器件	138.33	53.94	89.86	38.65
电子仪器、设备	11.18	17.31	9.53	30.19
电子材料	5.80	191.46	1.99	10.56
二、按经济类型分列				
外商独资企业	127.31	50.29	84.71	28.25
中外合资企业	121.02	32.36	91.43	23.99
国有企业	118.31	35.93	87.04	50.74
私人企业	0.82	485.71	0.14	1300.00
集体企业	5.87	52.07	3.86	55.65
中外合作企业	9.19	-12.39	10.49	5.22
个体工商户	0.00		0.00	
其他企业	0.99	-13.91	1.15	40.24
三、按贸易方式分列				
进料加工贸易	1.33	-99.04	138.51	19.22
一般贸易	123.93	69.42	73.15	87.56
来料加工装配贸易	0.44	-98.83	37.48	10.99
保税区仓储转口货物	12.60	63.21	7.72	66.02
保税仓库进出境货物	10.20	14.86	8.88	36.41
外商投资企业投资进口的设备、物品	7.62	-6.27	8.13	10.46
出口加工区进口设备	0.00	--	0.00	-100.00
加工贸易进口设备	52.72	3486.39	1.47	5.76
对外承包工程出口货物		--	0.00	--
边境小额贸易	0.01	--	0.00	--
其他	0.44	37.50	0.32	6.67

产业进口情况（三）

单位：亿美元

1997年		1996年		1995年	
进口额	增长%	进口额	增长%	进口额	增长%
210.81	17.28	179.76	4.63	171.81	
25.76	-18.89	31.76	-34.90	48.79	
11.45	82.91	6.26	24.45	5.03	
39.81	31.17	30.35	26.30	24.03	
19.04	-2.61	19.55	-10.93	21.95	
40.82	34.50	30.35	26.41	24.01	
64.81	29.23	50.15	21.75	41.19	
7.32	-25.99	9.89	183.38	3.49	
1.80	24.14	1.45	-11.04	1.63	
66.05	32.82	49.73	37.07	36.28	
73.74	27.34	57.91	24.03	46.69	
57.74	-0.60	58.09	-23.01	75.45	
0.01	--	0.00		0.00	
2.48	26.53	1.96	3.70	1.89	
9.97	-7.51	10.78	10.22	9.78	
0.00		0.00		0.00	
0.82	-35.94	1.28	-25.15	1.71	
116.18	29.52	89.70	18.21	75.88	
39.00	-5.55	41.29	-26.78	56.39	
33.77	19.54	28.25	10.31	25.61	
4.65	--	0.00	--	0.00	
6.51	36.48	4.77	101.27	2.37	
7.36	-32.17	10.85	53.68	7.06	
0.02	--	0.00	--	0.00	
1.39	-2.80	1.43	217.78	0.45	
	--		--		
0.00	-100.00	0.01	-66.67	0.03	
0.30	-23.08	0.39	-37.10	0.62	

1995—2007年通信设备

国家和地区	2007年		2006年		2005年	
	出口额	增长%	出口额	增长%	出口额	增长%
合　计:	7676899.01	22.77	6253015.45	43.69	4351752.24	45.98
中国香港特区	1854050.34	26.54	1465216.47	50.96	970607.84	95.46
美国	1404671.33	5.16	1335726.14	31.26	1017624.56	44.30
印度	375907.17	97.91	189939.70	117.45	87348.98	3.17
德国	351085.29	-28.70	492402.01	20.45	408808.81	41.15
新加坡	334474.99	-12.20	380966.65	68.24	226438.29	13.90
韩国	315640.08	19.31	264543.97	51.59	174515.47	23.39
荷兰	209833.90	60.26	130932.95	66.23	78765.49	15.58
日本	198495.98	12.02	177193.68	14.94	154167.77	-14.58
匈牙利	190939.19	105.89	92740.59	3.36	89723.33	-23.19
芬兰	184934.46	19.16	155204.36	123.81	69345.19	117.88
英国	162182.86	32.70	122220.37	36.31	89663.60	106.86
法国	142858.49	31.52	108617.04	8.76	99871.55	20.40
中国台湾地区	100131.58	-7.48	108226.03	119.64	49274.95	44.22
巴西	97535.30	8.35	90015.55	41.87	63449.18	94.05
俄罗斯联邦	95012.32	72.42	55106.75	37.46	40088.52	98.67
墨西哥	94048.75	57.50	59714.85	53.85	38813.36	42.72
澳大利亚	93134.00	58.07	58920.76	78.83	32947.20	33.19
马来西亚	81708.09	31.14	62305.76	29.54	48097.50	37.14
西班牙	72784.56	37.83	52806.85	90.97	27652.59	191.21
瑞典	69805.52	101.33	34672.19	40.92	24604.31	19.47
加拿大	65748.24	38.67	47413.73	127.82	20812.37	103.07
泰国	66730.84	-13.25	76921.43	52.40	50472.52	40.85
印度尼西亚	66235.30	70.87	38762.57	61.80	23956.50	37.41
阿联酋	55891.13	99.42	28026.64	27.40	21999.62	34.73
意大利	59982.36	48.23	40464.48	28.58	31471.14	1.61
土耳其	44854.23	176.89	16199.03	43.80	11265.00	253.31
波兰	32669.49	96.95	16587.77	107.77	7983.60	227.11
菲律宾	30146.03	63.12	18480.47	-14.62	21644.94	6.36
比利时	37010.00	19.23	31040.63	8.80	28529.29	89.44
捷克	24649.61	136.11	10439.83	-38.88	17079.61	-1.60
爱尔兰	14980.09	177.10	5406.08	102.61	2668.19	17.24
卢森堡	7454.66	72.23	4328.44	-65.25	12454.50	2050.81

注：分国家和地区的资料，均以2007年的进出口数据为准降序排列。

产品出口情况（一）

单位：万美元

2004年		2003年		2002年	
出口额	增长%	出口额	增长%	出口额	增长%
2981037.48	**71.60**	**1737190.61**	**50.16**	**1156893.5**	**25.37**
496584.76	47.82	335929.97	39.84	240218.13	8.30
705233.05	61.90	435591.49	36.83	318353.30	62.29
84668.91	157.30	32906.73	31.91	24945.93	480.76
289626.67	63.91	176703.81	50.60	117335.54	37.03
198804.95	214.59	63194.71	131.26	27326.32	26.69
141434.17	99.92	70744.41	4.95	67407.33	41.46
68149.15	61.75	42131.68	149.12	16911.98	6.48
180474.40	63.64	110285.54	41.86	77743.82	-16.09
116815.37	24.44	93876.51	235.29	27998.45	2073.24
31826.95	41.68	22463.78	7.82	20834.35	104.09
43345.31	106.08	21033.39	47.63	14247.15	-48.29
82947.47	102.27	41008.46	172.42	15053.67	-1.40
34167.55	142.69	14078.86	143.78	5775.22	50.54
32697.87	68.57	19397.40	173.38	7095.34	77.54
20178.26	159.88	7764.38	46.37	5304.53	149.59
27196.34	248.31	7808.01	37.89	5662.61	162.13
24737.72	91.18	12939.65	64.18	7881.52	44.91
35071.09	62.86	21534.07	-20.36	27039.52	-27.50
9495.77	113.64	4444.71	153.77	1751.45	-24.51
20593.90	68.62	12212.84	246.80	3521.60	-81.52
10248.63	17.91	8692.22	31.65	6602.43	17.96
35835.04	46.27	24498.71	-19.49	30427.98	74.86
17434.40	187.39	6066.44	81.38	3344.69	46.42
16328.69	-0.43	16398.77	111.54	7752.15	131.99
30972.64	203.58	10202.45	130.08	4434.23	68.32
3188.43	6.27	3000.30	333.14	692.68	92.31
2440.63	151.28	971.26	299.60	243.06	10.24
20350.38	245.25	5894.41	68.30	3502.41	-2.77
15059.67	78.01	8460.19	493.75	1424.88	74.64
17356.90	3.11	16832.87	280.72	4421.33	20350.19
2275.91	11.27	2565.00	41.01	1348.12	66.09
579.06	-87.63	4680.75	33357.83	13.99	--

1995—2007年通信设备

国家和地区	2001年		2000年		1999年	
	出口额	增长%	出口额	增长%	出口额	增长%
合　　计:	922781.62	34.71	685028.26	72.73	396580.05	30.70
中国香港特区	221809.45	10.96	199899.49	77.35	112716.79	36.95
美国	196157.84	22.97	159522.77	34.12	118940.30	34.30
印度	4295.43	254.63	1211.23	3.50	1170.28	31.18
德国	85628.76	24.15	68969.42	174.15	25157.41	140.95
新加坡	21569.68	108.89	10325.61	15.18	8964.60	4.62
韩国	47650.20	205.20	15612.98	19.73	13040.40	218.80
荷兰	15882.78	66.80	9522.18	12.82	8439.79	97.47
日本	92650.85	110.63	43987.09	69.47	25955.21	-3.72
匈牙利	1288.33	-80.64	6654.28	169.66	2467.67	932.07
芬兰	10208.24	50.66	6775.77	217.59	2133.52	-2.91
英国	27549.66	-5.62	29189.07	123.23	13075.53	-7.05
法国	15266.64	-45.45	27986.84	113.28	13121.90	62.52
中国台湾地区	3836.28	0.10	3832.39	78.20	2150.60	-20.16
巴西	3996.47	-4.12	4168.11	71.32	2432.87	144.43
俄罗斯联邦	2125.34	224.63	654.70	-33.63	986.49	1080.29
墨西哥	2160.20	-23.20	2812.64	-2.38	2881.31	-71.17
澳大利亚	5438.95	46.24	3719.28	45.81	2550.72	-38.55
马来西亚	37297.71	25.79	29651.20	782.46	3360.06	-53.89
西班牙	2320.14	63.34	1420.42	-53.58	3060.04	107.83
瑞典	19051.52	31.33	14506.90	385.42	2988.52	-60.80
加拿大	5597.02	17.38	4768.44	-21.13	6045.84	151.36
泰国	17401.54	309.63	4248.10	383.38	878.84	-26.12
印度尼西亚	2284.35	380.52	475.39	8.47	438.27	86.57
阿联酋	3341.54	45.77	2292.36	139.15	958.55	133.51
意大利	2634.44	-14.63	3085.88	45.42	2122.11	33.61
土耳其	360.18	-81.90	1990.45	28.79	1545.45	97.42
波兰	220.49	-25.29	295.12	-36.41	464.07	-8.69
菲律宾	3602.20	276.36	957.12	2.69	932.04	-35.82
比利时	815.88	-25.76	1099.00	73.62	633.00	-10.52
捷克	21.62	-32.08	31.83	-32.61	47.23	5.99
爱尔兰	12821.82	270.34	3462.15	970.28	323.48	-48.69
卢森堡	0.00	--	0.00	--	0.00	-100.00

产品出口情况（二）

单位：万美元

1998年		1997年		1996年		1995年	
出口额	增长%	出口额	增长%	出口额	增长%	出口额	增长%
303434.2	17.56	258117.9	12.58	229279.49	5.60	217124.65	
82305.84	0.43	81949.74	1.38	80832.28	24.90	64719.04	
88560.10	36.69	64788.95	-11.71	73380.07	2.95	71276.19	
892.09	-22.89	1156.85	23.31	938.14	21.98	769.07	
10441.02	10.68	9433.89	56.75	6018.39	-16.14	7176.59	
8569.03	13.53	7547.83	153.66	2975.60	-51.31	6111.26	
4090.46	25.51	3259.14	111.82	1538.64	-26.30	2087.74	
4273.88	92.56	2219.48	48.87	1490.90	-34.72	2283.76	
26957.56	7.13	25163.27	7.58	23389.89	5.70	22128.67	
239.10	-4.95	251.56	203.01	83.02	-35.40	128.51	
2197.38	305.21	542.28	-40.59	912.83	1535.02	55.83	
14067.13	11.83	12578.64	38.40	9088.34	6.24	8554.65	
8074.12	35.87	5942.56	97.77	3004.74	9.62	2741.00	
2693.73	5.99	2541.44	57.51	1613.51	3.81	1554.35	
995.32	-20.21	1247.49	254.69	351.71	-78.00	1598.60	
83.58	-38.66	136.25	-46.85	256.34	-20.68	323.17	
9995.59	67.65	5962.18	11138.79	53.05	702.57	6.61	
4150.75	90.01	2184.54	174.20	796.71	-25.71	1072.44	
7286.77	33.07	5475.83	672.02	709.29	115.54	329.07	
1472.37	38.42	1063.70	-18.30	1302.02	29.44	1005.90	
7624.00	107.45	3675.09	227.60	1121.83	-36.92	1778.56	
2405.25	-0.88	2426.69	26.00	1925.88	-31.92	2828.80	
1189.60	-4.96	1251.69	100.01	625.80	-27.39	861.91	
234.91	-30.20	336.57	18.43	284.19	-40.55	478.02	
410.50	-16.23	490.04	-5.68	519.56	20.51	431.15	
1588.24	-16.91	1911.40	19.01	1606.06	-6.39	1715.71	
782.81	13.17	691.74	65.83	417.15	-53.02	888.00	
508.26	-52.07	1060.40	217.02	334.49	-39.89	556.50	
1452.22	35.21	1074.07	-24.30	1418.80	134.87	604.08	
707.43	-20.68	891.92	84.64	483.07	100.79	240.59	
44.56	-64.05	123.94	62.16	76.43	834.35	8.18	
630.42	-37.44	1007.77	153.54	397.48	-6.11	423.35	
0.20	0.00	0.20	100.00	0.10	-99.69	32.56	

1995—2007年通信设备

国家和地区	2007年		2006年		2005年	
	进口额	增长%	进口额	增长%	进口额	增长%
合　计：	1906414.55	-4.88	2004207.28	23.79	1619071.92	15.63
韩国	360844.43	-15.99	429536.01	16.75	367907.56	0.78
芬兰	120893.53	21.41	99576.46	44.53	68896.90	4.41
日本	111940.85	-17.92	136385.73	-7.99	148232.34	-28.52
美国	109236.39	38.42	78915.32	10.97	71112.60	-5.12
马来西亚	83195.32	35.32	61479.10	13.00	54406.70	29.69
中国台湾地区	81717.83	35.28	60404.78	-30.58	87015.93	-23.56
菲律宾	50931.76	24.87	40787.05	85.22	22020.69	55.34
中国香港特区	49810.72	0.56	49531.89	-15.60	58690.21	32.41
德国	44042.32	-6.70	47204.40	55.47	30363.25	-31.34
泰国	35930.81	32.11	27197.39	-8.82	29829.85	5.71
瑞典	27739.32	37.39	20190.81	-46.03	37411.11	-17.42
新加坡	23933.69	-15.82	28430.29	-36.38	44687.90	49.26
匈牙利	19213.03	129.49	8371.96	47.00	5695.05	13.76
墨西哥	18469.05	63.38	11304.60	64.88	6856.28	11.98
英国	11501.02	16.01	9913.41	5.85	9365.67	-14.45
法国	14098.87	13.88	12380.44	-28.17	17236.18	-37.04
加拿大	10133.22	-4.76	10640.22	3.96	10234.96	-34.94
意大利	9378.05	5.21	8913.72	8.32	8229.11	-37.02
荷兰	1110.15	1.84	1090.06	0.40	1085.73	-10.91
印度	1353.11	354.61	297.64	665.34	38.89	191.53
澳大利亚	2247.60	99.42	1127.09	17.93	955.74	-33.99
西班牙	1668.87	103.32	820.81	48.07	554.33	109.67
爱尔兰	1728.16	52.85	1130.63	-13.71	1310.33	7.64
比利时	1341.23	-11.26	1511.36	42.99	1057.00	-35.38
巴西	654.19	-37.57	1047.95	26.21	830.35	222.54
捷克	387.14	133.37	165.89	121.42	74.92	-26.60
波兰	421.84	66.70	253.05	-5.65	268.21	76.05
印度尼西亚	604.06	3.48	583.74	-42.47	1014.74	-31.51
俄罗斯联邦	90.33	-29.31	127.78	-63.38	348.92	95.62
土耳其	34.22	658.76	4.51	71.48	2.63	185.87
阿联酋	4.81	486.59	0.82	22.39	0.67	--
卢森堡	0.00		0.47	--	0.00	

产品进口情况（一）

单位：万美元

2004年		2003年		2002年	
进口额	增长%	进口额	增长%	进口额	增长%
1400240.43	**19.65**	**1170268.64**	**38.81**	**843082.99**	**5.31**
365074.43	6.03	344309.77	37.13	251082.09	344.47
65985.06	302.37	16399.00	-26.28	22245.08	-56.92
207388.93	-10.62	232022.66	108.61	111225.15	-4.09
74948.15	-14.74	87910.50	-19.18	108768.82	-38.80
41951.06	57.93	26562.84	46.51	18129.93	24.44
113835.24	17.77	96656.14	58.11	61130.32	26.09
14175.54	488.87	2407.25	20.78	1993.08	-48.83
44326.26	15.41	38407.90	16.16	33064.58	50.40
44219.67	35.08	32736.29	-5.53	34653.69	-35.20
28219.10	74.00	16217.71	105.50	7891.86	87.51
45300.77	31.27	34508.38	65.21	20887.13	-61.49
29939.65	104.78	14620.74	36.56	10706.33	9.09
5006.01	498.96	835.79	-9.80	926.63	546.37
6122.66	63.15	3752.77	32.24	2837.82	26.99
10947.02	31.35	8334.16	-33.01	12441.23	-74.76
27376.50	-33.28	41034.91	6.64	38481.61	-9.52
15731.27	-18.84	19383.12	1.60	19078.49	-25.12
13066.92	77.23	7372.81	-10.51	8238.47	-56.93
1218.64	31.86	924.17	-40.02	1540.81	22.90
13.34	-90.78	144.68	465.60	25.58	-80.13
1447.82	-12.09	1646.96	-16.94	1982.96	112.83
264.38	-71.48	926.91	395.59	187.03	-90.80
1217.35	-76.51	5183.01	-26.30	7032.78	6.17
1635.65	-59.99	4087.94	-28.18	5692.21	-32.35
257.44	-8.56	281.55	279.09	74.27	-82.88
102.07	13.34	90.06	1118.67	7.39	-92.88
152.35	72.67	88.23	-37.13	140.33	40.06
1481.64	7.93	1372.83	-16.45	1643.17	-31.99
178.37	-68.10	559.13	-86.82	4242.67	932.33
0.92	240.74	0.27	-99.90	262.79	242.04
0.00	-100.00	0.25	--	0.00	-100.00
0.04	--	0.00		1.58	-98.84

国家和地区	2001年		2000年		1999年	
	进口额	增长%	进口额	增长%	进口额	增长%
合　　计:	800542.99	13.50	705331.42	29.59	544271.21	16.03
韩国	56490.80	130.21	24538.82	20.44	20373.63	125.23
芬兰	51631.07	53.28	33684.97	-34.74	51618.46	136.16
日本	115969.55	3.48	112064.58	70.59	65691.39	26.70
美国	177737.97	12.87	157470.10	51.69	103808.80	13.62
马来西亚	14569.01	-25.76	19625.18	190.19	6762.87	433.89
中国台湾地区	48480.83	29.47	37445.14	138.37	15708.94	91.82
菲律宾	3895.23	84.58	2110.37	890.18	213.13	154.88
中国香港特区	21984.27	-7.73	23826.39	83.38	12992.90	-2.73
德国	53475.19	19.10	44899.02	29.57	34651.14	-23.91
泰国	4208.67	114.89	1958.52	166.48	734.96	74.65
瑞典	54241.00	-41.59	92855.39	-7.29	100156.73	-19.44
新加坡	9814.45	-0.72	9885.19	39.89	7066.42	-37.65
匈牙利	143.36	964.29	13.47	-20.76	17.00	--
墨西哥	2234.71	543.19	347.44	490.08	58.88	74.00
英国	49288.72	7.49	45854.97	20.46	38067.99	110.35
法国	42531.80	73.27	24546.38	1.58	24165.36	24.67
加拿大	25478.67	21.33	20998.71	-24.01	27633.19	10.73
意大利	19126.45	15.14	16611.79	111.96	7837.17	-16.50
荷兰	1253.66	3.29	1213.76	78.53	679.85	-74.03
印度	128.74	528.00	20.50	-58.75	49.70	-42.09
澳大利亚	931.70	-28.81	1308.72	-36.19	2050.92	44.99
西班牙	2031.92	-7.12	2187.63	-28.92	3077.90	93.75
爱尔兰	6624.37	9.74	6036.64	365.05	1298.06	170.76
比利时	8414.42	166.67	3155.35	150.01	1262.10	-25.86
巴西	433.81	715.89	53.17	-65.79	155.40	482.90
捷克	103.77	435.17	19.39	38680.00	0.05	-97.55
波兰	100.19	-66.66	300.50	349.85	66.80	-12.75
印度尼西亚	2416.08	1052.54	209.63	2023.91	9.87	-95.08
俄罗斯联邦	410.98	-86.81	3114.70	12.80	2761.18	213.48
土耳其	76.83	95937.50	0.08	-99.26	10.82	22.54
阿联酋	5.23	--	0.00	--	0.00	
卢森堡	136.78	--	0.00	--	0.00	

产品进口情况（二）

单位：万美元

1998年		1997年		1996年		1995年	
进口额	增长%	进口额	增长%	进口额	增长%	进口额	增长%
469079.22	82.12	257563.19	-18.90	317574	-34.90	487859.65	
9045.72	-9.76	10024.38	81.84	5512.84	-54.81	12198.74	
21857.55	121.07	9887.15	45.09	6814.67	46.38	4655.59	
51848.54	37.95	37585.60	-12.83	43117.54	-41.26	73403.00	
91363.53	112.49	42997.31	-34.02	65172.00	-29.47	92408.36	
1266.71	-10.86	1420.98	-25.48	1906.90	12.70	1692.04	
8189.43	0.28	8166.94	32.74	6152.51	-70.13	20600.47	
83.62	-14.42	97.71	214.99	31.02	-31.97	45.60	
13357.97	15.17	11598.93	-25.40	15547.28	-32.65	23083.03	
45538.75	148.21	18347.15	-25.79	24722.66	-48.60	48098.70	
420.81	135.37	178.79	-34.69	273.74	29.23	211.83	
124328.46	83.12	67895.42	-12.09	77230.00	60.49	48121.83	
11333.81	491.06	1917.55	-65.65	5582.28	-61.04	14326.75	
0.00	--	0.00	-100.00	0.50	-91.53	5.90	
33.84	-46.14	62.83	235.99	18.70	-23.70	24.51	
18097.48	147.73	7305.43	-39.31	12036.76	-14.24	14034.97	
19382.73	136.49	8196.02	3.26	7937.00	-46.15	14739.55	
24954.81	61.03	15497.07	-25.72	20863.72	-31.21	30329.16	
9385.28	125.43	4163.28	-34.63	6368.38	-47.95	12234.11	
2617.90	-3.37	2709.22	-33.84	4095.13	-23.96	5385.42	
85.82	5.30	81.50	280.66	21.41	483.38	3.67	
1414.53	72.95	817.88	-66.28	2425.62	-66.23	7183.38	
1588.63	110.96	753.04	-23.67	986.56	-96.54	28485.96	
479.42	289.93	122.95	873.48	12.63	-90.48	132.66	
1702.42	-54.51	3742.15	-37.40	5977.60	-80.38	30468.45	
26.66	12.39	23.72	38.47	17.13	471.00	3.00	
2.04	3980.00	0.05	--	0.00	--	0.00	
76.56	1941.60	3.75	-42.48	6.52	--	0.00	
200.63	262.02	55.42	554100.00	0.01	-99.42	1.71	
880.81	10.79	795.04	29.43	614.26	-5.08	647.15	
8.83	190.46	3.04	15100.00	0.02	--	0.00	
0.01	--	0.00	-100.00	0.03	-70.00	0.10	
0.16	--	0.00	--	0.00	-100.00	1.83	

1995—2007年广播电视设备

国家和地区	2007年		2006年		2005年	
	出口额	增长%	出口额	增长%	出口额	增长%
合　　计:	831559.60	-24.37	1099540.31	-24.68	1459734.71	62.20
日本	121993.30	8.08	112872.84	-23.59	147724.62	20.20
中国香港特区	328010.51	-20.19	410996.52	-3.00	423696.83	93.23
美国	147913.23	-51.96	307898.05	-32.61	456911.32	59.03
荷兰	32260.43	-17.67	39182.66	-64.53	110471.31	62.05
德国	20867.08	55.33	13433.72	-68.79	43039.07	33.63
韩国	38062.96	90.56	19973.94	8.48	18411.83	7.25
新加坡	22980.30	-49.30	45323.69	5.53	42949.05	322.87
英国	13983.63	-17.12	16872.23	-59.86	42029.47	65.48
中国台湾地区	8061.75	-18.96	9948.37	-4.73	10442.13	37.90
马来西亚	2466.38	-26.68	3363.67	-76.03	14032.95	83.28
法国	4550.57	-25.84	6135.82	-72.15	22034.24	230.05
印度	2058.80	74.45	1180.14	8.43	1088.34	72.90
澳大利亚	4864.43	-32.96	7256.06	-62.69	19447.06	25.34
墨西哥	5611.40	-24.93	7474.80	215.16	2371.78	8.24
加拿大	5296.84	-68.39	16754.74	-17.23	20241.77	86.85
西班牙	2839.88	38.53	2050.01	-64.66	5801.36	20.86
匈牙利	9049.64	113.41	4240.42	38.26	3067.04	-13.35
巴西	3801.87	72.49	2204.10	19.03	1851.70	59.58
芬兰	4142.51	10.01	3765.57	42.47	2643.07	30.01
俄罗斯联邦	1689.71	12.31	1504.46	108.92	720.11	83.59
泰国	4944.60	51.37	3266.60	3.11	3167.98	99.24
阿联酋	3526.76	36.56	2582.57	42.75	1809.13	-9.99
意大利	2441.90	-6.51	2611.98	-54.63	5757.62	74.32
捷克	2828.34	-33.97	4283.58	1641.51	245.97	-46.72
土耳其	2115.62	-58.31	5074.34	312.21	1231.01	58.19
波兰	5177.04	-59.23	12698.49	2345.45	519.27	77.71
菲律宾	1200.05	2.21	1174.14	-9.56	1298.30	24.43
印度尼西亚	2154.31	-22.86	2792.81	14.48	2439.61	8.96
比利时	2795.90	11.65	2504.08	-87.08	19375.49	95.59
瑞典	771.49	20.76	638.87	-86.77	4830.47	19.58
爱尔兰	479.57	-96.60	14120.03	-0.66	14214.39	216.90
卢森堡	43.40	-91.47	508.81	-39.25	837.51	-93.97

产品出口情况（一）

单位：万美元

2004年		2003年		2002年	
出口额	增长%	出口额	增长%	出口额	增长%
899969.86	**348.80**	**200527.23**	**52.66**	**131353.28**	**24.93**
122895.31	222.60	38095.82	15.85	32882.72	60.52
219272.02	622.84	30334.61	218.26	9531.48	42.95
287303.56	403.80	57027.39	36.97	41634.52	0.89
68172.51	442.40	12568.61	42.02	8849.92	169.16
32207.73	331.68	7460.96	62.21	4599.67	71.98
17166.72	116.89	7915.08	80.08	4395.37	1.16
10156.62	616.90	1416.75	-30.50	2038.40	54.87
25398.53	670.23	3297.54	45.67	2263.73	35.87
7572.42	34.22	5641.96	782.60	639.24	28.62
7656.69	1.44	7547.71	177.29	2721.93	24.26
6676.13	402.47	1328.67	-13.79	1541.27	-3.24
629.48	81.58	346.66	89.25	183.18	108.97
15515.39	829.06	1670.01	115.72	774.17	147.09
2191.28	11.54	1964.60	2.52	1916.36	45.05
10833.15	316.73	2599.59	35.04	1925.00	-24.32
4800.16	288.10	1236.82	72.55	716.79	8.98
3539.76	292.13	902.71	134.57	384.83	2660.62
1160.36	152.40	459.73	4.71	439.07	313.09
2032.95	-57.49	4782.00	38.02	3464.66	-27.93
392.24	135.38	166.64	9.52	152.15	36.94
1590.04	36.16	1167.81	209.86	376.88	-30.75
2010.03	76.56	1138.43	101.38	565.32	14.80
3302.95	168.20	1231.52	61.08	764.52	66.34
461.66	1161.71	36.59	-55.69	82.57	43.85
778.19	161.62	297.45	267.72	80.89	26.19
292.20	147.19	118.21	51.18	78.19	139.92
1043.36	68.53	619.08	51.20	409.45	-17.17
2239.05	95.32	1146.36	127.45	504.01	-77.82
9906.36	620.90	1374.16	-14.61	1609.22	380.05
4039.58	607.14	571.26	226.90	174.75	69.10
4485.38	635.24	610.06	389.89	124.53	4.81
13891.14	37032.16	37.41	73.35	21.58	81.80

1995—2007年广播电视设备

国家和地区	2001年		2000年		1999年	
	出口额	增长%	出口额	增长%	出口额	增长%
合　　计:	105141.22	-36.40	165314.37	137.74	69534.57	5.69
日本	20485.50	-16.81	24624.33	35.32	18197.06	6.73
中国香港特区	6667.56	-69.07	21555.11	139.38	9004.72	-3.87
美国	41265.50	-16.73	49556.48	204.28	16286.65	-1.34
荷兰	3287.94	-50.59	6655.00	274.44	1777.33	-42.62
德国	2674.50	-30.91	3870.94	40.59	2753.35	26.75
韩国	4344.96	79.16	2425.24	86.93	1297.42	-52.41
新加坡	1316.16	-69.42	4304.65	120.43	1952.84	-7.76
英国	1666.05	-75.40	6771.59	146.04	2752.22	8.94
中国台湾地区	497.00	-48.83	971.20	67.15	581.04	-11.70
马来西亚	2190.43	1.31	2162.08	132.37	930.46	-4.68
法国	1592.86	-38.68	2597.47	222.29	805.95	51.70
印度	87.66	-61.62	228.39	136.89	96.41	1.67
澳大利亚	313.31	-70.52	1062.65	480.14	183.17	-22.52
墨西哥	1321.15	104.93	644.69	368.56	137.59	144.87
加拿大	2543.57	33.88	1899.94	214.65	603.82	-36.68
西班牙	657.74	34.11	490.45	80.57	271.61	35.12
匈牙利	13.94	-7.31	15.04	-76.43	63.81	5173.55
巴西	106.29	-55.78	240.35	95.06	123.22	-30.31
芬兰	4807.34	-79.95	23976.90	392.81	4865.33	13528.38
俄罗斯联邦	111.11	-39.13	182.53	390.67	37.20	61.18
泰国	544.25	-67.24	1661.15	238.48	490.77	-37.86
阿联酋	492.43	37.86	357.19	39.95	255.22	116.89
意大利	459.60	-50.22	923.28	234.49	276.03	-25.32
捷克	57.40	258.30	16.02	480.43	2.76	100.00
土耳其	64.10	-91.33	739.47	39.38	530.54	94.41
波兰	32.59	-52.69	68.88	20.55	57.14	458.01
菲律宾	494.32	-42.00	852.32	126.65	376.05	283.76
印度尼西亚	2272.10	24.86	1819.67	141.75	752.71	176.64
比利时	335.22	37.08	244.55	-81.20	1301.14	-29.23
瑞典	103.34	-41.83	177.66	55.34	114.37	-79.42
爱尔兰	118.81	1131.19	9.65	-48.97	18.91	-90.23
卢森堡	11.87	-95.76	280.27	426.43	53.24	3013.45

产品出口情况（二）

单位：万美元

1998年		1997年		1996年		1995年	
出口额	增长%	出口额	增长%	出口额	增长%	出口额	增长%
65792.2	3.56	63529.17	10.26	57620.19	29.11	44627.32	
17049.01	-6.48	18231.14	-6.72	19544.03	72.26	11345.65	
9367.26	5.21	8903.14	-9.43	9830.49	0.29	9802.03	
16507.18	0.05	16499.16	19.90	13760.78	40.49	9794.98	
3097.39	-13.35	3574.60	54.71	2310.56	134.66	984.63	
2172.28	16.29	1867.97	-12.88	2144.10	-24.06	2823.47	
2726.28	-1.45	2766.50	174.59	1007.52	-35.81	1569.49	
2117.12	12.97	1874.06	-16.45	2243.07	27.99	1752.60	
2526.35	57.85	1600.47	16.95	1368.47	39.95	977.81	
658.02	-32.27	971.52	14.29	850.08	-5.99	904.25	
976.12	62.13	602.06	11.37	540.60	301.04	134.80	
531.29	3.57	512.99	39.42	367.95	-38.13	594.71	
94.83	14.39	82.90	50.97	54.91	154.57	21.57	
236.40	121.66	106.65	30.79	81.54	-32.14	120.16	
56.19	11.98	50.18	1.60	49.39	61637.50	0.08	
953.63	30.96	728.21	77.52	410.22	75.83	233.31	
201.01	46.75	136.97	35.08	101.40	-38.47	164.79	
1.21	1412.50	0.08	-91.01	0.89	-87.96	7.39	
176.81	-42.67	308.43	21.09	254.72	352.92	56.24	
35.70	6.41	33.55	-55.69	75.72	418.28	14.61	
23.08	-6.82	24.77	110.45	11.77	-61.76	30.78	
789.84	-11.00	887.48	76.44	502.99	101.54	249.57	
117.67	-53.47	252.90	411.94	49.40	-78.28	227.41	
369.63	16.59	317.04	84.57	171.77	-23.67	225.03	
1.38	55.06	0.89	-68.66	2.84	-52.90	6.03	
272.90	-25.32	365.44	191.35	125.43	55.41	80.71	
10.24	-13.00	11.77	-84.30	74.96	-69.76	247.85	
97.99	52.68	64.18	-17.10	77.42	18.89	65.12	
272.09	-12.22	309.97	117.48	142.53	-5.19	150.34	
1838.45	2356.84	74.83	-56.88	173.55	65.87	104.63	
555.80	-0.78	560.17	--	0.00		713.24	
193.46	-2.59	198.61	562.03	30.00	-62.28	79.53	
1.71	31.54	1.30	-98.98	127.41	--	0.00	

1995—2007年广播电视设备

国家和地区	2007年		2006年		2005年	
	进口额	增长%	进口额	增长%	进口额	增长%
合　　计:	602414.77	13.38	531321.38	27.60	416394.31	22.04
日本	232335.25	35.79	171102.17	13.94	150163.85	4.19
韩国	78215.40	-22.94	101499.99	352.87	22412.63	73.92
中国台湾地区	37628.79	47.07	25585.87	-19.16	31650.26	126.41
泰国	20119.78	88.29	10685.62	8.38	9859.17	78.58
菲律宾	17458.51	40.71	12407.36	631.83	1695.38	-14.00
中国香港特区	10453.47	-4.38	10932.32	-27.68	15115.66	51.19
马来西亚	9023.34	-39.20	14841.14	195.39	5024.29	-79.61
新加坡	8785.86	-13.44	10149.98	129.24	4427.75	19.69
美国	6245.62	-7.09	6722.37	-4.31	7025.19	124.78
德国	4657.11	75.16	2658.84	105.75	1292.25	36.80
印度尼西亚	4138.11	398.31	830.43	-62.88	2237.10	319.65
荷兰	645.20	16.35	554.55	3.03	538.23	67.06
英国	976.08	83.58	531.68	13.83	467.07	49.70
意大利	710.83	104.59	347.44	-67.35	1064.26	197.51
法国	147.82	-50.02	295.77	-55.25	661.00	-12.03
澳大利亚	153.32	228.73	46.64	40.31	33.24	-68.00
墨西哥	266.88	180.57	95.12	192.86	32.48	279.88
加拿大	715.19	179.93	255.49	-50.21	513.16	180.86
西班牙	106.25	-40.26	177.84		10.16	-57.18
瑞典	87.88	-19.41	109.04	-5.91	115.89	38.26
巴西	48.77	-57.50	114.76	--		
芬兰	34.31	39.30	24.63	102.22	12.18	-86.43
爱尔兰	83.83	146.05	34.07	78.56	19.08	
比利时	19.31	-6.81	20.72	-54.47	45.51	191.17
阿联酋	7.87		0.19	137.50	0.08	--
捷克	3.36	94.22	1.73	-79.93	8.62	
波兰	8.99	483.77	1.54		0.03	-98.48
匈牙利	3.51	-76.74	15.09	-67.85	46.93	
印度	1.36	-62.84	3.66		0.19	-99.74
卢森堡	0.90	--	0.00		0.24	--
土耳其	0.70	366.67	0.15	650.00	0.02	0.00
俄罗斯联邦			1.63	-45.85	3.01	

产品进口情况（一）

单位：万美元

2004年		2003年		2002年	
进口额	增长%	进口额	增长%	进口额	增长%
341199.70	**295.78**	**86209.99**	**124.70**	**38366.84**	**-3.10**
144124.76	253.08	40818.95	124.99	18142.73	-28.96
12886.43	81.14	7114.07	243.92	2068.54	33.67
13978.97	238.96	4124.04	282.20	1079.02	55.07
5520.84	17.52	4697.70	78.25	2635.39	31.26
1971.27	855.67	206.27	364.47	44.41	-24.49
9997.76	63.38	6119.49	62.46	3766.88	99.63
24640.28	305.15	6081.77	549.44	936.47	168.01
3699.47	387.73	758.51	11.05	683.04	81.63
3125.40	-23.64	4092.84	32.52	3088.57	13.21
944.63	56.89	602.11	21.86	494.11	120.26
533.09	-24.54	706.48	-67.69	2186.44	
322.18	229.23	97.86	-67.17	298.07	-39.63
312.01	96.28	158.96	68.44	94.37	-66.40
357.72	23.46	289.75	17.34	246.94	16.51
751.39	117.82	344.96	89.89	181.66	-69.15
103.86	36.08	76.32	178.03	27.45	-38.13
8.55	-10.66	9.57	120.00	4.35	-7.84
182.71	-38.69	298.00	369.81	63.43	380.17
23.73	-45.09	43.22	179.02	15.49	-36.85
83.82	147.04	33.93	-37.03	53.88	-16.58
0.05	--	0.00		33.39	--
89.77	93.26	46.45	161.25	17.78	442.07
0.53	307.69	0.13	-97.46	5.12	--
15.63	166.27	5.87	116.61	2.71	-92.89
	--	0.00		0.13	--
0.11	--	0.00		17.33	
1.98	435.14	0.37	--	0.00	
0.06		0.03	-99.73	11.14	
71.76		0.09	-94.51	1.64	10.81
0.00	--	0.00	--	0.00	--
0.02	-80.00	0.10	--	0.00	--
0.04	300.00	0.01	--	0.00	

1995—2007年广播电视设备

国家和地区	2001年		2000年		1999年	
	进口额	增长%	进口额	增长%	进口额	增长%
合　　计:	39595.33	77.17	173449.04	19.05	145692.45	23.24
日本	25539.59	-28.66	35798.62	9.60	32661.99	-11.35
韩国	1547.54	-63.28	4214.54	1.05	4170.67	-30.40
中国台湾地区	695.85	-75.60	2852.35	94.76	1464.56	-6.51
泰国	2007.70	45.56	1379.31	111.26	652.91	36.36
菲律宾	58.81	65.38	35.56	-22.09	45.64	1270.57
中国香港特区	1886.95	-50.75	3831.24	155.48	1499.60	-47.52
马来西亚	349.41	-61.20	900.65	16.01	776.37	58.28
新加坡	376.06	-17.24	454.38	0.75	450.98	-54.38
美国	2728.18	-77.95	12373.07	35.77	9113.13	-61.42
德国	224.33	-97.64	9504.31	11.00	8562.36	47.05
印度尼西亚	38.14	-6.08	40.61	80.97	22.44	-10.17
荷兰	493.71	325.80	115.95	-31.31	168.81	70.91
英国	280.84	-98.48	18485.94	17.07	15790.30	147.27
意大利	211.94	-97.27	7764.97	59.78	4859.68	1253.67
法国	588.91	-95.82	14088.94	184.99	4943.67	349.85
澳大利亚	44.37	-85.99	316.80	415.71	61.43	17.52
墨西哥	4.72	147.12	1.91	6.70	1.79	--
加拿大	13.21	-99.46	2462.06	27.95	1924.26	29.87
西班牙	24.53	-96.71	745.04	257.87	208.19	311.61
瑞典	64.59	-99.70	21269.62	-44.33	38207.65	287.59
巴西	0.00		0.99	--	0.00	--
芬兰	3.28	-99.99	32955.78	83.91	17919.20	2.26
爱尔兰	0.00		186.38	107.09	90.00	--
比利时	38.14	95.59	19.50	-36.00	30.47	44.61
阿联酋	0.00	--	0.00	--	0.00	--
捷克	0.38	--	0.00	--	0.00	--
波兰	13.87	--	0.00	--	0.00	--
匈牙利	0.10	-98.50	6.66	42.92	4.66	
印度	1.48	-95.24	31.08		0.20	17.65
卢森堡	0.00	--	0.00	--		--
土耳其	0.00	--	0.00	--	0.00	--
俄罗斯联邦	3.14	-81.24	16.74	99.29	8.40	-75.80

产品进口情况（二）

单位：万美元

1998年		1997年		1996年		1995年	
进口额	增长%	进口额	增长%	进口额	增长%	进口额	增长%
118214.27	3.20	114544.69	82.93	62616.4	24.54	50276.27	
36843.03	8.30	34018.59	14.23	29780.71	41.87	20991.24	
5992.05	12.94	5305.70	51.17	3509.74	36.73	2567.00	
1566.51	1.76	1539.42	-15.60	1824.02	-33.42	2739.69	
478.81	18.39	404.45	536.43	63.55	62.87	39.02	
3.33	5.38	3.16	-11.98	3.59	-18.04	4.38	
2857.26	-13.29	3295.20	-31.98	4844.68	-8.53	5296.71	
490.51	-22.15	630.04	238.44	186.16	20.23	154.84	
988.65	-2.54	1014.39	138.74	424.89	-18.91	523.98	
23621.04	1.16	23350.34	194.78	7921.35	-9.73	8775.49	
5822.78	2.94	5656.47	159.56	2179.27	195.33	737.92	
24.98	-1.65	25.40	75.41	14.48		1.13	
98.77	66.81	59.21	106.96	28.61	-49.62	56.79	
6385.77	0.53	6352.01	1631.45	366.86	22.38	299.78	
359.00	23.72	290.17	-1.13	293.50	-26.52	399.44	
1098.95	2.22	1075.12	19.36	900.72	23.49	729.40	
52.27	15.34	45.32		1.83	-84.60	11.88	
0.00	--	0.00		0.05	--	0.00	
1481.73	5.49	1404.67	32.43	1060.68	15.85	915.54	
50.58	-0.35	50.76		0.41	-98.14	22.02	
9857.85	-0.63	9920.33	49.06	6655.32	27.22	5231.45	
0.00	--	0.00	--	0.00	--	0.00	
17522.45	0.00	17521.73	1002.36	1589.47		38.57	
0.00	--	0.00	-100.00	17.59	--	0.00	
21.07	368.22	4.50	-84.68	29.37	154.73	11.53	
0.00	--	0.00	--	0.00	--	0.00	
0.00	--	0.00	--	0.00	--	0.00	
0.00	--	0.00	--	0.00	--	0.00	
0.20	0.00	0.20	--	0.00	--	0.00	
0.17	-90.86	1.86	--	0.00	--	0.00	
0.00	--		--	0.00	--	0.00	
0.00	--	0.00	--	0.00	--	0.00	
34.71	72.94	20.07	1170.25	1.58	135.82	0.67	

1995—2007年电子计算机

国家和地区	2007年		2006年		2005年	
	出口额	增长%	出口额	增长%	出口额	增长%
合　　计:	19417596.41	29.09	15041742.35	25.69	11967444.25	28.17
中国香港特区	4789358.10	22.86	3898380.22	29.68	3006139.24	31.51
美国	4647251.68	22.57	3791366.52	31.33	2886853.38	20.46
日本	1222711.74	14.83	1064785.09	-3.15	1099420.33	21.98
荷兰	1827959.36	44.34	1266452.86	18.44	1069234.86	41.42
德国	1025350.93	19.09	860976.84	22.31	703907.84	36.51
英国	479309.07	50.70	318058.72	21.78	261178.78	13.13
马来西亚	451317.87	14.79	393164.03	28.32	306387.30	49.27
法国	475029.77	102.20	234931.97	22.81	191302.04	-24.67
韩国	396582.23	37.18	289085.71	4.65	276238.37	10.02
新加坡	394808.76	34.90	292665.21	22.93	238073.52	16.26
中国台湾地区	342091.80	11.60	306521.06	15.13	266241.45	6.36
爱尔兰	287007.71	8.59	264294.88	22.99	214885.14	43.90
澳大利亚	259050.81	61.19	160711.32	18.03	136160.74	26.20
墨西哥	240564.28	62.23	148284.37	88.26	78764.06	22.74
捷克	212956.00	65.39	128758.39	80.28	71422.36	55.56
加拿大	207955.01	35.91	153009.69	44.40	105965.31	53.96
卢森堡	186755.27	0.11	186555.62	1.17	184397.97	153.71
印度	160210.49	59.51	100436.84	51.42	66330.00	154.86
巴西	138101.23	105.99	67043.23	97.83	33889.85	88.65
芬兰	123425.24	55.79	79223.17	3.56	76496.57	39.92
泰国	159987.32	10.67	144563.34	31.93	109575.18	40.98
阿联酋	140224.91	76.03	79659.92	66.97	47707.79	82.19
土耳其	103800.34	86.37	55697.06	73.88	32032.53	86.28
波兰	112617.93	104.01	55203.36	152.90	21828.21	215.83
西班牙	95576.05	41.18	67699.78	48.94	45454.14	77.08
匈牙利	93836.95	17.29	80007.13	69.53	47193.98	52.09
意大利	77605.24	29.43	59958.49	43.10	41900.71	66.40
俄罗斯联邦	66307.48	46.74	45186.01	131.25	19539.94	11.70
印度尼西亚	56919.20	50.56	37805.82	8.64	34797.58	67.61
比利时	64308.81	-5.74	68226.83	7.72	63339.72	2.00
菲律宾	43371.79	12.87	38425.71	17.10	32813.95	20.76
瑞典	19019.68	98.48	9582.47	40.90	6800.86	53.07

产品出口情况（一）

单位：万美元

2004年		2003年		2002年	
出口额	增长%	出口额	增长%	出口额	增长%
9337493.36	40.76	6633733.63	85.51	3575942.14	60.45
2285893.93	41.43	1616281.00	60.20	1008940.71	62.29
2396552.90	39.32	1720118.62	102.05	851329.51	70.70
901283.32	23.00	732737.69	80.83	405215.34	107.25
756090.17	42.39	531016.33	84.27	288177.19	29.43
515636.73	52.18	338841.64	171.90	124619.18	63.04
230863.86	60.71	143653.92	72.72	83171.13	17.42
205254.72	25.46	163605.98	53.73	106425.31	163.45
253957.64	19.08	213263.62	482.73	36597.41	50.20
251083.27	75.34	143196.43	148.40	57647.04	14.83
204783.66	27.18	161014.10	26.10	127687.42	52.81
250326.86	39.41	179565.01	62.03	110823.12	75.90
149328.94	52.75	97759.71	105.82	47497.22	146.54
107889.11	57.91	68322.24	123.88	30517.76	65.52
64169.14	101.11	31907.25	6.85	29862.49	27.46
45912.17	32.96	34530.37	31.15	26329.75	109.27
68828.05	59.63	43116.96	123.85	19261.56	77.90
72679.22	223.16	22489.98	2699.11	803.47	6874.57
26025.93	128.55	11387.64	44.01	7907.36	0.97
17964.63	90.45	9432.61	28.44	7343.92	-20.26
54673.36	210.03	17634.95	168.70	6563.07	7.19
77726.63	6.53	72961.68	45.18	50254.38	7.19
26186.22	47.59	17742.74	78.63	9932.52	60.70
17195.85	91.97	8957.59	331.81	2074.45	93.47
6911.29	50.05	4606.09	27.40	3615.36	-0.71
25669.37	57.30	16318.79	137.83	6861.48	-5.03
31030.70	139.08	12979.19	-26.96	17768.95	-20.68
25180.96	-8.24	27441.62	42.63	19240.03	53.55
17493.80	-20.68	22054.68	178.35	7923.24	181.25
20760.67	73.83	11943.00	108.72	5722.09	0.71
62094.94	86.76	33249.02	133.48	14240.51	7.23
27171.77	59.49	17036.76	107.13	8225.25	-7.46
4443.01	10.18	4032.44	99.16	2024.77	71.14

1995—2007年电子计算机

国家和地区	2001年		2000年		1999年	
	出口额	增长%	出口额	增长%	出口额	增长%
合　　计：	2228659.57	27.13	1753015.72	42.60	1229292.8	7.57
中国香港特区	621686.42	65.43	375808.86	110.89	178205.15	7.61
美国	498714.57	2.72	485522.72	34.03	362261.52	-2.80
日本	195520.50	34.58	145278.43	52.66	95161.79	29.93
荷兰	222651.46	13.92	195440.99	23.60	158126.85	-22.64
德国	76433.06	34.23	56943.38	9.37	52064.13	16.31
英国	70833.56	18.40	59827.30	21.79	49121.68	5.92
马来西亚	40396.70	330.76	9378.00	50.51	6230.87	-16.58
法国	24366.41	4.76	23258.85	17.76	19750.60	38.17
韩国	50200.65	22.63	40935.71	61.37	25366.83	46.93
新加坡	83561.93	-7.01	89863.35	12.39	79959.47	20.42
中国台湾地区	63003.92	56.98	40133.76	16.83	34352.69	17.46
爱尔兰	19265.61	98.21	9719.57	127.92	4264.50	81.46
澳大利亚	18437.59	21.97	15115.94	23.94	12196.44	23.82
墨西哥	23429.68	169.38	8697.63	3.74	8384.20	319.65
捷克	12581.63	1037.45	1106.13	-37.41	1767.33	15.49
加拿大	10827.14	-48.52	21031.48	-3.73	21847.17	152.95
卢森堡	11.52	-25.44	15.45	378.33	3.23	3130.00
印度	7831.45	-3.90	8149.07	217.23	2568.84	71.10
巴西	9209.62	-24.99	12277.71	124.14	5477.59	21.70
芬兰	6123.00	48.63	4119.67	54.55	2665.63	-13.49
泰国	46883.69	29.17	36296.88	93.71	18737.40	233.07
阿联酋	6180.91	55.20	3982.52	46.50	2718.46	119.71
土耳其	1072.25	-63.98	2977.00	28.79	2311.53	181.60
波兰	3641.24	51.19	2408.46	-7.40	2600.86	126.83
西班牙	7224.58	31.31	5502.03	-17.29	6652.07	44.05
匈牙利	22402.62	-5.43	23688.59	37.80	17190.97	495.63
意大利	12529.75	8.84	11511.56	2.74	11204.61	89.48
俄罗斯联邦	2817.17	43.80	1959.09	45.23	1348.99	118.93
印度尼西亚	5681.56	-10.34	6336.77	63.62	3872.94	25.89
比利时	13279.86	6.54	12464.14	36.00	9164.55	61.49
菲律宾	8888.31	81.94	4885.31	-35.17	7535.04	-58.26
瑞典	1183.12	54.02	768.17	-23.20	1000.27	-11.76

产品出口情况（二）

单位：万美元

1998年		1997年		1996年		1995年	
出口额	增长%	出口额	增长%	出口额	增长%	出口额	增长%
1142751.08	41.22	809224.26	38.81	582989.16	39.48	417982.51	
165595.77	-1.99	168956.00	38.07	122369.95	21.27	100905.39	
372683.88	56.24	238529.17	57.74	151218.45	45.66	103816.08	
73241.62	7.51	68122.44	10.97	61385.65	26.86	48387.59	
204403.31	82.94	111735.08	76.77	63211.01	121.28	28565.79	
44763.41	29.99	34436.79	4.42	32978.33	7.10	30792.85	
46374.73	70.79	27153.44	64.16	16540.71	17.46	14082.20	
7469.05	-12.10	8497.57	190.40	2926.13	115.03	1360.80	
14294.83	61.47	8852.84	71.13	5173.30	13.34	4564.39	
17264.63	25.08	13802.88	32.21	10439.97	58.66	6579.89	
66400.62	44.37	45994.12	-34.07	69760.49	76.68	39483.77	
29245.90	27.53	22932.75	40.18	16359.01	3.40	15820.62	
2350.05	51.10	1555.32	0.74	1543.82	-43.82	2748.18	
9850.06	54.82	6362.12	62.86	3906.43	79.38	2177.74	
1997.92	34.99	1480.00	241.67	433.17	110.07	206.20	
1530.25	334.40	352.27	261.93	97.33	97.30	49.33	
8636.84	24.04	6963.19	68.40	4134.81	106.55	2001.82	
0.10	-97.48	3.97	-98.87	351.57	--	0.00	
1501.40	55.25	967.09	13.38	852.97	-14.39	996.37	
4500.79	102.90	2218.23	97.94	1120.65	48.99	752.16	
3081.37	143.39	1266.04	360.93	274.67	51.44	181.37	
5625.67	-29.84	8018.81	453.56	1448.59	53.44	944.07	
1237.28	28.97	959.37	197.06	322.96	413.21	62.93	
820.87	22.05	672.56	72.01	391.01	101.33	194.21	
1146.62	42.17	806.51	22.38	659.04	41.11	467.04	
4617.89	31.50	3511.59	6.02	3312.06	5.17	3149.34	
2886.20	7.94	2673.92	2706.97	95.26	18.06	80.69	
5913.43	46.65	4032.41	51.16	2667.59	-1.85	2717.91	
616.18	16.41	529.30	7.13	494.06	73.81	284.25	
3076.49	-5.06	3240.38	218.51	1017.37	156.37	396.84	
5675.16	435.00	1060.77	-25.18	1417.81	171.02	523.14	
18053.64	669.65	2345.70	156.96	912.88	5.09	868.70	
1133.53	138.66	474.95	--	0.00		495.32	

1995—2007年电子计算机

国家和地区	2007年		2006年		2005年	
	进口额	增长%	进口额	增长%	进口额	增长%
合　计:	8783547.01	19.72	7336651.36	17.52	6243001.46	24.12
韩国	1890157.89	34.80	1402167.06	13.90	1231036.42	20.93
中国台湾地区	1703256.16	14.64	1485777.41	24.45	1193882.58	17.48
日本	841235.61	26.25	666334.04	10.60	602458.34	4.22
泰国	671625.29	44.03	466298.41	32.61	351642.84	41.37
美国	229496.38	-0.03	229562.32	6.98	214578.75	16.82
菲律宾	269474.24	-2.18	275478.78	1.60	271150.06	42.12
新加坡	211318.04	9.46	193060.62	-19.78	240650.40	32.86
马来西亚	165550.90	-3.44	171455.76	15.84	148006.53	-11.13
印度尼西亚	99592.49	-15.72	118172.61	31.50	89861.85	22.17
德国	53729.35	28.92	41676.99	-10.02	46319.70	35.62
中国香港特区	51893.31	-26.45	70558.12	-13.75	81806.85	9.11
爱尔兰	48286.99	-24.86	64260.79	33.69	48066.54	7.13
墨西哥	43944.04	5.22	41763.71	4.45	39984.04	7.37
法国	10193.19	85.23	5502.87	-18.15	6722.86	-1.22
荷兰	1866.84	26.26	1478.58	-22.40	1905.35	-33.24
英国	6468.84	-42.38	11227.40	-27.04	15388.70	-0.62
印度	4710.62	53.49	3069.09	262.73	846.11	161.24
澳大利亚	1872.54	58.28	1183.09	46.16	809.44	-78.86
加拿大	7948.16	-13.20	9157.06	-33.01	13669.22	64.88
西班牙	831.94	-38.08	1343.51	-4.19	1402.25	-18.62
匈牙利	7825.26	48.63	5264.81	65.49	3181.27	-35.79
巴西	70.99	-79.90	353.11	85.61	190.24	231.43
芬兰	2414.94	35.91	1776.85	-35.12	2738.48	6.19
俄罗斯联邦	66.82	616.18	9.33	116.47	4.31	-89.60
阿联酋	3.43	28.46	2.67	142.73	1.10	59.42
意大利	9127.23	2.56	8899.67	-25.71	11979.14	8.27
捷克	5863.46	295.04	1484.27	311.00	361.14	51.45
土耳其	418.61	4052.88	10.08	42.17	7.09	118.83
波兰	590.11	543.03	91.77	-45.21	167.48	329.00
比利时	1668.44	48.90	1120.51	-0.59	1127.15	-40.57
瑞典	4450.94	87.75	2370.67	-20.88	2996.31	-3.56
卢森堡	20.73	-88.10	174.21	20889.16	0.83	-47.13

产品进口情况（一）

单位：万美元

2004年		2003年		2002年	
进口额	增长%	进口额	增长%	进口额	增长%
5029649.02	**45.96**	**3445793.46**	**102.00**	**1705868.43**	**33.84**
1017948.75	88.41	540285.08	404.62	107068.36	106.68
1016272.19	61.33	629935.39	165.69	237094.12	88.67
578081.03	31.22	440530.14	108.78	211002.46	35.95
248742.53	29.05	192752.60	100.93	95931.42	16.64
183684.95	-2.07	187570.96	-15.20	221184.26	-18.00
190785.30	32.80	143659.96	176.13	52026.74	36.29
181124.71	16.07	156048.40	45.75	107062.63	32.25
166541.68	7.51	154907.18	58.33	97838.92	20.55
73554.44	26.02	58365.32	36.96	42615.64	86.49
34153.29	41.17	24193.42	-32.21	35690.14	31.47
74978.18	31.19	57153.27	34.67	42439.53	40.72
44869.03	29.47	34655.58	100.98	17243.43	-22.43
37240.54	-11.77	42207.87	-1.10	42678.27	30.46
6806.22	67.86	4054.82	-3.63	4207.53	-19.70
2853.92	99.53	1430.34	1.36	1411.16	-6.92
15484.13	12.59	13752.18	14.36	12025.37	-37.21
323.88	72.93	187.29	-63.07	507.17	184.07
3828.13	21.83	3142.17	414.01	611.30	-60.27
8290.32	8.97	7607.96	58.55	4798.50	-20.59
1723.04	25.54	1372.46	19.89	1144.73	29.16
4954.63	12.30	4412.10	-1.91	4498.13	2.85
57.40	5.34	54.49	-2.66	55.98	-21.71
2578.91	16.36	2216.37	24.79	1776.06	-33.65
41.43		0.58	-97.65	24.73	-95.72
0.69	187.50	0.24	-95.80	5.71	-78.57
11064.50	89.27	5845.88	-46.69	10965.02	16.38
238.45	-81.15	1264.89	-16.95	1523.04	487.12
3.24	52.11	2.13	267.24	0.58	-14.71
39.04	1.43	38.49	287.61	9.93	520.63
1896.72	-31.94	2786.64	41.71	1966.39	-54.95
3107.05	-3.63	3224.16	109.48	1539.15	20.53
1.57	361.76	0.34	-83.96	2.12	-57.68

1995—2007年电子计算机

国家和地区	2001年		2000年		1999年	
	进口额	增长%	进口额	增长%	进口额	增长%
合　　计:	1274553.12	20.80	1055099.21	46.07	722346.66	43.55
韩国	51803.12	-12.13	58957.42	92.59	30613.53	43.47
中国台湾地区	125666.04	12.48	111727.00	51.74	73630.77	77.32
日本	155206.12	8.49	143058.61	9.11	131108.48	20.08
泰国	82242.65	21.94	67445.03	33.56	50497.32	62.80
美国	269733.28	33.54	201992.56	13.16	178509.30	98.17
菲律宾	38174.68	0.01	38170.49	166.31	14332.97	139.18
新加坡	80956.21	-8.09	88077.27	-6.80	94507.31	-10.63
马来西亚	81161.41	16.14	69880.61	246.46	20170.06	-5.38
印度尼西亚	22850.92	22.08	18718.09	91.08	9795.81	249.02
德国	27147.88	-1.19	27475.34	142.60	11325.42	103.26
中国香港特区	30157.85	-29.50	42779.76	73.96	24591.11	-8.25
爱尔兰	22229.96	256.86	6229.37	109.35	2975.64	294.85
墨西哥	32714.22	55.93	20979.56	1455.85	1348.43	66.45
法国	5239.65	20.78	4338.13	28.58	3373.96	-15.60
荷兰	1516.01	80.28	840.90	44.49	581.99	259.70
英国	19152.86	13.84	16823.84	58.51	10613.99	270.07
印度	178.54	442.51	32.91	37.70	23.90	91.20
澳大利亚	1538.77	8.34	1420.33	50.21	945.56	58.35
加拿大	6042.63	159.74	2326.44	-32.93	3468.61	25.32
西班牙	886.32	-39.24	1458.77	372.54	308.71	-81.45
匈牙利	4373.29	42.67	3065.26	341.39	694.45	136.85
巴西	71.50	351.96	15.82	-51.11	32.36	7254.55
芬兰	2676.90	10.05	2432.51	-43.15	4278.82	461.20
俄罗斯联邦	578.02	648.05	77.27	-67.06	234.61	673.01
阿联酋	26.64	24118.18	0.11	-97.95	5.36	993.88
意大利	9421.50	61.32	5840.41	-8.72	6398.50	123.92
捷克	259.41	2074.43	11.93	247.81	3.43	138.19
土耳其	0.68	94.29	0.35	34.62	0.26	-97.27
波兰	1.60	-92.56	21.51	--	0.00	--
比利时	4364.74	494.77	733.85	-50.05	1469.21	92.19
瑞典	1277.03	-70.83	4377.44	507.78	720.24	-20.72
卢森堡	5.01	33.60	3.75	-37.91	6.04	--

产品进口情况（二）

单位：万美元

1998年		1997年		1996年		1995年	
进口额	增长%	进口额	增长%	进口额	增长%	进口额	增长%
503216.74	26.40	398115.22	31.17	303502.4	26.30	240303	
21337.80	9.23	19533.95	18.76	16448.19	52.82	10762.82	
41524.16	24.23	33424.48	35.22	24719.25	2.35	24151.97	
109187.63	12.70	96881.98	12.49	86121.41	0.05	86078.08	
31018.55	18.57	26160.77	68.07	15565.78	410.90	3046.76	
90078.12	50.21	59966.49	-10.38	66910.62	28.62	52021.80	
5992.62	120.67	2715.64	-18.26	3322.42		128.48	
105746.59	24.23	85124.42	139.74	35506.98	101.38	17631.75	
21317.85	8.87	19580.53	136.05	8295.14	117.28	3817.64	
2806.68	608.40	396.20	315.52	95.35	22.79	77.65	
5571.93	98.39	2808.60	-41.85	4830.15	70.87	2826.74	
26800.88	22.70	21842.57	-14.66	25594.78	18.61	31445.24	
753.62	403.35	149.72	107.92	72.01	4.50	68.91	
810.13	634.41	110.31	110.35	52.44		1.69	
3997.42	194.48	1357.46	-56.54	3123.16	18.39	2638.01	
161.80	-55.92	367.08	54.61	237.42	143.53	97.49	
2868.11	86.46	1538.17	50.37	1022.89	56.90	651.94	
12.50	37.82	9.07	954.65	0.86	-86.63	6.43	
597.14	-7.63	646.50	110.20	307.57	21.09	254.00	
2767.78	28.05	2161.40	32.36	1632.93	96.71	830.13	
1664.22		111.92	39.66	80.14	-25.95	108.23	
293.20	90.44	153.96	--	0.00	--	0.00	
0.44	25.71	0.35	-99.36	54.82		0.28	
762.44	424.48	145.37	-55.51	326.76	1942.25	16.00	
30.35		2.39	-95.42	52.23	236.53	15.52	
0.49	--	0.00	--	0.00	-100.00	1.67	
2857.48	84.12	1551.93	-17.07	1871.43	69.39	1104.79	
1.44	114.93	0.67		0.03	-99.97	104.73	
9.53	0.00	9.53		0.04	--	0.00	
0.00	-100.00	0.23	--	0.00	-100.00	10.57	
764.45	-30.71	1103.25	713.07	135.69	25.78	107.88	
908.47	67.01	543.96	167.11	203.65	-59.14	498.40	
0.00	--	0.00	--	0.00		0.33	

1995—2007年家用电子电器

国家和地区	2007年		2006年		2005年	
	出口额	增长%	出口额	增长%	出口额	增长%
合　计:	7219931.06	23.87	5828530.78	39.48	4178852.81	25.32
美国	2052597.99	15.81	1772358.57	48.15	1196346.70	30.58
中国香港特区	1533803.49	53.13	1001656.53	32.53	755779.45	29.07
日本	481924.52	21.63	396218.64	13.70	348480.14	4.69
英国	288667.03	17.04	246648.58	65.94	148640.15	20.94
荷兰	257776.42	7.86	238992.80	38.06	173105.13	48.88
德国	245550.03	-11.36	277019.99	43.44	193131.02	24.91
韩国	169194.52	-2.00	172643.84	-1.76	175730.34	23.21
俄罗斯联邦	162770.08	67.05	97439.80	72.69	56423.15	79.84
澳大利亚	123996.78	26.72	97851.24	44.05	67928.32	12.84
加拿大	114593.41	5.59	108525.68	19.98	90452.94	63.84
法国	103765.20	8.40	95722.36	34.37	71236.74	9.13
墨西哥	101854.71	36.94	74380.65	49.85	49636.98	21.77
新加坡	78050.05	47.10	53060.72	27.82	41513.21	-3.63
中国台湾地区	87672.41	94.11	45167.24	19.79	37706.82	50.56
马来西亚	35344.52	11.43	31719.22	30.09	24382.98	-23.51
印度	51167.00	18.26	43267.40	65.03	26217.77	48.19
西班牙	73863.98	21.73	60678.24	56.71	38720.21	20.46
匈牙利	30609.45	-9.62	33867.82	52.97	22139.97	81.14
巴西	80528.20	21.15	66472.25	77.89	37366.24	37.52
芬兰	47738.27	-9.13	52531.99	5.26	49908.57	7.04
泰国	58493.04	32.71	44075.77	41.05	31248.55	100.17
阿联酋	91867.26	0.36	91541.58	51.60	60383.10	30.12
意大利	88518.67	40.30	63091.85	38.17	45661.90	-3.13
捷克	47759.44	388.70	9772.80	45.38	6722.45	58.70
土耳其	35996.23	48.30	24272.79	34.50	18046.19	-14.63
波兰	41488.22	54.75	26809.35	101.48	13306.24	49.66
菲律宾	16165.98	57.20	10283.49	41.24	7280.79	-2.42
印度尼西亚	32163.31	8.37	29678.82	42.96	20760.23	-7.00
比利时	41270.14	12.70	36620.09	18.22	30976.55	0.02
瑞典	20696.88	-42.33	35891.27	46.49	24500.27	95.25
爱尔兰	6116.81	73.20	3531.65	-43.54	6255.53	173.18
卢森堡	2448.18	-24.99	3263.83	100.39	1628.75	17.39

产品出口情况（一）

单位：万美元

2004年		2003年		2002年	
出口额	增长%	出口额	增长%	出口额	增长%
3334583.61	23.43	2701524.48	22.12	2212135.46	42.45
916173.09	30.41	702529.78	13.10	621155.77	61.29
585553.07	39.06	421073.76	26.16	333753.44	37.83
332861.32	-0.54	334679.35	-0.17	335262.86	19.78
122904.57	3.66	118565.12	59.97	74115.89	31.70
116271.02	-23.68	152345.55	26.97	119984.27	229.07
154611.93	41.83	109010.70	36.80	79687.31	42.17
142622.06	60.64	88785.15	63.15	54417.75	12.55
31373.97	37.11	22882.20	54.92	14770.79	106.21
60201.10	27.96	47048.41	41.79	33181.58	69.76
55206.43	20.30	45890.54	44.47	31764.48	60.52
65276.15	28.78	50688.12	59.61	31756.74	23.38
40763.64	24.06	32857.41	13.99	28825.97	58.58
43078.75	18.31	36413.07	-14.73	42701.86	-11.09
25044.78	3.92	24099.21	36.65	17635.57	37.63
31876.89	6.76	29857.17	-25.28	39959.62	44.26
17691.76	74.84	10118.56	-18.13	12359.98	97.82
32144.35	12.17	28656.11	84.41	15539.75	15.68
12222.68	105.13	5958.58	-34.47	9093.51	4.16
27170.90	48.29	18323.24	28.93	14211.97	51.17
46625.76	3.83	44905.77	25.19	35870.03	16.08
15610.71	10.73	14098.10	9.25	12904.96	-1.94
46407.33	-2.10	47402.92	43.48	33037.91	54.30
47137.60	52.90	30828.95	71.94	17930.28	38.37
4235.85	46.81	2885.30	67.17	1725.92	7.88
21138.82	2.09	20706.66	60.94	12866.19	146.17
8890.71	73.26	5131.37	15.66	4436.60	19.48
7461.27	-35.58	11583.01	0.31	11547.77	11.42
22322.69	18.65	18814.53	-2.74	19344.07	-5.71
30969.91	30.32	23764.10	13.09	21012.78	6.53
12548.26	39.41	9000.74	8.22	8317.17	96.63
2289.86	91.37	1196.54	48.92	803.46	38.91
1387.49	640.15	187.46	-75.63	769.11	30.14

1995—2007年家用电子电器

国家和地区	2001年		2000年		1999年	
	出口额	增长%	出口额	增长%	出口额	增长%
合　　计:	1552954.47	28.49	1208619.77	37.61	878291.0	11.33
美国	385115.38	20.79	318843.68	28.57	247999.98	11.52
中国香港特区	242154.33	27.71	189606.22	57.38	120474.85	-1.18
日本	279897.24	52.84	183133.03	17.59	155733.47	5.00
英国	56278.30	28.68	43735.12	42.63	30663.45	24.46
荷兰	36461.78	30.19	28007.23	19.15	23506.66	-0.54
德国	56049.11	6.83	52465.66	23.19	42590.52	22.72
韩国	48349.85	75.40	27564.87	77.74	15508.30	-3.49
俄罗斯联邦	7163.11	35.90	5270.86	95.58	2695.04	-37.97
澳大利亚	19546.02	27.65	15311.96	33.70	11452.28	11.50
加拿大	19788.74	33.63	14808.84	59.72	9271.80	65.43
法国	25738.07	-5.45	27221.99	31.78	20656.51	5.30
墨西哥	18177.72	21.95	14905.70	67.17	8916.34	43.29
新加坡	48030.03	2.70	46768.16	64.92	28357.24	15.69
中国台湾地区	12814.03	66.15	7712.26	27.65	6041.90	1.73
马来西亚	27699.13	61.26	17177.00	44.52	11885.39	51.99
印度	6248.08	38.82	4500.77	75.69	2561.82	3.89
西班牙	13433.21	21.77	11031.27	1.96	10819.16	15.94
匈牙利	8729.93	45.64	5994.15	226.12	1838.00	112.97
巴西	9401.43	14.73	8194.04	39.23	5885.08	-18.00
芬兰	30901.13	78.94	17269.25	249.18	4945.61	87.21
泰国	13159.93	81.91	7234.22	55.34	4657.11	77.91
阿联酋	21412.04	33.66	16019.53	28.17	12498.68	9.51
意大利	12958.03	37.12	9449.84	9.12	8660.24	27.18
捷克	1599.80	44.43	1107.67	9.39	1012.61	120.65
土耳其	5226.47	-46.81	9826.20	121.41	4438.02	-15.20
波兰	3713.24	-6.36	3965.64	30.44	3040.12	53.15
菲律宾	10364.43	127.33	4559.14	101.27	2265.20	26.93
印度尼西亚	20516.35	-20.42	25780.62	77.70	14508.29	236.94
比利时	19723.98	86.84	10556.61	43.53	7354.95	55.21
瑞典	4229.77	85.69	2277.90	28.36	1774.57	37.70
爱尔兰	578.40	4.65	552.71	49.34	370.09	8.94
卢森堡	590.98	-63.81	1633.11	225.48	501.76	30.75

产品出口情况（二）

单位：万美元

1998年		1997年		1996年		1995年	
出口额	增长%	出口额	增长%	出口额	增长%	出口额	增长%
788931.2	**9.54**	**720235.82**	**13.69**	**633516.42**	**3.74**	**610681.31**	
222387.34	27.58	174317.98	13.55	153513.91	6.00	144830.78	
121907.44	-15.00	143424.27	21.18	118356.77	-5.79	125635.23	
148322.54	13.99	130113.34	13.15	114993.97	7.40	107069.49	
24637.20	45.10	16979.78	-29.25	23999.54	21.45	19760.23	
23634.82	34.64	17554.37	-0.58	17657.42	2.57	17215.19	
34706.78	7.17	32385.33	-6.18	34517.36	8.99	31670.78	
16069.90	-39.75	26672.46	26.91	21017.07	30.90	16055.89	
4344.95	-34.04	6586.83	13.13	5822.14	-4.89	6121.56	
10270.84	40.73	7298.31	-8.08	7939.44	0.38	7909.70	
5604.74	7.61	5208.20	33.55	3899.76	-28.01	5416.90	
19617.37	19.44	16424.85	30.93	12544.43	3.90	12073.94	
6222.65	67.98	3704.44	6.04	3493.57	-30.48	5025.43	
24510.51	-6.15	26117.82	47.19	17743.83	13.43	15642.44	
5938.98	72.77	3437.45	11.12	3093.46	-22.16	3974.30	
7819.77	-20.12	9789.53	-7.33	10563.75	69.33	6238.64	
2465.84	-25.76	3321.43	132.57	1428.17	12.26	1272.22	
9331.96	38.26	6749.71	14.39	5900.36	-22.40	7603.53	
863.02	152.04	342.41	-21.40	435.65	75.74	247.90	
7176.54	-35.14	11064.70	39.42	7936.22	-20.01	9921.22	
2641.76	14.21	2312.98	188.03	803.04	260.16	222.97	
2617.75	-24.19	3453.26	3.24	3344.77	17.98	2834.98	
11412.84	50.81	7567.49	39.12	5439.36	15.16	4723.16	
6809.22	19.26	5709.79	48.02	3857.36	-8.27	4205.05	
458.93	17.62	390.19	-26.33	529.65	195.60	179.18	
5233.29	12.29	4660.42	6.23	4387.08	183.81	1545.80	
1985.12	178.04	713.98	-78.60	3336.78	34.17	2487.06	
1784.64	25.70	1419.73	-23.80	1863.27	-34.59	2848.56	
4305.89	-50.26	8656.43	118.52	3961.36	7.26	3693.23	
4738.73	37.33	3450.50	27.09	2714.99	-11.00	3050.48	
1288.72	-3.02	1328.84	56.06	851.49	81.95	467.99	
339.71	51.85	223.71	-2.07	228.45	-43.83	406.72	
383.76	10.96	345.86		0.03	-99.78	13.48	

1995—2007年家用电子电器

国家和地区	2007年		2006年		2005年	
	进口额	增长%	进口额	增长%	进口额	增长%
合　　计:	1237137.34	17.43	1053491.35	19.15	884151.26	5.28
日本	175136.75	1.02	173372.07	6.13	163354.28	-4.29
新加坡	147928.33	32.70	111476.36	48.61	75010.71	70.27
中国台湾地区	123522.52	20.78	102269.14	9.22	93633.79	41.11
美国	64929.59	-19.86	81024.03	22.52	66131.66	-0.45
韩国	63652.94	1.11	62954.97	-2.42	64514.89	-1.09
德国	44232.66	41.71	31213.71	-0.10	31246.01	-14.19
中国香港特区	30277.20	13.08	26774.15	-21.69	34188.99	-11.48
马来西亚	26154.06	-4.57	27405.97	-8.36	29905.14	89.76
泰国	21356.55	12.39	19002.89	15.47	16456.82	-15.78
菲律宾	17605.97	-9.68	19491.85	19.89	16258.13	202.84
印度尼西亚	16164.50	26.49	12779.33	-1.07	12917.63	159.63
爱尔兰	7065.12	80.27	3919.10	13.95	3439.35	-8.00
英国	5307.61	-30.70	7658.68	35.62	5647.14	-13.07
法国	5981.33	-48.32	11574.02	36.80	8460.33	48.67
意大利	4979.17	-3.56	5162.77	32.49	3896.71	-1.51
澳大利亚	2805.47	104.11	1374.46	35.04	1017.79	-25.89
墨西哥	3882.42	31.16	2960.01	75.41	1687.46	2.65
瑞典	2679.28	-64.50	7548.15	-17.33	9130.94	-57.07
加拿大	2466.79	-4.38	2579.72	12.33	2296.60	-39.90
西班牙	1158.20	28.63	900.40	23.39	729.72	-16.24
匈牙利	1914.13	-47.52	3647.23	109.52	1740.75	-47.06
俄罗斯联邦	1867.42	139.73	778.96	-12.26	887.85	-18.55
比利时	1672.42	18.66	1409.40	-46.04	2612.08	-10.49
芬兰	1490.36	-87.05	11506.93	20.23	9570.55	-54.90
捷克	983.83	72.71	569.64	26.69	449.64	374.75
波兰	698.35	-24.79	928.56	-21.19	1178.21	11.48
印度	246.86	-17.95	300.86	105.32	146.53	-50.36
巴西	65.86	-88.75	585.39	42.49	410.84	1.35
土耳其	59.45	39.95	42.48	94.68	21.82	-20.22
卢森堡	49.87	-52.60	105.22	1608.12	6.16	833.33
阿联酋	9.40	456.21	1.69	-16.75	2.03	-38.67

产品进口情况（一）

单位：万美元

2004年		2003年		2002年	
进口额	增长%	进口额	增长%	进口额	增长%
839846.63	**18.40**	**709304.84**	**21.09**	**585763.28**	**19.62**
170671.62	10.07	155053.71	22.71	126358.26	23.15
44053.95	45.07	30366.64	119.30	13846.97	52.59
66353.17	80.76	36707.84	9.97	33378.79	120.60
66430.71	13.69	58432.93	-6.66	62603.31	12.69
65224.84	-0.47	65531.93	15.87	56557.53	17.11
36413.04	0.97	36063.00	-14.73	42291.20	-0.60
38623.41	-7.50	41755.74	0.89	41386.79	38.31
15759.28	-3.01	16248.77	25.54	12942.71	-4.88
19540.69	158.57	7557.20	60.55	4707.10	22.16
5368.60	-28.61	7520.11	96.45	3827.98	46.60
4975.38	112.71	2339.09	-37.52	3743.88	-36.82
3738.54	-51.35	7685.35	129.99	3341.58	4.50
6495.91	5.80	6139.99	-2.96	6327.49	-58.63
5690.74	111.04	2696.47	0.41	2685.51	-66.47
3956.63	127.28	1740.88	-40.03	2903.08	-59.38
1373.39	-55.19	3065.00	74.55	1755.99	20.96
1643.94	77.03	928.63	25.13	742.13	5.25
21269.31	430.21	4011.48	-9.62	4438.26	-59.66
3821.46	-42.81	6681.56	-8.80	7326.32	-54.45
871.24	171.03	321.46	-1.54	326.50	-50.37
3287.88	49.37	2201.21	99.63	1102.62	-27.01
1090.10	8.30	1006.55	696.38	126.39	58.40
2918.09	138.84	1221.79	37.36	889.50	-63.87
21222.95	66.96	12711.12	141.32	5267.37	-62.14
94.71	350.14	21.04	178.31	7.56	-58.67
1056.88	108.96	505.77		8.54	139.22
295.18	102.51	145.76		3.08	-88.80
405.36	-59.03	989.40	-8.09	1076.44	0.06
27.35	-70.21	91.82	125.60	40.70	377.70
0.66	-51.82	1.37	25.69	1.09	-85.05
3.31	134.75	1.41	-76.85	6.09	

1995—2007年家用电子电器

国家和地区	2001年		2000年		1999年	
	进口额	增长%	进口额	增长%	进口额	增长%
合　　计:	489696.96	38.07	354663.47	37.62	257705.77	25.10
日本	102605.59	19.14	86120.35	-3.29	89048.19	18.64
新加坡	9074.43	-5.37	9589.28	-35.57	14882.75	-3.39
中国台湾地区	15131.01	50.54	10050.84	30.34	7711.21	-32.05
美国	55552.39	148.56	22349.49	24.65	17930.02	94.99
韩国	48294.85	2.19	47261.20	50.26	31453.18	14.82
德国	42547.77	53.91	27645.41	414.71	5371.09	60.08
中国香港特区	29922.39	14.03	26241.00	62.88	16110.89	-13.01
马来西亚	13606.10	19.86	11351.98	13.82	9973.21	46.67
泰国	3853.20	51.07	2550.69	13.29	2251.44	-14.20
菲律宾	2611.10	28.09	2038.44	19.59	1704.50	533.29
印度尼西亚	5926.09	64.99	3591.87	71.65	2092.54	177.34
爱尔兰	3197.72	535.73	503.00	87.62	268.09	90.20
英国	15296.61	491.83	2584.61	107.50	1245.62	-24.61
法国	8010.44	385.10	1651.30	33.67	1235.34	15.33
意大利	7146.08	531.06	1132.39	56.15	725.18	-62.00
澳大利亚	1451.73	228.82	441.50	50.32	293.71	25.49
墨西哥	705.09	149.29	282.84	-27.05	387.70	741.00
瑞典	11001.52	206.60	3588.18	138.94	1501.70	35.45
加拿大	16085.76		741.66	-46.18	1378.02	157.11
西班牙	657.84	442.37	121.29	-23.72	159.00	104.27
匈牙利	1510.63	34.39	1124.10		47.77	-86.56
俄罗斯联邦	79.79	-79.48	388.82	130.66	168.57	99.70
比利时	2461.79	8.72	2264.42	93.37	1171.02	345.97
芬兰	13912.62	68.69	8247.35	-8.02	8966.88	
捷克	18.29		0.66	371.43	0.14	-33.33
波兰	3.57	-29.72	5.08		0.04	-99.33
印度	27.50	-66.82	82.88		2.48	-40.38
巴西	1075.76		5.87	22.29	4.80	-85.34
土耳其	8.52	-44.89	15.46		0.04	-99.33
卢森堡	7.29	80.89	4.03	--	0.00	
阿联酋	0.02	-60.00	0.05	400.00	0.01	-99.62

产品进口情况（二）

单位：万美元

1998年		1997年		1996年		1995年	
进口额	增长%	进口额	增长%	进口额	增长%	进口额	增长%
206000.6	8.22	190354.12	-2.63	195501.0	-10.95	219548.31	
75057.03	-6.55	80315.79	-12.02	91289.90	-27.26	125502.36	
15404.53	22.83	12541.25	23.52	10152.90	9.30	9289.28	
11347.55	119.26	5175.43	-34.02	7844.33	-3.82	8155.58	
9195.28	37.88	6669.17	-22.95	8655.82	3.86	8334.12	
27393.33	-15.60	32457.72	-4.77	34084.11	44.68	23558.83	
3355.30	138.85	1404.77	35.06	1040.13	-18.00	1268.42	
18519.83	-6.35	19775.65	-5.03	20824.14	-22.09	26728.80	
6799.55	14.05	5962.11	40.72	4236.85	39.43	3038.60	
2623.92	52.05	1725.65	4.04	1658.58	167.62	619.76	
269.15	30.99	205.48	341.61	46.53	485.28	7.95	
754.49	-7.53	815.92	113.99	381.28	4.65	364.33	
140.95	398.41	28.28	150.27	11.30	182.50	4.00	
1652.18	32.70	1245.03	37.40	906.13	-1.56	920.51	
1071.09	273.14	287.05	72.99	165.93	-18.09	202.57	
1908.49		109.13	-27.56	150.64	-67.89	469.13	
234.05	176.43	84.67	-61.14	217.89	-75.57	891.78	
46.10	167.25	17.25	-68.36	54.52	409.06	10.71	
1108.71	348.47	247.22	36.37	181.29	-1.47	184.00	
535.96	31.39	407.90	11.23	366.72	58.60	231.22	
77.84	265.96	21.27	-33.70	32.08	43.66	22.33	
355.41	0.20	354.70	356.68	77.67	--	0.00	
84.41	54.43	54.66	338.68	12.46	65.69	7.52	
262.58	149.48	105.25	254.97	29.65	-17.41	35.90	
741.42	0.61	736.89		15.54	29.28	12.02	
0.21	200.00	0.07	-94.31	1.23	--	0.00	
5.98	--	0.00	--	0.00		0.11	
4.16	-87.59	33.53	605.89	4.75	25.00	3.80	
32.74	--	0.00		0.12	--	0.00	
6.00		0.06	0.00	0.06		0.00	
0.01	--	0.00		0.85	844.44	0.09	
2.61		0.03	--	0.00		0.51	

1995—2007年电子元件

国家和地区	2007年		2006年		2005年	
	出口额	增长%	出口额	增长%	出口额	增长%
合　　计:	**4657287.92**	**37.09**	**3397319.17**	**71.15**	**1985037.95**	**2.75**
中国香港特区	1812513.37	37.48	1318344.97	53.77	857376.41	20.68
美国	503772.36	34.50	374564.83	97.63	189531.23	-14.95
日本	424197.60	23.78	342709.01	84.72	185527.00	-25.07
韩国	250833.08	34.08	187071.36	41.99	131749.78	9.18
中国台湾地区	150812.65	3.94	145095.12	91.71	75685.65	10.86
新加坡	139113.01	36.53	101894.48	38.15	73758.05	16.75
德国	137746.29	50.05	91798.61	84.66	49712.14	-24.51
马来西亚	97608.93	41.85	68811.38	25.97	54623.16	20.84
印度	84103.85	120.06	38217.84	104.66	18673.62	42.47
英国	71453.85	21.77	58681.44	140.38	24412.43	-15.55
匈牙利	61776.20	137.74	25984.70	24.26	20910.99	24.42
泰国	54323.53	28.88	42149.09	67.63	25144.14	5.24
意大利	45916.92	41.67	32410.92	130.93	14034.79	-12.78
俄罗斯联邦	43111.02	87.00	23053.71	214.81	7323.09	6.15
巴西	42914.69	82.63	23497.67	55.29	15131.62	43.57
法国	40587.32	20.82	33593.75	147.32	13582.94	-12.14
澳大利亚	36379.98	28.25	28367.19	289.76	7278.10	-27.17
墨西哥	41885.12	85.20	22615.57	75.03	12921.30	-5.64
加拿大	24852.12	35.76	18305.84	122.01	8245.40	-15.54
西班牙	24249.52	30.84	18533.43	126.35	8187.78	-1.87
芬兰	26335.06	102.20	13024.20	70.74	7628.01	-18.34
阿联酋	30785.97	45.64	21138.64	163.18	8031.95	-41.92
爱尔兰	12569.85	147.67	5075.23	147.17	2053.32	-19.09
捷克	11985.16	77.80	6740.80	93.88	3476.72	16.31
土耳其	21559.52	47.78	14588.98	46.69	9945.15	-8.84
波兰	12698.09	44.91	8762.83	114.67	4081.91	31.01
菲律宾	37801.88	26.32	29924.66	4.39	28665.74	43.34
印度尼西亚	32123.50	17.45	27351.88	52.37	17950.38	15.24
比利时	22089.60	30.81	16887.21	102.95	8320.99	-3.17
瑞典	9850.82	43.01	6888.25	185.12	2415.88	-16.43
卢森堡	76.29	20.39	63.37	94.63	32.56	53.15

产品出口情况（一）

单位：万美元

2004年		2003年		2002年	
出口额	增长%	出口额	增长%	出口额	增长%
1931868.93	**59.11**	**1214208.56**	**30.41**	**931090.53**	**11.15**
710472.28	63.94	433381.76	28.09	338338.90	17.81
222842.37	83.41	121499.59	13.91	106664.79	-2.37
247586.87	33.84	184982.18	36.08	135933.24	8.43
120670.83	49.25	80849.91	29.68	62347.89	15.07
68269.63	97.21	34617.86	39.24	24862.42	7.59
63173.75	39.06	45429.14	22.98	36940.55	1.21
65854.84	102.78	32475.83	29.37	25103.57	-11.68
45203.91	41.51	31944.41	74.24	18333.29	16.99
13107.44	86.05	7044.99	21.62	5792.82	43.11
28909.20	60.75	17983.46	29.25	13913.37	2.44
16807.43	73.63	9679.90	43.71	6735.76	37.55
23892.34	42.67	16746.50	11.33	15042.86	51.34
16091.29	85.68	8666.01	31.24	6603.08	-7.28
6898.56	72.84	3991.35	108.10	1917.97	40.35
10539.73	101.01	5243.49	54.26	3399.23	-14.57
15459.93	78.49	8661.56	32.86	6519.54	-2.18
9993.50	55.59	6422.81	29.59	4956.10	22.82
13694.27	84.59	7418.56	0.95	7348.54	16.75
9762.17	65.20	5909.34	27.13	4648.28	61.98
8344.23	34.59	6199.69	48.92	4163.04	-0.33
9341.66	102.75	4607.59	63.14	2824.37	-1.63
13829.30	84.41	7499.33	23.61	6066.89	21.02
2537.83	77.80	1427.38	-14.26	1664.82	11.48
2989.17	77.02	1688.61	139.02	706.47	45.20
10909.04	15.79	9421.21	136.88	3977.13	78.96
3115.69	46.55	2126.02	-12.55	2431.23	123.47
19998.27	43.69	13917.34	112.29	6555.86	22.40
15575.93	63.74	9512.86	-1.59	9666.86	18.78
8593.54	17.28	7327.40	51.34	4841.59	-2.49
2890.97	70.08	1699.77	31.98	1287.90	-12.64
21.26	-84.52	137.35	-32.74	204.20	13.07

1995—2007年电子元件

国家和地区	2001年		2000年		1999年	
	出口额	增长%	出口额	增长%	出口额	增长%
合　计:	837698.27	-2.75	861376.42	11.73	770969.09	34.74
中国香港特区	287201.76	-7.51	310526.67	17.56	264135.00	47.85
美国	109249.24	2.21	106882.55	10.37	96837.11	36.92
日本	125370.57	-5.30	132385.06	-3.82	137642.46	40.66
韩国	54182.92	-3.42	56104.03	25.88	44568.17	60.95
中国台湾地区	23107.97	8.71	21255.62	-33.25	31844.72	-7.22
新加坡	36500.62	0.30	36392.54	30.69	27847.37	47.65
德国	28424.14	-0.24	28491.50	22.07	23339.43	48.73
马来西亚	15670.91	-0.61	15767.11	32.72	11880.01	32.02
印度	4047.81	32.72	3049.98	92.42	1585.06	67.77
英国	13582.25	-24.18	17913.28	5.08	17048.05	26.66
匈牙利	4896.92	74.63	2804.11	411.58	548.13	46.65
泰国	9940.03	7.49	9247.00	14.11	8103.72	40.85
意大利	7121.32	-5.62	7545.74	32.07	5713.35	16.42
俄罗斯联邦	1366.54	115.67	633.64	-49.98	1266.67	118.35
巴西	3978.77	15.93	3431.91	80.41	1902.31	20.78
法国	6664.80	14.84	5803.66	27.21	4562.12	33.06
澳大利亚	4035.22	3.92	3882.94	25.06	3104.88	15.64
墨西哥	6294.50	-12.31	7177.77	56.33	4591.29	-5.71
加拿大	2869.67	16.27	2468.03	44.54	1707.48	12.85
西班牙	4176.65	15.44	3618.02	-20.83	4569.79	-11.76
芬兰	2871.19	50.76	1904.54	44.52	1317.87	114.23
阿联酋	5013.05	21.07	4140.48	5.99	3906.61	27.35
爱尔兰	1493.40	-28.29	2082.48	-22.30	2680.32	9.65
捷克	486.54	12.26	433.40	19.65	362.23	144.01
土耳其	2222.31	-36.19	3482.63	62.29	2145.96	28.48
波兰	1087.94	49.11	729.60	19.52	610.45	40.55
菲律宾	5355.98	-27.38	7374.98	-0.17	7387.77	104.40
印度尼西亚	8138.79	12.90	7208.93	51.43	4760.68	213.45
比利时	4965.03	20.07	4135.23	-8.87	4537.53	47.54
瑞典	1474.18	-11.31	1662.14	-19.26	2058.71	234.95
卢森堡	180.59	-38.61	294.19	370.55	62.52	371.85

产品出口情况（二）

单位：万美元

1998年		1997年		1996年		1995年	
出口额	增长%	出口额	增长%	出口额	增长%	出口额	增长%
572171.93	6.87	535404.3	29.74	412674.58	50.95	273375.99	
178650.18	-3.25	184659.77	21.34	152179.84	0.52	151396.51	
70726.82	4.04	67979.96	43.70	47306.12	68.96	27997.99	
97856.33	-3.99	101926.17	20.40	84659.12	175.19	30763.52	
27689.96	-12.19	31532.55	26.72	24883.81	155.54	9737.66	
34322.01	62.35	21140.39	81.04	11677.39	-6.51	12490.10	
18860.17	-9.23	20777.89	18.07	17597.64	120.16	7993.06	
15692.37	18.92	13196.19	51.33	8720.34	70.27	5121.44	
8998.78	46.73	6133.09	113.84	2868.04	90.80	1503.20	
944.80	8.31	872.29	63.09	534.84	-19.71	666.13	
13459.75	-2.74	13838.33	40.82	9827.20	110.73	4663.31	
373.77	-4.14	389.92	-20.71	491.77	238.38	145.33	
5753.49	5.99	5428.32	98.67	2732.39	96.16	1392.96	
4907.71	6.73	4598.36	28.80	3570.08	226.97	1091.88	
580.10	-46.92	1092.83	-17.76	1328.86	179.51	475.43	
1575.08	31.78	1195.25	23.39	968.66	244.08	281.52	
3428.67	12.01	3060.92	35.10	2265.69	212.48	725.07	
2684.86	58.63	1692.56	21.45	1393.63	62.47	857.80	
4869.52	168.34	1814.65	176.84	655.49	188.81	226.96	
1513.07	-61.38	3917.52	179.50	1401.61	33.10	1053.03	
5178.78	37.41	3768.85	80.96	2082.72	225.70	639.46	
615.17	64.05	375.00	123.27	167.96	34.14	125.21	
3067.54	-3.35	3173.72	45.02	2188.48	182.79	773.88	
2444.48	196.57	824.26	201.53	273.36	121.18	123.59	
148.45	325.11	34.92	11.00	31.46	8.75	28.93	
1670.33	69.04	988.13	64.20	601.80	154.87	236.12	
434.32	49.87	289.79	-1.11	293.04	521.64	47.14	
3614.29	50.45	2402.32	-3.12	2479.65	97.56	1255.12	
1518.78	-39.35	2504.14	13.38	2208.67	28.67	1716.55	
3075.52	-12.79	3526.65	126.69	1555.72	370.28	330.81	
614.64	-36.72	971.31	272.45	260.79	91.36	136.28	
13.25	267.04	3.61	-60.24	9.08		0.02	

1995—2007年电子元件

国家和地区	2007年		2006年		2005年	
	进口额	增长%	进口额	增长%	进口额	增长%
合　　计:	4511618.93	31.63	3427453.01	62.85	2104707.88	11.73
日本	1089996.31	40.97	773230.63	61.03	480167.19	9.54
中国台湾地区	554020.45	8.30	511562.29	38.95	368162.13	7.75
韩国	500825.27	52.78	327801.23	53.86	213053.95	13.28
美国	132155.45	11.14	118909.73	112.91	55848.81	-7.42
泰国	115845.86	27.40	90933.06	43.14	63528.00	39.19
德国	99514.15	34.24	74132.27	227.82	22613.90	-30.70
马来西亚	93934.32	15.84	81086.66	50.54	53864.77	9.88
中国香港特区	82181.49	-8.22	89537.33	13.22	79080.62	7.23
新加坡	58696.17	-2.36	60111.85	49.47	40217.70	-10.62
菲律宾	50342.75	73.53	29011.78	30.45	22239.01	19.76
印度尼西亚	35740.74	31.36	27208.22	54.80	17575.87	5.46
法国	22589.03	10.44	20452.89	221.59	6359.89	-27.64
墨西哥	31782.03	14.68	27713.68	82.81	15159.77	15.35
英国	18053.69	7.81	16745.99	151.44	6660.06	3.57
意大利	17170.39	27.89	13426.24	135.43	5702.88	1.42
捷克	15754.30	22.26	12885.66	76.99	7280.51	30.29
印度	5536.00	29.84	4263.58	195.02	1445.16	-12.16
澳大利亚	5651.84	28.33	4404.08	161.62	1683.41	-34.70
瑞典	6567.54	-21.97	8416.34	145.01	3435.04	-23.86
加拿大	5758.23	48.61	3874.62	51.26	2561.48	5.35
西班牙	5053.39	45.28	3478.48	207.46	1131.37	-30.85
荷兰	4074.79	30.64	3119.04	119.04	1423.95	-22.89
匈牙利	2709.75	-45.52	4974.22	263.36	1368.96	72.03
巴西	2221.78	-1.62	2258.46	75.72	1285.27	-21.63
芬兰	6457.95	-10.66	7228.68	135.45	3070.18	41.40
爱尔兰	2144.50	3.69	2068.19	353.19	456.36	-12.17
波兰	4060.94	21.31	3347.52	100.28	1671.39	0.37
比利时	2625.16	-6.68	2812.99	132.99	1207.33	-31.42
卢森堡	2410.29		22.42	18.56	18.91	124.58
俄罗斯联邦	335.43	-6.96	360.51	191.98	123.47	-26.10
土耳其	134.95	-2.66	138.64	256.68	38.87	-8.26
阿联酋	8.72	23.86	7.04		0.17	-41.38

产品进口情况（一）

单位：万美元

2004年		2003年		2002年	
进口额	增长%	进口额	增长%	进口额	增长%
1883785.86	34.77	1397813.53	31.39	1063843.4	12.06
438367.97	25.70	348752.61	28.26	271912.07	2.25
341679.57	31.01	260806.19	34.03	194587.38	38.80
188085.12	28.56	146305.81	38.83	105386.55	30.93
60325.99	38.73	43483.14	23.93	35088.19	-54.15
45641.31	70.44	26778.54	23.44	21694.35	58.51
32631.89	77.39	18395.29	14.19	16109.73	-27.39
49019.64	11.53	43950.66	23.30	35644.95	-3.50
73747.85	6.37	69333.97	-12.60	79331.97	1.12
44996.59	22.39	36765.88	47.88	24862.35	16.71
18569.39	29.95	14290.12	11.29	12840.63	28.78
16666.03	61.44	10323.64	56.60	6592.40	-53.12
8788.63	80.89	4858.55	-2.18	4966.66	-9.81
13142.70	114.94	6114.47	44.18	4240.91	-3.31
6430.21	55.07	4146.74	7.57	3854.75	-43.17
5623.06	21.52	4627.40	75.25	2640.52	-11.06
5588.05	30.45	4283.74	45.32	2947.82	109.21
1645.14	118.41	753.24	-23.84	988.96	-22.41
2578.14	4.10	2476.52	-25.17	3309.54	27.56
4511.22	37.39	3283.46	127.80	1441.36	-81.99
2431.44	37.12	1773.20	1.98	1738.78	81.72
1636.17	25.79	1300.71	-14.94	1529.16	-2.81
1846.53	3.43	1785.34	-7.03	1920.34	-8.29
795.78	-9.40	878.39	134.06	375.29	-14.11
1640.00	6.27	1543.18	-0.96	1558.12	57.11
2171.26	69.70	1279.50	-31.33	1863.15	-81.99
519.59	-26.16	703.67	140.13	293.04	-69.94
1665.30	355.51	365.59	423.17	69.88	-36.51
1760.51	51.46	1162.35	-1.99	1185.99	-17.08
8.42	472.79	1.47	488.00	0.25	-96.38
167.08	7.09	156.02	19.24	130.85	280.60
42.37	854.28	4.44	562.69	0.67	318.75
0.29	141.67	0.12	500.00	0.02	-99.28

国家和地区	2001年		2000年		1999年	
	进口额	增长%	进口额	增长%	进口额	增长%
合　　计:	949363.31	7.91	879800.97	43.74	612096.47	33.56
日本	265920.40	-4.77	279243.65	33.44	209263.36	25.39
中国台湾地区	140195.65	4.47	134200.40	18.37	113377.49	23.30
韩国	80487.86	20.72	66673.39	47.25	45279.99	34.43
美国	76533.24	63.17	46903.45	39.62	33594.84	25.45
泰国	13686.37	6.31	12874.40	102.20	6367.17	31.54
德国	22186.57	18.96	18651.18	76.40	10573.07	-4.28
马来西亚	36938.50	50.79	24497.37	53.87	15920.88	41.65
中国香港特区	78451.22	3.39	75880.07	34.34	56485.10	7.51
新加坡	21303.54	-37.88	34293.63	83.24	18715.37	18.08
菲律宾	9971.01	5.35	9464.23	146.89	3833.38	128.00
印度尼西亚	14063.69	17.05	12015.57	228.95	3652.67	37.49
法国	5507.16	37.92	3993.08	88.52	2118.08	-14.39
墨西哥	4386.30	16.06	3779.25	221.42	1175.80	158.26
英国	6782.63	44.53	4692.75	62.12	2894.62	19.76
意大利	2968.72	35.63	2188.79	46.84	1490.58	20.22
捷克	1409.01	16.30	1211.55	470.92	212.21	
印度	1274.66	154.68	500.50	97.45	253.48	686.96
澳大利亚	2594.53	159.98	997.96	30.33	765.74	86.47
瑞典	8003.33	-23.60	10475.46	179.30	3750.64	175.17
加拿大	956.86	14.47	835.94	60.56	520.64	6.71
西班牙	1573.30	14.94	1368.81	138.10	574.89	100.98
荷兰	2093.87	63.89	1277.63	-13.86	1483.25	20.67
匈牙利	436.94	847.60	46.11	460.95	8.22	433.77
巴西	991.75	72.20	575.94	209.80	185.91	-10.57
芬兰	10343.41	20.24	8602.64	54.93	5552.62	344.89
爱尔兰	974.89	51.86	641.97	45.60	440.90	-30.41
波兰	110.06	255.26	30.98	374.43	6.53	
比利时	1430.20	23.49	1158.18	180.40	413.04	65.85
卢森堡	6.90	61.59	4.27	-48.18	8.24	-45.90
俄罗斯联邦	34.38	-3.43	35.60	-24.16	46.94	23.85
土耳其	0.16	-99.36	25.04	7.24	23.35	548.61
阿联酋	2.79		0.01	--	0.00	

产品进口情况（二）

单位：万美元

1998年		1997年		1996年		1995年	
进口额	增长%	进口额	增长%	进口额	增长%	进口额	增长%
458282.57	12.26	408240.42	34.52	303473.29	26.40	240093.2	
166883.44	6.03	157394.43	29.47	121569.53	43.84	84515.67	
91955.37	22.64	74981.43	44.14	52021.50	2.74	50634.03	
33683.41	10.23	30557.68	67.11	18285.89	14.12	16023.49	
26778.72	19.00	22502.69	51.97	14807.27	58.97	9314.40	
4840.53	2.28	4732.47	231.17	1429.01	97.36	724.06	
11045.89	66.86	6619.95	15.05	5753.84	-9.13	6331.98	
11239.22	85.25	6067.06	57.84	3843.92	125.65	1703.47	
52538.75	9.29	48074.73	14.34	42047.18	16.57	36070.91	
15849.12	58.39	10006.48	-13.50	11568.75	66.40	6952.55	
1681.29	198.81	562.67	282.74	147.01	53.65	95.68	
2656.73	26.36	2102.43	503.52	348.36	751.94	40.89	
2474.12	74.03	1421.68	-23.30	1853.62	-3.34	1917.67	
455.28	63.99	277.63		4.64	-78.24	21.32	
2417.01	43.71	1681.91	-6.26	1794.29	-56.50	4124.59	
1239.84	10.98	1117.18	17.62	949.86	-30.93	1375.16	
13.45	70.90	7.87	19.79	6.57	800.00	0.73	
32.21	26.76	25.41	-33.22	38.05		0.49	
410.65	-14.04	477.72	-29.05	673.34	-66.83	2030.13	
1363.05	89.40	719.67	-9.24	792.90	-57.13	1849.60	
487.92	-7.76	528.94	5.53	501.24	-1.67	509.77	
286.04	50.57	189.97	-12.34	216.70	-30.74	312.90	
1229.22	32.44	928.16	22.85	755.53	24.15	608.55	
1.54	214.29	0.49	-3.92	0.51	--	0.00	
207.89	127.50	91.38	901.97	9.12	672.88	1.18	
1248.10	214.52	396.83	-48.80	775.12	-49.97	1549.28	
633.60	-2.46	649.57	698.10	81.39	10.76	73.48	
0.47	-74.73	1.86	279.59	0.49	-12.50	0.56	
249.05	-15.11	293.37	-53.54	631.46	161.17	241.78	
15.23		0.01	-99.85	6.69	223.19	2.07	
37.90	7.64	35.21	-82.00	195.66	18.02	238.66	
3.60	-91.39	41.79		0.67	-93.56	10.40	
13.37		0.01	--	0.00		1.38	

1995—2007年电子仪器设备

国家和地区	2007年		2006年		2005年	
	出口额	增长%	出口额	增长%	出口额	增长%
合　计:	1956213.22	36.63	1431719.87	109.73	682657.97	26.66
中国香港特区	419827.56	33.21	315161.41	88.15	167507.21	23.69
美国	408170.49	37.25	297394.37	95.23	152327.70	30.18
日本	220740.72	29.57	170358.36	90.16	89587.12	19.42
荷兰	48949.56	40.37	34873.02	75.73	19844.61	20.67
德国	105862.15	22.69	86284.80	196.30	29120.72	12.50
韩国	109296.43	36.49	80076.99	175.46	29070.50	49.93
新加坡	40148.99	15.37	34800.72	211.27	11180.23	9.95
中国台湾地区	89388.30	39.89	63898.79	100.34	31895.27	22.73
英国	42362.83	50.12	28219.46	109.35	13479.77	7.10
马来西亚	24903.82	19.65	20814.54	127.73	9140.18	39.32
法国	22075.73	46.79	15038.59	132.89	6457.28	-15.30
印度	31022.79	70.54	18190.48	230.24	5508.22	33.72
澳大利亚	11089.10	67.14	6634.51	107.26	3201.01	49.51
墨西哥	28188.36	51.46	18610.87	116.04	8614.46	40.21
加拿大	15120.28	0.29	15076.09	104.68	7365.54	28.21
西班牙	7937.78	30.36	6089.22	74.19	3495.83	50.96
匈牙利	20621.59	87.79	10980.96	354.29	2417.19	48.83
巴西	21905.52	75.21	12502.43	213.53	3987.69	50.30
芬兰	10189.58	91.14	5330.93	113.78	2493.67	16.30
俄罗斯联邦	18717.76	46.17	12805.40	66.72	7680.99	63.18
泰国	14988.31	45.63	10292.21	138.21	4320.62	6.31
阿联酋	11985.66	25.52	9549.05	129.57	4159.61	30.72
意大利	18466.67	38.30	13352.85	129.87	5808.96	23.03
爱尔兰	6111.50	-6.82	6559.06	87.61	3496.17	110.74
捷克	11752.23	387.34	2411.51	145.04	984.11	-49.38
土耳其	12946.16	10.97	11666.30	121.65	5263.29	100.61
波兰	11757.39	107.17	5675.28	68.45	3369.12	14.55
菲律宾	7712.69	25.22	6159.50	84.16	3344.69	42.96
印度尼西亚	10329.65	35.30	7634.86	129.30	3329.61	30.77
比利时	7323.83	32.32	5535.03	84.37	3002.09	8.90
卢森堡	91.61	345.14	20.58	12.83	18.24	-87.01
瑞典	10910.29	105.96	5297.38	95.90	2704.12	16.31

产品出口情况（一）

单位：万美元

2004年		2003年		2002年	
出口额	增长%	出口额	增长%	出口额	增长%
538972.83	-8.36	588162.98	49.26	394044.73	33.66
135428.47	-6.36	144630.12	61.59	89504.79	52.65
117012.15	1.98	114734.77	32.59	86534.57	22.08
75016.04	-24.72	99654.93	45.67	68413.28	14.69
16445.71	4.18	15785.31	52.67	10339.79	79.31
25886.10	-31.04	37536.96	122.52	16868.70	26.11
19389.10	-21.96	24844.75	82.24	13632.89	38.19
10168.04	-22.06	13046.49	31.35	9932.69	30.50
25988.24	-15.26	30668.04	45.99	21006.52	24.74
12586.45	3.03	12216.86	23.88	9861.79	28.50
6560.35	23.61	5307.44	16.33	4562.42	153.67
7623.57	-45.95	14104.75	57.05	8981.32	6.00
4119.24	56.62	2630.13	45.41	1808.77	109.08
2140.95	-11.98	2432.31	59.88	1521.30	118.57
6143.80	-5.65	6511.50	-10.88	7306.31	67.51
5744.68	9.67	5237.99	20.56	4344.84	134.32
2315.66	15.83	1999.13	43.92	1389.04	101.69
1624.15	-27.98	2255.20	47.29	1531.08	47.22
2653.12	29.43	2049.91	17.68	1741.88	3.75
2144.17	2.82	2085.28	82.87	1140.33	203.31
4707.16	95.67	2405.64	185.76	841.84	78.75
4064.11	-4.01	4234.10	119.89	1925.59	-0.80
3182.11	1.63	3131.12	23.48	2535.83	88.38
4721.48	7.91	4375.52	47.66	2963.31	43.83
1658.99	-23.18	2159.61	65.03	1308.65	15.28
1944.02	148.88	781.11	96.38	397.76	231.58
2623.67	23.02	2132.75	122.93	956.68	155.54
2941.09	34.33	2189.50	-4.58	2294.67	-29.33
2339.57	29.94	1800.54	22.31	1472.08	86.36
2546.23	0.13	2542.84	35.76	1873.01	65.61
2756.63	35.75	2030.65	159.85	781.48	94.59
140.44	750.12	16.52	109.64	7.88	488.06
2324.87	94.14	1197.53	27.90	936.28	128.39

1995—2007年电子仪器设备

国家和地区	2001年		2000年		1999年	
	出口额	增长%	出口额	增长%	出口额	增长%
合　　计:	294821.36	10.78	266123.73	153.37	105034.19	-12.94
中国香港特区	58633.49	28.38	45671.43	241.53	13372.49	0.24
美国	70885.95	-0.94	71557.89	132.53	30773.00	27.49
日本	59649.44	1.71	58647.59	161.86	22396.37	36.04
荷兰	5766.37	32.84	4340.81	168.07	1619.26	51.19
德国	13376.25	31.14	10199.78	19.02	8570.08	33.82
韩国	9865.38	49.13	6615.08	247.55	1903.37	59.45
新加坡	7611.13	-8.46	8314.76	174.87	3024.97	48.30
中国台湾地区	16840.37	-8.17	18339.26	375.84	3854.05	12.56
英国	7674.41	-15.92	9127.10	58.99	5740.60	-30.78
马来西亚	1798.58	5.25	1708.82	232.24	514.33	18.36
法国	8472.94	31.67	6434.93	91.00	3369.06	-6.64
印度	865.11	74.53	495.69	198.86	165.86	47.44
澳大利亚	696.03	0.59	691.98	78.39	387.90	-25.22
墨西哥	4361.76	111.41	2063.16	198.58	690.98	35.24
加拿大	1854.20	53.31	1209.41	220.69	377.13	26.72
西班牙	688.70	19.92	574.30	36.88	419.56	143.31
匈牙利	1040.02		48.45	245.58	14.02	-20.79
巴西	1678.85	14.90	1461.09	323.26	345.20	44.93
芬兰	375.96	41.01	266.61	-7.19	287.25	228.85
俄罗斯联邦	470.95	151.52	187.24	324.20	44.14	-70.81
泰国	1941.12	48.23	1309.52	437.08	243.82	53.88
阿联酋	1346.11	40.96	954.99	193.56	325.31	4.43
意大利	2060.22	28.89	1598.48	110.20	760.44	-22.76
爱尔兰	1135.15	-35.05	1747.78	110.70	829.53	-3.27
捷克	119.96	59.39	75.26	261.83	20.80	9.65
土耳其	374.37	-17.30	452.66	202.06	149.86	7.46
波兰	3247.12	201.44	1077.22	807.44	118.71	138.71
菲律宾	789.90	-3.90	821.97	402.95	163.43	144.58
印度尼西亚	1131.01	-10.68	1266.19	302.28	314.75	-22.70
比利时	401.60	17.44	341.95	144.28	139.98	-50.65
卢森堡	1.34	57.65	0.85	-6.59	0.91	116.67
瑞典	409.94	5.13	389.95	200.49	129.77	-29.11

产品出口情况（二）

单位：万美元

1998年		1997年		1996年		1995年	
出口额	增长%	出口额	增长%	出口额	增长%	出口额	增长%
120644.3	**71.47**	**70360.8**	**46.30**	**48091.97**	**357.37**	**10514.86**	
13340.03	1.51	13141.89	37.91	9529.05	253.31	2697.09	
24137.68	13.24	21315.08	64.38	12967.10	384.20	2678.05	
16462.69	97.05	8354.70	21.39	6882.73	687.26	874.26	
1070.99	67.11	640.88	67.18	383.34	492.85	64.66	
6404.22	69.23	3784.28	27.70	2963.47	196.16	1000.64	
1193.68	20.74	988.64	0.79	980.90	25.22	783.36	
2039.80	43.87	1417.76	-21.08	1796.47	522.13	288.76	
3423.99	44.48	2369.90	0.58	2356.13	1267.78	172.26	
8293.56	4.45	7940.06	269.45	2149.13	3650.66	57.30	
434.55	-35.50	673.68	-47.47	1282.56	1713.06	70.74	
3608.50	7.46	3358.02	120.24	1524.72	1156.98	121.30	
112.49	37.97	81.53	29.78	62.82	155.47	24.59	
518.75	109.75	247.32	54.95	159.61	824.20	17.27	
510.94	677.80	65.69	50.46	43.66	959.71	4.12	
297.61	63.36	182.18	-12.18	207.44	551.30	31.85	
172.44	17.94	146.21	-26.41	198.68	252.71	56.33	
17.70	-7.38	19.11	776.61	2.18	150.57	0.87	
238.18	49.02	159.83	23.82	129.08	207.48	41.98	
87.35	-71.36	305.03	242.88	88.96	346.14	19.94	
151.24	189.07	52.32	136.96	22.08	4918.18	0.44	
158.45	-8.64	173.43	-49.57	343.91	82.07	188.89	
311.52	67.09	186.44	86.91	99.75	-36.81	157.86	
984.56	58.45	621.36	3.12	602.58	1189.77	46.72	
857.59	-25.10	1145.02	59.72	716.90	121408.47	0.59	
18.97	35.89	13.96	--	0.00	-100.00	0.04	
139.46	72.22	80.98	63.60	49.50	62.30	30.50	
49.73	214.95	15.79	406.09	3.12	-87.57	25.10	
66.82	17.89	56.68	-59.74	140.78	115.92	65.20	
407.17	-31.50	594.37	28.08	464.05	295.21	117.42	
283.64	204.50	93.15	-0.41	93.53	102.84	46.11	
0.42	——	0.00	--	0.00	--	0.00	
183.07	114.39	85.39	47.30	57.97	110.57	27.53	

1995—2007年电子仪器设备

国家和地区	2007年		2006年		2005年	
	进口额	增长%	进口额	增长%	进口额	增长%
合　　计:	2411539.33	29.15	1867241.91	72.75	1080892.43	5.17
中国香港特区	28704.97	14.68	25030.03	48.99	16799.84	-4.91
美国	356663.59	32.78	268607.32	48.59	180767.26	-0.75
日本	627944.09	19.61	525004.30	64.35	319448.05	-0.56
荷兰	66904.65	27.49	52477.23	115.59	24340.95	-37.60
德国	224231.08	27.66	175645.48	65.48	106142.28	9.13
韩国	139498.95	36.87	101921.97	62.64	62667.79	24.85
新加坡	31843.72	1.85	31265.97	38.42	22587.69	34.32
中国台湾地区	238236.87	45.90	163283.09	139.38	68212.09	3.14
英国	40896.21	20.64	33900.40	56.30	21689.91	1.88
马来西亚	49014.96	33.95	36590.82	73.74	21061.01	21.28
法国	36836.68	50.24	24518.48	65.75	14792.80	1.61
印度	2840.09	-26.63	3871.05	13.18	3420.20	64.30
澳大利亚	5201.45	47.37	3529.51	46.58	2407.91	9.57
墨西哥	4463.15	-9.86	4951.52	131.39	2139.93	-21.25
加拿大	16289.61	-14.42	19034.14	176.15	6892.72	25.42
西班牙	2296.12	22.17	1879.47	26.33	1487.76	-11.56
匈牙利	3780.95	72.25	2195.09	72.10	1275.51	65.86
巴西	308.21	-20.78	389.07	360.60	84.47	40.48
芬兰	16746.78	18.02	14189.69	216.30	4486.09	9.11
俄罗斯联邦	1061.75	31.71	806.13	-31.24	1172.40	72.95
泰国	21772.39	17.84	18476.75	72.79	10693.19	67.24
阿联酋	6.42	-32.21	9.47	1686.79	0.53	32.50
意大利	35443.53	78.69	19834.98	144.87	8100.06	3.92
爱尔兰	1505.29	1.08	1489.22	73.80	856.85	-37.10
捷克	1297.04	102.00	642.10	69.54	378.74	14.51
土耳其	98.92	91.48	51.66	317.62	12.37	193.82
波兰	753.37	9.56	687.64	139.70	286.87	3.71
菲律宾	19244.82	23.55	15576.23	105.15	7592.72	17.69
印度尼西亚	6213.95	0.48	6183.99	190.33	2129.96	2.60
比利时	4890.04	58.54	3084.35	51.83	2031.45	-9.09
卢森堡	206.46	-30.40	296.63	154.51	116.55	-47.53
瑞典	15872.29	57.28	10091.55	48.21	6808.91	-22.37

产品进口情况（一）

单位：万美元

2004年		2003年		2002年	
进口额	增长%	进口额	增长%	进口额	增长%
1027738.23	13.05	909097.83	62.25	560291.24	50.29
17667.32	-27.35	24319.53	41.22	17220.43	13.32
182134.23	22.39	148817.30	26.45	117684.88	34.26
321256.05	11.49	288160.20	83.32	157185.45	64.41
39005.21	125.33	17310.48	22.56	14124.24	249.82
97264.75	20.41	80779.80	56.39	51652.38	44.41
50194.18	-13.89	58291.26	162.61	22196.75	83.09
16816.94	12.52	14945.30	48.69	10051.35	117.83
66136.26	-22.16	84959.10	79.22	47403.93	74.53
21290.46	52.12	13995.62	20.22	11641.61	29.83
17365.79	65.45	10496.36	82.75	5743.45	34.72
14558.37	-6.66	15597.10	80.64	8634.17	31.90
2081.70	139.48	869.27	93.62	448.96	-45.56
2197.60	12.01	1961.97	19.49	1641.94	49.51
2717.27	76.06	1543.34	17.27	1316.09	233.81
5495.52	13.91	4824.28	0.98	4777.39	-29.48
1682.17	-8.45	1837.35	111.48	868.82	54.83
769.01	35.02	569.56	5.76	538.56	86.42
60.13	-63.53	164.87	-24.68	218.90	-44.41
4111.65	20.39	3415.21	-22.13	4385.59	-19.36
677.88	-0.79	683.30	83.70	371.96	-82.93
6393.77	-36.40	10052.52	92.82	5213.51	95.13
0.40	-79.90	1.99		0.15	--
7794.79	-13.29	8989.51	-0.19	9006.57	143.33
1362.19	-47.68	2603.80	97.81	1316.29	-17.17
330.75	-10.67	370.24	63.97	225.80	657.97
4.21	-68.11	13.20	54.93	8.52	429.19
276.62	64.22	168.44	570.27	25.13	-42.60
6451.72	14.54	5632.70	169.51	2089.98	-17.18
2075.92	49.00	1393.25	46.19	953.01	31.44
2234.49	32.65	1684.54	51.96	1108.52	97.56
222.13	4489.46	4.84	25.06	3.87	--
8771.24	13.13	7753.27	18.10	6564.86	-38.25

1995—2007年电子仪器设备

国家和地区	2001年		2000年		1999年	
	进口额	增长%	进口额	增长%	进口额	增长%
合　　计:	372815.46	30.97	284652.95	154.65	111782.11	74.69
中国香港特区	15195.98	-2.64	15607.47	327.21	3653.31	-60.40
美国	87657.56	35.89	64508.11	83.77	35102.07	69.31
日本	95606.94	12.85	84719.42	215.95	26814.38	-12.21
荷兰	4037.58	60.83	2510.48	271.81	675.20	-26.64
德国	35767.74	62.64	21991.42	138.74	9211.60	49.69
韩国	12123.24	10.86	10935.29	304.65	2702.42	12.70
新加坡	4614.37	-0.23	4625.03	193.21	1577.37	-2.36
中国台湾地区	27161.62	38.36	19631.04	152.23	7783.11	-31.84
英国	8966.57	8.13	8292.62	81.78	4561.89	323.52
马来西亚	4263.35	117.26	1962.33	154.62	770.70	29.87
法国	6545.77	-5.74	6944.22	141.54	2875.03	161.05
印度	824.74	25.18	658.86	318.48	157.44	100.05
澳大利亚	1098.21	9.63	1001.74	284.07	260.82	8.87
墨西哥	394.26	16.98	337.04		19.20	378.80
加拿大	6774.60	380.50	1409.91	138.99	589.94	-17.47
西班牙	561.15	0.85	556.44	387.81	114.07	79.38
匈牙利	288.90	18.91	242.96		10.10	
巴西	393.80		3.05	-6.73	3.27	-92.13
芬兰	5438.54	37.02	3969.18	87.19	2120.36	225.79
俄罗斯联邦	2179.07	946.22	208.28	-58.36	500.24	197.50
泰国	2671.86	156.89	1040.06	0.28	1037.15	222.61
阿联酋	0.00		0.53	--	0.00	--
意大利	3701.35	95.07	1897.46	16.24	1632.40	98.74
爱尔兰	1589.13	-8.15	1730.12	111.47	818.15	92.44
捷克	29.79	180.24	10.63	-98.35	645.97	
土耳其	1.61	419.35	0.31	--	0.00	--
波兰	43.78	40.19	31.23		0.36	--
菲律宾	2523.61	58.40	1593.19		77.39	22.01
印度尼西亚	725.04	40.78	515.03		12.77	-73.47
比利时	561.10	2.62	546.80	30.20	419.97	84.99
卢森堡	0.00		0.09	-66.67	0.27	--
瑞典	10631.65	117.63	4885.14	260.55	1354.92	122.07

产品进口情况（二）

单位：万美元

1998年		1997年		1996年		1995年	
进口额	增长%	进口额	增长%	进口额	增长%	进口额	增长%
63987.66	-12.58	73198.55	-25.97	98876.12	183.64	34859.62	
9225.66	5.40	8753.00	-33.06	13076.13	378.07	2735.19	
20732.97	52.22	13620.63	-19.00	16815.86	66.01	10129.46	
30542.12	31.82	23169.67	-26.17	31381.64	232.34	9442.50	
920.34	1.70	904.95	-31.45	1320.08	675.79	170.16	
6153.59	53.76	4002.12	-28.62	5606.55	148.14	2259.44	
2397.93	2.25	2345.23	-49.68	4660.77	179.70	1666.37	
1615.55	4.69	1543.19	29.49	1191.73	264.60	326.86	
11418.98	2.79	11109.48	-26.38	15090.29	206.41	4924.94	
1077.14	30.92	822.76	-43.21	1448.89	109.10	692.91	
593.43	116.50	274.10	-45.94	507.00	609.89	71.42	
1101.32	26.52	870.48	-10.67	974.45	136.33	412.32	
78.70	179.57	28.15	161.62	10.76		0.12	
239.56	-4.54	250.96	158.35	97.14	-31.57	141.95	
4.01	-73.32	15.03	226.74	4.60	--	0.00	
714.85	13.93	627.42	-62.72	1682.94	333.08	388.60	
63.59	-78.70	298.59	906.71	29.66	-75.78	122.44	
0.85	--	0.00		9.00	--	0.00	
41.56	346.40	9.31		0.02	-99.34	3.02	
650.83	290.28	166.76	-22.30	214.63	341.17	48.65	
168.15	-56.93	390.42	74.70	223.48	28.22	174.29	
321.49	30.28	246.76	9.93	224.47		2.02	
0.00	--	0.00	--	0.00	--	0.00	
821.36	13.43	724.11	-43.78	1287.88	345.93	288.81	
425.15		32.71	-58.67	79.15	363.41	17.08	
0.44	33.33	0.33	--	0.00	--	0.00	
0.00		1.22	--	0.00		1.18	
0.00	--	0.00		0.41	720.00	0.05	
63.43	80.51	35.14	-58.35	84.36		1.24	
48.13	3.91	46.32	398.06	9.30	--	0.00	
227.02		11.18	-92.89	157.20	241.00	46.10	
0.00	--	0.00	--	0.00		0.20	
610.12	103.25	300.18	-51.33	616.74	229.47	187.19	

1995—2007年电子器件

国家和地区	2007年		2006年		2005年	
	出口额	增长%	出口额	增长%	出口额	增长%
合　计:	3938307.62	23.25	3195330.62	50.83	2118527.57	26.65
中国香港特区	1271226.78	17.64	1080640.18	43.71	751941.42	24.36
新加坡	343088.12	13.21	303067.73	49.69	202466.16	21.75
韩国	339596.40	49.91	226539.11	52.66	148397.35	4.96
美国	289677.75	1.75	284697.33	37.76	206661.43	73.53
中国台湾地区	246335.45	-2.56	252800.24	34.97	187302.46	56.95
日本	232696.53	7.77	215915.31	26.73	170375.06	25.06
德国	225241.15	55.69	144673.00	77.87	81338.01	71.32
马来西亚	192854.25	52.62	126361.21	71.73	73579.22	16.04
西班牙	149720.39	347.74	33439.47	411.58	6536.47	185.79
英国	20822.44	22.26	17030.78	30.57	13043.49	21.21
荷兰	62340.32	4.49	59663.45	33.56	44671.73	9.46
法国	25121.65	266.80	6848.84	28.86	5314.92	-6.73
印度	36466.18	49.63	24370.69	106.38	11808.44	37.62
澳大利亚	10515.78	73.42	6063.66	135.75	2572.03	36.60
墨西哥	16354.93	9.34	14958.53	45.49	10281.76	9.56
加拿大	12642.10	73.50	7286.31	141.32	3019.33	59.46
匈牙利	17193.27	53.45	11204.45	97.39	5676.29	-8.69
巴西	33370.07	27.55	26162.79	179.64	9355.87	12.53
芬兰	10798.01	120.10	4905.87	19.03	4121.67	48.63
俄罗斯联邦	12444.27	28.33	9696.76	-2.52	9947.89	22.88
泰国	21095.07	-24.89	28085.34	-5.74	29796.55	15.86
阿联酋	11607.22	52.82	7595.55	124.29	3386.50	-0.41
意大利	39220.82	65.45	23705.77	353.03	5232.74	60.99
土耳其	11949.98	29.28	9243.14	46.10	6326.57	0.35
波兰	13195.80	32.77	9938.54	177.10	3586.64	102.61
菲律宾	91650.01	2.32	89569.67	43.20	62547.80	-18.58
印度尼西亚	26416.01	43.06	18465.48	105.81	8972.27	-16.38
比利时	34436.54	100.59	17167.96	352.00	3798.18	16.00
瑞典	6197.96	118.74	2833.53	182.27	1003.83	19.47
捷克	2043.92	-49.71	4064.18	856.93	424.71	-49.21
爱尔兰	1122.10	248.39	322.08	-62.75	864.69	-37.96
卢森堡	856.51	55.16	552.02	570.09	82.38	-82.09

产品出口情况（一）

单位：万美元

2004年		2003年		2002年	
出口额	增长%	出口额	增长%	出口额	增长%
1672727.55	**52.48**	**1097007.13**	**40.80**	**779098.74**	**57.09**
604658.66	43.32	421896.97	59.23	264962.83	62.96
166302.19	66.02	100170.68	33.02	75304.50	149.92
141383.16	72.83	81804.00	25.45	65206.85	31.64
119093.01	34.00	88875.79	27.51	69701.07	31.72
119337.48	51.77	78632.44	52.24	51650.98	129.13
136236.62	56.56	87020.91	30.20	66838.54	70.85
47477.95	155.26	18599.62	73.53	10718.56	-22.27
63409.48	47.76	42914.55	-27.19	58943.54	93.71
2287.17	62.62	1406.44	78.75	786.84	48.33
10760.89	85.39	5804.53	31.23	4423.14	3.83
40810.17	68.32	24245.10	1.20	23956.54	16.78
5698.48	48.33	3841.79	1.59	3781.73	39.73
8580.60	65.20	5194.08	9.60	4739.28	-10.41
1882.87	48.38	1268.98	61.94	783.61	7.30
9384.76	33.63	7022.91	-11.99	7980.00	105.47
1893.45	2.86	1840.72	25.97	1461.21	19.05
6216.27	55.64	3994.11	177.59	1438.85	-67.58
8313.96	36.39	6095.85	96.67	3099.51	-12.24
2773.15	-31.75	4063.28	119.58	1850.46	7.18
8095.81	38.75	5834.87	64.39	3549.30	173.74
25717.72	60.45	16028.61	42.89	11217.81	68.23
3400.44	22.90	2766.80	4.29	2652.91	42.41
3250.39	47.93	2197.18	-2.23	2247.36	-14.11
6304.64	7.90	5843.15	32.42	4412.73	11.00
1770.19	165.36	667.09	72.02	387.80	-61.36
76816.79	87.52	40963.73	326.69	9600.24	121.67
10730.12	18.36	9065.74	25.73	7210.48	22.65
3274.17	172.84	1200.04	4.80	1145.10	28.07
840.26	-41.78	1443.22	31.80	1095.00	20.62
836.25	76.99	472.49	757.67	55.09	6.85
1393.74	46.92	948.66	39.09	682.05	-30.89
459.91	-59.11	1124.64	-14.11	1309.42	68.25

1995—2007年电子器件

国家和地区	2001年		2000年		1999年	
	出口额	增长%	出口额	增长%	出口额	增长%
合　计：	495963.95	-3.10	511823.24	22.30	418481.95	28.83
中国香港特区	162597.61	-0.05	162672.72	32.45	122820.15	48.81
新加坡	30131.00	19.42	25231.65	-8.33	27524.95	83.75
韩国	49533.51	-12.39	56539.67	32.00	42833.13	46.89
美国	52917.58	-10.64	59219.21	15.47	51286.52	74.14
中国台湾地区	22542.54	-11.61	25502.81	32.75	19210.74	15.08
日本	39121.53	-19.61	48665.06	19.02	40888.26	10.89
德国	13789.05	-0.48	13855.09	96.89	7037.09	7.68
马来西亚	30428.87	78.65	17032.33	77.22	9610.60	14.18
西班牙	530.46	-11.98	602.69	23.37	488.54	62.68
英国	4259.88	-59.50	10518.40	3.77	10136.27	139.38
荷兰	20515.10	7.29	19120.71	68.09	11375.25	332.77
法国	2706.53	23.01	2200.31	-38.02	3550.29	-32.36
印度	5290.04	16.59	4537.16	134.70	1933.15	185.44
澳大利亚	730.28	-3.28	755.02	-17.25	912.36	199.12
墨西哥	3883.87	65.18	2351.29	151.91	933.39	285.03
加拿大	1227.41	-1.68	1248.44	48.38	841.37	118.28
匈牙利	4438.83	177.10	1601.86	1399.45	106.83	0.58
巴西	3531.94	-23.91	4641.68	78.16	2605.40	96.92
芬兰	1726.49	75.02	986.47	734.65	118.19	21.47
俄罗斯联邦	1296.60	120.86	587.08	672.17	76.03	15.48
泰国	6668.25	-37.82	10724.42	24.22	8633.60	174.23
阿联酋	1862.83	11.89	1664.89	73.70	958.51	45.03
意大利	2616.44	19.66	2186.54	48.01	1477.31	46.56
土耳其	3975.44	-47.20	7529.37	52.09	4950.76	-29.67
波兰	1003.56	9.68	915.02	258.21	255.44	8.66
菲律宾	4330.89	-50.27	8709.22	-73.37	32708.19	125.41
印度尼西亚	5879.00	54.96	3793.97	106.13	1840.54	50.88
比利时	894.14	-38.83	1461.74	20.73	1210.76	130.66
瑞典	907.82	-26.39	1233.33	13.77	1084.01	-2.25
捷克	51.56	-15.71	61.17	-35.65	95.06	1114.05
爱尔兰	986.90	-42.15	1705.84	221.54	530.52	-44.48
卢森堡	778.24	-28.97	1095.59	13.88	962.02	158.25

产品出口情况（二）

单位：万美元

1998年		1997年		1996年		1995年	
出口额	增长%	出口额	增长%	出口额	增长%	出口额	增长%
324838.61	**44.96**	**224089.33**	**26.60**	**177003.96**	**13.71**	**155661.13**	
82536.77	12.14	73600.89	15.20	63890.13	-11.66	72321.64	
14979.66	21.35	12344.68	-5.19	13020.55	73.31	7512.71	
29160.45	58.04	18451.80	13.50	16257.78	170.10	6019.07	
29450.70	57.42	18708.81	25.24	14938.11	-13.85	17339.60	
16693.53	34.18	12440.72	38.17	9003.87	58.89	5666.68	
36872.80	-4.21	38493.89	29.02	29836.38	15.63	25804.40	
6535.43	-5.03	6881.58	6.51	6460.97	115.96	2991.73	
8416.78	51.77	5545.71	36.09	4075.02	73.16	2353.26	
300.31	-9.41	331.52	22.98	269.58	233.56	80.82	
4234.47	14.53	3697.12	32.23	2795.89	69.37	1650.79	
2628.48	-13.87	3051.83	157.53	1185.04	3.92	1140.36	
5249.12	71.37	3063.05	39.28	2199.14	8.31	2030.39	
677.26	22.24	554.03	51.45	365.81	-59.37	900.35	
305.01	20.08	254.01	-52.75	537.60	48.18	362.80	
242.42	-48.43	470.11	26.48	371.70	-78.12	1698.72	
385.46	26.52	304.67	43.94	211.66	-61.03	543.14	
106.21	52.84	69.49	-23.91	91.33		3.81	
1323.05	35.65	975.33	-21.06	1235.48	146.38	501.46	
97.30	-6.49	104.05	154.40	40.90	337.43	9.35	
65.84	-6.66	70.54	-4.89	74.17	-59.90	184.94	
3148.30	36.88	2300.03	67.75	1371.10	58.52	864.95	
660.91	5.86	624.30	99.44	313.02		12.70	
1007.97	-0.71	1015.14	61.91	626.98	20.37	520.88	
7039.63	189.36	2432.83	103.87	1193.31	285.87	309.25	
235.09	38.13	170.20	-60.54	431.28	-28.65	604.45	
14510.82	48.78	9753.10	914.91	960.98	-34.89	1475.84	
1219.84	-40.23	2040.82	2.17	1997.39	4340.62	44.98	
524.91	48.60	353.24	9.18	323.54		0.09	
1108.94	78.26	622.08	491.44	105.18	72.31	61.04	
7.83	50.38	15.78	156.17	6.16	-99.08	670.95	
955.63	935.91	92.25	511.33	15.09	215.03	4.79	
372.51	32.98	280.12	148.29	112.82	--	0.00	

1995—2007年电子器件

国家和地区	2007年		2006年		2005年	
	进口额	增长%	进口额	增长%	进口额	增长%
合　　计:	14514411.95	19.25	12171612.18	27.91	9515436.68	28.58
中国台湾地区	3201445.78	17.80	2717707.47	29.73	2094937.99	27.28
韩国	2359804.44	16.18	2031225.92	25.99	1612227.45	56.55
日本	1845019.71	20.04	1536976.80	20.78	1272580.58	1.22
菲律宾	1602977.02	36.99	1170155.51	40.17	834835.06	43.95
马来西亚	1423401.93	15.82	1228963.90	13.86	1079335.69	28.28
美国	724742.25	7.09	676771.17	48.91	454469.22	20.01
新加坡	409784.68	-11.77	464431.96	10.26	421218.05	26.70
泰国	319303.23	23.76	258005.67	19.10	216625.21	25.16
中国香港特区	238743.25	65.11	144595.33	-24.25	190873.32	-8.64
德国	188128.78	20.02	156741.45	29.20	121320.44	15.66
法国	74746.99	-2.67	76801.36	-2.71	78939.39	54.51
墨西哥	64415.50	40.42	45873.51	11.21	41248.86	19.36
爱尔兰	67913.37	97.22	34435.87	-25.91	46476.81	46.71
加拿大	50954.69	3.80	49090.44	37.59	35679.83	64.46
印度尼西亚	40776.67	36.80	29806.87	40.98	21142.65	-24.51
英国	33283.36	-10.43	37157.26	57.44	23601.00	47.35
意大利	28879.29	-3.27	29856.58	80.01	16586.30	50.43
荷兰	13761.70	-7.66	14903.86	20.12	12407.00	-8.84
比利时	11435.99	-22.96	14844.30	39.55	10637.62	61.30
印度	5762.24	17.11	4920.20	13.80	4323.39	48.59
澳大利亚	6673.66	262.44	1841.29	-36.49	2899.22	48.69
西班牙	3619.35	129.34	1578.15	12.07	1408.18	20.20
匈牙利	3029.57	21.10	2501.74	-4.07	2607.75	-9.67
芬兰	2147.71	-20.87	2714.02	-17.03	3271.00	-31.69
俄罗斯联邦	2791.48	-21.77	3568.51	10.18	3238.86	8.54
瑞典	1607.69	-36.81	2544.21	-9.38	2807.58	-51.68
捷克	971.26	-28.48	1358.12	12.08	1211.70	-40.83
土耳其	187.78	479.39	32.41	948.87	3.09	-85.00
波兰	770.61	83.64	419.63	-19.45	520.98	102.72
巴西	479.79	-71.01	1654.86	44.69	1143.72	-27.94
卢森堡	14.56	804.35	1.61	-97.93	77.65	26675.86
阿联酋	1.13	-98.79	93.57	-82.14	523.79	323.81

产品进口情况（一）

单位：万美元

2004年		2003年		2002年	
进口额	增长%	进口额	增长%	进口额	增长%
7400569.93	40.41	5270614.08	48.41	3551299.79	93.56
1645881.04	45.50	1131214.13	55.57	727162.81	106.44
1029855.56	61.36	638247.26	60.63	397345.43	46.83
1257185.47	13.41	1108495.88	37.58	805714.92	74.29
579938.30	47.46	393295.92	98.39	198242.76	254.62
841375.81	38.75	606385.67	61.33	375878.30	183.79
378683.28	66.08	228012.46	-1.99	232648.76	116.97
332452.95	41.28	235314.82	77.27	132740.56	112.81
173081.72	37.59	125798.45	65.07	76208.34	48.18
208921.94	-4.10	217864.02	-5.60	270790.30	107.65
104895.60	43.37	73161.91	93.15	37878.01	7.00
51090.47	57.86	32363.70	10.04	29409.72	-10.86
34557.36	10.73	31209.07	49.56	20866.57	153.43
31678.37	720.75	3859.67	308.18	945.59	-36.62
21694.95	327.42	5075.78	-30.69	7323.05	65.91
28006.41	87.74	14917.93	28.60	11600.38	117.70
16017.21	20.77	13262.58	21.92	10877.70	-20.37
11026.29	112.50	5188.79	-12.88	5955.95	-18.72
13610.43	133.92	5818.37	-9.34	6417.72	30.50
6595.05	71.61	3843.04	29.49	2967.74	83.60
2909.60	14.61	2538.79	73.27	1465.20	39.08
1949.84	56.70	1244.34	155.19	487.61	45.49
1171.50	200.44	389.93	39.34	279.84	-62.26
2886.76	0.61	2869.12	28.08	2240.07	21.13
4788.56	4.43	4585.23	-71.65	16171.09	-0.73
2984.11	83.95	1622.20	16.98	1386.79	-44.05
5809.82	1.30	5735.10	16.02	4943.40	-53.38
2047.86	-15.32	2418.45	73.05	1397.51	51.76
20.60	103.36	10.13	83.18	5.53	-91.94
257.00	80.46	142.41	0.27	142.02	-77.88
1587.24	18.80	1336.08	39.98	954.45	78.03
0.29	-92.62	3.93	103.63	1.93	-1.53
123.59	--	0.00	--	0.00	--

1995—2007年电子器件

国家和地区	2001年		2000年		1999年	
	进口额	增长%	进口额	增长%	进口额	增长%
合　　计:	1834703.3	2.16	1795908.12	29.83	1383321.35	62.58
中国台湾地区	352240.87	5.61	333518.11	47.72	225778.50	36.44
韩国	270622.21	-7.04	291103.30	39.24	209068.34	67.39
日本	462288.78	-5.90	491263.73	20.99	406047.47	43.06
菲律宾	55903.14	37.10	40774.92	7.02	38101.74	296.65
马来西亚	132450.29	13.39	116805.53	43.82	81219.11	87.37
美国	107225.89	9.13	98258.77	-23.23	127985.38	48.27
新加坡	62373.91	0.83	61859.98	33.59	46305.64	42.99
泰国	51429.55	1.78	50530.14	155.33	19790.39	158.88
中国香港特区	111141.58	2.34	108596.63	28.82	84302.15	9.45
德国	35400.14	-10.64	39614.87	57.94	25081.91	90.22
法国	32993.87	31.35	25118.15	173.66	9178.58	128.14
墨西哥	8233.74	28.48	6408.38	182.80	2266.02	269.53
爱尔兰	1491.99	-54.50	3279.29	-3.81	3409.29	198.90
加拿大	4413.84	56.21	2825.65	87.37	1508.08	-12.89
印度尼西亚	5328.71	7.31	4965.89	47.57	3365.08	73.89
英国	13659.84	-30.86	19756.23	52.86	12924.51	266.64
意大利	7327.30	24.64	5878.85	-45.89	10865.24	272.31
荷兰	4917.65	-21.89	6295.58	-3.94	6554.04	58.06
比利时	1616.44	35.74	1190.82	-14.52	1393.04	-66.41
印度	1053.47	140.30	438.39	180.26	156.42	42.46
澳大利亚	335.14	-24.25	442.41	-16.60	530.47	402.58
西班牙	741.48	-12.55	847.87	345.99	190.11	-31.38
匈牙利	1849.34	68.24	1099.22	69.66	647.88	120.58
芬兰	16290.33	116.00	7541.70	-76.93	32684.17	319.86
俄罗斯联邦	2478.81	223.11	767.17	8.86	704.73	-41.17
瑞典	10603.18	-20.79	13386.24	830.25	1438.99	113.57
捷克	920.87	108.74	441.15	91.67	230.16	-35.54
土耳其	68.65	107.84	33.03	-89.63	318.60	173.57
波兰	642.05	622.70	88.84	-78.37	410.67	
巴西	536.12	605.70	75.97	712.51	9.35	343.13
卢森堡	1.96	-30.25	2.81	-40.84	4.75	1879.17
阿联酋	0.00		0.19	0.00	0.19	-82.57

产品进口情况（二）

单位：万美元

1998年		1997年		1996年		1995年	
进口额	增长%	进口额	增长%	进口额	增长%	进口额	增长%
850860.94	31.29	648079.37	29.22	501520.7	21.79	411908.48	
165473.72	50.09	110249.06	39.19	79205.57	36.38	58077.58	
124897.64	42.96	87367.60	57.14	55597.80	36.06	40862.92	
283835.98	19.45	237620.22	14.48	207569.49	7.85	192459.10	
9605.78	190.06	3311.62	151.03	1319.23	91.46	689.05	
43347.96	75.54	24694.65	59.09	15522.10	44.06	10774.95	
86319.15	75.10	49296.05	68.09	29326.91	32.89	22068.68	
32384.23	24.78	25953.04	49.76	17329.87	62.92	10636.82	
7644.58	51.89	5032.92	2.23	4923.28	143.79	2019.50	
77025.08	21.58	63354.93	13.63	55755.52	14.62	48644.51	
13186.04	144.56	5391.67	49.95	3595.73	20.69	2979.40	
4023.22	75.82	2288.26	59.58	1433.89	-35.35	2217.87	
613.21	-34.98	943.12	201.71	312.59	30.22	240.05	
1140.62	502.99	189.16	548.25	29.18	40.09	20.83	
1731.28	38.25	1252.29	-39.33	2064.16	294.12	523.74	
1935.13	152.27	767.08	547.22	118.52	100.54	59.10	
3525.08	28.06	2752.73	40.88	1953.89	31.58	1484.93	
2918.35	72.71	1689.76	-0.95	1706.05	48.62	1147.93	
4146.62	99.03	2083.46	3.46	2013.76	88.35	1069.15	
4146.61	0.29	4134.54	-8.66	4526.43	100.89	2253.17	
109.80	19.43	91.94	-61.16	236.71	-57.77	560.48	
105.55	-45.96	195.33	72.11	113.49	-71.00	391.29	
277.06	19.43	231.98	328.88	54.09	-68.67	172.63	
293.71	-30.68	423.73	180.99	150.80		1.49	
7784.49	665.87	1016.43		32.67	49.04	21.92	
1198.00	333.70	276.23	-45.77	509.41	-68.97	1641.67	
673.79	-10.36	751.70	54.70	485.90	8.65	447.23	
357.05	575.72	52.84		0.48	-98.65	35.50	
116.46		0.01	-99.23	1.30	--	0.00	
0.28	-56.92	0.65	-99.70	213.78		0.10	
2.11	-86.73	15.90	-90.58	168.75	265.89	46.12	
0.24	--	0.00		0.28	-92.24	3.61	
1.09	-85.73	7.64		0.01	--	0.00	

1995—2007年电子材料

国家和地区	2007年		2006年		2005年	
	出口额	增长%	出口额	增长%	出口额	增长%
合　计:	**253760.68**	**68.36**	**150721.14**	**107.08**	**72783.92**	**37.32**
中国台湾地区	77676.12	171.66	28593.40	130.88	12384.57	263.55
日本	43446.27	22.38	35502.43	45.59	24384.86	20.38
中国香港特区	34200.60	48.57	23019.10	84.57	12471.55	-4.10
美国	11514.64	-4.73	12086.88	104.46	5911.71	-3.83
荷兰	18834.38	396.90	3790.39	308.91	926.96	123.39
德国	13212.92	167.09	4947.08	45.10	3409.44	104.58
韩国	21149.07	49.46	14150.45	310.23	3449.38	68.15
印度	4660.20	57.30	2962.58	179.11	1061.43	210.62
新加坡	2779.49	7.43	2587.32	82.73	1415.93	7.00
英国	2275.52	21.67	1870.21	10.55	1691.70	221.14
马来西亚	2197.56	122.24	988.82	213.76	315.15	-73.82
法国	2282.49	175.09	829.71	125.49	367.96	304.44
澳大利亚	2066.96	413.53	402.50		1.15	3.60
比利时	2001.48	195.82	676.58	64.79	410.56	107.59
俄罗斯联邦	1809.89	95.35	926.47	179.44	331.55	40.98
菲律宾	1561.14	0.46	1553.96	54.04	1008.82	403.18
墨西哥	1229.08	-78.62	5749.21		107.49	182.94
巴西	1056.14	20.71	874.96	564.11	131.75	-20.49
西班牙	1130.71	461.73	201.29	16.14	173.32	-8.04
瑞典	1031.48	-2.53	1058.21		1.49	-60.16
泰国	905.95	52.59	593.71	105.57	288.81	11.72
意大利	841.69	15.75	727.15	73.81	418.36	223.91
加拿大	438.48	-21.07	555.56	269.63	150.30	58.61
匈牙利	115.69	-17.35	139.98	199.29	46.77	-17.99
芬兰	163.64	-57.32	383.37	141.45	158.78	6.34
阿联酋	162.54		14.07	27.91	11.00	117.39
捷克	338.62	-21.58	431.82	740.12	51.40	40.21
波兰	220.30	-77.63	984.97		32.69	44.97
印度尼西亚	334.36	22.63	272.65	315.69	65.59	42.09
土耳其	73.92	30.51	56.64	500.64	9.43	30.25
爱尔兰	--		0.04	-96.40	1.11	--
卢森堡	--	--	--	--	--	--

产品出口情况（一）

单位：万美元

2004年		2003年		2002年	
出口额	增长%	出口额	增长%	出口额	增长%
53001.89	44.50	36680.01	55.66	23564.33	-63.31
3406.59	38.60	2457.79	131.34	1062.42	48.46
20256.48	129.96	8808.63	96.77	4476.59	-34.91
13005.01	50.51	8640.48	14.80	7526.66	-74.03
6147.29	-10.39	6860.00	-0.36	6884.88	-36.03
414.95	80.35	230.08	-5.87	244.44	-57.85
1666.59	212.31	533.63	289.26	137.09	6.74
2051.40	-51.94	4268.35	305.82	1051.79	-76.94
341.71	146.42	138.67	48.28	93.52	-67.14
1323.24	306.49	325.53	142.57	134.20	-71.73
526.78	107.73	253.59	77.39	142.96	-89.65
1203.61	-28.82	1690.94	697.50	212.03	-66.24
90.98	328.34	21.24	256.97	5.95	-79.37
1.11	6.73	1.04	65.08	0.63	-97.47
197.77	-22.42	254.91	316.11	61.26	-13.12
235.18	272.77	63.09	-26.65	86.01	-35.87
200.49	-49.89	400.07	36.25	293.64	-59.87
37.99	39.77	27.18		0.38	-88.76
165.70	77.24	93.49	44.30	64.79	14.21
188.48	14.58	164.49	416.94	31.82	-52.67
3.74	361.73	0.81	-32.50	1.20	-46.19
258.51	-31.22	375.84	34.04	280.40	-64.41
129.16	180.48	46.05	43.46	32.10	-94.77
94.76	19.14	79.54	-27.55	109.79	-59.39
57.03	--	0.00	--	0.00	-100.00
149.32	-14.32	174.28	-29.77	248.17	60.08
5.06	703.17	0.63	-7.35	0.68	-60.69
36.66	-35.41	56.76	391.43	11.55	-80.73
22.55	63.17	13.82	279.67	3.64	109.20
46.16	65.57	27.88	-19.45	34.61	-48.08
7.24	--	0.18	-86.15	1.30	-64.38
--	--	0.00	--	0.00	--
--	--	0.00	--	0.00	--

国家和地区	2001年		2000年		1999年	
	出口额	增长%	出口额	增长%	出口额	增长%
合　　计:	64233.87	-0.82	64765.05	119.05	29566.74	97.50
中国台湾地区	715.63	-51.85	1486.38	68.81	880.52	175.28
日本	6878.02	-16.33	8220.28	182.22	2912.69	-40.87
中国香港特区	28976.68	-9.58	32047.78	160.04	12324.20	512.25
美国	10762.30	48.81	7232.17	66.19	4351.62	34.58
荷兰	579.99	91.23	303.29	70.88	177.49	-69.33
德国	128.43	-52.87	272.50	158.24	105.52	-47.84
韩国	4560.12	-9.98	5065.51	67.91	3016.72	239.14
印度	284.56	71.15	166.26	14.27	145.50	50.61
新加坡	474.73	-66.32	1409.46	93.75	727.48	156.37
英国	1381.29	9.16	1265.42	86.79	677.45	44.93
马来西亚	628.10	-52.44	1320.51	41.41	933.84	445.24
法国	28.84	103.10	14.20	23.80	11.47	-62.92
澳大利亚	24.90	-70.25	83.69	31.92	63.44	141.95
比利时	70.51	-38.96	115.51	73.23	66.68	28.70
俄罗斯联邦	134.11	-21.31	170.42	--	1.00	-72.75
菲律宾	731.76	420.09	140.70	-25.09	187.82	148.93
墨西哥	3.38	1026.67	0.30	-97.14	10.50	118.75
巴西	56.73	-37.20	90.33	911.53	8.93	--
西班牙	67.23	37.23	48.99	-69.93	162.94	--
瑞典	2.23	-42.82	3.90	-91.19	44.29	--
泰国	787.85	0.00	787.86	9.90	716.89	111.95
意大利	613.93	-21.27	779.81	108.41	374.18	--
加拿大	270.34	72.72	156.52	58.26	98.90	76.26
匈牙利	1.27	-94.21	21.92	--	0.27	35.00
芬兰	155.03	114.49	72.28	68.80	42.82	--
阿联酋	1.73	-87.05	13.36	86.07	7.18	343.21
捷克	59.95	217.03	18.91	--	0.06	-99.61
波兰	1.74	-90.68	18.67	914.67	1.84	-87.69
印度尼西亚	66.66	104.67	32.57	--	2.47	-45.71
土耳其	3.65	-70.59	12.41	180.14	4.43	75.10
爱尔兰	0.00	--	0.00	--	0.00	--
卢森堡	0.00	--	0.00	--	0.00	--

产品出口情况（二）

单位：万美元

1998年		1997年		1996年		1995年	
出口额	增长%	出口额	增长%	出口额	增长%	出口额	增长%
14970.46	25.27	11950.27	38.13	8651.35	90.67	4537.32	
319.86	15.33	277.34	11.91	247.83	--	0.00	
4926.25	22.26	4029.47	57.35	2560.86		173.25	
2012.94	5.70	1904.34	26.51	1505.29	512.35	245.82	
3233.52	4.28	3100.95	23.06	2519.80	-13.81	2923.40	
578.73	67.16	346.22	-37.19	551.22	--	0.00	
202.31	37.96	146.64	45.19	101.00	--	0.00	
889.51	68.78	527.01	87.23	281.48	-63.35	767.95	
96.61	8.15	89.33	238.50	26.39	-82.22	148.45	
283.76	2.24	277.54	17.05	237.11	--	0.00	
467.44	146.14	189.91	136.24	80.39	--	0.00	
171.27	30.67	131.07	160.06	50.40	181.09	17.93	
30.93	25.94	24.56	31.13	18.73	--	0.00	
26.22	-0.87	26.45		1.00	--	0.00	
51.81	263.58	14.25	-51.87	29.61	--	0.00	
3.67	-2.39	3.76	--	0.00	--	0.00	
75.45	-0.82	76.07	893.08	7.66	--	0.00	
4.80	0.00	4.80	--	0.00	--	0.00	
0.52	0.00	0.52		0.04	-99.95	80.26	
14.47	-1.90	14.75		0.51	--	0.00	
0.30	100.00	0.15	--	0.00	--	0.00	
338.24	29.42	261.36	321.55	62.00		0.40	
14.94	7.95	13.84	-29.46	19.62	--	0.00	
56.11	136.15	23.76	156.86	9.25	--	0.00	
0.20	--	0.00		5.04	--	0.00	
0.00	--	0.00	--	0.00		0.15	
1.62	260.00	0.45	-70.20	1.51	--	0.00	
15.44	0.00	15.44		1.03	--	0.00	
14.95	25.84	11.88	615.66	1.66	-99.07	178.88	
4.55	52.17	2.99	-1.64	3.04	--	0.00	
2.53	143.27	1.04	--	0.00	--	0.00	
0.00	--	0.00	--	0.00	--	0.00	
0.00	--	0.00	--	0.00	--	0.00	

1995—2007年电子材料

国家和地区	2007年		2006年		2005年	
	进口额	增长%	进口额	增长%	进口额	增长%
合　计:	551318.38	44.48	381583.3	97.93	192784.83	7.88
日本	165077.29	26.70	130286.12	46.93	88674.20	26.25
美国	111184.58	57.33	70670.66	327.47	16532.45	-53.83
中国台湾地区	104464.95	53.81	67917.74	74.50	38921.57	40.47
韩国	47155.16	35.53	34794.04	83.76	18934.47	42.17
德国	27270.62	29.78	21012.83	166.91	7872.58	13.00
意大利	9664.42	76.06	5489.24	252.67	1556.47	212.86
中国香港特区	7368.15	143.27	3028.77	0.55	3012.30	-13.08
马来西亚	7609.43	38.13	5508.76	269.66	1490.22	-7.25
印度	7111.08	416.80	1375.98	--	11.31	106.01
新加坡	6159.91	79.58	3430.13	202.97	1132.16	-21.43
英国	5573.44	58.71	3511.72	323.99	828.25	-19.83
法国	3449.09	1.58	3395.55	16.71	2909.48	11.96
菲律宾	2596.99	-25.20	3471.92	820.08	377.35	-16.74
捷克	2184.56	482.83	374.82	188.43	129.95	257.01
俄罗斯联邦	2157.13	-31.16	3133.32	157.11	1218.66	88.47
墨西哥	1332.29	-17.26	1610.19	--	19.08	49.06
加拿大	379.58	40.41	270.34	-10.02	300.44	12.34
西班牙	621.10	267.86	168.84	-39.93	281.09	-30.94
荷兰	544.40	153.13	215.07	153.92	84.70	-54.45
巴西	539.71	-47.79	1033.76	81.80	568.61	-21.32
芬兰	817.33	--	18.14	-75.04	72.67	-28.50
印度尼西亚	754.95	-19.08	932.96	168.99	346.84	5.59
比利时	337.27	-3.65	350.04	187.29	121.84	-20.69
泰国	297.15	-81.35	1593.05		44.26	-36.11
波兰	89.19	161.78	34.07	121.67	15.37	-68.25
卢森堡	82.75	37.03	60.39	--		
瑞典	73.18	-29.44	103.72	-1.13	104.91	33.95
阿联酋	5.97	-83.58	36.35	205.46	11.90	--
爱尔兰	14.60	54.66	9.44		0.04	
澳大利亚	43.78	-80.03	219.18	615.11	30.65	-63.35
匈牙利	3.68	-47.88	7.06	98.31	3.56	-85.06
土耳其	0.00	--	0.00	--	0.00	--

产品进口情况（一）

单位：万美元

2004年		2003年		2002年	
进口额	增长%	进口额	增长%	进口额	增长%
178705.92	-21.82	228576.61	38.73	164762.91	11.98
70236.79	44.72	48532.83	22.46	39632.63	44.83
35810.95	-60.35	90322.94	130.96	39107.53	75.87
27707.58	14.73	24149.65	-7.25	26037.09	-21.54
13317.90	68.58	7899.94	201.49	2620.32	-69.61
6966.98	102.77	3435.85	6.61	3222.80	-30.14
497.50	33.56	372.48	-48.53	723.75	79.59
3465.45	11.99	3094.56	-54.20	6756.94	-10.98
1606.74	-38.56	2615.15	-8.01	2843.00	-14.98
5.49	-74.25	21.32	21.07	17.61	75.40
1441.02	-37.19	2294.37	312.89	555.69	-34.42
1033.14	-38.10	1669.10	-17.89	2032.87	32.86
2598.69	-46.69	4874.97	-33.53	7334.63	104.64
453.22	77.90	254.76	0.41	253.71	-84.88
36.40	103.01	17.93	--	0.00	
646.61	3.89	622.39	25.43	496.22	58.11
12.80	-82.67	73.85	125.43	32.76	88.93
267.43	47.11	181.79	-24.60	241.11	-86.45
407.04	559.28	61.74	-47.03	116.55	--
185.96	-33.68	280.40	810.39	30.80	-52.88
722.70	48.54	486.52	83.55	265.06	30.52
101.63	-33.95	153.87	7.08	143.69	-15.58
328.48	563.46	49.51	--	1.08	--
153.62	-23.88	201.82	76.48	114.36	71.48
69.27	--	2.72	-20.00	3.40	-99.36
48.41	--	0.00	-100.00	150.95	--
0.88	877.78	0.09	-95.21	1.88	-98.88
78.32	25.31	62.50	-1.36	63.36	-86.05
0.00	--	0.00	--	0.00	--
1316.95	-92.71	18056.03	-12.20	20564.50	268.80
83.62	384.19	17.27	-67.56	53.24	99.92
23.83	217.73	7.50	185.17	2.63	-86.89
	-100.00	51.85	--	0.00	--

1995—2007年电子材料

国家和地区	2001年		2000年		1999年	
	进口额	增长%	进口额	增长%	进口额	增长%
合　　计:	147136.4	1.89	144401.41	148.83	58031.63	192.01
日本	27364.08	-10.99	30743.95	110.46	14607.75	100.78
美国	22236.56	-14.91	26132.03	687.04	3320.28	18.33
中国台湾地区	33186.11	7.69	30816.21	72.30	17885.09	383.82
韩国	8621.60	12.26	7680.21	102.75	3787.99	368.25
德国	4613.43	47.12	3135.74	50.44	2084.37	9.10
意大利	403.00	64.24	245.37		18.26	97.41
中国香港特区	7590.04	-15.66	8999.38	128.36	3940.79	298.72
马来西亚	3343.98	-21.46	4257.67	185.42	1491.73	201.94
印度	10.04	-9.87	11.14	72.98	6.44	--
新加坡	847.35	-37.79	1362.11	330.01	316.76	205.52
英国	1530.09	-30.10	2188.93	805.53	241.73	-57.67
法国	3584.13	49.52	2397.12	281.71	627.99	49.91
菲律宾	1678.13	-45.99	3107.19		7.45	906.76
捷克	0.23	--	0.00	--	0.00	--
俄罗斯联邦	313.85	81.81	172.63	145.18	70.41	-20.36
墨西哥	17.34	9.33	15.86	316.27	3.81	--
加拿大	1779.04	24.28	1431.47		53.73	-57.28
西班牙	0.48	-78.95	2.28	-69.02	7.36	-79.69
荷兰	65.37	-35.28	101.01	-22.51	130.35	-23.91
巴西	203.08	-5.73	215.42	--	0.00	
芬兰	170.20	-22.85	220.62		3.16	802.86
印度尼西亚	0.02	-93.10	0.29	-99.82	165.39	556.83
比利时	66.69	-31.48	97.33	26.95	76.67	94.69
泰国	531.85	-32.07	782.90	50.92	518.76	
波兰	7.15	967.16	0.67	-99.91	755.66	--
卢森堡	167.73	-42.48	291.60	51.28	192.75	--
瑞典	454.22	116.09	210.20	--		
阿联酋	0.00	--	0.00	--	0.00	--
爱尔兰	5576.11		1.60	81.82	0.88	-87.50
澳大利亚	26.63		1.69	-48.94	3.31	-53.31
匈牙利	20.06	-62.13	52.97	138.50	22.21	-67.50
土耳其	0.00	--	0.00	--	0.00	--

产品进口情况（二）

单位：万美元

1998年		1997年		1996年		1995年	
进口额	增长%	进口额	增长%	进口额	增长%	进口额	增长%
19873.46	**10.25**	**18026.17**	**24.31**	**14500.48**	**-11.00**	**16292.91**	
7275.52	5.15	6919.29	52.70	4531.43	-63.78	12509.42	
2805.89	-6.76	3009.24	16.21	2589.51		108.13	
3696.65	14.14	3238.57	20.38	2690.33	-8.41	2937.28	
808.96	10.66	731.02	48.38	492.67	6.15	464.12	
1910.44	109.41	912.29	-9.62	1009.43		0.48	
9.25	8.95	8.49	390.75	1.73	--	0.00	
988.35	-5.91	1050.47	-30.48	1510.95	557.05	229.96	
494.05	-3.57	512.32	24.20	412.51	--	0.00	
0.00	--	0.00	--	0.00	--	0.00	
103.68	0.39	103.28	84.63	55.94	46.86	38.09	
571.04	26.64	450.91	51.32	297.98		1.16	
418.90	1.65	412.12	-4.10	429.76	--	0.00	
0.74	0.00	0.74	-81.64	4.03	--	0.00	
0.00	--	0.00	--	0.00	--	0.00	
88.41	370.52	18.79	-46.97	35.43	--	0.00	
0.00	--	0.00	--	0.00	--	0.00	
125.76	392.60	25.53	-61.71	66.67	--	0.00	
36.24	0.00	36.24	--	0.00	--	0.00	
171.30	-30.69	247.16	112.45	116.34		1.68	
13.83	--		-100.00	9.05	--	0.00	
0.35	191.67	0.12	-57.14	0.28	--	0.00	
25.18	389.88	5.14		0.13	--	0.00	
39.38	77.47	22.19	-45.77	40.92		1.16	
0.10	-67.74	0.31	-97.06	10.53		0.84	
0.00	--	0.00	--	0.00	--	0.00	
0.00	--	0.00	--	0.00	--	0.00	
7.98	806.82	0.88	-35.29	1.36	--	0.00	
0.00	--	0.00	--	0.00	--	0.00	
7.04	0.00	7.04	506.90	1.16	--	0.00	
7.09	101.99	3.51	25.36	2.80	--	0.00	
68.34	22.87	55.62	-28.31	77.58	--	0.00	
0.00	--	0.00	--	0.00	--	0.00	

1995—2007年电子信息

年份	亚洲		欧洲		北美洲	
	金额	增长%	金额	增长%	金额	增长%
1995年	101.46		26.40		39.32	
1996年	124.53	22.74	34.84	31.97	48.18	22.53
1997年	150.21	20.62	46.74	34.16	62.50	29.72
1998年	159.24	6.01	66.64	42.58	84.75	35.60
1999年	201.68	26.65	75.86	13.84	96.95	14.40
2000年	291.48	44.53	108.18	42.60	130.59	34.70
2001年	359.02	23.17	125.03	15.58	141.04	8.00
2002年	501.50	39.69	167.44	33.92	217.24	54.03
2003年	728.33	45.23	305.80	82.63	336.06	54.70
2004年	1053.48	44.64	450.32	47.26	493.30	46.79
2005年	1345.03	27.67	596.26	32.41	636.85	29.10
2006年	1817.08	35.10	792.47	32.91	854.32	34.15
2007年	2285.92	25.80	1063.73	34.23	991.22	16.02

1995—2007年电子信息

年份	亚洲		欧洲		北美洲	
	金额	增长%	金额	增长%	金额	增长%
1995年	118.84		27.27		24.53	
1996年	132.64	11.61	22.54	-17.35	24.04	-2.00
1997年	162.81	22.75	23.19	2.88	24.33	1.21
1998年	198.64	22.01	41.08	77.15	38.37	57.71
1999年	267.15	34.49	60.35	46.91	54.64	42.40
2000年	390.92	46.33	77.58	28.55	66.30	21.34
2001年	415.12	6.19	82.87	6.82	86.10	29.86
2002年	682.31	64.36	70.81	-14.55	86.55	0.52
2003年	1132.26	65.95	82.29	16.21	89.45	3.35
2004年	1573.96	39.01	111.66	35.69	104.31	16.61
2005年	1954.49	24.18	113.02	1.22	113.86	9.16
2006年	2518.50	28.86	159.02	40.70	162.61	42.82
2007年	3034.92	20.51	186.62	17.36	182.93	12.50

产业对各大洲出口情况

单位：亿美元

大洋洲		非　洲		南美洲	
金额	增长%	金额	增长%	金额	增长%
1.40		1.39		3.68	
1.66	18.57	2.45	76.26	3.32	-9.78
2.00	20.48	2.88	17.55	4.96	49.40
3.04	52.00	3.58	24.31	6.44	29.84
3.46	13.82	4.52	26.26	7.29	13.20
4.60	32.95	4.79	5.97	11.96	64.06
5.52	20.00	6.38	33.19	13.94	16.56
8.91	61.41	7.68	20.38	17.64	26.54
15.63	75.42	12.15	58.20	22.93	29.99
24.37	55.92	15.95	31.28	37.54	63.72
29.88	22.61	21.23	33.10	52.43	39.66
40.54	35.68	39.08	84.08	96.30	83.67
59.55	46.89	53.59	37.13	141.14	46.56

产业从各大洲进口情况

单位：亿美元

大洋洲		非　洲		南美洲	
金额	增长%	金额	增长%	金额	增长%
1.12		0.01		0.04	
0.41	-63.39	0.05	400.00	0.08	100.00
0.26	-36.59	0.05	0.00	0.17	112.50
0.36	38.46	0.09	80.00	0.28	64.71
0.55	52.78	0.17	88.89	0.66	135.71
0.72	30.91	0.35	105.88	3.46	424.24
0.93	29.17	0.39	11.43	5.50	58.96
1.05	12.90	0.91	133.33	9.68	76.00
1.49	41.90	1.07	17.58	15.19	56.92
1.59	6.71	1.65	54.21	17.00	11.92
1.14	-28.30	2.24	35.76	20.88	22.82
1.62	42.11	2.98	33.04	32.62	56.23
2.74	69.14	3.36	12.75	41.23	26.39

1995—2007年电子信息产业对

国家和地区	2007年		2006年		2005年	
	金额	增长%	金额	增长%	金额	增长%
总　计:	45951555.51	26.25	36397919.68	35.73	26816791.43	29.24
中国香港特区	12042990.76	26.59	9513415.41	36.97	6945519.94	37.51
美国	9465569.47	15.77	8176092.69	33.77	6112168.03	28.13
日本	2946206.66	17.12	2515555.36	13.33	2219666.90	10.07
荷兰	2527755.85	39.14	1816686.67	19.30	1522816.61	39.38
德国	2124915.84	7.78	1971536.05	30.35	1512467.05	33.50
韩国	1640354.75	30.80	1254085.36	30.97	957563.03	14.57
新加坡	1355443.71	11.62	1214366.51	44.95	837794.43	20.06
中国台湾地区	1102170.05	14.78	960250.25	43.12	670933.31	25.62
英国	1081057.23	33.53	809601.80	36.26	594139.39	25.00
马来西亚	888401.41	25.56	707528.63	33.36	530558.43	33.90
法国	816271.22	62.70	501718.08	22.32	410167.68	-6.30
印度	745596.48	78.13	418565.67	91.97	218036.81	40.52
澳大利亚	541097.84	47.76	366207.24	35.87	269535.61	21.21
墨西哥	529736.64	50.58	351788.84	74.58	201511.18	23.19
加拿大	446646.47	21.73	366927.65	43.19	256252.96	57.59
西班牙	428102.87	77.27	241498.29	77.54	136021.71	59.57
匈牙利	424141.97	63.66	259166.05	35.56	191175.55	1.52
巴西	419213.01	45.17	288772.97	74.84	165163.90	64.07
芬兰	407726.78	29.70	314369.44	47.73	212795.54	42.27
俄罗斯联邦	401862.54	63.55	245719.34	72.97	142055.23	58.94
泰国	381468.66	9.01	349947.49	37.77	254014.34	37.53
阿联酋	346051.45	44.12	240108.03	62.80	147488.70	32.46
意大利	332994.28	40.91	236323.48	57.25	150286.22	14.91
爱尔兰	328387.62	9.72	299309.04	22.45	244438.53	49.07
捷克	314313.32	88.32	166902.90	66.23	100407.32	36.10
土耳其	233296.00	70.54	136798.29	62.62	84119.17	35.36
波兰	229824.26	68.17	136660.60	149.80	54707.68	107.35
菲律宾	229609.55	17.40	195571.61	23.31	158605.04	2.07
印度尼西亚	226675.64	39.27	162764.89	44.97	112271.77	22.49
比利时	211236.30	18.23	178658.39	13.25	157752.86	18.74
卢森堡	197725.93	1.25	195292.68	-2.09	199451.91	123.70
瑞典	138284.13	42.76	96862.18	44.87	66861.23	40.22

主要国家和地区出口情况（一）

单位：万美元

2004年		2003年		2002年	
金额	增长%	金额	增长%	金额	增长%
20749655.51	46.03	14209034.62	54.38	9204122.72	41.40
5050868.20	48.03	3412168.66	48.82	2292776.95	40.61
4770357.42	46.91	3247237.41	54.46	2102258.40	53.97
2016610.35	26.33	1596265.03	41.67	1126766.39	37.40
1092586.70	37.87	792457.68	65.27	479507.19	51.69
1132968.53	57.10	721163.14	90.25	379069.62	37.09
835800.70	66.36	502408.08	54.06	326106.91	21.37
697791.18	65.74	421010.47	30.72	322065.92	40.44
534113.55	44.45	369761.17	58.39	233455.49	62.85
475295.60	47.24	322808.41	59.70	202139.16	10.30
396236.75	30.17	304402.27	17.90	258197.68	65.24
437730.35	31.48	332918.21	219.38	104237.63	22.50
155165.06	122.40	69767.46	20.64	57830.83	98.58
222361.74	58.71	140105.45	75.98	79616.67	61.48
163581.21	71.26	95517.42	7.44	88902.65	48.84
162611.33	43.44	113366.90	61.68	70117.59	55.74
85245.19	41.07	60426.17	93.42	31240.21	7.10
188313.38	45.25	129646.19	99.60	64951.43	51.71
100666.27	64.77	61095.72	63.38	37395.71	16.99
149567.32	48.50	100716.92	38.36	72795.44	27.34
89374.98	37.16	65162.84	88.63	34545.83	122.68
184695.11	23.04	150111.38	22.61	122430.86	25.13
111349.19	15.89	96080.73	53.62	62544.22	56.58
130786.46	53.89	84989.29	56.76	54214.90	31.65
163970.65	53.72	106666.95	89.03	56429.14	54.95
73772.67	28.78	57284.10	69.83	33730.43	125.19
62145.88	23.40	50359.30	100.94	25062.05	85.98
26384.34	66.74	15823.35	17.29	13490.54	4.19
155381.89	68.50	92214.93	121.63	41606.70	19.81
91655.26	55.03	59119.66	23.94	47699.83	2.68
132852.99	71.07	77660.48	72.13	45116.83	11.42
89158.50	210.94	28674.11	816.21	3129.64	98.77
47684.60	58.11	30158.60	73.74	17358.67	-36.56

1995—2007年电子信息产业对

国家和地区	2001年		2000年		1999年	
	金额	增长%	金额	增长%	金额	增长%
合　　计:	6509238.21	18.01	5516066.57	41.52	3897750.38	20.42
中国香港特区	1630613.58	21.89	1337788.27	60.59	833053.36	27.04
美国	1365398.36	8.51	1258337.46	35.49	928736.69	12.21
日本	820033.71	27.15	644940.86	29.28	498887.32	18.31
荷兰	316107.23	15.39	273944.50	27.97	214075.71	-12.77
德国	276505.61	17.63	235068.27	45.45	161617.52	33.66
韩国	268693.56	27.43	210863.11	42.92	147534.34	48.90
新加坡	229318.77	3.01	222610.17	24.81	178358.91	29.47
中国台湾地区	143357.82	20.23	119233.69	20.54	98916.26	6.02
英国	183270.25	2.76	178347.28	38.02	129215.25	13.29
马来西亚	156251.56	65.88	94197.06	107.73	45345.55	9.07
法国	85093.37	-10.91	95518.25	45.10	65827.91	20.05
印度	29122.45	30.37	22338.56	118.43	10226.91	50.72
澳大利亚	49305.19	21.37	40623.46	31.68	30851.19	10.01
墨西哥	59730.75	54.53	38653.18	45.61	26545.60	11.07
加拿大	45020.94	-5.40	47591.10	16.66	40793.52	105.48
西班牙	29169.24	25.25	23288.16	-11.93	26443.71	24.21
匈牙利	42811.85	4.86	40828.40	83.67	22229.70	395.38
巴西	31964.37	-7.36	34505.20	83.73	18780.60	17.48
芬兰	57168.39	3.25	55371.49	238.12	16376.22	87.03
俄罗斯联邦	15513.51	60.84	9645.55	49.41	6455.56	10.00
泰国	97840.58	36.82	71509.14	68.41	42462.14	116.41
阿联酋	39944.81	35.75	29425.32	36.05	21628.52	25.60
意大利	41182.23	11.06	37081.13	21.23	30588.28	41.64
爱尔兰	36417.37	88.89	19280.18	113.81	9017.36	16.03
捷克	14978.47	425.49	2850.39	-13.84	3308.08	48.62
土耳其	13475.90	-50.11	27010.19	68.01	16076.54	0.72
波兰	12947.91	36.60	9478.61	32.59	7148.63	63.05
菲律宾	34727.74	22.71	28300.76	-45.11	51555.55	30.01
印度尼西亚	46453.17	-0.56	46714.12	76.34	26490.66	139.96
比利时	40492.14	33.12	30418.73	24.62	24408.60	44.47
卢森堡	1574.54	-52.57	3319.47	109.60	1583.68	105.15
瑞典	27361.93	30.17	21019.95	128.61	9194.52	-26.50

主要国家和地区出口情况（二）

单位：万美元

1998年		1997年		1996年		1995年	
金额	增长%	金额	增长%	金额	增长%	金额	增长%
3236781.03	20.20	2692911.84	25.26	2149827.1	23.81	1736421.95	
655716.23	-3.08	676540.04	21.14	558493.81	5.75	528125.68	
827687.22	36.75	605240.06	28.88	469604.34	23.23	381080.74	
421688.80	6.91	394434.42	14.91	343252.63	39.21	246572.08	
245412.99	70.45	143978.11	58.87	90626.41	72.62	52500.76	
120917.82	18.39	102132.67	8.76	93903.95	15.01	81644.99	
99084.87	1.11	98000.99	28.26	76407.17	74.80	43712.00	
137760.69	18.40	116351.70	-7.20	125374.76	58.80	78949.76	
93296.02	41.12	66111.49	46.26	45201.28	11.33	40601.11	
114060.62	35.82	83977.73	27.53	65849.66	32.35	49753.23	
41573.08	12.82	36848.53	60.10	23015.79	91.49	12019.41	
54834.83	32.97	41239.80	52.18	27098.69	18.55	22857.67	
6785.33	-4.77	7125.46	67.11	4264.05	-11.14	4798.75	
28042.89	54.32	18171.97	22.65	14815.95	18.34	12519.48	
23900.03	76.36	13552.06	165.73	5100.03	-28.91	7174.31	
19852.71	0.50	19754.41	61.91	12200.62	0.74	12110.64	
21289.24	35.40	15723.30	19.41	13167.33	3.46	12726.50	
4487.40	19.78	3746.48	210.87	1205.15	96.12	614.49	
15986.28	-6.89	17169.77	43.12	11996.56	-9.35	13233.57	
8756.03	77.29	4938.91	108.91	2364.08	275.58	629.45	
5868.61	-30.93	8496.59	6.08	8009.43	7.94	7420.59	
19621.33	-9.89	21774.38	108.74	10431.55	41.64	7364.94	
17219.87	29.92	13254.71	48.36	8934.04	39.80	6390.48	
21595.70	18.53	18219.34	38.85	13122.04	24.55	10535.19	
7771.33	53.98	5046.94	57.47	3205.10	-15.36	3786.73	
2225.82	134.94	947.39	27.18	744.90	174.18	271.68	
15961.82	61.34	9893.13	38.07	7165.29	96.49	3646.64	
4384.33	42.33	3080.33	-40.01	5134.37	18.88	4318.83	
39655.86	130.67	17191.84	118.69	7861.44	23.44	6368.43	
11039.73	-37.58	17685.67	75.48	10078.60	24.52	8093.96	
16895.65	78.50	9465.29	39.36	6791.83	56.35	4343.94	
771.95	21.55	635.07	420.42	122.03	164.42	46.15	
12509.01	62.08	7717.99	168.34	2876.23	-21.93	3684.32	

国家和地区	2007年		2006年		2005年	
	金额	增长%	金额	增长%	金额	增长%
合　　计:	34518402.26	19.97	28773561.76	30.45	22056440.76	21.85
中国台湾地区	6044293.35	17.72	5134507.78	29.12	3976416.33	20.80
日本	5088685.86	23.73	4112691.85	27.52	3225078.83	1.18
韩国	5440154.46	21.11	4491901.19	25.03	3592755.16	31.00
菲律宾	2030632.05	29.64	1566380.48	33.18	1176168.40	43.84
马来西亚	1857884.26	14.17	1627332.11	16.81	1393094.35	20.27
美国	1734653.85	13.29	1531182.92	43.58	1066465.93	8.25
泰国	1206251.05	35.20	892192.83	27.70	698679.35	32.52
新加坡	898450.41	-0.43	902357.17	6.17	849932.36	29.85
德国	685806.07	24.63	550285.98	49.87	367170.40	2.71
中国香港特区	499432.55	18.92	419987.94	-12.42	479567.79	1.66
印度尼西亚	203985.47	3.81	196498.14	33.47	147226.64	15.36
墨西哥	168555.36	23.69	136272.34	27.21	107127.88	12.24
法国	168042.99	8.47	154921.38	13.84	136081.94	15.66
芬兰	151002.90	10.19	137035.40	48.76	92118.05	-8.84
爱尔兰	128741.85	19.93	107347.31	6.68	100625.35	18.80
英国	122060.26	1.17	120646.56	44.23	83647.80	7.23
意大利	115352.91	25.48	91930.63	60.96	57114.93	6.98
加拿大	94645.47	-0.27	94902.04	31.54	72148.40	24.58
荷兰	90907.10	19.82	75872.53	71.73	44182.10	-29.96
瑞典	59078.12	15.00	51374.49	-18.21	62810.69	-29.37
匈牙利	38479.88	42.64	26977.21	69.46	15919.78	-10.18
印度	27561.35	52.26	18102.06	76.92	10231.77	39.28
捷克	27444.96	56.99	17482.24	76.67	9895.23	17.26
澳大利亚	24649.67	79.59	13725.34	39.52	9837.41	-27.47
比利时	23989.86	-4.63	25153.68	33.51	18839.98	9.47
西班牙	15355.23	48.40	10347.51	47.72	7004.86	-9.95
俄罗斯联邦	8370.35	-4.73	8786.17	25.56	6997.47	20.95
波兰	7393.41	28.27	5763.77	40.29	4108.55	17.47
巴西	4389.28	-40.98	7437.35	64.78	4513.50	-4.58
卢森堡	2785.56	321.45	660.94	199.98	220.33	-5.84
土耳其	934.63	233.88	279.93	225.95	85.88	-13.00
阿联酋	47.75	-68.54	151.80	-71.90	540.27	321.16

从主要国家和地区进口情况（一）

单位：万美元

2004年		2003年		2002年	
金额	增长%	金额	增长%	金额	增长%
18101735.73	36.95	13217678.97	55.26	8513278.9	44.07
3291844.03	45.11	2268552.47	70.84	1327873.46	78.78
3187312.62	19.72	2662366.98	52.91	1741173.67	39.23
2742587.21	51.69	1807985.11	91.46	944325.58	78.16
817713.34	44.15	567267.10	109.08	271319.30	136.40
1158260.29	33.56	867248.40	57.69	549957.72	91.83
985143.66	16.08	848643.06	3.47	820174.32	2.60
527209.23	37.35	383857.45	79.13	214285.37	33.40
654525.27	33.27	491114.67	63.43	300508.93	58.69
357489.86	32.71	269367.67	21.34	221992.07	0.28
471728.17	2.99	458048.49	0.72	454757.41	53.46
127621.39	42.64	89468.04	29.04	69336.01	31.98
95445.82	11.19	85839.59	18.04	72718.90	49.35
117661.02	11.18	105825.46	10.35	95901.48	-8.69
101049.79	147.63	40806.75	-21.33	51869.80	-48.37
84702.55	16.43	72747.24	43.37	50742.33	21.73
78010.09	26.93	61459.33	3.65	59295.39	-48.43
53387.41	55.07	34427.49	-15.37	40680.30	-19.71
57915.10	26.38	45825.69	1.06	45347.06	-26.32
63085.24	115.58	29263.66	9.87	26633.86	73.60
88931.55	51.73	58612.28	46.78	39931.40	-58.53
17723.97	50.54	11773.69	21.44	9695.07	12.44
7346.09	57.63	4660.43	34.76	3458.21	-1.17
8438.39	-0.33	8466.35	38.19	6126.45	123.45
13562.39	-0.50	13630.55	38.10	9870.03	23.05
17209.75	14.78	14993.99	7.66	13927.42	-26.52
7779.27	24.39	6253.77	39.96	4468.13	-31.02
5785.62	24.42	4650.18	-31.41	6779.61	11.54
3497.57	156.96	1361.15	148.94	546.78	-39.81
4730.32	-2.59	4856.08	14.62	4236.62	14.32
233.99	1841.83	12.05	5.27	12.72	-96.09
98.71	-19.16	122.10	-61.70	318.80	86.56
128.28	3099.00	4.01	-66.86	12.10	-65.11

国家和地区	2001年		2000年		1999年	
	金额	增长%	金额	增长%	金额	增长%
总　　计:	5909108.99	9.56	5393306.6	40.62	3835247.65	37.56
中国台湾地区	742758.08	9.19	680241.09	46.81	463339.66	38.24
日本	1250533.16	-0.99	1263012.90	29.51	975243.01	28.07
韩国	530037.79	3.65	511364.18	47.18	347449.75	54.04
菲律宾	114770.77	17.96	97294.40	64.73	59064.42	233.70
马来西亚	286688.54	15.01	249281.33	81.84	137084.94	60.24
美国	799411.02	26.89	629987.58	23.68	509363.82	45.16
泰国	160631.85	15.93	138561.07	69.29	81850.09	72.87
新加坡	189367.25	-9.89	210146.86	14.32	183822.59	0.22
德国	221367.35	14.75	192917.29	80.53	106860.96	15.42
中国香港特区	296330.62	-3.08	305761.96	50.20	203575.85	1.12
印度尼西亚	51369.39	28.24	40056.99	111.29	18958.63	124.90
墨西哥	48690.40	51.44	32152.27	511.07	5261.63	168.10
法国	105026.27	26.42	83077.33	71.23	48518.02	44.54
芬兰	100466.49	2.88	97654.75	-20.70	123143.66	143.52
爱尔兰	41684.18	124.01	18608.36	100.07	9301.01	159.77
英国	114976.30	-3.12	118679.89	37.46	86340.64	135.94
意大利	50667.27	21.91	41560.03	22.86	33827.00	73.48
加拿大	61544.86	86.32	33031.83	-10.91	37076.47	13.04
荷兰	15342.42	17.46	13061.96	14.27	11430.70	16.30
瑞典	96280.11	-36.26	151047.67	2.53	147323.60	6.10
匈牙利	8622.62	52.59	5650.74	289.09	1452.28	43.33
印度	3499.17	97.00	1776.27	173.24	650.08	101.03
捷克	2741.75	61.72	1695.32	55.25	1091.97	191.47
澳大利亚	8021.14	35.24	5931.14	20.75	4911.96	60.48
比利时	18954.08	106.78	9166.26	44.94	6324.24	-14.94
西班牙	6477.49	-11.12	7288.15	57.06	4640.24	14.74
俄罗斯联邦	6078.03	27.12	4781.20	6.37	4495.08	78.18
波兰	908.40	89.72	478.81	-1.15	484.39	481.57
巴西	3705.81	291.64	946.22	141.94	391.09	20.25
卢森堡	325.68	6.24	306.55	219.39	95.98	513.29
土耳其	170.88	130.11	74.26	-78.97	353.07	144.47
阿联酋	34.68	3796.63	0.89	-83.99	5.56	-68.36

从主要国家和地区进口情况（二）

单位：万美元

1998年		1997年		1996年		1995年	
金额	增长%	金额	增长%	金额	增长%	金额	增长%
2788068.39	32.25	2108121.73	17.28	1797564.4	4.63	1718058.15	
335172.36	35.21	247884.81	30.78	189547.80	9.27	173470.01	
761473.32	12.99	673905.58	9.51	615361.65	1.28	607599.32	
225556.85	19.77	188323.27	35.88	138592.01	27.90	108358.42	
17699.95	155.33	6932.15	39.81	4958.20	407.17	977.62	
85549.29	44.65	59141.80	69.41	34910.58	63.46	21356.82	
350894.71	58.48	221411.91	4.34	212199.36	0.44	211265.05	
47348.79	23.04	38482.14	59.35	24148.94	262.06	6669.81	
183426.14	32.72	138203.59	68.93	81813.34	36.49	59942.84	
92584.71	105.09	45143.01	-7.38	48737.76	-25.42	65352.72	
201313.77	13.26	177745.48	-0.81	179200.66	1.97	175743.62	
8429.75	100.05	4213.92	335.58	967.43	77.57	544.81	
1962.57	37.61	1426.17	218.66	447.55	49.23	299.90	
33567.76	111.01	15908.20	-5.41	16818.54	-28.12	23399.05	
50567.64	69.29	29871.28	205.77	9769.14	54.00	6343.71	
3580.41	203.57	1179.44	287.45	304.41	-7.10	327.66	
36593.81	65.22	22148.96	11.71	19827.68	-12.51	22663.10	
19499.07	101.98	9654.05	-23.56	12629.48	-26.75	17241.64	
32800.10	49.74	21905.23	-22.43	28239.05	-17.12	34074.08	
9828.98	30.65	7522.98	-16.47	9006.12	18.15	7622.89	
138858.41	72.75	80379.36	--	0.00	-100.00	56524.86	
1013.26	2.48	988.70	221.99	307.06	4060.70	7.38	
323.37	19.12	271.46	-13.14	312.53	-45.65	574.99	
374.64	506.02	61.82	643.92	8.31	-94.10	140.96	
3060.86	21.37	2521.88	-34.32	3839.67	-65.20	11032.85	
7434.78	-21.04	9416.44	-18.32	11528.32	-65.36	33282.71	
4044.20	138.77	1693.78	21.02	1399.64	-95.22	29265.17	
2522.76	58.38	1592.81	-3.14	1644.52	-39.78	2731.01	
83.29	980.29	7.71	-96.51	221.20	1842.05	11.39	
325.23	131.22	140.66	-45.69	259.00	381.32	53.81	
15.65		0.01	-99.87	7.81	-3.82	8.12	
144.42	165.33	54.43	2504.31	2.09	-81.94	11.57	
17.57	129.07	7.67		0.04	-98.91	3.67	

1995—2007年电子信息主要产品

对东盟国家、前东欧国家、阿拉伯国家出口情况

单位：万美元

年 份	东盟国家	增长%	前东欧国家	增长%	阿拉伯国家	增长%
1995年	116532.22		13839.99		17786.03	
1996年	180922.32	55.26	16516.69	19.34	19721.71	10.88
1997年	213959.95	18.26	18502.46	12.02	25120.16	27.37
1998年	253926.55	18.68	19857.45	7.32	34202.03	36.15
1999年	350951.96	38.21	42982.46	116.46	44885.21	31.24
2000年	472855.64	34.74	75950.46	76.70	56064.93	24.91
2001年	576535.27	21.93	119184.11	56.92	75143.53	34.03
2002年	805719.18	39.75	172889.36	45.06	111248.64	48.05
2003年	1049019.73	30.20	324477.76	87.68	164742.29	48.08
2004年	1562626.19	48.96	478796.13	47.56	219697.17	33.36
2005年	1932959.77	23.70	640619.34	33.80	294364.18	33.99
2006年	2710159.48	40.21	1070800.38	67.15	479451.98	62.88
2007年	3233406.92	19.31	1796637.03	67.78	649540.51	35.48

1995—2007年电子信息主要产品从东盟国家、前东欧国家、阿拉伯国家进口情况

单位：万美元

年 份	东盟国家	增长%	前东欧国家	增长%	阿拉伯国家	增长%
1995年	89508.19		2915.37		51.87	
1996年	147013.42	64.25	2579.90	-11.51	33.86	-34.72
1997年	247570.30	68.40	2701.49	4.71	464.59	1272.09
1998年	343020.28	38.55	4246.64	57.20	816.75	75.80
1999年	481445.47	40.35	8555.98	101.48	1529.80	87.30
2000年	736488.87	52.97	13297.79	55.42	3322.48	117.18
2001年	804317.79	9.21	19919.32	49.79	3675.61	10.63
2002年	1407198.80	74.96	45595.49	128.90	8595.79	133.86
2003年	2403459.19	70.80	42805.19	-6.12	10223.88	18.94
2004年	3292812.33	37.00	41644.89	-2.71	16045.57	56.94
2005年	4277543.49	29.91	45260.79	8.68	22657.33	41.21
2006年	5203214.76	21.64	94441.30	108.66	28936.77	27.71
2007年	6233839.31	19.81	99269.69	5.11	33109.89	14.42

1987—2007年电子信息

	计算单位	2007年		
		数　量	金　额	增长率%
一、通信设备产品				
各种程控交换机	台	177256393	544764.46	381.59
其中：移动通信交换机	台	8137	65187.18	-5.28
模拟式移动通讯交换机	台			
以太网络交换机	台	19782756	163014.67	55.24
移动通信基地站	台	179875	317728.91	62.25
光通信设备	台	1496681	111967.72	69.86
手持（车载）无线电话	万部	48341.32	3559539.87	14.08
电话机合计	万台	16270.6	267673.71	14.61
其中：无绳电话	万台	8667.15	214450.90	20.70
可视电话	台			
传真机	台	39163941	328594.08	816.99
对讲机	万部	2591.13	24684.61	-2.83
无线寻呼机	万部	903.99	13803.15	172.84
手持式无线电话用零件	万美元		1622476.17	5.45
二、广播电视设备产品				
无线电广播、电视发射设备	台	916267	2471.83	115.30
卫星地面站设备	台	112741	743.53	
电视摄像机	万台	0.65	201.73	63.54
非特种用途的取像模块	万美元		64437.41	23.54
电视摄像机等及数字照相机的零件	万美元		159514.43	39.55
等离子显像组件及其零件	万美元		22811.77	43.13
三、电子计算机产品				
微型计算机	万台	874.68	584933.68	20.11
笔记本电脑	万台	7302.63	5308860.56	38.05
计算器	万部	47512.95	101145.77	5.27
打印机	万台	3896.6	472224.98	-29.86
其中：针式	台	1230927	15034.70	19.40
激光	万部	2391.26	376034.48	-8.15

主要产品出口情况（一）

单位：万美元

2006年			2005年		
数　量	金　额	增长率%	数　量	金　额	增长率%
695333	113118.48	-14.72	169208.0	132642.67	24.85
1625	68821.64	-26.00	1522.0	92997.29	31.49
6359	76.08	225.55	2947.0	23.37	-75.79
14794437	105010.39	100.41	7574878.0	52396.54	58.63
480452	195825.32	48.65	58494.0	131733.40	14.57
490750	65918.06	60.86	132379.0	40979.47	112.67
38542.55	3120193.01	51.01	22830.1	2066233.43	45.86
18237.73	233543.84	9.90	19845.1	212496.24	7.49
8892.22	177675.87	10.87	9622.4	160253.52	8.88
64462	331.92	110.52	28313.0	157.67	-96.60
4610836	35834.17	-22.90	5485974.0	46479.06	-17.01
2443.54	25404.18	-11.26	2376.8	28627.30	-10.11
422.41	5059.06	53.62	314.7	3293.19	31.42
355212	1148.07	61.65	201429.0	710.21	-15.94
815.34	486985.82	31.39	623.3	370648.18	34.95
5198.7	3845724.00	28.60	4135.25	2990203.40	43.94
48449.56	96083.69	17.69	47500.3	81640.64	1.40
6781.58	673249.66	-2.24	6921.9	688673.64	12.07
1010050	12592.36		985587.0	12622.19	20.90
2550.27	409420.05	-2.20	2354.6	418614.99	5.90

	计算单位	2007年		
		数　量	金　额	增长率%
喷墨	台	8019925	57236.74	-74.98
扫描仪	台	4683045	27159.63	-6.47
硬盘驱动器	万部	15266.33	703057.16	17.80
软盘驱动器	万部	2366.11	10373.64	-32.41
光盘驱动器	万部	17485.13	360783.49	-2.86
自动柜员机	台	33713	27277.24	28.47
显示器	万台	11733.95	1817906.25	8.08
其中：液晶显示器	万台	11048.79	1772187.23	11.25
阴极射线管显示器	万台	681.79	45431.46	-48.56
不间断供电电源	万部	1962.42	77989.61	33.58
集线器	台	1825.44	11420.13	13.27
路由器	台	5778.94	171964.19	19.08
调制解调器	台	12476.44	255818.66	17.31
数码照相机	万部	11042.54	776505.02	23.55
四、家用电子电器产品				
彩电电视机	万台	4788.25	900787.74	14.52
其中：显像管彩电	万台	2481.07	191761.06	-16.57
液晶彩电	万台	2227.79	661903.90	55.17
等离子彩电	台	559453	45183.79	-33.77
家用型视频摄录一体机	万台	999.00	113755.82	112.15
袖珍盒式磁带收放机	万台	198.83	713.20	-27.89
袖珍盒式放声机	万台	341.18	1600.81	47.57
录放像机	万台	19.60	252.70	-44.49
激光视盘放像机	万台	15039.12	645983.82	-9.51
其中：VCD机	万台	512.06	8367.25	-62.29
DVD机	万台	14358.97	631567.77	-0.33
激光唱机	万台	2048.06	31558.83	-30.75
收录放音组合机	万台	22145.84	320924.85	11.71
汽车用收、录、放音机	万台	2942.6	148927.49	9.75

主要产品出口情况（一）

单位：万美元

2006年			2005年		
数　量	金　额	增长率%	数　量	金　额	增长率%
35668470	228808.7	0.68	36340004.0	227269.83	20.69
6186473	29038.45	-4.03	7282498.0	30256.62	-17.18
13181.83	596834.94	45.19	9990.2	411076.90	51.67
3882.37	15348.8	-19.83	5101.7	19144.49	-37.05
16176.61	371421.69	-2.44	16458.3	380710.51	3.01
24179	21232.62	30.27	16859.0	16299.01	43.15
10703.24	1681993.85	4.16	9560.4	1614798.24	9.63
9436.86	1592920.77	9.56	7458.9	1453864.84	22.59
1265.44	88323.13	-44.47	2096.3	159046.28	-41.44
1528.63	58382.31	36.19	1259.1	42867.94	28.13
1827.99	10082.21	-48.30	1758.7	19502.38	-12.50
5265.73	144404.82	64.04	3467.8	88031.33	56.13
11236.64	218075.69	35.49	10419.2	160948.38	45.33
8820.10	628494.00	13.54	7603.03	553530.00	13.99
5684.07	786577.4	55.73	3974.7	505084.52	57.55
2992.2	229851.65	3.07	2564.3	223016.20	-1.62
1471.28	426562.05	102.86	729.1	210279.25	237.97
640481	68217.54	137.66	243011.0	28703.95	91.84
401.78	53621.21	102.97	252.2	26417.69	37.67
407.28	989.04	25.00	410.8	791.26	-42.73
605.12	1084.78	-20.13	766.4	1358.11	1.23
20.48	455.24	-23.91	22.0	598.29	-22.03
17820.09	713875.02	-2.67	17316.8	733483.31	4.78
1546.59	22186.78	-38.05	2211.8	35814.04	-29.74
15348.5	633641.08	-3.36	14597.4	655652.84	11.50
4254.79	45573.73	-32.04	5773.1	67062.29	-34.86
22267.5	287296.12	12.08	22869.8	256336.30	24.48
3006.51	135700.36	26.25	2927.2	107488.55	32.20

	计算单位	2007年		
		数　量	金　额	增长率%
彩色视频投影机	台	3088532	145235.40	-22.46
收音机	万台	2246.53	15463.04	-12.16
微波炉	万台	5147.86	214539.39	10.67
五、电子元器件产品				
电容器	万美元		209112.83	19.87
电阻器	万美元		108240.42	70.79
印刷电路	万美元		956983.02	25.11
集成电路	万块	4070731.57	2354116.52	16.07
其中：处理器及控制器	万块	1695918.89	1211134.67	
存储器	万块	554108.9	780811.65	
放大器	万块	253399.32	72998.11	
其他集成电路	万块	1567304.46	289172.09	
其中：未经切割加工的集成电路原片	万片			
彩色显像管	万只	1988.13	69073.51	-23.04
黑白显像管	万只	125.65	682.46	-58.86
彩色数据图形显示管	万只	391.59	11505.55	-2.20
晶体管	亿个	1834.5	289855.03	42.95
液晶显示板	万个	187974.78	1963983.29	51.65
电声器件	万个	593628.24	589472.11	25.54
闪速存储器	万个	39141.66	449384.83	
静止变流器	万个	283932.99	918536.96	33.64
其中：稳压电源	万个	26426.16	245092.32	25.30
彩色电视机零件	万美元		274926.77	43.14
黑白电视机零件	万美元		26383.31	30.41
光缆	万美元		34163.53	49.94

主要产品出口情况（一）

单位：万美元

2006年			2005年		
数　量	金　额	增长率%	数　量	金　额	增长率%
3597200	187307.4	40.20	2069992.0	133598.05	42.78
3301.21	17603.86	28.64	3734.7	13684.98	18.27
4641.21	193859.32	9.88	4224.1	176426.75	31.46
	174451.31	29.58		134630.09	18.28
	63377.87	25.06		50679.32	17.91
	764942.94	43.19		534230.41	39.62
3197770.69	2028146.61	47.46	2160939.4	1375402.18	30.71
636.58	291789.55	70.63	77968.7	171008.69	11.79
2228.02	89753.41	12.66	1952.3	79664.75	-7.62
273.97	1659	-34.05	405.0	2515.65	51.36
376.66	11763.89	-52.13	598.5	24573.89	-25.40
1616.98	202760.77	26.20	1379.1	160668.79	20.80
533874.31	469552.7	23.94	465696.4	378849.75	26.64
	192069.57	62.83		117954.12	47.82
	20231.27	104.05		9914.77	24.26
	22785.1	73.44		13137.33	83.43

	计算单位	2004年		
		数　量	金　额	增长率%
一、通信设备产品				
各种程控交换机	台	190459	106237.80	374.12
其中：移动通信交换机	台	1046	70725.14	
模拟式移动通讯交换机	台	16924	96.54	-99.56
以太网络交换机	台	6135184	33029.83	40.56
移动通信基地站	台	37316	114976.74	124.63
光通信设备	台	164405	19269.12	68.03
手持（车载）无线电话	万部	14604.64	1416581.50	92.03
电话机合计	万台	19904.63	197681.90	18.67
其中：无绳电话	万台	9447.83	147185.37	15.69
可视电话	台	472679	4637.19	2469.79
传真机	台	5512922	56002.58	9.87
对讲机	万部	2818.72	31848.44	20.76
无线寻呼机	万部	277.58	2505.77	175.43
手持式无线电话用零件	万美元			
二、广播电视设备产品				
无线电广播、电视发射设备	台	4276	844.87	102.50
卫星地面站设备	台			-100.00
电视摄像机	万台			
三、电子计算机产品				
微型计算机	万台	492.36	274647.42	24.62
笔记本电脑	万部	2532.24	2077445.90	83.62
计算器	万部	45689.36	80513.95	-14.48
打印机	万台	5993.71	614497.47	42.35
其中：针式	台	900708	10440.34	11.07
激光	万部	2066.11	395284.43	39.97
喷墨	台	33385615	188306.14	45.40
扫描仪	台	10757699	36534.63	-17.30
硬盘驱动器	万部	6810.24	271031.34	31.87

主要产品出口情况（二）

单位：万美元

2003年			2002年		
数 量	金 额	增长率%	数 量	金 额	增长率%
966	22407.41	59.04	994.0	14089.09	119.27
21515	95.4	531.79	1.0	15.10	674.36
496	22106.54	108.72	222.0	10591.42	-20.29
3120871	23498.07	35.51	1241649.0	17341.02	215.61
19332	51185.07	8.76	18733.0	47062.38	116.35
18825	11467.41	193.13	24567.0	3912.08	18.52
9534.32	737703.86	39.47	6329.2	528946.62	28.23
19323.78	166575.37	18.58	16881.5	140480.66	-0.36
8777.01	127223.76	22.79	6882.0	103607.96	-0.68
6830	180.45	456.77	7114.0	32.41	-75.84
4137384	50972.18	0.70	4216826.0	50618.37	14.51
2653.4	26372.93	41.15	1987.0	18684.75	7.98
88.37	909.78	-16.46	91.3	1088.99	-38.64
93217	417.21	-46.64	684.0	781.81	787.71
8379	44.16	-16.33	187788.0	52.78	-54.65
377.89	220383.07	55.51	200.9	141720.61	103.55
1329.57	1131412.91	413.72			
43855.4	94144.48	21.17	47665.0	77698.19	35.39
3951.17	431666.45	65.53	2884.2	260770.64	22.90
953278	9399.47	51.80	682325.0	6192.10	-5.18
1423.60	282400.25	77.79	978.1	158837.98	76.59
21975879	129506.15	41.68	17586134.0	91408.22	-20.16
13832200	44175.56	-1.78	17250438.0	44973.90	19.74
4603.44	205532.23	21.84	2992.2	168693.82	11.39

	计算单位	2004年		
		数　量	金　额	增长率%
软盘驱动器	万部	7202.34	30412.09	-20.23
光盘驱动器	万部	15130.10	369583.69	33.80
自动柜员机	台	14245	11386.29	62.32
显示器	万台	8057.3	1473016.70	53.88
其中：液晶显示器	万台	4628.27	1185986.75	74.36
阴极射线管显示器	万台	3363.59	271613.38	6.11
不间断供电电源	万部	920.28	33456.45	28.92
集线器	台	1437.91	22288.58	147.91
路由器	台	2395.50	56384.74	246.20
调制解调器	台	9625.29	110750.10	124.70
数码照相机	万部	6125.15	485586.40	64.27
四、家用电子电器产品				
彩色电视机	万台	2772.48	320593.99	25.41
其中：显像管彩电	万台	2227.31	226690.48	-2.33
液晶彩电	万台	309.05	62218.30	
等离子彩电	台	100023	14962.20	341.52
家用型视频摄录一体机	万台	157.75	19189.15	153.34
袖珍盒式磁带收放机	万台	785.85	1381.52	-43.67
袖珍盒式放声机	万台	800.39	1341.62	-34.14
录放像机	万台	15.54	767.32	--
激光视盘放像机	万台	17431.45	700018.61	30.31
其中：VCD机	万台	3130.99	50970.56	-7.63
DVD机	万台	12900.72	588041.56	--
激光唱机	万台	7754.25	102956.97	3.63
收录放音组合机	万台	24211.15	205925.22	-15.33
汽车用收、录、放音机	万台	26980.43	81307.03	20.52
彩色视频投影机	台	1517788	93567.80	315.13
收音机	万台	4814.08	11571.34	14.48
微波炉	万台	3522.32	134207.47	22.45

主要产品出口情况（二）

单位：万美元

2003年			2002年		
数　量	金　额	增长率%	数　量	金　额	增长率%
7519.72	38124.5	4.37	6384.8	36527.09	8.59
13497.23	276221.31	74.32	10296.6	158453.18	25.94
8256	7014.71	69.99	4694.0	4126.51	304.49
6331.4	957241.14	--			
2985.04	680207.34	--			
3198.59	255973.9	--			
751.40	25950.79	59.16	529.2	16304.57	21.11
1076.94	8990.6	--			
829.44	16286.74	--			
5336.09	49288.68	38.54	3433.7	35577.04	62.35
4863.46	295600.51	227.95			
2277.15	255641.15	1951.00	1881.8	213895.01	52.08
2010.82	232088.81	--			
1.03	741.95	--			
17626	3388.79	--			
44.47	7574.54	293.62	7.7	1924.34	--
971.37	2452.67	-33.29	1327.8	3676.82	-32.46
1361.64	2036.98	-9.01	1167.5	2238.76	-21.02
12053.71	537174.93	--			
3075.74	55181.57	--			
7222.5	99353.39	9.09	6131.0	91073.69	12.47
23296.48	243199.73	1.17	22741.3	240378.74	14.85
2228.15	67461.68	34.09	1901.4	50309.29	24.73
358386	22539.62	303.56	112039.0	5585.26	216.67
4793.46	10107.95	25.64	5390.5	8044.95	-19.44
2974.48	109602.51	36.63	2034.5	80218.74	35.48

	计算单位	2004年		
		数量	金额	增长率%
五、电子元器件产品				
电容器	万美元		113820.65	27.50
电阻器	万美元		42981.47	28.25
印刷电路	万美元		382631.80	58.81
集成电路	万块	1622595.65	1052291.07	76.36
其中：未经切割加工的集成电路原片	万片	49065.51	152979.06	185.76
彩色显像管	万只	1813.61	86235.06	15.59
黑白显像管	万只	429.53	1662.01	-43.54
彩色数据图形显示管	万只	696.51	32940.45	34.76
晶体管	亿个	1169.73	133002.02	50.73
液晶显示板	万个			
电声器件	万个	394275.06	299166.43	34.90
闪速存储器	万个			
静止变流器	万个			
其中：稳压电源	万个			
彩色电视机零件	万美元		79795.09	38.87
黑白电视机零件	万美元		7979.16	14.62
光缆	万美元		7161.89	78.96

主要产品出口情况（二）

单位：万美元

2003年			2002年		
数　量	金　额	增长率%	数　量	金　额	增长率%
	89268.37	19.28		74842.21	29.28
	33514.09	18.20		28354.59	35.03
	240932.96	33.58		180361.40	18.68
1109788.24	596676.05	165.69	559267.9	224575.97	--
29663.56	53534.28	--			
1594.73	74606.24	17.68	1346.7	63396.85	38.66
526.97	2943.89	224.55	202.5	907.07	-0.73
557.06	24443.2	63.13	397.9	14984.06	-20.02
815.46	88241.38	32.78	650.4	66457.22	37.67
308512.15	221771.28	26.57	254724.4	175210.37	24.70
	57461.39	39.62		41154.30	64.10
	6961.15	-4.80		7311.88	34.78
	4001.96	64.38		2434.60	-32.70

	计算单位	2001年		
		数　量	金　额	增长率%
一、通信设备产品				
各种程控交换机	台	137	6425.57	23.78
其中：移动通信交换机	台	542	1.95	--
模拟式移动通讯交换机	台	172	13287.21	424.84
以太网络交换机	台	201738	5494.52	7886.22
移动通信基地站	台	9571	21752.85	78.89
光通信设备	台	2233	3300.82	-66.75
手持（车载）无线电话	万部	3968.38	412503.57	56.33
电话机合计	万台	14900.9	140991.69	-16.73
其中：无绳电话	万台	5827.58	104313.56	-17.25
可视电话	台	8318	134.14	-84.62
传真机	台	3764587	44204.09	39.66
对讲机	万部	1630.23	17304.14	21.63
无线寻呼机	万部	107.49	1774.75	-55.31
手持式无线电话用零件	万美元			
二、广播电视设备产品				
无线电广播、电视发射设备	台	924	88.07	-1.41
卫星地面站设备	台	31139	116.39	2766.75
电视摄像机	万台			
三、电子计算机产品				
微型计算机	万台	135.49	69625.53	-18.88
计算器	万部	55351.89	57388.59	0.23
打印机	万台	3082.17	212186.43	33.10
其中：针式	台	512690	6530.27	-21.32
激光	万部	732.67	89947.18	117.80
喷墨	台	22633262	114491.97	4.76
扫描仪	台	16287843	37559.16	-22.18
硬盘驱动器	万部	2278.54	151440.40	26.08
软盘驱动器	万部	5416.55	33639.14	-3.59

主要产品出口情况（三）

单位：万美元

2000年			1999年		
数　量	金　额	增长率%	数　量	金　额	增长率%
321	5191.15	74.50	42.0	2974.87	494.15
32	2531.68		2.0	0.79	364.71
4634	68.8				
4475	12160.05	47.51	2982.0	8243.67	-49.99
47439	9926.39	78.46	19403.0	5562.23	115.85
2275.37	263861.28	300.42	568.9	65895.69	84.78
16039.13	169320.68	11.25	13421.2	152195.73	16.76
6109.09	126060.98	25.69	4600.6	100297.30	18.68
86333	872.41	7867.21	1194.0	10.95	-53.06
2665108	31651.31	51.52	1495621.0	20889.31	17.85
1161.95	14227.07	51.41	487.3	9396.35	13.07
192.5	3971.61	-25.71	223.5	5345.86	-31.92
188	89.33	-36.07	89.0	139.74	244.61
763	4.06	968.42	5.0	0.38	-95.44
219.21	85828.09	406.55	34.9	16943.71	-27.55
41171.71	57256.04	16.63	44191.8	49090.38	7.29
2183.21	159415.72	46.28	1525.6	108980.73	8.66
650842	8300.04	-13.53	791403.0	9598.41	-61.79
366.25	41297.74	43.60	266.7	28759.10	-30.27
17280389	109285.89	56.74	11641800.0	69722.41	107.63
19609521	48266.48	14.09	15092118.0	42307.38	191.57
1559.93	120111.55	-1.36	1406.0	121768.26	-36.97
5341.15	34892.34	7.16	4286.9	32562.38	5.76

	计算单位	2001年		
		数　量	金　额	增长率%
光盘驱动器	万部	7102.39	125812.22	31.58
自动柜员机	台	3055	1020.18	215.81
显示器	万台			
其中：液晶显示器	万台			
阴极射线管显示器	万台			
不间断供电电源	万部	387.75	13462.45	70.02
集线器	台			
路由器	台			
调制解调器	台	1960	21913.50	110.94
四、家用电子电器产品				
彩色电视机	万台	1895472	140641.90	18.46
其中：显像管彩电	万台			
液晶彩电	万台			
等离子彩电	台			
家用型视频摄录一体机	万台			
袖珍盒式磁带收放机	万台	1730.64	5444.17	-34.00
袖珍盒式放声机	万台	1216.81	2834.51	-34.10
录放像机	万台			
激光视盘放像机	万台			
其中：VCD机	万台			
DVD机	万台			
激光唱机	万台	4740.21	80973.89	5.69
收录放音组合机	万台	20423.22	209296.75	-12.22
汽车用收、录、放音机	万台	1781.58	40334.73	2.39
彩色视频投影机	台	20712	1763.75	1067.74
收音机	万台	6730.58	9986.66	-12.84
微波炉	万台	1253.84	59210.28	24.96
五、电子元器件产品				
电容器	万美元		57891.95	-17.64

主要产品出口情况（三）

单位：万美元

2000年			1999年		
数　量	金　额	增长率%	数　量	金　额	增长率%
5912.37	95615.88	90.86	3869.5	50096.24	12.27
1112	323.04	2687.23	15.0	11.59	-97.10
243.74	7917.97	30.61	123.3	6062.53	33.00
1437.92	10388.56				
1548211	16447.8	-73.98	741471.0	63226.60	22.46
2535.32	8249.05	26.39	2094.8	6526.69	-22.35
1731.35	4301.53	-2.77	1778.9	4424.29	27.39
			896.0	36202.15	22.77
4318.24	76612.16	33.50	2835.8	57387.22	14.44
22096.77	238446.14	20.34	16738.1	198144.36	-8.98
1934.56	39391.95	43.77	1554.5	27398.89	-28.25
1613	151.04	-53.43	2326.0	324.35	102.91
5804.85	11457.43	7.57	4359.0	10650.99	15.31
836.76	47382.33	32.93	581.9	35643.68	
	70289.37	37.05		51286.69	51.63

	计算单位	2001年		
		数　量	金　额	增长率%
电阻器	万美元		20998.57	4.85
印刷电路	万美元		151967.81	7.45
集成电路	万块			
彩色显像管	万只	936.09	45719.50	5.74
黑白显像管	万只	165.26	913.72	29.53
彩色数据图形显示管	万只	389.13	18734.20	29.90
晶体管	亿个	448.66	48272.80	-11.76
液晶显示板	万个			
电声器件	万个	219057.78	140505.15	-1.89
闪速存储器	万个			
静止变流器	万个			
其中：稳压电源	万个			
彩色电视机零件	万美元		25078.78	40.03
黑白电视机零件	万美元		5424.86	3.92
光缆	万美元		3617.80	-25.87

主要产品出口情况（三）

单位：万美元

2000年			1999年		
数　量	金　额	增长率%	数　量	金　额	增长率%
	20028.01	12.90		17739.81	55.98
	141429.3	37.42		102917.25	8.35
1014.28	43237.34	105.29	523.8	21061.17	-16.14
109.38	705.4	31.74	99.7	535.45	-17.87
259.21	14422.03	35.50	200.8	10643.45	129.55
523.2	54706.84	13.16	380.7	48345.65	39.15
245902.66	143214.18	6.18	194458.4	134882.77	48.60
	17909.9	26.93		14109.86	6.15
	5220.31	46.55		3562.12	-20.84
	4880.33	846.26		515.75	186.02

	计算单位	1998年		
		数　量	金　额	增长率%
一、通信设备产品				
各种程控交换机	台	17	500.69	-70.40
其中：移动通信交换机	台			
模拟式移动通讯交换机	台	4	0.17	-98.95
以太网络交换机	台			
移动通信基地站	台	3021	16482.51	286.77
光通信设备	台	12868	2576.89	360.36
手持（车载）无线电话	万部	218.32	35661.54	-7.06
电话机合计	万台	10654.94	130354.31	37.50
其中：无绳电话	万台	3534.35	84512.33	70.42
可视电话	台	418	23.33	297.44
传真机	台	1291745	17724.70	-24.45
对讲机	万部	305.98	8310.53	-4.25
无线寻呼机	万部	296.08	7852.47	-35.16
手持式无线电话用零件	万美元			
二、广播电视设备产品				
无线电广播、电视发射设备	台	178	40.55	-55.17
卫星地面站设备	台	7	8.33	-91.83
电视摄像机	万台			
三、电子计算机产品				
微型计算机	万台	27.93	23386.28	-15.81
计算器	万部	38542.64	45755.47	7.51
打印机	万台	1111.41	100298.61	23.90
其中：针式	台	2547296	25121.94	61.34
激光	万部	282.18	41244.26	19.97
喷墨	台	5638405	33580.75	20.50
扫描仪	台	4989425	14510.21	665.18
硬盘驱动器	万部	1594.19	193201.18	
软盘驱动器	万部	3492.69	30789.27	26.32

主要产品出口情况（四）

单位：万美元

1997年			1996年		
数　量	金　额	增长率%	数　量	金　额	增长率%
70	1691.47	-28.68	30.0	2371.59	-6.96
3490	2.33				
3943	16.16				
2461	4261.59				
841	559.76	-47.90	11622.0	1074.35	
187.81	38368.58				
10010.68	94800.94	9.65	8567.9	86455.02	
2472.1	49590	6.19	2157.9	46699.72	
366	5.87				
1729069	23461.16	-1.86	1560710.0	23906.57	24.77
3963905	8679.01	70.78	466.6	5081.94	1.10
255.33	12110.66	129.82	100.9	5269.73	-61.13
11186	90.46	31.35	8848.0	68.87	-76.83
19210	102	12.55	5997.0	90.63	-70.48
38.62	27779.06	51.42	18.4	18345.97	
32867.72	42559.36	34.29	26765.0	31691.63	11.11
791.40	80953.27	23.79	429.7	65393.09	374.53
1243729	15570.78	-11.48	1405926.0	17589.48	27.64
225.95	34379.75	22.34	160.1	28100.88	
4150583	27868.69	48.17	1166586.0	18808.20	
151219	1896.31		10.0	1.78	
2271.97	24374.27	21.65	1448.2	20036.18	

	计算单位	1998年		
		数量	金额	增长率%
光盘驱动器	万部	2410.46	44619.64	61.71
自动柜员机	台	285	399.53	-64.20
显示器	万台			
其中：液晶显示器	万台			
阴极射线管显示器	万台			
不间断供电电源	万部	184.55	4558.36	21.05
集线器	台			
路由器	台			
调制解调器	台			
四、家用电子电器产品				
彩色电视机	万台	327.86	51631.90	6.34
其中：显像管彩电	万台			
液晶彩电	万台			
等离子彩电	台			
家用型视频摄录一体机	万台			
袖珍盒式磁带收放机	万台	2427.12	8404.91	-21.46
袖珍盒式放声机	万台	1242.62	3472.99	-22.73
录放像机	万台	628.57	29488.98	21.12
激光视盘放像机	万台			
其中：VCD机	万台			
DVD机	万台			
激光唱机	万台	2572.07	50144.74	39.24
收录放音组合机	万台	17684.18	217701.31	2.20
汽车用收、录、放音机	万台	1957.99	38184.74	-7.06
彩色视频投影机	台	6320	159.85	12196.15
收音机	万台	3716.38	9236.57	-20.73
微波炉	万台			
五、电子元器件产品				
电容器	万美元		33824.06	2.14

主要产品出口情况（四）

单位：万美元

1997年			1996年		
数　量	金　额	增长率%	数　量	金　额	增长率%
772.37	27592.35	9.29	399.4	25246.39	
4763	1116.12	213.83	14323.0	355.64	
135.52	3765.55	155.64	41.6	1472.98	
319.18	48554.1	-13.29	405.7	55998.09	10.88
19.01	5472.12	113.35	10.3	2564.91	627.18
2580.51	10701.69	12.98	1655.9	9472.18	
1476.3	4494.65	-21.76	1676.1	5744.88	
473.37	24346.89	26.66	367.5	19221.75	31.27
1602.69	36012.17	-8.37	1205.4	39302.32	10.13
19043.26	213024.57	15.34	17823.0	184696.91	-12.88
2278.94	41086.23	14.15	1853.4	35992.41	13.80
35	1.3	36.84	620.0	0.95	-96.02
4250.21	11651.86	-20.45	5119.8	14647.50	-4.04
209.91	14965.43	31.66	149.8	11366.64	
	33114.4	69.66		19518.17	-32.30

	计算单位	1998年		
		数量	金额	增长率%
电阻器	万美元		11373.49	0.51
印刷电路	万美元		94982.71	29.44
集成电路	万块			
彩色显像管	万只	511.73	25113.88	46.46
黑白显像管	万只	105.82	651.97	-51.33
彩色数据图形显示管	万只	102.6	4636.63	101.59
晶体管	亿个	285.95	34743.55	33.76
液晶显示板	万个			
电声器件	万个	1399302.27	90770.71	8.00
闪速存储器	万个			
静止变流器	万个			
其中：稳压电源	万个			
彩色电视机零件	万美元		13291.80	-22.44
黑白电视机零件	万美元		4499.94	15.14
光缆	万美元		180.32	-79.18

主要产品出口情况（四）

单位：万美元

1997年			1996年		
数　量	金　额	增长率%	数　量	金　额	增长率%
	11315.68	39.93		8086.89	-69.83
	73378.52	45.27		50510.86	21.64
14304.83	13671.91	-17.66	30393.6	16604.14	106.09
300.59	17147.35	-31.78	417.8	25133.66	8.08
152.77	1339.47	-65.26	267.3	3855.50	355.93
40.22	2300.04	-30.99	38.6	3332.81	
236.93	25974.47	59.18	176.8	16318.00	-36.38
134116.89	84045.27	31.76	114967.6	63788.41	-0.80
	17136.42	-11.57		19377.65	29.68
	3908.31	54.91		2522.98	-3.42
	866.05	619.31		120.40	-30.52

	计算单位	1995年		
		数 量	金 额	增长率%
一、通信设备产品				
各种程控交换机	台	35630	2837.37	143.30
其中：移动通信交换机	台			
模拟式移动通讯交换机	台	37	2548.99	136.00
以太网络交换机	台			
移动通信基地站	台			
光通信设备	台	286	355.81	
手持（车载）无线电话	万部	49.71	13336.14	9.69
电话机合计	万台	7624.1	82816.89	2.76
其中：无绳电话	万台			
可视电话	台			
传真机	万台	133.41	19159.83	245.82
对讲机	万部	492.25	5026.57	-9.30
无线寻呼机	万部	180.06	13557.93	115.11
手持式无线电话用零件	万美元			
二、广播电视设备产品				
无线电广播、电视发射设备	台		26547.12	61.45
卫星地面站设备	台	30160	307.00	-61.84
电视摄像机	万台			
非特种用途的取像模块	万美元			
电视摄像机等及数字照相机的零件	万美元			
等离子显像组件及其零件	万美元			
三、电子计算机产品				
微型计算机	万台	5.10	9052.58	71.78
计算器	万部	268.2	33718.09	16.23
打印机	万台	132.6	13780.64	-15.50
其中：针式	台			
激光	万部			
喷墨	台			

主要产品出口情况（五）

单位：万美元

1994年			1993年		
数　量	金　额	增长率%	数　量	金　额	增长率%
13791	1166.22	2.05	17054	1142.83	77.71
26	1080.06		8	181.16	
31	73.02				
9.07	1247.23	-79.22	320.80	6003.20	56.68
7259.91	80592.10	103.62	5075.60	39579.90	14.93
32.39	4368.47	231.42	6.89	1318.10	171.89
476.59	5540.45	42.82	365.65	3879.26	
84.17	6302.73	134.25	58.79	2690.45	
	16442.69	28.84		12762.10	3864.62
160191	804.60	13.63	78167.0	708.10	715.78
5.28	5269.94	59.44	7.8	3305.30	
21726.13	29009.84	39.59	15529.4	20782.50	
184.88	16308.38	-15.09	156.9	19207.70	30.54

	计算单位	1995年		
		数　量	金　额	增长率%
扫描仪	台			
硬盘驱动器	万部			
软盘驱动器	万部			
光盘驱动器	万部			
自动柜员机	台			
显示器	万台			
其中：液晶显示器	万台			
阴极射线管显示器	万台			
不间断供电电源	万部			
集线器	台			
路由器	台			
调制解调器	台			
四、家用电子电器产品				
彩色电视机	万台	512.97	55804.38	11.41
其中：显像管彩电	万台			
液晶彩电	万台			
等离子彩电	台			
黑白电视机		486.91	16612.09	1.47
家用型视频摄录一体机	万台	0.92	352.72	-16.68
袖珍盒式磁带收放机	万台	2366.18	32185.30	12.44
袖珍盒式放声机	万台	2540.48	9927.83	6.59
录放像机	万台	312.01	20627.75	35.65
激光视盘放像机	万台			
其中：VCD机	万台			
DVD机	万台			
激光唱机	万台	985.94	35688.20	42.61
收录放音组合机	万台	12376.49	58076.85	106.48
汽车用收、录、放音机	万台	1595.21	31626.52	38.38
彩色视频投影机	台	3070	23.89	165.45

主要产品出口情况（五）

单位：万美元

1994年			1993年		
数量	金额	增长率%	数量	金额	增长率%
136.22	5637.43	374.45	21.9	1188.20	703.38
345.99	35169.22	61.90	224.7	21722.90	235.81
342.46	1322.28				
417.95	48901.92	6.73	385.2	48575.20	4.81
527.95	16370.04	-10.16	562.8	18222.00	11.61
0.95	423.33	189.75	0.2	146.10	252.90
2298.48	28623.98	74.83	1354.0	16372.31	
2467.99	9313.27	36.43	2016.6	6826.42	
222.36	15206.35	407.42	43.0	2996.80	32.54
620.32	25025.11	109.21	305.8	11961.60	73.20
4505.92	28126.98	-76.09	8811.7	117620.00	9.77
1563.09	22854.82	56.55	1123.1	14598.80	6.47
5200	9.00			2000.00	

	计算单位	1995年		
		数　量	金　额	增长率%
收音机	万台	13459.3	35893.23	-6.89
微波炉	万台			
五、电子元器件产品				
电容器	万美元		36954.50	14.88
电阻器	万美元		29450.91	75.75
印刷电路	万美元		41524.97	31.36
集成电路	万块	90377.51	43420.27	174.80
彩色显像管	万只	386.05	23254.52	122.80
黑白显像管	万只	88.33	845.64	-13.86
彩色数据图形显示管	万只			
晶体管	亿个	168.53	25648.94	107.30
液晶显示板	万个			
电声器件	万个	122922.41	68194.80	49.71
闪速存储器	万个			
静止变流器	万个			
其中：稳压电源	万个			
彩色电视机零件	万美元		14942.55	
黑白电视机零件	万美元		2612.25	
光缆（光纤）	万美元		173.29	2.31

主要产品出口情况（五）

单位：万美元

1994年			1993年		
数　量	金　额	增长率%	数　量	金　额	增长率%
6994.29	16393.83	118.94	10056.1	27346.90	2.32
14113914	32166.71	125.41	2127091.3	14270.00	10.81
9908050	15249.53	114.90	148828.2	7096.00	40.43
	31611.24	40.77		22456.10	42.21
44333.75	15800.86	111.76	20567.4	7497.00	1.67
208.20	10437.32	14.13	167.2	9145.50	22.81
151.85	981.74	130.08	41.3	426.70	-28.29
126.35	12373.11	-98.33	733.1	740598.50	
109885.81	42949.68	119.09	69608.9	19603.80	82.48
	169.38			419.14	

	计算单位	1992年		
		数　量	金　额	增长率%
一、通信设备产品				
各种程控交换机	台	23988.0	643.10	
其中：移动通信交换机	台			
模拟式移动通讯交换机	台	1000.0	70.80	
以太网络交换机	台			
移动通信基地站	台	56000.0	149.50	
光通信设备	台	20000.0	17.90	
手持（车载）无线电话	万部	257.3	3814.90	
电话机合计	万台	4539.7	34438.80	250.20
其中：无绳电话	万台			
可视电话	台			
传真机	万台	1.7	484.80	231.70
对讲机	万部	293.7	2969.10	135.30
无线寻呼机	万部			
手持式无线电话用零件	万美元		26.60	
二、广播电视设备产品				
无线电广播、电视发射设备	台		321.90	-32.54
卫星地面站设备	台	54444.0	86.80	
电视摄像机	万台	70.0	9.40	-76.96
三、电子计算机产品				
微型计算机	万台			
计算器	万部			
打印机	万台	118.4	14714.40	
扫描仪	台		147.20	
硬盘驱动器	万部		147.90	

主要产品出口情况（六）

单位：万美元

1991年			1990年		
数　量	金　额	增长率%	数　量	金　额	增长率%
1000.0	34.8	1.03			
1102.2	9833.7	144.50	762.8	7860.90	
	112.3	48.35		75.70	11.82
	1262.0	420.6	13.5	300.00	
	477.2	-53.43		1024.60	-64.20
	40.8	209.09		13.20	-93.34
	8775.0	13.72	2578.7	7716.00	1316.56

	计算单位	1992年		
		数　量	金　额	增长率%
软盘驱动器	万部			
显示器	万台	448.7	6468.90	
四、家用电子电器产品				
彩色电视机	万台	335.9	45584.00	15.40
其中：显像管彩电	万台			
液晶彩电	万台			
等离子彩电	台			
黑白电视机	万台	430.4	16327.20	12.42
家用型视频摄录一体机	万台		41.40	
袖珍盒式磁带收放机	万台			
袖珍盒式放声机	万台	2805.7	9606.30	
录放像机	万台	17.4	2261.00	22.02
激光视盘放像机	万台			
激光唱机	万台	180.4	6906.20	267.51
收录放音组合机	万台	8067.8	107151.90	503.57
汽车用收、录、放音机	万台	1063.3	13711.60	77.80
彩色视频投影机	台	4.0	0.60	-97.27
收音机	万台	9655.2	26726.20	-58.78
微波炉	万台			
五、电子元器件产品				
电容器	万美元		12878.00	73.37
电阻器	万美元		5053.00	70.88
印刷电路	万美元		15791.00	147.90
集成电路	万块		7374.00	
彩色显像管	万只		7447.00	83.24

主要产品出口情况（六）

单位：万美元

1991年			1990年		
数　量	金　额	增长率%	数　量	金　额	增长率%
242.1	39501.2	-0.39	253.1	39654.00	61.73
319.3	14523.0	48.65	254.1	9770.10	22.20
	1853.0	-36.43		2915.00	123.03
29.3	1879.2	65.28	17.6	1137.00	18.90
2583.4	17753.0	-66.63	2468.0	53197.00	56.03
371.4	7711.8	13.54	410.6	6792.00	59.91
	22.0	144.44		9.00	
1334.3	64843.0	1165.72	3257.0	5123.00	56.96
	7428.0	3.60		7170.00	
	2957.0	14.04		2593.00	
	6370.0	76.70		3605.00	
	387.0	-55.41		868.00	
	4064.0	279.10		1072.00	

	计算单位	1992年		
		数　量	金　额	增长率%
黑白显像管	万只		595.00	77.08
电声器件	万个		10743.00	38.14
彩色电视机零件	万美元	40.6	4603.00	158.38
黑白电视机零件	万美元	73.5	2518.80	21.02
光缆	万美元			

主要产品出口情况（六）

单位：万美元

1991年			1990年		
数量	金额	增长率%	数量	金额	增长率%
	336.0	131.72		145.00	
	7776.7				
16.8	1781.5	107.63	9.0	858.00	
57.1	2081.3	28.95	49.6	1614.00	

	计算单位	1989年		
		数量	金额	增长率%
一、通信设备产品				
各种程控交换机	台		39.00	
移动通信基地站	台		0.14	
电话机合计	万台		67.70	696.47
其中：无绳电话	万台			
可视电话	台		67.70	696.47
传真机	万台	19.6	283.20	86.44
二、广播电视设备产品				
无线电广播、电视发射设备	台		2862.20	15.53
卫星地面站设备	台			
电视摄像机	万台		198.20	4.87
三、电子计算机产品				
微型计算机	万台			
计算器	万部	1720.1	544.70	-84.16
打印机	万台			
四、家用电子电器产品				
彩色电视机	万台	173.5	24519.00	11.34
其中：显像管彩电	万台			
液晶彩电	万台			
等离子彩电	台			
黑白电视机		202.1	7994.90	96.52
家用型视频摄录一体机	万台			
袖珍盒式磁带收放机	万台			
袖珍盒式放声机	万台			
录放像机	万台		1307.00	-35.20
激光视盘放像机	万台			
其中：VCD机	万台			
DVD机	万台			
激光唱机	万台	12.1	956.30	2039.37

主要产品出口情况（七）

单位：万美元

1988年			1987年		
数　量	金　额	增长率%	数　量	金　额	增长率%
	6.2				
	8.5			0.24	
	8.5			0.24	
9.6	151.9	758.19		17.70	
	2477.5	6614.09		36.90	
	189.0	278.76		49.90	
1546.3	3438.1	34.34	1348.5	2559.20	
148.6	22021.1	71.16	88.4	12865.60	
109.4	4068.2	86.78	51.0	2178.10	
	2017.0				
0.8	44.7				

	计算单位	1989年		
		数　量	金　额	增长率%
收录放音组合机	万台	1524.6	34093.50	225.38
汽车用收、录、放音机	万台	169.9	4247.30	47.78
彩色视频投影机	台	376		
收音机	万台	844.2	3263.80	-28.37
微波炉	万台			
五、电子元器件产品				
电容器	万美元	5099.0		
电阻器	万美元	1728.0		
印刷电路	万美元	1644.0		
集成电路	万块	400.3		
彩色显像管	万只	380.0		
黑白显像管	万只	175.0		
彩色电视机零件	万美元		684.40	
黑白电视机零件	万美元			
光缆	万美元			

主要产品出口情况（七）

单位：万美元

1988年			1987年		
数　量	金　额	增长率%	数　量	金　额	增长率%
1095.2	10478.2	-7.34	522.6	11308.80	
224.1	2874.0	607.88	33.9	406.00	
	37.0				
1043.9	4556.6	251.62	1006.2	1295.90	
	2644.0				
	1166.0				
	1291.0				
	162.9				
	436.0				
	313.2			250.30	

1987—2007年电子信息

	计算单位	2007年		
		数 量	金 额	增长%
一、通信设备产品				
各种程控交换机	台	52829130	94162.39	3367.93
其中：移动通信交换机	台	170	962.52	90.75
模拟式移动通信交换机	台			
以太网络交换机	台	933351	64567.88	26.11
移动通信基地站	台	8996	6279.22	2.38
光通信设备	台	998039	10438.24	19.28
手持（车载）无线电话	万部	1683.37	178994.74	-14.92
电话机合计	万台	97.88	3855.43	-25.13
其中：无绳电话	万台	63.53	1773.88	-39.37
可视电话	台			
传真机	万台	161.05	13347.75	-3.15
对讲机	万部	82.86	6538.64	64.90
无线寻呼机	万部	2709.63	18856.72	55.12
手持式无线电话用零件	万美元		95743.86	12.91
二、广播电视设备产品				
无线电广播、电视发射设备	台	15555	913.81	18.15
电视卫星地面站设备	台	805	694.11	--
电视摄像机	万台	0.05	158.76	79.17
非特种用途的取向模块	万美元		14574.94	9.63
电视摄像机及数字照相机的零件	万美元		17357.78	30.15
等离子显像组件及其零件	万美元		7892.34	10.60
三、电子计算机产品				
微型计算机	台	26443	8130.2	13.08
笔记本电脑	万部	56.7	49290.79	-17.35
计算器	万部	3023.28	7484.08	221.21
打印机	万台	742.88	77328.94	-0.43
其中：针式	万台	69.07	11539.6	13.85
激光	万台	303.9	38095	10.74

主要产品进口情况（一）

单位：万美元

2006年			2005年		
数　量	金　额	增长%	数　量	金　额	增长%
12482	2715.23	-64.97	15715.00	7750.26	157.85
1664	504.61	-91.81	79.00	6161.98	468.54
14	8.32	-82.59	22.00	47.79	19.45
789963	51201.13	14.48	666353.00	44725.74	-1.31
5867	6133.13	91.17	2336.00	3208.26	-66.40
717622	8751.04	81.04	141966.00	4833.79	-45.25
2892.43	210377.09	75.64	1275.16	119779.5	-18.74
154.09	5149.34	-10.49	166.60	5753.08	26.15
120.45	2925.62	-13.99	125.17	3401.46	79.12
25196	445.03	14.89	22764.00	387.35	-48.22
159.49	13781.65	-10.19	158.38	15345.24	-14.71
44.34	3965.27	-3.22	25.25	4097.23	155.30
1602.57	12156.47	1126.32	6.72	991.3	2.34
	1029455.07	17.37			
98	773.4	-80.79	104.00	4026.99	319.25
0.45	800.81	43.88			
	146575.03	60.49			
	263122.42	27.80			
	54320.19	-33.29			
22878	7189.58	13.68	23871.00	6324.46	-1.05
72.2	59640.00	-8.80	72.99	65411.4	-11.16
896.42	2329.93	-40.97	1239.01	3946.97	14.18
733.26	77663.79	1.36	690.87	76621.46	-11.75
58.08	10135.7	1.47	59.75	9988.98	-25.73
231.7	34401.49	-5.65	207.32	36461.2	0.15

	计算单位	2007年		
		数　量	金　额	增长%
喷墨	万台	338.57	18759.67	-23.03
扫描仪	台	559244	9349.06	-3.01
硬盘驱动器	万部	16187.03	985495.03	19.99
软盘驱动器	万部	472.24	3109.26	-42.58
光盘驱动器	万部	12664.91	400230.71	17.86
显示器	万台	848.65	121119.89	66.01
其中：液晶显示器	万台	765.66	117440.86	68.25
阴极射线管显示器	万台	82.22	3462.11	14.97
自动柜员机	台	14822	18227.85	38.95
不间断供电电源	台	437628	10115.52	-7.23
集线器	台	108558	738.26	31.35
路由器	万台	170.13	42418.63	12.50
调制解调器	万台	2484.91	13303.57	-7.74
数码照相机	万部	955.1	167057.6	3.65
四、家用电子电器产品				
彩色电视机	万台	121.46	13798.55	84.15
其中：显像管彩电	万台	100.36	2929.28	223.31
液晶彩电	万台	10.86	4307.2	182.96
等离子彩电	台	3077	549.54	26.38
家用型视频摄录一体机	万台	76.21	30433.85	45.61
袖珍盒式磁带收放机	台	10866	22.45	9660.87
袖珍盒式放声机	台	33728	32.28	43.40
录放像机	台	404	403.45	-37.10
激光视盘放像机	万台	132.09	5896.91	-5.87
其中：VCD机	台	3235	26.91	-76.34
DVD机	万台	128.29	5436.33	-9.36
激光唱机	台	275413	2966.05	-1.64
收录放音组合机	万台	541.09	35381.72	-21.96
汽车用收、录、放音机	万台	23.58	2661.93	-1.18

主要产品进口情况（一）

单位：万美元

2006年			2005年		
数　量	金　额	增长%	数　量	金　额	增长%
416.02	24373.46	15.57	396.17	21090.49	-28.55
561777	9639.66	46.19	440530.00	6593.84	0.19
12842.65	821306.73	13.66	10651.07	722605.3	56.74
803.88	5415.01	-32.63	1127.88	8037.76	-42.83
9628.98	339568.59	4.93	7615.21	323607.41	19.13
469.8	72959.01	-25.18	583.99	97514.81	9.80
410.09	69800.38	-19.42	451.51	86625.93	13.14
59.63	3011.27	-70.55	131.17	10224.03	3.51
8849	13118.64	59.47	5670.00	8226.6	-18.77
183245	10903.91	17.63	149468.00	9269.41	6.82
278994	562.05	10.89	72987.00	506.85	-66.54
148.79	37703.95	4.40	85.94	36115.56	22.89
1845.52	14420.21	-17.80	1751.49	17543.41	-8.68
1007.80	161170.00		661.69	100444.7	13.90
140.75	7493.3	70.53	38.51	4394.03	-31.49
28.89	906.03	76.55	18.46	513.18	31.72
7.38	1522.21	43.39	6.28	1061.62	-66.85
2855	434.84	-47.65	7855.00	830.58	-59.96
53.96	20901.38	23.09	47.71	16980.89	222.70
1042	0.23	-82.44	7583.00	1.31	-91.34
7359	22.51	69.25	7727.00	13.3	-64.61
3668	641.4	-28.13	940.00	892.4	36.90
132.72	6264.34	11.38	111.74	5624.07	1.74
12967	113.74	-44.90	41427.00	206.42	-24.97
129.8	5997.7	18.56	103.58	5058.79	2.27
198865	3015.43	33.69	217457.00	2255.55	-24.72
608.54	45335.79	246.57	273.57	13081.21	402.34
32.46	2693.82	7.15	40.03	2513.95	-52.01

	计算单位	2007年		
		数　量	金　额	增长%
彩色投影机	台	13359	3764	22.37
收音机	万台	26.82	1258.02	55.90
微波炉	台	43512	468.49	11.03
五、电子元器件产品				
电容器	万美元		651171.46	30.41
电阻器	万美元		153245.09	16.74
印刷电路	万美元		1076941.94	23.82
集成电路	亿块	1233.7	12772757.38	21.10
其中：处理器及控制器	亿块	579.9	7979497.71	
存储器	亿块	160.03	2489759.49	
放大器	亿块	83.88	357603.37	
其他集成电路	亿块	409.89	1945896.81	
其中：未经切割集成电路原片	万片			
彩色显像管	万只	856.24	32157.06	-50.14
黑白显像管	万只	64.65	363.8	-28.93
彩色数据图形显示管	万只	153.69	4725.07	-78.99
电声器件	万个	311692.99	194574.12	14.64
晶体管	亿只	2064.49	715413.42	14.39
液晶显示板	万个	19041.36	457064.58	9.12
闪速存储器	万个	1717.41	20900.68	8.50
静止变流器	万个	9583.99	36614.44	8.57
其中：稳压电源	万个	497.81	5296.44	12.79
彩色电视机零件	万美元		37831.8	54.89
黑白电视机零件	万美元		2884.22	17.63
锂离子电池	万个	16689.63	35814.62	11.38
光缆	万美元		6315.23	39.33

主要产品进口情况（一）

单位：万美元

2006年			2005年		
数　量	金　额	增长%	数　量	金　额	增长%
21449	3076.02	-30.51	42156.00	4426.34	20.37
17.22	806.95	63.31	22.82	494.13	36.69
44720	421.94	121.85	13535.00	190.19	-7.91
	499337.17	31.65		379277.98	19.97
	131272.73	18.82		110477.45	8.71
	869747.68	32.41		656868.18	29.26
856.87	10547607.64	30.18	753.70	8102435.69	34.87
1642.17	992486.23	30.72	560366.12	759260.74	92.04
2044.82	64492.32	-0.37	1837.75	64732.86	-33.18
139.88	511.9	-52.58	264.40	1079.42	-57.96
624.7	22493.75	-63.02	1529.75	60823.33	-44.30
265807.75	169730.56	20.81	211448.96	140498.1	36.24
1793.01	625406.07	17.40	1609.00	532720.82	13.51
195090.12	4075497.67	26.51			
18815.56	244301.37				
100993.85	436832.82	42.51			
6044.97	59559.08	19.00			
	24425.44	-27.17		33539.56	-17.44
	2451.9	59.82		1534.16	-18.02
178715.45	378258.45				
	4532.51	24.99		3626.38	-9.52

	计算单位	2004年		
		数 量	金 额	增长%
一、通信设备产品				
各种程控交换机	台	13432	3005.68	1075.66
其中：移动通信交换机	台	81	1083.82	471.15
模拟式移动通信交换机	台	72	40.01	-99.17
以太网络交换机	台	493891	45319.18	13.51
移动通信基地站	台	7061	9548.87	-49.42
光通信设备	台	32200	8828.21	-21.65
手持（车载）无线电话	万部	1272.33	147400.11	-47.60
电话机合计	万台	150.67	4560.41	72.22
其中：无绳电话	万台	100.79	1898.94	115.20
可视电话	台	40018	748.01	71.59
传真机	万台	166.57	17990.8	3.08
对讲机	万部	27.58	1604.9	7.28
无线寻呼机	万部	7.99	968.64	
二、广播电视设备产品				
无线电广播、电视发射设备	台	3673	960.53	-80.59
电视卫星地面站设备	台			
电视摄像机	万台			
三、电子计算机产品				
微型计算机	台	20747	6391.84	35.76
笔记本电脑	万部	85.71	73625.7	40.62
计算器	万部	1873.66	3456.86	-7.35
打印机	万台	822.9	86827.34	3.09
其中：针式	万台	68.8	13449.42	-32.95
激光	万台	181.02	36406.92	7.33
喷墨	万台	558.85	29516.93	19.22
扫描仪	台	628909	6581.36	-17.98
硬盘驱动器	万部	6518.05	461025.44	51.91
软盘驱动器	万部	2210.93	14059.51	-43.75

主要产品进口情况（二）

单位：万美元

2003年			2002年		
数　量	金　额	增长%	数　量	金　额	增长%
26	255.66	-8.05	65.00	278.05	-74.52
128	189.76	9581.63	12.00	1.96	-28.99
656	4797.63	225.18	28.00	1475.37	-27.04
444250	39925.12	0.52	472228.00	39720.09	-15.19
13673	18878.44	25.64	8676.00	15025.67	-55.72
33417	11268.17	-42.93	31651.00	19745.05	-46.92
2206.61	281308.7	18.40	1719.68	237582.23	233.21
111.03	2648.09	34.49	119.95	1969.04	-3.52
51.16	882.4	33.90	48.95	659.02	-24.28
19758	435.94	251.31	6402.00	124.09	78.42
138.98	17453.46	78.59	78.83	9772.81	52.36
14.8	1496.02	173.80	4.72	546.4	-33.25
0.51	8.73				
179	4948.69	209.27	263.00	1600.12	-49.46
67	174.75	5116.42	3.00	3.35	-97.08
19265	4708.04	-25.40	33544.00	6311.3	-36.00
66.0	52356.03	95.63			
1827.98	3730.9	28.39	1178.69	2905.9	63.92
647.67	84225.2	12.83	540.12	74644.76	14.33
84.83	20058.43	9.15	71.73	18376.1	24.83
126.34	33919.88	18.90	88.57	28527.93	12.08
427.87	24758	6.27	372.29	23296.18	8.34
920899	8024.36	-19.93	1271408.00	10021.82	20.14
4028.06	303484.86	121.34	1776.31	137113.08	65.42
3543.31	24994.92	8.33	2867.75	23073.64	21.25

	计算单位	2004年		
		数　量	金　额	增长%
光盘驱动器	万部	5853.82	271640.66	22.83
显示器	万台	414.8	88807.86	47.45
其中：液晶显示器	万台	289.21	76567.09	72.97
阴极射线管显示器	万台	122.17	9876.94	-24.90
自动柜员机	台	6395	10127.87	15.75
不间断供电电源	台	110075	8677.41	8.00
集线器	台	125388	1514.67	49.56
路由器	万台	42.36	29387.37	13.23
调制解调器	万台	1797.35	19211.33	-45.40
数码照相机	万部	606.85	88188.00	74.57
四、家用电子电器产品				
彩色电视机	万台	46.33	6414.04	53.12
其中：显像管彩电	万台	9.82	389.61	-46.92
液晶彩电	万台	24.65	3202.19	5464.19
等离子彩电	台	19554	2074.47	967.33
家用型视频摄录一体机	万台	23.38	5262.17	138.94
袖珍盒式磁带收放机	台	13502	15.13	21.04
袖珍盒式放声机	台	15768	37.58	41.70
录放像机	台	798	651.88	
激光视盘放像机	万台	125.08	5527.68	20.31
其中：VCD机	台	44482	275.12	-50.46
DVD机	万台	119.6	4946.61	
激光唱机	台	339502	2996.41	-29.27
收录放音组合机	万台	91.71	2604.08	308.12
汽车用收、录、放音机	万台	67.4	5238.64	-22.89
彩色投影机	台	27612	3677.42	77.45
收音机	万台	46.53	361.51	58.07
微波炉	台	31686	206.52	-35.18

主要产品进口情况（二）

单位：万美元

2003年			2002年		
数量	金额	增长%	数量	金额	增长%
4547.26	221160.55	130.21	2537.55	96068.49	101.15
339.14	60230.17				
201.04	44266.13				
130.76	13151.03				
4832	8749.72	-3.31	4675.00	9049.06	-41.86
94739	8034.76	6.32	163170.00	7557.12	-9.02
109774	1012.73				
72.69	25953.78				
2077.09	35184.58	58.28	847.31	22230.03	25.40
476.7	50516.62	1174.57			
78.05	4188.82		11.87	1641.72	-35.22
12.53	733.99				
0.03	57.55				
648	194.36				
7.25	2202.3	40.09	3.91	1572.11	
31440	12.5	46.89	6391.00	8.51	2736.67
3882	26.52	36.35	7751.00	19.45	0.62
59.84	4594.47				
13905	555.31				
394908	4236.41	109.61	255002.00	2021.06	231.13
36.8	638.06	52.00	29.76	419.77	20.57
110.65	6793.84	168.17	35.16	2533.39	62.47
14012	2072.38	196.62	3036.00	698.67	25.35
27.04	228.7	517.61	16.83	37.03	-14.44
62535	318.59	81.24	26878.00	175.78	58.86

	计算单位	2004年		
		数　量	金　额	增长%
五、电子元器件产品				
电容器	万美元		316146.85	30.69
电阻器	万美元		101629.48	29.48
印刷电路	万美元		508180.99	39.67
集成电路	亿块	628.17	6007763.21	49.59
其中：未经切割集成电路原片	万片	467028.33	395361.32	183.03
彩色显像管	万只	2266.68	96880.17	-5.29
黑白显像管	万只	365.77	2567.56	-60.11
彩色数据图形显示管	万只	2322.17	109195.5	0.23
电声器件	万个	181540.09	103128.48	44.85
晶体管	亿只	1472.69	469321.14	29.84
彩色电视机零件	万美元		40625.68	23.53
黑白电视机零件	万美元		1871.43	266.25
光缆	万美元		4007.96	-11.24

主要产品进口情况（二）

单位：万美元

2003年			2002年		
数　量	金　额	增长%	数　量	金　额	增长%
	241907.13	35.09		179074.94	62.82
	78491.48	22.60		64021.63	40.27
	363841.14	46.65		248101.33	28.25
469.15	4016079.75	186.10	261.09	1403733.87	
229354.21	139689.26				
1841.89	102291.32	47.64	981.67	69282.86	30.69
573.52	6437.4	-16.53	364.69	7712.25	67.45
2263.79	108946.3	-15.00	2318.78	128173.89	-18.80
150630.5	71195.67	39.35	118273.93	51091.35	18.69
1111.9	361452.35	33.54	850.38	270660.38	45.77
	32886.67	58.95		20690.03	24.64
	510.97	-10.57		571.39	-35.59
	4515.49	-48.92		8839.47	-22.56

1987—2007年电子信息

	计算单位	2001年		
		数　量	金　额	增长%
一、通信设备产品				
各种程控交换机	台	53	1091.19	-73.53
其中：移动通信交换机	台	2	2.76	-94.59
模拟式移动通信交换机	台	226	2022.26	-72.60
以太网络交换机	台	339845	46834.13	141.25
移动通信基地站	台	14772	33932.54	-44.10
光通信设备	台	14372	37196.31	120.69
手持（车载）无线电话	万部	750.38	71300.46	-0.13
电话机合计	万台	125.18	2040.95	31.66
其中：无绳电话	万台	75.38	870.31	74.19
可视电话	台	4037	69.55	29.01
传真机	万台	45.95	6414.22	12.41
对讲机	万部	3.72	818.52	-23.72
无线寻呼机	万部	4.5	207.69	324.29
二、广播电视设备产品				
无线电广播、电视发射设备	台	284	3166.1	616.15
电视卫星地面站设备	台	8	114.62	711.18
电视摄像机	万台		318.4	-70.2
三、电子计算机产品				
微型计算机	台	44919	9861.72	-6.55
计算器	万部	1089.39	1772.79	123.88
打印机	万台	362.39	65289.35	10.51
其中：针式	万台	60.67	14720.75	1.87
激光	万台	72.69	25453.51	34.43
喷墨	万台	220.39	21502.12	-6.15
扫描仪	台	896778	8341.87	11.61
硬盘驱动器	万部	957.07	82888.59	0.63
软盘驱动器	万部	2344.71	19030.58	-22.06
光盘驱动器	万部	1369.01	47758.52	4.19

主要产品进口情况（三）

单位：万美元

2000年			1999年		
数　量	金　额	增长%	数　量	金　额	增长%
74	4122.78	67.58	10.00	2460.24	-17.93
25	51	-75.14	6.00	205.14	-87.27
290	7380.81	-84.70	464.00	48226.56	18.44
144227	19412.82				
16759	60701.36	-31.40	12258.00	88484.78	-15.22
24410	16854.49	98.86	191984.00	8475.39	1.24
600.23	71391.22	40.04	301.07	50978.39	24.22
115.93	1550.16	-62.81	168.53	4167.87	-74.89
59.4	499.64	-52.35	56.13	1048.56	-92.50
1795	53.91	-7.02	4487.00	57.98	307.16
38.53	5705.98	18.01	28.23	4834.99	297.97
22.23	1073.09	12.40	5.12	954.72	348.75
1.61	48.95	9.73	0.92	44.61	-70.71
61	442.1	-44.25	119.00	793.00	33.43
4	14.13	-93.06	1113.00	203.67	-78.37
	914.6	219.23		286.50	-61.02
59156	10552.48	21.08	70036.00	8715.15	-7.96
595.68	791.84	25.95	682.97	628.71	58.24
320.55	59079.44	37.32	188.39	43022.63	84.52
66.53	14450.94	52.72	42.25	9462.18	141.23
39.22	18934.28	33.76	28.06	14155.93	49.29
208.17	22910.87	35.71	113.83	16881.83	98.00
837032	7474.23	38.07	426899.00	5413.46	150.88
877.43	82371.52	133.84	369.99	35225.79	133.41
2860.86	24418.5	20.87	2407.11	20203.03	27.78
1410.4	45836.73	114.20	711.07	21399.24	269.82

	计算单位	2001年		
		数　量	金　额	增长%
显示器	万台			
其中：液晶显示器	万台			
阴极射线管显示器	万台			
自动柜员机	台	6264	15563.37	-5.71
不间断供电电源	台	229161	8306.17	30.01
集线器	台			
路由器	万台			
调制解调器	万台	302.17	17727.49	203.83
四、家用电子电器产品				
彩色电视机	万台		2534.2	50.10
家用型视频摄录一体机	万台			
袖珍盒式磁带收放机	台	90	0.3	-99.05
袖珍盒式放声机	台	38055	19.33	-58.01
录放像机	台			
激光视盘放像机	万台		510.9	-9.94
其中：VCD机	台			
DVD机	万台			
激光唱机	台	155235	610.35	19.47
收录放音组合机	万台	27.38	348.15	-23.96
汽车用收、录、放音机	万台	36.01	1559.27	-49.27
彩色投影机	台	1219	557.37	0.96
收音机	万台	10.58	43.28	83.70
微波炉	台	9389	110.65	-60.34
五、电子元器件产品				
电容器	万美元		109983.98	17.08
电阻器	万美元		45642.78	1.26
印刷电路	万美元		193444.85	22.12
集成电路	亿块			
彩色显像管	万只	617.11	53014.52	-36.45

主要产品进口情况（三）

单位：万美元

2000年			1999年		
数　量	金　额	增长%	数　量	金　额	增长%
7211	16505.26	32.27	5873.00	12478.37	304.84
200251	6388.71	22.56	84883.00	5212.70	115.01
227.11	5834.72				
				12667.30	4.37
				1921.80	
14659	31.46	14.11	16789.00	27.57	-56.24
33361	46.04	-57.14	86006.00	107.41	157.39
		-100.00	2936.00	1195.18	84.04
	567.3	-95.15		290.70	
108198	510.88	100.43	151657.00	254.89	177.27
15.29	457.83	-47.36	17.90	869.73	-6.76
69.19	3073.87	5.30	87.49	2919.05	33.45
1578	552.06	-39.57	5057.00	913.57	172.00
2.27	23.56	-19.62	3.43	29.31	-77.40
14293	278.97	-48.98	31707.00	546.79	19.31
	93941.58	113.62		43975.48	49.87
	45074.58	52.56		29544.69	43.34
	158401.34	45.88		108580.12	25.79
877.34	83422.52	-5.18	873.99	87978.73	91.82

	计算单位	2001年		
		数　量	金　额	增长%
黑白显像管	万只	188.33	4605.69	143.35
彩色数据图形显示管	万只	2634.39	157858.05	-30.13
电声器件	万个	103135.85	43046.27	-5.79
晶体管	亿只	648.92	185671.95	6.06
彩色电视机零件	万美元		16600.42	5.37
黑白电视机零件	万美元		887.13	14.83
光缆	万美元		11415.23	115.66

主要产品进口情况（三）

单位：万美元

2000年			1999年		
数　量	金　额	增长%	数　量	金　额	增长%
87.585	1892.65	59.15	74.85	1189.23	95.04
3614.84	225931.05	43.47	2773.86	157480.44	86.60
113656.01	45690	30.77	88949.15	34938.16	37.99
681.54	175066.67	38.13	538.10	126739.70	38.63
	15755.14	24.67		12637.31	37.19
	772.58	558.41		117.34	-33.19
	5293.22	73.87		3044.44	-26.92

	计算单位	1998年		
		数　量	金　额	增长%
一、通信设备产品				
各种程控交换机	台	33	2997.66	42.47
其中：移动通信交换机	台	33	1611.74	178.32
模拟式移动通信交换机	台	374	40717.70	8170.24
以太网络交换机	台			
移动通信基地站	台	7347	104375.96	305.26
光通信设备	台	27819	8371.80	184.63
手持（车载）无线电话	万部	164.28	41038.22	2.58
电话机合计	万台	87.18	16595.47	609.97
其中：无绳电话	万台	16.47	13976.75	
可视电话	台	233	14.24	-56.09
传真机	万台	8.27	1214.90	-17.65
对讲机	万部	1.83	212.75	177.63
无线寻呼机	万部	4.19	152.31	6.35
二、广播电视设备产品				
无线电广播、电视发射设备	台	1615	594.31	265.08
电视卫星地面站设备	台	92	941.63	561.49
电视摄像机	万台	0.5	954.80	4.48
三、电子计算机产品				
微型计算机	台	60263	9468.77	29.92
计算器	万部	418.06	397.31	14.38
打印机	万台	94	23315.56	212.26
其中：针式	万台	17.22	3922.49	29.53
激光	万台	20.82	9482.07	345.37
喷墨	万台	53.65	8526.36	375.30
扫描仪	台	187181	2157.80	40.40
硬盘驱动器	万部	124.71	15091.82	47.35
软盘驱动器	万部	1495.79	15810.52	51.88
光盘驱动器	万部	157.38	5786.44	166.93

主要产品进口情况（四）

单位：万美元

1997年			1996年		
数　量	金　额	增长%	数　量	金　额	增长%
30	2104.06	-81.98	135.00	11676.63	-92.34
15	579.10				
23	492.34				
1925	25755.25				
19068	2941.29	-75.29	23162.00	11901.58	
149.62	40006.62				
93.52	2337.48	49.29	72.27	1565.76	
7.65	192.25	-33.73	7.18	290.08	
1220	32.43	-37.86	120.00	52.19	
9.55	1475.26	-40.43	16.13	2476.66	75.17
0.22	76.63	-40.69	1.25	129.20	-81.06
4.36	143.21	-66.09	9.30	422.30	-30.65
121	162.79	-83.03	236.00	959.03	-62.13
13	142.35	233.53	537.00	42.68	-55.64
0.35	913.80	24.2	1.50	735.50	
39505	7288.02	141.14	26125.00	3022.30	
531.22	347.37	-20.94	636.92	439.37	-26.61
29.54	7466.83	119.75	17.45	3397.90	-26.58
15.8	3028.26	115.80	10.99	1403.29	-69.68
4.65	2129.04	294.84	0.52	539.21	
8.34	1793.90	179.83	3.54	641.06	
172793	1536.92	65.27	44868	929.92	
87.23	10242.49	26.97	63.41	8066.69	
800.52	10409.65	106.12	386.53	5050.21	
46.43	2167.76	56.92	22.43	1381.45	

	计算单位	1998年		
		数 量	金 额	增长%
显示器	万台	154.5	8183.50	-18.60
其中：液晶显示器	万台			
阴极射线管显示器	万台			
自动柜员机	台	1695	3082.30	94.37
不间断供电电源	台	212294	2424.38	31.67
集线器	台			
路由器	万台			
调制解调器	万台			
四、家用电子电器产品				
彩色电视机	万台	28.03	12136.70	20.22
家用型视频摄录一体机	万台			-100.00
袖珍盒式磁带收放机	台	46157	63.00	165.26
袖珍盒式放声机	台	65680	41.73	44.59
录放像机	台	8769	649.42	-25.12
激光视盘放像机	万台		282.00	
其中：VCD机	台			
DVD机	万台			
激光唱机	台	80530	91.93	-73.35
收录放音组合机	万台	54.24	932.76	-36.45
汽车用收、录、放音机	万台	91.43	2187.36	-0.29
彩色投影机	台	546	335.87	8.16
收音机	万台	11.78	129.70	167.09
微波炉	台	28375	458.30	-63.33
五、电子元器件产品				
电容器	万美元		29342.48	9.37
电阻器	万美元		20610.94	-9.70
印刷电路	万美元		86321.64	51.22
集成电路	亿块			
彩色显像管	万只	524.52	45865.66	26.97

主要产品进口情况（四）

单位：万美元

1997年			1996年		
数　量	金　额	增长%	数　量	金　额	增长%
69.25	10050.00	24.18	54.09	8093.17	
1211	1585.78	-29.33	1233.00	2243.93	
48746	1841.30	-16.08	62148.00	2194.22	
30.76	15213.90	-35.26	37.11	23502.81	-20.91
19687	770.67	653.34	1590.00	102.30	-85.60
19233	23.75	-79.24	30458.00	114.38	
144121	28.86	-56.33	330832.00	66.09	
56349	867.24	-30.06	65171.00	1239.90	-62.07
	1128.60				
149566	344.98	-74.48	354914.00	1351.72	15.08
75.45	1467.74	-59.10	95.02	3588.39	-42.65
84.44	2193.78	-41.26	116.69	3734.72	-22.26
196	310.53	254.20	105.00	87.67	-78.12
12.71	48.56	-77.27	12.11	213.66	98.55
94739	1249.80	-59.50	185310.00	3085.64	
	26828.71	92.81		13914.27	12.07
	22825.61	98.31		11509.80	-5.96
	57084.74	29.89		43947.33	10.31
7.33	41204.55	45.53	4.47	28312.91	228.72
448.88	36122.14	-20.91	602.99	45671.54	-14.47

	计算单位	1998年		
		数　量	金　额	增长%
黑白显像管	万只	71.86	609.75	-49.72
彩色数据图形显示管	万只	1573.13	84394.67	71.29
电声器件	万个	66456.22	25320.25	5.22
晶体管	亿只	351.58	91424.52	26.87
稳压电源	万个	21.22	2424.38	31.66
彩色电视机零件	万美元		9211.84	-6.53
黑白电视机零件	万美元		175.64	-62.14
光缆	万美元		4165.63	31.58

主要产品进口情况（四）

单位：万美元

1997年			1996年		
数　量	金　额	增长%	数　量	金　额	增长%
132.46	1212.68	-41.79	152.46	2083.14	-50.76
822.21	49268.92	157.02	360.63	19169.32	
66814.71	24064.10	10.00	59477.43	21876.93	-11.40
295.65	72059.22	58.47	190.27	45472.23	32.49
4.87	1841.30	-16.08	6.21	2194.22	
	9854.95	-27.31		13557.06	19.80
	463.94	68.81		274.83	-13.99
	3165.80	-22.47		4083.25	-59.22

	计算单位	1995年		
		数 量	金 额	增长%
一、通信设备产品				
各种程控交换机	台	2160	152435.25	3.82
其中：移动通信交换机	台			
模拟式移动通信交换机	台	5316	15450.48	
以太网络交换机	台			
移动通信基地站	台			
光通信设备	台	24653	7628.41	
手持（车载）无线电话	万部	26.83	6248.36	-26.64
电话机合计	万台	271.61	4444.55	-3.79
其中：无绳电话	万台			
可视电话	台			
传真机	万台	5.5	1413.85	-48.71
对讲机	万部	2.56	682.20	-10.63
无线寻呼机	万部	8.59	608.98	-75.34
二、广播电视设备产品				
无线电广播、电视发射设备	台		2532.56	-6.73
电视卫星地面站设备	台	620	96.22	-53.84
电视摄像机	万台	0.38	2500.40	44.62
三、电子计算机产品				
微型计算机	台	7.87	14325.86	1.90
计算器	万部	869.7	2505.16	-9.53
打印机	万台	58.89	4628.34	-6.81
其中：针式	万台			
激光	万台			
喷墨	万台			
扫描仪	台			
硬盘驱动器	万部	34.13	3194.69	137.85
软盘驱动器	万部			
光盘驱动器	万部			

主要产品进口情况（五）

单位：万美元

1994年			1993年		
数　量	金　额	增长%	数　量	金　额	增长%
1790	146832.89	90.17	1646.00	77212.40	88.48
18.65	8517.63	-56.83	35.70	19730.10	195.18
333.95	4619.77	6.76	219.60	4327.10	60.74
8.06	2756.78	-53.64	12.42	5946.98	36.21
1.96	763.36	21.94	3.10	625.99	-14.60
25.38	2469.73	-64.81	66.40	7018.90	
	2715.43	104.77		1326.10	7.46
2860	208.45	-53.96	12818.00	452.80	-24.53
0.42	1729	6.64	0.36	1621.41	115.04
6.77	14603.98	31.97	4.90	11066.30	
985.57	2768.91	20.92	699.77	2289.93	6.96
41.95	4966.74	-26.92	42.50	6796.60	91.72
			42.50	6796.60	91.72
16.52	1343.16	55.67	16.07	862.84	

	计算单位	1995年		
		数　量	金　额	增长%
显示器	万台	47.91	8218.66	43.32
其中：液晶显示器	万台			
阴极射线管显示器	万台			
自动柜员机	台			
不间断供电电源	台			
集线器	台			
路由器	万台			
调制解调器	万台			
四、家用电子电器产品				
彩色电视机	万台	52.63	29769.49	2.20
黑白电视机	万台	1.1	37.99	-32.87
家用型视频摄录一体机	万台	6098	710.55	150.28
袖珍盒式磁带收放机	台	19.23	1151.22	4.73
袖珍盒式放声机	台	30.32	173.68	-59.80
录放像机	万台	6.44	3838.13	82.72
激光视盘放像机	万台			
其中：VCD机	台			
DVD机	万台			
激光唱机	台	461591	1174.64	11.37
收录放音组合机	万台	105.61	6257.02	10078.98
汽车用收、录、放音机	万台	82.85	4804.31	77.23
彩色投影机	台	783	400.65	2.31
收音机	万台	40.1	107.61	-58.01
微波炉	台			
五、电子元器件产品				
电容器	万美元		42963.18	39.87
电阻器	万美元		21264.41	19.56
印刷电路	万美元		39841.07	25.95
集成电路	亿块	61.33	236556.97	44.75

主要产品进口情况（五）

单位：万美元

1994年			1993年		
数　量	金　额	增长%	数　量	金　额	增长%
47.34	5734.33	17.92	44.55	4862.70	-7.15
22.28	3082.86	18.34	10.19	2605.12	
38.53	29127.68	113.26	24.38	13658.38	313.89
0.55	56.6	53.97	0.34	36.76	26.71
2992	283.90	-25.72	0.30	382.20	257.20
12.99	1099.18	-2.69	14.81	1129.53	
69.76	432.08	80.39	5.74	239.53	
3.56	2100.54	-19.84	4.20	2620.30	-9.61
26.44	1054.73	41.98	25.03	742.89	376.21
2.22	61.47	-92.80	55.57	853.23	130.60
74.50	2710.73	148.74	56.70	1089.80	
1145	391.62	23.32	1257.00	317.57	66.27
179.48	256.28	-49.44	272.41	506.84	11.89
	30716.59	34.11		22904.70	1.98
	17786.19	24.44		14293.50	39.71
	31631.58	17.24		26980.10	29.43
52.36	163429.70	40.24	39.44	116536.90	35.04

	计算单位	1995年		
		数 量	金 额	增长%
彩色显像管	万只	805.01	53398.17	-8.34
黑白显像管	万只	282.94	4230.70	88.61
彩色数据图形显示管	万只			
电声器件	万个	60443.85	24692.88	121.16
晶体管	亿只	151.4	34321.28	31.93
液晶显示板	万个	58115.29	11098.62	20.63
彩色电视机零件	万美元		11316.72	
黑白电视机零件	万美元		319.54	
光缆	万美元		10013.27	53.51

主要产品进口情况（五）

单位：万美元

1994年			1993年		
数　量	金　额	增长%	数　量	金　额	增长%
878.82	58254.68	31.81	683.21	44197.04	5.70
197.07	2243.08	-17.53	212.81	2719.91	37.09
48941.94	11165.36	37.94	31674.20	8094.60	407.40
113.1	26014.05	49.91	81.70	17353.60	-29.85
47309.32	9200.25				
	6523.08	0.76		6473.90	

1987—2007年电子信息

	计算单位	1992年		
		数　量	金　额	增长%
一、通信设备产品				
各种程控交换机	台		40966.0	9.39
其中：移动通信交换机	台			
模拟式移动通信交换机	台			
手持（车载）无线电话	万部		0.67	
电话机合计	万台		2692.0	333.15
其中：无绳电话	万台			
可视电话	台			
传真机	万台		4366.0	16.57
对讲机	万部		733.0	-67.94
无线寻呼机	万部			
二、广播电视设备产品				
无线电广播、电视发射设备	台		1234.0	-50.63
电视卫星地面站设备	台		600.0	
电视摄像机	万台		754.0	-55.52
三、电子计算机产品				
微型计算机	台			
计算器	万部		2141.0	144.85
打印机	万台		3545.0	
显示器	万台		5237.0	
四、家用电子电器产品				
彩色电视机	万台		3300.0	-38.39
黑白电视机	万台		29.0	
家用型视频摄录一体机	万台		107.0	
袖珍盒式磁带收放机	台			
袖珍盒式放声机	台			
录放像机	台		18529.0	-3.22
激光唱机	台		156.0	403.23
收录放音组合机	万台		370.0	-12.92

主要产品进口情况（六）

单位：万美元

1991年			1990年		
数　量	金　额	增长%	数　量	金　额	增长%
	37449.1	628.31	69362.00	23638.5	43.30
1340.0	587.3			643.1	
	621.5	9.42	23.53	568.0	-18.78
	3745.5	7.38		3488.1	14.36
	2286.0	-55.66	25.50	5155.5	-19.65
	2499.7	-12.68		2862.7	-67.74
	1695.0	34.31		1262.0	32.01
	874.4	1040.03	32.00	76.7	-58.76
	5356.7	97.37	8.20	2714.1	-75.48
	263.2		0.20	45.6	
	7910.0	134.25	81.26	4364.1	4.14
	31.0	-15.99	0.10	36.9	-82.44
	424.9	263.16		117.0	-98.19

	计算单位	1992年		
		数　量	金　额	增长%
汽车用收、录、放音机	万台			
彩色投影机	台		191.0	154.67
收音机	万台		453.0	-52.91
微波炉	台			
五、电子元器件产品				
电容器	万美元		22460.0	246.93
电阻器	万美元		10231.0	461.83
印刷电路	万美元		20846.0	486.07
集成电路	亿块		86299.0	350.98
彩色显像管	万只		41814.0	2.97
黑白显像管	万只		1984.0	37.36
彩色数据图形显示管	万只			
电声器件	万个		1746.1	9.45
晶体管	亿只		24739.0	168.93
彩色电视机零件	万美元			
黑白电视机零件	万美元			
光缆	万美元			

主要产品进口情况（六）

单位：万美元

1991年			1990年		
数　量	金　额	增长%	数　量	金　额	增长%
			3.60	710.6	5724.59
	75.0	141.94		31.0	-34.04
	962.0	-83.68	157.30	5893.5	159183.78
	6474.0	41.20		4585.0	-18.91
	1821.0	-13.00		2093.0	13.69
	3556.9	-82.67		20520.0	1016.43
	19135.7	32.44		14448.8	18.14
	40608.9	15.98	486.00	35015.0	-43.85
	1444.4	-64.50	293.00	4068.9	-17.21
	1595.3	-8.64		1746.1	
	9199.0	43.98		6389.0	

	计算单位	1989年		
		数　量	金　额	增长%
一、通信设备产品				
各种程控交换机	台	56070	16495.6	-17.64
电话机合计	万台		699.3	-33.57
其中：无绳电话	万台			
可视电话	台			
传真机	万台		3050.2	-19.87
对讲机	万部	35.9	6416.7	59.30
无线寻呼机	万部			
二、广播电视设备产品				
无线电广播、电视发射设备	台		8873.6	20.24
卫星地面站设备	台			
电视摄像机	万台		956.0	-36.07
三、电子计算机产品				
微型计算机	台			
计算器	万部	77.8	186.0	-59.76
打印机	万台			
显示器	万台			
四、家用电子电器产品				
彩色电视机	万台	40.2	11068.2	-8.16
黑白电视机	万台	3.3	74.0	50.71
家用型视频摄录一体机	万台			
袖珍盒式磁带收放机	台			
袖珍盒式放声机	台			
录放像机	台	9.9	3969.1	10.82
激光视盘放像机	万台			
其中：VCD机	台			
DVD机	万台			
激光唱机	台	0.7	210.1	1060.77
收录放音组合机	万台	346.6	6453.7	69.41

主要产品进口情况（七）

单位：万美元

1988年			1987年		
数　量	金　额	增长%	数　量	金　额	增长%
	20028.4	44.55		13856.0	
	1052.7	15.10		914.6	
	3806.8	64.54		2313.6	
21.8	4028.0	122.19		1812.9	
	7379.7	42.94		5162.8	
	1495.4	-22.46		1928.6	
108.9	462.2	1142.47	12.10	37.2	
45.9	12051.3	46.60	34.70	8220.5	
0.5	49.1	-9.70	0.30	54.4	
3.4	3247.3	-51.49	5.80	6664.9	
0.1	18.1	248.08		5.2	
132.5	3809.5	-34.06	150.90	5777.6	

	计算单位	1989年		
		数　量	金　额	增长%
汽车用收、录、放音机	万台	0.5	12.2	-83.06
彩色投影机	台		47.0	0.00
收音机	万台	0.8	3.7	-97.99
微波炉	台			
五、电子元器件产品				
电容器	万美元		5654.0	-9.81
电阻器	万美元		1841.0	-15.86
印刷电路	万美元		1838.0	-39.56
集成电路	亿块		12230.0	17.60
彩色显像管	万只		62356.0	-13.82
黑白显像管	只		4915.0	
彩色电视机零件	万美元		11068.2	-8.15
黑白电视机零件	万美元			
光缆	万美元			

主要产品进口情况（七）

单位：万美元

1988年			1987年		
数　量	金　额	增长%	数　量	金　额	增长%
3.0	72.0	-34.66	7.80	110.2	
	47.0				
32.9	183.8	104.91	27.00	89.7	
	6269.0				
	2188.0				
	3041.0				
	10400.0				
	72356.0				
	12051.3	46.60		8220.5	

反侵权盗版声明

举报电话：（010）88254396；（010）88258888

传　　真：（010）88254397

E-mail:　dbqq@phei.com.cn

通信地址：北京市万寿路 173 信箱

电子工业出版社总编办公室

邮　　编：100036